# 찬사의 말들

"《당신이 플라시보다》는 인생에 건강과 기적을 부르는 법을 보여주는 사용 설명서이다. 읽을수록 놀라울 뿐이다. 어쩌면 이 책이야말로 당신에게 필요한 유일한 처방전일지도 모르겠다."

—Christiane Northrup, 의학 박사, *Women's Bodies, Women's Wisdom,*
*The Wisdom of Menopause* 저자

"인간 관계, 공부, 일, 금전상의 문제부터 전반적인 행복의 문제까지 우리가 하는 거의 모든 일의 성공과 실패에는 우리 마음이 말할 수 없이 중요한 역할을 한다. 이 책은 우리의 가장 중요한 자원인 마음에 대한 뛰어난 탐구서로, 성공을 위해 마음의 상태를 최적화하는 실질적인 기술들을 제공한다. 디스펜자 박사는 복잡한 개념들을 누구나 이해하기 쉽게 설명하기 때문에 누구든 뭔가를 얻어갈 수 있을 것이다."

—Daniel G. Amen, 의학 박사, Amen Clinics의 창업자, *Change Your Brain,*
*Change Your Life, Magnificent Mind at Any Age* 저자로 《뉴욕 타임스》 베스트셀러 작가

"생명이 위태로운 환자들을 많이 봐온 사람으로서 이 책에서 하는 말이 진실임을 잘 안다. 몸은 마음이 믿는 것을 경험하게 되어 있다. 나는 환자를 낫게 하려면 거짓말도 해야 한다고 배웠다. 의사의 말words은 검sword과도 같아서 사람을 죽일 수도 있고 살릴 수도 있다. 우리 안에는 자가 치유력이 있고, 우리는 그 잠재력을 발휘할 방법을 알아야 한다. 이 책을 읽으면 그 방법을 배울 수 있다."

—Bernie Siegel, 의학 박사, *A Book of Miracles, The Art of Healing* 저자

"조 디스펜자 박사는 과학적 연구들을 종합해, 마음의 힘으로 몸을 치유하는 혁명적인 접근법을 찾아냈다. 황홀할 정도다. 브라보!"
—Mona Lisa Schulz, 의학 및 철학 박사, *The Intuitive Advisor*, *All Is Wel*의 저자

"플라시보 효과를 의학적으로 연구해 온 역사가 깊기는 하지만 그저 하나의 신기한 현상 정도로 차부해 온 것도 사실이다. 그런데 디스펜자 박사가 이 획기적인 책을 써준 덕분에 우리는 더 이상 플라시보 효과를 이례적인 것으로만 생각할 수 없게 되었다. 논픽션 과학 스럴러처럼 단숨에 읽히는 이 책에서 디스펜자는 우리 삶의 판도를 바꿔버릴 이 플라시보 효과를 우리가 받아들일 수밖에 없는 반석 같은 이유들을 제시한다. 디스펜자는 우리 자신이 곧 플라시보임을 밝히고, 치유와 기적과 장수의 놀라운 가능성들을 보여준다! 참으로 멋진 책이다. 플라시보의 비밀이 일상의 기반이 되는 세상을 고대한다."
—Gregg Braden, *Deep Truth and The Divine Matrix* 저자로《뉴욕 타임스》베스트셀러 작가

"조 디스펜자 박사는 과학을 누구나 이해하기 쉽게 설명하는 능력을 갖춘 정말 훌륭한 선생이다."
—Don Miguel Ruiz, M.D., *The Four Agreements* 저자

"몸과 마음, 영혼이 건강한 상태가 되고 싶다면 꼭 읽어야 할 책이다. 디스펜자 박사는 건강은 우리가 어찌해 볼 도리가 없는 것이라는 신화를 깨고, 일생 동안 최상의 건강과 안녕을 도모할 수 있는 권리와 힘을 우리에게 되찾아주었다. 그런 상태를 어떻게 창조할 수 있는지 그 방법을 소상히 제시한 이 책이야말로 이 세상 최고의 건강 보험 같은 것이다."
—Sonia Choquette, 육감六感 컨설턴트, *The Answer Is Simple* 저자로
《뉴욕 타임스》베스트셀러 작가

당신이
**플라시
보**다

## 당신이 플라시보다

2016년 4월 20일 초판 1쇄 발행. 2025년 1월 20일 초판 16쇄 발행. 조 디스펜자가 쓰고 추미
란이 옮겼으며, 도서출판 샨티에서 박정은이 펴냅니다. 편집은 이홍용이, 표지 및 본문 디자인은
전혜진이 하였으며, 박준형이 마케팅을 합니다. 인쇄 및 제본은 상지사에서 하였습니다. 출판사
등록일 및 등록번호는 2003. 2. 11. 제2017-000092호이고, 주소는 서울시 은평구 은평로3길
34-2, 전화는 (02) 3143-6360, 팩스는 (02) 6455-6367, 이메일은 shantibooks@naver.com
입니다. 이 책의 ISBN은 978-89-91075-03-0 03180이고, 정가는 23,000원입니다.

이 도서의 국립중앙도서관 출판시도서목록(CIP)은 e-CIP홈페이지(http://www.nl.go.kr/ecip)와 국가자료공동목록
시스템(http://www.nl.go.kr/kolisnet)에서 이용하실 수 있습니다.(CIP제어번호: CIP2016009219)

YOU ARE THE PLACEBO

# 당신이 **플라시보**다

**조 디스펜자** 지음
**추미란** 옮김

【샨티】

나의 어머니,
프란체스카에게 이 책을 바칩니다.

# 차례

도슨 처치의 서문 13

책머리에: 깨어남 19

서론: 생각을 현실로 만들기 37


## PART 1 정보

### 01 이런 일이 가능한가? 52

플라시보 과다 복용? 55

만성 우울증이 마술처럼 사라지다 58

'기적적인' 치유 하나: 보였다가 보이지 않았다가 61

받은 적이 없는 무릎 수술 63

있지도 않았던 심장 수술 65

모든 것은 마음 자세에 달렸다 67

바늘이 꽂히기도 전에 구역질을 한다 68

소화 장애가 사라지다 69

파킨슨병 대 플라시보 71

독사와 스트리크닌에 대하여 72

부두교를 이기다 75

## 02 플라시보의 간략한 역사 79

자기장에서 최면술로 81

노시보 효과 연구 87

첫 번째 도약 91

동서양이 만나다 94

플라시보가 항우울제를 능가하다 97

플라시보의 신경생물학 99

정신력의 문제를 내 손 안에 102

당신은 당신의 플라시보가 될 수 있는가? 108


## 03 뇌 속의 플라시보 효과 111

플라시보: 생각의 해부학 115

뇌 작용법에 대한 간단한 설명 121

신경 가소성 127

변화의 강 건너기 129

환경 극복하기 133

생각대로 느끼고 느낀 대로 생각한다 135

당신 자신의 플라시보가 되는 데 필요한 것 141


## 04 몸 속의 플라시보 효과 149

DNA 신화의 해체 151

천재적인 당신의 유전자 156

유전자 발현의 생물학 159

후성 유전학: 인간이 신이 되는 법 163

생존 모드로 살게 하는 스트레스 169

부정적인 감정이 남긴 유산 173


05 생각이 뇌와 몸을 바꾸는 법 179

머릿속 시연에 대한 성공적인 이야기 몇 개 182

새 마음으로 새 유전자를 몸 속에 발현하기 186

줄기 세포: 가능성의 강력한 웅덩이 191

의도와 고양된 감정은 어떻게 우리 몸을 바꾸나? 193

다시 수도원 이야기로 198


06 암시 감응력 201

잠재의식의 프로그래밍 208

받아들임, 믿음 그리고 내어맡김 212

감정 덧붙이기 214

분석적인 마음의 두 얼굴 218

마음 작동법 222

잠재의식의 문을 열다 228

명상의 탈신비화 232

명상이 어려운 이유 234

뇌파를 조종하다 237

'암살' 범죄의 분석 241

**07 태도, 믿음 그리고 인식 243**

믿음은 어디에서 나오는가? 245

믿음 바꾸기 253

인식의 효과 258

환경의 힘 262

에너지 바꾸기 268


**08 양자 마음 273**

양자 세계의 에너지 278

올바른 에너지 신호 받아들이기 284

양자 세계의 문을 넘어서 292


**09 변형 이야기 세 편 295**

로우리 이야기 295

두려운 아버지 297

질병이 정체성이 되다 299

로우리, 가능성을 발견하다 303

성공 그리고 좌절 307

새 마음, 새 몸 311

캔디스 이야기 314

대가를 지불하다 317

바빠진 캔디스 319

달콤하고 달콤한 성공 324

조앤 이야기 326

마음을 바꾼 조앤 330

다음 단계의 치유 332

이어진 기적들 335


**10 정보를 변형으로: 당신이 플라시보임을 증명한다** 337

정보에서 경험으로 340

변화의 측정 344

번뜩인 생각 하나 349

뇌 주사 사진에 대한 간단한 설명 351

일관성 대 비일관성 354

플라시보나 약물 없이 파킨슨병을 치료하다 356

생각만으로 뇌 척수 손상 고치기 361

분석적 마음을 극복하고 기쁨 찾기 366

에너지의 변화로 자궁 근종을 치유하다 369

엑스터시 경험 373

축복: 마음의 해방 376

이제는 당신 차례 377

## PART 2 변형

**11 명상 준비하기** 380

언제 명상할 것인가? 380

어디서 명상할 것인가? 381

몸을 편안히 한다 382

얼마나 오래 명상해야 할까? 383

의지를 부리는 자가 되라 384

변형된 상태로 들어가기 387

지금 순간이라는 스윗 스팟 390

눈 감고 보기 396

**12 믿음과 인식을 바꾸는 명상** 399

유도 403

가능성 그 자체 되기 406

나와 내 삶에 대한 믿음 혹은 인식 바꾸기 408

후기: 초자연적이 되다 415

부록: 믿음과 인식을 바꾸는 명상을 위한 스크립트 423

주 438

감사의 말 454

옮긴이의 말 458

# 도슨 처치의 서문

조 디스펜자는 그의 다른 팬들처럼 나 역시도 이번에는 또 어떤 도발적인 아이디어를 내놓을까 늘 궁금해 하는 사람이다. 조는 분명한 과학적 증거들을 가지고 우리의 영감을 자극하는 통찰들을 끌어내면서 '이미 알고 있는 것'(既知)의 경계를 확장하고 가능성의 한계를 넓힌다. 웬만한 과학자들보다 더 진지하게 과학을 탐구하는 그는 이 매력적인 책에서도 후성後成 유전학, 신경 가소성, 정신신경면역학 등의 최근 성과들을 바탕으로 논리적인 결론을 이끌어내고 있다.

그 결론이 흥미진진하다. 우리의 생각, 감정, 의도와 우리가 경험하는 초월적 상태들이 우리의 뇌와 몸의 양상을 결정한다는 것이 그 결론이다. 이 책으로 당신도 이 결론을 받아들이게 될 것이고, 새로운 몸과 새로운 삶을 당신 스스로 창조하게 될 것이다.

이 결론은 형이상학적인 명제가 아니다. 조는 모든 연결 고리들을 인과성의 사슬 안에 두고 설명한다. 이를테면 하나의 생각이 원인이 되어 실제로 줄기세포 수가 증가한다거나 혈류 속을 순환하는 면역성 부여 단백질 분자 수가 증가한다거나 하는 생물학적 결과가 따른다는 것이다.

　이 책은 척추 뼈가 여섯 개나 부서지는 큰 사고 이야기로 시작한다. 조 자신이 직접 겪은 사고이다. 돌연 큰 고난에 처한 조는 그때까지 이론적으로만 믿고 있던 것을 직접 실천해야 하는 상황에 직면했다. 그는 우리 몸이 지성知性을 타고났고, 그 지성에는 기적적인 치유의 힘도 들어 있다고 믿고 있었다. 척추가 다시 붙는 모습을 상상하고 시각화하는 과정에서 그가 보인 노력은 그 자체로 영감과 투지의 귀감이라 할 만하다.

　우리는 모두 그런 자연스런 회복과 '기적적인' 치유 이야기에 감동을 받는다. 하지만 이 책에서 조는 우리는 누구나 그런 치유의 기적을 이룰 수 있다고 말한다. 재생 능력은 바로 우리 몸의 조직 속에 내재해 있고, 퇴행과 질병은 어디까지나 예외적인 것이지 일반적인 것이 아니기 때문이다.

　몸이 스스로를 재생하는 원리를 이해하기만 한다면 우리는 그 생리적인 과정들을 의도적으로 활용할 수 있다. 세포가 합성, 제조, 생산하는 호르몬, 단백질, 신경 전달 물질들과 세포가 신호를 보내는 데 쓰는 신경 통로들을 우리가 스스로 총괄할 수 있는 것이다. 우리의 몸은 정적인 구조가 아니라 매 순간 동요하고 변화한다. 우리의 뇌는 매우 활발한 기관으로 그 안에서는 매초 수없이 많은 신경들이 서로 연결되었다가 끊어진다. 조는 우리가 승객이라는 수동적인 자리가 아니라 운전자라는 힘 있는 자리에 있으며, 따라서 우리 몸의 생리 과정들을 의도적으로 조정할 수 있다고 말한다.

　반복 자극으로 신경 다발 내의 연결 숫자를 두 배로 늘릴 수 있다는 사실이 1990년대 발견되면서 생물학계에는 일대 변혁이 일어났다. 그 사실을 발견한 신경정신과학자 에릭 캔델Eric Kandel은 노벨상을 받았다. 후에 캔델은 사용되지 않는 신경 연결들은 단 3주 만에 움츠러들기 시작한다는 사실도 발견했다. 이 말은 우리가 신경 네트워크 전역에 신호를 보냄으로써 뇌의 모양을 계속 고쳐나갈 수 있다는 뜻이다.

캔델 등이 신경 가소성을 연구하던 그 10년 동안 다른 과학자들은 정적靜的인 유전자는 거의 없다는 사실을 발견했다. 75퍼센트에서 85퍼센트 정도에 이르는 유전자 대부분은 환경이 보내는 신호에 따라 발현이 되기도 하고 안 되기도 한다. 그 환경에는 우리가 뇌 속에서 키우는 생각, 믿음, 감정도 포함된다. 그런 유전자들의 한 부류인 전초기유전자前初期遺傳子(immediate early genes, IEGs. 급속 초기 발현 유전자―옮긴이)는 그 완전 발현까지 3초밖에 걸리지 않는다. 전초기유전자는 다른 수백 개의 유전자와 우리 몸 속 먼 곳에 있는 수천 개의 다른 단백질의 발현을 통제하는 조절 유전자이다. 그런 전초기유전자에 의한 몸 전체의 급속한 변화는 이 책에서 앞으로 접하게 될 급진적인 치유를 이해하는 데 도움이 될 것이다.

조는 변형에 있어 감정의 역할이 얼마나 중요한지 확실히 알고 있는 몇 안 되는 과학자, 저술가 중 한 명이다. 부정적인 감정이란 간단히 말해서 일종의 중독이다. 구체적으로 말하면 코르티솔과 아드레날린 같은 스트레스 호르몬에 깊이 중독된 것이다. 그런 스트레스 호르몬이나, DHEA나 옥시토신 같은 완화 호르몬이나 모두 설정값set point을 갖고 있다. 그래서 우리가 호르몬 균형을 편안한 상태(설정값) 밖으로 내모는 생각을 하거나 그런 믿음을 지지할 때 그렇게 불편한 것이다. 최신 과학이 이해하는 중독과 갈망의 역학이 그렇다.

당신은 내면 상태를 바꿈으로써 외부 현실을 바꿀 수 있다. 조는 뇌의 전두엽에서 일어나는 우리의 의도들이 화학물 메신저인 이른바 신경 펩티드로 바뀐 다음 몸 곳곳에 신호를 보내며 유전자 스위치를 켰다 껐다 하는, 몸 속에서 일어나는 여러 사건의 사슬을 더할 수 없이 능숙하게 설명한다. 육체적 접촉으로 자극을 받기 때문에 일명 '커들 호르몬cuddle hormone'(포옹 호르몬, 사랑의 호르몬이라고도 한다—옮긴이)이라고 불리는 화학 물질 옥시토신은 사랑과 신뢰의 감정과 관계한다. 당신도 연습만 한다면 당신만의 스트레스 호르몬, 치유 호르몬의 설정값을 마음대로 조정할 수 있다.

생각을 감정으로 전환하는 것(혹은 생각에 감정을 보태는 것)만으로 자가 치유가 가능하다는 생각은 언뜻 믿기 어려울 수도 있다. 조 자신조차도 종양이 자연스럽게 줄어든다거나 휠체어에 앉아 있던 사람이 일어나 걷는다거나 편두통이 사라진다거나 하는 등의 결과를 기대하지는 않았다. 그런데 그의 워크숍에 참가한 사람들이 조의 생각을 온전히 받아들였을 때 그런 결과들이 저절로 나타나기 시작했다. 조는 우리가 우리 몸의 플라시보 효과를 확신하고 이용할 때 과연 얼마나 빨리 치유가 일어날지 궁금했고, 뛰노는 아이처럼 기쁘고 열린 마음으로 실험을 해나갔다. 그런 이야기를 담은 이 책의 제목《당신이 플라시보다》는 당신 몸의 생리적 사건들의 사슬을 만들어내는 것이 당신 자신의 생각과 감정과 믿음이라는 사실을 잘 보여준다.

이 책을 읽는 동안 때로 불편할지도 모르겠다. 그래도 계속 읽어보기 바란다. 불편함은 불가피한 변화와 호르몬 설정값이 흔들리는 것에 저항하는 당신 과거의 자아가 느끼는 것이다. 조는 그 불편한 느낌이 과거 자아의 소멸이 야기하는 생물학적 감각일 뿐이라며 우리를 안심시킨다.

우리는 대부분 그 복잡한 생물학적 과정을 이해하려고도 하지 않고 또 그럴 시간 여유도 없다. 그래서 이 책이 아주 큰 도움이 될 것이다. 조는 그 변화의 과정 배후에서 작용하는 과학을 깊이 파고들면서 이를 알아듣기 쉽게, 이해하기 쉽게 설명한다. 그렇게 아름답고 멋진 설명을 하기 위해 보이지 않는 엄청난 수고도 마다하지 않는다. 조는 비유와 사례 등을 통해 이러한 발견을 어떻게 일상에 적용할 수 있는지 정확히 보여주고, 이를 진지하게 받아들인 사람들이 건강을 되찾는 극적인 이야기도 소개한다.

새로운 세대의 연구자들은 조가 윤곽을 잡은 연구에 '자기 주도 신경 가소성self-directed neuroplasticity(SDN) 연구'라는 이름을 붙였다. 이 이름은, 우리가 스스로 경험의 질을 높임으로써 오래된 신경 회로를 없애고 새로운 회로를 형성해 갈 수 있음을 보여준다. 나는 SDN이 다가올 세대의 개인적 변형과 신경생물학에 가장 강력한 개념이 될 것이라고 믿는다. 그리고 이 책이 그 움직임의 선두에 서게 될 것이다.

이 책의 2부에 소개하는 명상 훈련 부분에서는 형이상학이 구체적인 모습으로 여러분에게 제시될 것이다. 당신도 이러한 명상을 쉽게 할 수 있으며, 스스로 자신의 플라시보가 될 때 얻게 될 커다란 가능성들도 직접 경험할 수 있다. 여기에서 목적은 당신 인생에 대한 믿음 혹은 인식을 생물학적인 수준에서 바꾸는 것이고, 그래서 본질적으로 새로운 미래와 사랑에 빠져 결국 그 미래가 구체적이고 실질적으로 존재하게 만드는 것이다.

그러므로 가능성의 지평을 넓혀줄 이 황홀한 여정에 도전해서, 몸의 기능과 치유의 역량이 급격히 업그레이드되는 경험을 누려보기 바란다. 그 과정에 열정적으로 뛰어든다고 해서, 또는 과거에 당신 발목을 잡던 생각과 느낌과 생물학적 설정값을 버린다고 해서 당신이 잃을 것은 아무것도 없다. 최고의 잠재력을 깨달을 능력이 당신 안에 있음을 믿고 용기를 내 행동에 나서보기 바란다. 그때 당신은 플라시보가 되어 당신을 위해 그리고 이 지구를 위해 행복하고 건강한 미래를 창조하게 될 것이다.

—도슨 처치Dawson Church 박사, *The Genie in Your Genes* 저자

# 책머리에: 깨어남

이 모든 일의 어떤 것도 전혀 계획에 없었다. 강연자, 저술가, 연구자로서 내가 현재 하고 있는 일들은 모두 그것들이 나를 찾아왔다고 하는 쪽이 맞을 것이다. 깨어나려면 모닝콜을 받아야 하는 사람이 있다. 나도 1986년 그 전화를 받아야 했다. 아름다운 4월의 어느 날, 남부 캘리포니아에서 팜 스프링스 철인 3종 경기에 참가했다가 나는 SUV에 깔리는 사고를 당했다. 그 사고는 일종의 특혜였고, 그 순간 내 인생이 바뀌었으며, 이 긴 여정이 시작되었다. 그 당시 나는 스물세 살로, 캘리포니아 라호야에서 짧다면 짧은 기간 카이로프랙틱(척추 교정 지압 요법—옮긴이) 공부를 했고, 그 철인 3종 경기에 참가하기 위해 몇 달 동안 고된 훈련을 마친 상태였다.

그 사고는 수영 레이스를 마치고 자전거 레이스를 시작했을 때 일어났다. 나는 힘든 전환점에 다다르는 중이었고, 그곳에서 일반 차량들과 만나게 된다는 사실을 잘 알고 있었다. 다가오는 차량들을 등지고 서 있던 경찰관이 나에게 우회전을 해서 코스대로 따라가라는 손짓을 했다. 나는 레이스에 집중하며 사력을 다해 달리던 중이었으므로 그의 지시 외에는 아무것도 안 보였다. 그 모퉁이에서 두 명의 사이클 선수를 제치던 순간이었다. 거의 시속 90킬로미터로 달려오던 빨간색 사륜 구동 브룬코가 뒤쪽에서 내 자전거를 강타했다. 그 다음 순간 나는 허공에 붕 뜨는가 싶더니 등을 바닥에 정면으로 부딪치면서 떨어졌다. 달려오던 속도가 있는데다가 브룬코 운전자가 반사 신경이 둔한 나이든 여인이었던 탓에, 그 차는 계속해서 내 쪽으로 달려들었고 나는 그 차의 범퍼에 한 번 더 부딪쳤다. 나는 차 아래 깔리고 싶지 않았고 그 금속 덩어리가 아스팔트 위에 널브러져 있는 나를 밟고 지나가는 것만큼은 피하고 싶었기에 재빨리 범퍼를 부여잡았다. 그러니까 나는 그 상태로 무슨 일이 벌어지고 있는지 운전자가 깨달을 때까지 길 아래쪽으로 한참 동안 밀려가야 했다. 마침내 그녀가 차를 멈춰 세웠을 때 나는 중심을 잃고 18미터 정도 굴러 떨어졌다.

지금도 나는 그때 쌩 하며 지나가던 자전거들과 라이더들의 공포에 찬 비명소리와 놀라서 내뱉은 말들을 기억한다. 그들은 레이스를 멈추고 나를 도와야 하는지 계속 달려야 하는지 둘 사이에서 어쩔 줄 몰라했다. 그곳에 누워서 내가 할 수 있는 일은 그저 항복하는 것뿐이었다.

얼마 지나지 않아 나는 내 척추뼈가 여섯 개나 부러졌다는 사실을 알게 되었다. 나는 (견갑골에서 신장까지 걸쳐 있는) 흉추 8, 9, 10, 11, 12번과 요추 1번에 압박 골절을 입었다. 사각형 덩어리들이 한 줄로 쌓여 있는 것이나 다름없는 척추가 그렇게 강하게 바닥에 부딪쳤으니 그 충격에 무너지고 눌려버린 것이다. 깨진 척추뼈 중 가장 위쪽에 있는 흉추 8번은 60퍼센트 이상이 부서지고, 척수를 보호하는 원호 궁circular arch은 부서져 프레첼 빵 모양으로 비틀어져 있었다. 척추뼈가 압박되어 부서지면 뼈들이 어디론가 흩어지게 마련이다. 나의 경우 부서진 뼛조각들 상당수가 척수 쪽으로 돌아갔다. 이것은 결코 좋은 양상이 아니었다.

사고 다음날 아침 나는 일련의 신경학적 증상들을 느끼며 깨어났다. 여러 형태의 통증, 다양한 수준의 마비, 따끔거림, 양쪽 다리 일부의 감각 상실, 그리고 움직이려 들 때마다 전해오는 끔찍한 고통……마치 통제할 수 없는 악몽을 꾸고 있는 것 같았다.

온갖 종류의 혈액 검사, 엑스레이 검사, CT 촬영, MRI 촬영을 했고, 정형외과 의사가 내게 그 결과들을 보여주며 사뭇 엄숙한 표정으로 결론을 전했다. 척수로 들어간 뼛조각들이 문제를 일으키지 않게 하려면 아무래도 해링턴 로드Harrington rod(1953년 미국의 폴 해링턴이 고안해 1990년대 말까지 척추 측만증 환자에게 삽입 시술되던 일종의 막대―옮긴이)를 심는 수술을 해야 한다는 것이었다. 척추뼈의 부서진 부분 위아래로 두세 군데 째서 30센티미터 스테인리스 스틸 막대 두 개를 척추양쪽에 세우고 나사로 조인 다음 죔쇠로 고정해야 한다는 말이었다. 그 다음 엉덩이뼈를 약간 긁어내 두 막대에 붙이겠다고 했다. 큰 수술이 될 테지만 그래야 최소한 걸을 가능성이라도 있다고 했다. 그렇다고 해도 나는 알고 있었다. 수술을 해도 어느 정도는 장애가 남을 것이고 남은 평생 고통을 안고 살아가야 한다는 걸 말이다. 말할 것도 없이 달갑지 않은 제안이었다.

하지만 그 수술을 받지 않으면 온몸이 마비될 게 명확해 보였다. 팜 스프링스 지역 최고의 신경과 전문의도 그 의견에 동의했으며, 나와 상태가 비슷한 사람 중에 수술을 거부한 사람은 미국에서 한 명도 본 적이 없다고 말했다. 압박 골절을 입은 흉추 8번이 쐐기 모양으로 짓눌려 있었기 때문에 일어서려 해도 척추가 몸의 무게를 견딜 수 없었다. 일어서면 척추가 무너지면서 부서진 척추뼈 조각들이 척수 안으로 더 깊이 밀려들어 갈 것이며, 그러면 가슴 아래 전체가 즉각 마비될 터였다. 그것 또한 전혀 매력적인 제안이 아니었다.

나는 집에서 가까운, 라호야의 한 병원으로 보내졌고, 그곳에서 남부 캘리포니아에서 유명하다는 한 외과 의사와 다른 한 의사의 진단을 받았다. 그 두 의사 모두 해링턴 로드를 심는 수술을 받아야 한다고 했다. 진단들이 상당히 일관성이 있었다. 수술을 받거나, 마비되어 다시는 걷지 못하거나! 내가 의사였더라도 수술을 권했을 것이다. 그것이 가장 안전한 제안이었으니까. 하지만 나는 그 제안을 따르지 않았다.

그 당시 내가 어려서 그렇게 대담했을 수도 있겠지만, 나는 해링턴 로드 삽입이라는 의료 모델과 전문가 권고를 거스르기로 결심했다. 나는 우리의 몸 속에는 생명력을 주는 보이지 않는 지성 혹은 의식 consciousness이 있다고 믿었고, 이는 지금도 마찬가지다. 그 지성(혹은 의식)이 매 순간 우리를 지지하고 유지하고 보호하고 치유한다. 그 지성이 (2개에서 시작해) 거의 100조 개에 이르는 분화된 세포들을 만들어내고, 그것이 매일 우리 심장을 수십만 번 뛰게 하며, 그것이 매 초마다 각 세포 안에서 수십만 개의 화학적 반응들을 조직한다. 그것이 하는 놀라운 기능들은 그 외에도 수없이 많다. 그 무렵 나는 만약 그 지성이 실재하고, 그래서 그것이 기꺼이, 온 마음을 다해, 사랑으로 그런 놀라운 능력들을 증명하고자 한다면, 나도 외부 세계에 대한 관심을 거두고 내면으로 들어가 그것과 만나 관계를 만들어갈 수도 있을 거라고 생각했다.

하지만 몸에 자가 치유 능력이 있음을 그렇게 머리로 이해하기는 했어도, 당시의 나는 내가 아는 그 철학의 소소한 것들 하나하나까지도 실제로 다 적용해 보면서 그 이해를 다음 수준으로 그리고 또 그 다음 수준으로 넓혀가야만 했다. 정말로 치유를 경험하기 위해서였다. 어디 갈 수도 없었다. 엎드려 있는 것 외에는 아무것도 할 수 없었기 때문에 나는 두 가지 결심을 했다. 첫째, 매일 내 안의 지성에게 모든 의식을 집중해서 그것에게 나의 계획을 순서대로 아주 자세히 말해주고 그 견본과 비전을 보여준 뒤, 무한한 힘을 가진 그 위대한 마음에게 나를 온전히 맡겨 그것이 나를 치유할 수 있도록 한다. 둘째, 내가 경험하고 싶지 않은 것은 그와 관련한 어떤 생각도 머릿속으로 들어오지 못하게 한다. 간단했다. 적어도 계획만큼은.

## 과격한 결정

담당 의료진의 충고를 듣지 않고 나는 구급차를 타고 병원을 나와 당시 가까운 친구 둘과 함께 살던 집으로 돌아갔다. 그 집에서 나는 치유에 집중하며 석 달을 머물렀다. 말하자면 나는 임무를 수행한 것이다. 나는 매일 아침 일어나면 바로 척추뼈를 하나씩 재건해 보기로 결심했다. 그리고 내 안의 그 의식consciousness이 내 노력에 주의를 기울일 때 내가 원하는 것이 무엇인지를 그 의식에게 보여주고자 했다. 나는 그 의식이 나의 절대적인 참여를 요구한다는 것을 잘 알았다. 그것은 내가 순간에 살아야 한다는 것을 의미했다. 즉 과거를 생각하거나 후회하거나 미래를 걱정하거나 외적인 삶에 집착하거나 고통이나 증상에 집중하지 않고 순간에 살아야 했다. 인간 관계에서도 그렇듯 상대가 지금 여기에 나와 함께 있는지 아닌지는 금방 알 수 있지 않은가? 의식한다는 것은 알아차린다는 뜻이고, 알아차린다는 것은 주의를 집중한다는 뜻이며, 주의를 집중한다는 것은 현재에 존재하며 주목한다는 뜻이기 때문에, 그 의식은 내가 현재에 존재할 때와 그렇지 못할 때를 알아차릴 터였다. 다시 말하자면 그 의식의 마음과 교류할 때 나는 전적으로 현재에 있어야만 했다. 즉 나의 현존과 나의 의지와 나의 마음은 그것의 현존과 그것의 의지와 그것의 마음에 딱 들어맞아야 했다.

따라서 나는 하루에 두 번 각각 두 시간씩 내면으로 들어가 내가 의도한 결과의 그림을 만들어내기 시작했다. 당연히 완전히 치유된 척추 그림이었다. 물론 나는 내가 얼마나 무의식적으로 살고 있고 또 산만한지도 알게 되었다. 위기나 트라우마의 순간 우리는 원하는 것보다 원하지 않는 것을 생각하는 데 너무도 많은 주의와 에너지를 소비한다는 걸 나는 그때 깨달았다. 처음 몇 주 동안 나는 나의 그런 경향에 죄책감을 느꼈다. 그런 경향이 매 순간 이어졌으니까 말이다.

완전히 회복된 척추로 살아가는, 내가 원하는 삶을 창조하는 명상을 한창 하던 중에, 나는 갑자기 결코 다시는 걷지 못할지도 모른다던, 몇 주 전 의사들이 한 말을 떠올렸다. 나는 분명 내면에서 척추의 재건에 한창이었는데 다음 순간에 보니 내 카이로프랙틱 사업체를 팔아야 하나 마나로 스트레스를 받고 있었다. 다시 걷는 모습을 머릿속에서 한 단계씩 시연하던 중에도 나머지 인생을 휠체어에 앉아 살게 되면 어쩌지 하고 염려하는 나 자신이 보였다. 어떤 상태였는지 상상이 갈 것이다.

그래서 나는, 마음이 산만해져 바깥 세계를 방황할 때마다 전체 상상을 처음부터 다시 시작했다. 지난한 작업이었고, 거듭 좌절할 수밖에 없었다. 정말이지 내가 해온 어떤 일보다도 힘들었다. 하지만 나는 내 안의 관찰자가 알아보려면 그 최종 그림이 깨끗하고 명확하고 중간에 끊어짐 없이 계속 그려져야 한다고 생각했다. 그 지성이 해낼 것이라고 내가 희망하고 확신했던 일을 그것이 정말 할 수 있게 하려면 처음부터 끝까지 나는 의식적인 상태로 남아 있어야 했다. 의식 없는 상태에 빠져서는 안 되었다.

그렇게 그 의식에 집중하려고 나 자신과 싸우고 애쓰며 6주를 보내고 나서야 나는 비로소 중간에 멈춤 없이 내면의 재건 과정을 마칠 수 있었다. 그러곤 처음부터 다시 시작했다. 그 일을 처음으로 해냈던 날이 지금도 생생하게 기억난다. 테니스를 칠 때 스윗 스팟sweet spot(배트로 공을 치기에 가장 효율적인 곳)에 공이 정확하게 맞았을 때의 느낌과 비슷했다. 뭔가 옳구나 싶은 느낌이 들었다. 딸깍 하는 소리, 뭔가 딱 하며 분명해진 느낌이었다. 그러곤 완성되고 온전해진 것 같은 느낌, 만족스러운 느낌이 들었다. 처음으로 내 몸과 마음이 진정으로 깨어 있고 진정으로 편안했다. 머리 속에 어떤 수다도 분석도 생각도 집착도 시도도 없었다. 홀가분해지더니 일종의 평화와 고요가 가득해졌다. 과거나 미래에 대한 걱정이 더 이상 하나도 문제될 게 없는 것 같았다.

그런 깨달음에 이르자 치유될 수 있겠다는 확신이 들었다. 동시에 척추를 재건하며 원하는 심상心象을 창조하는 일이 매일 조금씩 더 쉬워지기 시작했다. 무엇보다 상당히 의미 있는 생리적 변화들이 일부 느껴졌다. 그때부터 나는 변화를 위해 내면에서 내가 하던 일을 '나'의 밖, 즉 내 몸 안에서 일어나는 일과 연결해 생각하기 시작했다. 그렇게 연결하는 순간 나는 더 많은 확신을 갖고 더 큰 집중력으로 그 일을 할 수 있었다. 나는 그 일을 하고 또 했다. 그리고 마침내는 그 일을 어쩔 수 없이 해야 하는 끔찍한 일이 아니라 기쁘고 고무적인 일로 여기며 계속 해나갈 수 있었다. 전에는 한 번 끝내는 데 두세 시간이 걸렸던 일이 훨씬 짧은 시간에 끝이 났다.

덕분에 시간이 한결 여유로워졌다. 남은 시간 동안에, 물가에 나가서 다시 일몰을 보게 된다면, 친구들과 다시 음식점에 가서 점심을 먹게 된다면 어떨까 같은 생각들을 하기 시작했다. 나는 이제는 그런 일들을 결코 당연한 일인 양 여기지 않을 것 같았다. 그런 생각들은 더 구체적이 되어서, 예를 들어 샤워를 하며 얼굴과 몸에 물을 맞는 느낌, 혹은 그냥 변기에 앉아 있는 느낌, 샌디에이고 해변을 걷는 느낌, 얼굴에 바람을 맞는 느낌 같은 것도 상상했다. 사고 전에는 진정코 한 번도 대단하다고 생각해 본 적 없는 일들이었는데 이제는 하나같이 소중했다. 그리고 나는 시간이 걸리더라도 내가 이미 그곳에 가 있는 듯 느껴질 때까지 그 모든 일을 가슴 깊이 끌어안았다.

그 당시에는 내가 무슨 일을 하고 있는지 몰랐지만, 지금은 잘 안다. 나는 양자장quantum field 속에 존재하는 미래의 모든 가능성들에 대해 생각하고 그 각각의 가능성을 감정적으로 받아들이는 중이었다. 그리고 내가 의도적으로 어떤 미래를 선택한 다음 그 미래에 느끼게 될 고양된 감정까지 미리 느낀 그 순간, 내 몸은 실제로 자신이 이미 그 미래를 경험하고 있다고 믿었다. 원하는 운명을 바라보는 나의 능력이 갈수록 더 날카로워지면서 내 몸의 세포들은 스스로를 재조직하기 시작했다. 나는 새로운 유전자들에 새로운 방식으로 신호를 보내기 시작했고, 그러자 내 몸은 정말로 빠르게 회복되어 갔다.

그때 나는 양자 역학의 주요 법칙 중 하나를 배우고 있었다. 마음과 물질이 서로 분리된 요소가 아니고, 의식적·무의식적 생각과 느낌이 바로 우리의 운명을 지배하는 청사진이라는 것 말이다. 인간의 마음과 양자장 내 무한한 가능성의 마음 안에는 모든 가능한 미래를 구현하게 하는 끈기와 확신과 집중의 능력이 들어 있다. 잠재적으로 이미 존재하는 모든 미래 현실을 끌어내리려면 이 두 마음이 반드시 함께 일해야 한다. 나는 그런 의미에서 우리가 인종, 젠더gender, 문화, 사회적 지위, 교육의 정도, 종교적 신념에 상관없이, 심지어 과거에 아무리 큰 실수를 저질렀다고 해도 모두 신과 같은 창조자임을 깨달았다. 그때 생애 처음으로 내가 진정으로 축복받은 존재라고 느꼈다.

나는 다른 몇 가지 유용한 치료도 받았다.《꿈을 이룬 사람들의 뇌》(원제는 *Evolve Your Brain*)에서 자세히 설명한 바 있는 식이 요법 등의 섭생 프로그램, 전문가 친구들로부터 받는 에너지 치유, 정교한 재활 프로그램을 시작한 것이다. 하지만 나에게는 내 안의 지성과 접촉하고 그것을 통해서 내 마음으로 내 몸을 치유하는 것보다 더 중요한 일은 없었다.

사고 후 9주 반이 지났을 때 나는 일어났고 일상으로 돌아왔다. 보조 장치를 집어넣지도 않았고 수술도 받지 않았다. 나는 완전히 회복되었다. 사고 10주 후 다시 카이로프랙터로서 환자들을 보기 시작했고, 12주째에는 재활 운동을 계속 하기는 했지만 사고 전에 하던 훈련과 웨이트 트레이닝을 다시 할 수 있었다. 그리고 사고 후 거의 30년이 지난 지금 나는 정직하게 말할 수 있다. 그동안 등이 아픈 적이 거의 없었다고 말이다.

## 본격적인 연구의 시작

그런데 나의 모험이 거기서 끝난 것은 아니었다. 일상으로 돌아온 내가 예전의 나일 수는 없었다. 나는 많은 면에서 변해 있었다. 나는 새 세상으로 들어간 것 같았다. 하지만 당시 내가 알던 사람 중에서 그 세계에 대해 제대로 아는 사람은 아무도 없었다. 친구들과 어울리는 일이 예전만큼 즐겁지가 않았다. 예전에 살던 삶으로 돌아갈 수 없다는 게 확실해 보였다. 한때 그렇게 중요하던 것들이 정말이지 더 이상 하나도 중요하지 않았다. 그리고 "나는 누구인가?" "이 삶에 무슨 의미가 있는가?" "지금 여기서 나는 무엇을 하고 있는 것인가?" "나의 목적은 무엇인가?" "신이란 과연 무엇인가? 혹은 어떤 존재인가?" 같은 큰 질문들을 던지기 시작했다. 곧 샌디에이고를 떠나 태평양 연안 북서부로 이사했고, 나중에는 워싱턴 주 올림피아 근처에서 카이로프랙틱 클리닉을 열었지만, 처음에는 세상에서 은둔한 채 영성spirituality 연구에만 몰두했다.

그러는 동안 나는 불치라고 생각되는 심각한 질병이나 상태가 수술이나 약물 치료 같은 기존 의학의 개입 없이 치유되는 이른바 자연 관해spontaneous remissions에도 큰 관심을 갖게 되었다. 회복기의 길고 외로운 밤들을 뜬눈으로 지새우면서 나는 내 안의 그 의식에게 약속을 했다. 내가 다시 걸을 수 있다면 몸과 마음의 연결, 그리고 물질을 지배하는 마음의 개념을 조사하고 연구하는 데 남은 생을 다 바치겠다고 말이다. 그리고 바로 그것이 그 후 거의 30년 동안 내가 해오고 있는 일이다.

나는 병원 치료건 다른 치료건 치료를 받았음에도 낫지 않거나 오히려 더 심해졌는데 갑자기 병이 나았다는 사람들을 나라가 어디든지 두루두루 찾아다녔다. 그들 사이의 공통점을 찾기 위해 인터뷰를 시작했고, 그들을 낫게 한 것이 무엇인지 이해하고 기록해 나아갔다. 과학과 영성을 결합하고 싶은 나의 열정 때문이었다. 나는 그 기적적인 경우들 하나하나가 모두 마음이라는 강력한 요인 덕분임을 알게 되었다.

내 안의 과학자가 호기심을 키우며 들썩이기 시작했다. 나는 다시 대학 수업을 들으며 신경 과학의 최신 연구들을 공부했고, 대학원에 들어가 뇌 영상법brain imaging, 신경 가소성neuroplasticity, 후성後成 유전학epigenetics(또는 후생後生 유전학), 정신신경면역학 분야의 연구에 박차를 가했다. 그리고 생각했다. 이제 내가 인터뷰한 사람들이 그렇게 나을 수 있었던 이유를 알고 또 마음을 바꾸는 과학에 대해서도 알고 있으니(알고 있다고 생각했다) 그런 치유를 재현해 낼 수도 있어야 한다고 말이다. 즉 아픈 사람들은 물론이고 건강하지만 건강을 계속 유지하고 싶어 하는 사람들, 또 인간 관계나 직업, 가족 관계 등 삶 자체의 변화를 원하는 사람들이 그런 치유와 변화를 경험하도록 해줄 수도 있어야 한다는 생각이 들었다.

그러다 2004년에 과학자와 연구자 14인 중 한 사람으로 다큐멘터리 영화 〈도대체 우리가 아는 것이 무엇인가?What the bleep do we know?〉의

29

촬영에 초대받아 참여하게 되었는데, 이 영화가 하루아침에 대단한 센세이션을 몰고 왔다. 이 영화를 본 사람들이 실체의 본성에 대해 질문하기 시작했고, 관찰이 정말 중요한지, 더 정확히 말해 관찰이 곧 현실matter이 되는지 보기 위해 삶을 대상으로 실험을 하기 시작했다. 전 세계 사람들이 이 영화와 이 영화에서 지지하는 개념들을 입에 담았다. 그 뒤를 이어 2007년 나의 첫 번째 책《꿈을 이룬 사람들의 뇌》가 출간되었다. 이 책이 서점에 나온 지 좀 되었을 때 사람들이 나에게 "어떻게 그렇게 해요?" "어떻게 삶을 바꿔서 원하는 삶을 창조할 수 있어요?"라고 질문하기 시작했다. 그리고 이 질문은 곧 사람들이 나에게 가장 많이 묻는 질문이 되었다.

그래서 나는 팀을 만들어 미국 전역은 물론 세계 곳곳을 돌아다니며 워크숍을 열고, 뇌가 작동하는 법과 신경 생리학적 원칙들을 이용해 생각을 재설계하는 법을 가르치기 시작했다. 처음에는 단지 정보만 나누고 끝나는 워크숍이 대부분이었다. 하지만 사람들이 더 많은 것을 원했기 때문에 나는 그 정보를 보강할 수 있는 명상법을 추가했다. 참가자들에게 몸과 마음의 변화를 부르기 위해 따라할 수 있는 실질적인 지침들을 제공한 것이었는데 그 결과 그들의 삶 또한 바뀌어나갔다. 세계 곳곳에서 그렇게 입문 성격의 워크숍을 마치자 사람들이 "다음에는 또 어떻게 해야 하느냐?"고 물었다. 그래서 나는 또 다음 단계의 워크숍을 주최하기 시작했다. 그 과정도 마치자 더 많은 사람이 또 다음 단계의 더 높은 수준의 워크숍을 열어줄 수 없겠느냐고 물어왔다. 내가 워크숍을 연 거의 모든 곳에서 그런 일이 계속 이어졌다.

강의를 하나 마칠 때마다 나는 그것이 전부라고, 내가 가르칠 수 있는 것은 다 가르쳤다고 생각했는데 사람들은 계속 더 요구했다. 그 덕분에 나도 더 많이 공부할 수 있었고 발표와 명상법도 더 다듬어나 갈 수 있었다. 그리고 그것이 탄력을 받을 즈음 좋은 피드백들이 돌아오기 시작했다. 사람들이 어느 정도 자기 파괴적인 습관들을 없애고 더 행복한 삶을 살게 되었다고 말했다. 당시까지만 해도 작은 변화들뿐이었지만(크게 의미 있는 변화는 없었다), 사람들은 내가 전하는 정보를 마음에 들어 했고 계속 실습하고 싶어 했다. 그래서 나를 부르는 곳이면 어디든 찾아갔다. 때가 되면 더 이상 부르지 않을 것이고, 그럼 이일을 다 하는 것이라는 생각에서였다.

첫 번째 워크숍을 시작한 지 1년 반 정도 지났을 무렵 우리 팀은 그동안 워크숍에 참가한 사람들로부터 꾸준한 명상 결과 긍정적인 변화들을 경험하고 있다는 내용의 이메일을 받기 시작했다. 삶 속에서 구체적인 변화가 홍수처럼 밀려들기 시작했다면서 그들은 매우 기뻐했다. 그 후 1년여에 걸쳐 받은 피드백은 우리의 마음을 사로잡기에 충분했다. 워크숍 참가자들의 주관적인 판단만으로가 아니라 의료 검사의 수치 같은 객관적인 결과로도 건강이 좋아진 것이 확인된다고 보고하기 시작한 것이다. 때로 완전히 정상으로 돌아왔음을 보여주는 검사 결과도 있었다! 그 사람들도 내가 연구하고 관찰하고 마침내《꿈을 이룬 사람들의 뇌》에 썼던 바로 그 육체적·정신적·감정적 변화들을 만들어낼 수 있었던 것이다.

자꾸 반복되는 일은 그것이 무엇이건 과학 법칙으로 굳어질 가능성이 크고, 따라서 그런 사실들을 목격하는 일은 더할 수 없이 흥미로운 일이다. 마치 많은 사람이 우리에게 이메일을 보낼 때 "믿기 힘드시

겠지만……"이라는 말로 편지를 쓰기로 작정한 것만 같았다. 그들이 경험한 변화는 이제 더 이상 우연이라고 할 수 없었다.

얼마 후 같은 해에, 시애틀에서 두 번에 걸쳐 워크숍 행사를 가졌는데 그때 무언가 놀라운 일이 벌어지기 시작했다. 첫 번째 행사에서, 다발성 경화증 때문에 도착할 때는 보행기를 이용했던 한 여성이 워크숍이 끝날 때는 보행기 없이 혼자 걸었다. 두 번째 행사에서는, 10년 동안 다발성 경화증으로 고통받던 또 다른 여인이 늘 느껴오던 왼발의 마비와 저림 증상이 사라졌다며 춤을 추기 시작했다.(이 두 여인 중 한 명에 대해서는 뒤에 더 소개될 것이다. 그리고 이와 유사한 다른 사람들 이야기도 소개된다.) 2010년, 사람들의 요구에 부응해 콜로라도에서 전보다 한 단계 업그레이드된 워크숍을 진행했을 때는 사람들이 즉석에서 더 건강해졌음을 알아채기 시작했다. 사람들이 일어나 마이크를 잡더니 상당히 고무적인 말들을 해주었다.

그즈음 나는 기업주들로부터 '변화의 생물학', '리더십의 신경과학', '기업 문화 변형을 위한 개인의 변형'을 주제로 강연해 달라는 요청을 많이 받았다. 한 단체에서 관련 내용을 발표하고 나면 여러 간부들이 찾아와 내 아이디어를 변형을 위한 기업 모델로 채택하고 싶다고 말하곤 했다. 그래서 나는 기업과 기관을 위한 맞춤용 8시간 연수 코스를 만들었다. 그 코스가 크게 성공한 덕분에 '천재가 되는 30일30 Days to Genius'이라는 기업용 프로그램이 탄생했다. 어느 순간에 보니 나는 '소니 엔터테인먼트 네트워크', '갤로 패밀리 빈야드', 전기 통신 기업 '와우WOW!'(원래 이름은 활짝 열린 서양이라는 뜻의 'Wide Open West' 였다)를 비롯해 많은 기업들과 일을 하고 있었다. 그리고 고위 경영자들을 위한 개인 지도가 그 뒤를 이었다.

기업용 프로그램 수요가 몹시 커져서 나는 이런 프로그램을 진행할 지도자들을 훈련시키기 시작했다. 현재는 30명이 넘는 코치들이 활발히 활동하고 있다. 그중에는 전직 CEO, 기업 컨설턴트, 심리치료사, 법조인, 외과 의사, 엔지니어 등 전문 업종 종사자도 많다. 이들은 전 세계를 다니면서 회사의 변형을 이끄는 우리 모델을 가르치고 있다.(현재 우리는 코치들이 독립적으로 일할 수 있도록 계획을 세우고 있다. 우리가 만들어온 변화를 위한 모델을 갖고 각자 자신의 클라이언트들과 작업할 수 있게 하려고 한다.) 이런 미래는 꿈속에서조차 단 한 번도 상상해 본 적이 없었다.

나는 2012년《꿈을 이룬 사람들의 뇌》의 실천편이라 할 두 번째 책《브레이킹, 당신이라는 습관을 깨라 Breaking the Habit of Being Yourself》(한국어판 제목, 이하《브레이킹》—옮긴이)를 썼다. 이 책에는 변화의 신경 과학과 후성 유전학에 대한 더 자세한 설명과 함께, 이러한 변화에 필요한 단계적 지침들을 가지고 (당시 내가 진행하는 워크숍을 토대로 해서) 만든 4주짜리 프로그램도 포함시켰다.

그 후 나는 콜로라도에서 한층 더 발전시킨 워크숍을 진행했고, 그곳에서 우리는 상태가 각기 다른 일곱 사람이 그 자리에서 자연 관해를 경험하는 모습을 지켜보았다. 심각한 음식 알레르기 때문에 상추만 먹고살던 여성이 바로 그 주 말에 치유되었다. 다른 사람들도 글루텐 불내성, 만성 소화 장애증, 갑상선 문제, 심각한 만성 통증을 비롯한 여러 증상들을 치유했다. 나는 갑자기 사람들이 그때까지의 현실에서 벗어나 새로운 현실을 창조하고 건강과 삶에 커다란 변화가 일어나는 장면을 목격하게 되었다. 바로 내 눈앞에서 벌어진 일들이었다.

## 변형을 위한 정보

2012년 콜로라도 워크숍은 내 일의 전환점이 되었다. 사람들이 명상을 하는 동안 편안한 느낌을 받는 것은 물론이고 바로 그 자리에서 새로운 유전자를 새로운 방식으로 발현하며 의미 있는 변화를 일으키고 있는 것을 내가 마침내 볼 수 있었기 때문이다. 루푸스(피부에 발진을 일으키는 자가 면역 질환의 하나—옮긴이) 같은 건강 문제로 몇 년 동안이나 고생하던 사람이 한 시간 명상으로 건강해졌다면 그 사람의 몸뿐만 아니라 마음속에서도 뭔가 의미심장한 일이 일어났음에 틀림없다. 나는 워크숍에서 그런 일이 벌어질 때 그 변화들을 측정하고 싶었다. 그래야 정확히 무슨 일이 벌어지고 있는지 볼 수 있을 테니까 말이다.

그래서 2013년 초, 나는 워크숍을 완전히 새로운 수준으로 끌어올릴 아주 새로운 이벤트를 하나 마련했다. 애리조나 워크숍은 참가자가 200명이 넘는 나흘짜리 워크숍이었는데, 나는 특별히 신경 과학자, 엔지니어, 양자 역학 연구자들을 포함한 연구 팀을 하나 꾸려서 그들에게 특별 장비를 갖추고 워크숍에 참여해 줄 것을 요청했다. 그들은 각자의 장비로 전자기장 흐름을 측정해, 워크숍이 진행되는 동안 방 안에서 일어나는 에너지 변화를 살폈다. 또 참가자들의 몸 주변과 그 몸의 에너지 센터들('차크라'라고도 불린다)의 에너지장도 측정했다. 참가자들이 그 차크라들의 에너지를 바꾸는지 아닌지 보기 위해서였다.

측정은 매우 정교한 기계 장비들로 이루어졌다. 그중에는 뇌의 전기 활동을 측정하는 뇌전도EEG 측정기, 뇌전도 측정 데이터를 컴퓨터로 분석하는 정량적 뇌전도QEEG 측정기, 심장 박동들 사이의 다양한 간격과 그 일관성을 기록하는 심박 변이도 분석기HRV(심장과 뇌의 소통 상태를 반영하는 심장 리듬을 측정하는 것), 생물 에너지장 내부의 변화를 측정하는 기체 방전 구상기GDV도 있었다.

우리는 사람들의 뇌 속 세계에서 무슨 일이 벌어지는지 보기 위해 그 이벤트 전후로 많은 참가자들의 뇌를 촬영(뇌 스캔brain scan. 뇌 주사 사진이라고도 한다—옮긴이)했고, 사람들을 임의로 선택해서 이벤트 기간에도 뇌 촬영을 진행했다. 내가 매일 이끌던 세 번의 명상 시간 동안 뇌가 변화하는 양상을 모두 측정해 보고 싶었기 때문이다. 이벤트 자체도 대단했다. 파킨슨병을 앓던 어떤 사람은 더 이상 떨지 않았고, 외상성 뇌 손상을 입은 사람이 치유되었다. 뇌와 몸 속의 종양들이 사라지는 사람들도 있었다. 관절염에 시달리던 많은 사람이 몇 년 만에 처음으로 고통을 느끼지 않았다고도 했다. 그 외에도 심오한 변화들이 많이 일어났다.

이 놀라운 이벤트를 진행하면서 우리는 이전 워크숍 참가자들이 건강과 관련해서 보고한 주관적인 변화들을 마침내 과학적인 측정 방식으로 포착해서 객관적으로 기록할 수 있었다. 나는 그때 우리가 한 관찰과 기록이 역사에 남을 일이라고 생각한다. 이 책 뒤에서 그때 우리가 한 일을 더 구체적으로 보여줄 것이다. 평범한 사람들이 비범한 일을 해낸 이야기들과 함께 말이다.

내가 그 워크숍을 진행한 취지는, 사람들에게 과학적인 정보를 전달하고 그 정보를 실제로 적용하는 법도 가르쳐줌으로써 사람들로 하여금 높은 수준의 개인적 변형을 이루게 하자는 것이었다. 현대에는 결국 과학이 신비주의를 설명할 가장 적당한 언어인 셈이다. 종교나 문화를 말하는 순간 또 전통을 인용하는 순간 청중들은 분리되어 버린다. 하지만 과학은 그들을 통합시키고 신비의 겉옷을 벗겨낸다.

그리고 나는 다음과 같은 사실도 발견했다. 내가 (가능성의 과학을 이해하는 데 도움을 주고자 약간의 양자 역학 이론을 끌어와서) 변형을 위한 과학적 모델을 가르칠 수 있다면, 그리고 거기에 신경 과학, 신경 내분비학, 후성 유전학, 정신신경면역학에 대한 최신 정보들을 첨가할 수 있다면, 거기에 정확한 훈련법을 전달할 수 있고 그 정보들을 적용할 기회를 제공할 수 있다면, 그러면 사람들은 변화를 경험하게 된다는 사실 말이다. 또 변형이 일어날 때 내가 그 변형을 측정할 수 있는 환경에 있다면, 그러한 변형의 측정은 참가자들에게는 더 큰 정보가 될 것이다. 참가자들이 방금 경험한 변형에 대해 내가 가르쳐줄 수 있을 것이기 때문이다. 그 정보로 그들은 또 다른 변형을 이루게 될 것이다. 그리고 사람들이 '그들이 생각하는 그들'에서 벗어나 '진정한 그들'(신과 같은 창조자)에 가까워지면 질수록 그러한 변형을 이어가기가 점점 더 쉬워질 것이다. 나는 이러한 정보를 '변형을 위한 정보'라고 부르는데 최근에 내가 열정적으로 살피고 있는 부분이다.

현재 나는 입문자를 위한 7시간 온라인 집중 워크숍도 하고, 전 세계를 돌아다니며 1년에 9~10회에 걸쳐 3일짜리 중급 과정 워크숍도 진행하고 있다. 또 1년에 한두 번, 앞에서 언급한 과학자들과 함께 뇌·심장 기능·유전자 발현·에너지 변화 등을 즉석에서 측정하는 5일짜리 고급 과정 워크숍도 진행한다. 그 결과들은 더할 수 없이 놀라운 것들로 바로 이 책의 바탕이 되었다.

# 서론: 생각을 현실로 만들기

고급 과정 워크숍에서 본 믿기 어려운 결과들과 거기에서 나온 과학적 데이터들을 보고 나는 플라시보placebo(僞藥)를 떠올렸다. 사람들은 어떻게 해서 당의정이나 식염제 같은 것을 복용하거나 주사를 맞게 되고 외부의 어떤 것을 믿길래 정말로 병이 낫는 걸까?

그러다 이런 질문도 하기 시작했다. "사람들이 외부의 어떤 것이 아니라 그들 자신을 믿기 시작한다면 어떻게 될까? 스스로 내면의 어떤 것을 바꿀 수 있다고 믿는다면? 플라시보를 먹은 사람과 똑같은 상태를 스스로 만들 수 있다면? 우리 워크숍 참가자들이 지금까지 바로 그런 일을 해서 정신적·육체적으로 상태가 호전된 것은 아닐까? 존재 상태를 변화시키는 데 정말로 약이나 주사가 필요할까? 플라시보 효과의 본질을 제대로 알면 약이나 주사가 하는 일을 우리도 똑같이 할 수 있지 않을까?"

뱀을 들고 스트리크닌strychnine(독성 물질—옮긴이)을 마셔도 몸에 아무 이상도 보이지 않던 목사는 결국 자신의 존재 상태를 바꿨던 것이 아닐까?(1장에서 이 이야기를 더 자세히 살펴볼 것이다.) 그렇다면 뇌 속에서 벌어지는 일을 측정할 수 있고 그 정보들을 전부 볼 수 있다면 우리는 외부의 어떤 것(플라시보)에 의지하지 않고 스스로 플라시보 효과를 내는 법을 알 수 있지 않을까? 우리는 사람들에게 그들 자신이 플라시보임을 가르칠 수는 없을까? 다른 말로, 우리는 당의정이나 식염제 주사 같은 '이미 알고 있는'(旣知) 것을 믿기보다는 '아직 모르는'(未知) 것을 믿음으로써 그 미지의 것을 기지의 것으로 만들도록 사람들을 설득할 수는 없을까?

정말이지 나는 플라시보 효과를 일으키는 모든 생물학적·신경학적 장치를 우리가 이미 갖고 있다는 사실을 이 책을 통해 여러분이 깨닫기를 바란다. 나의 목적은 만물의 진정한 존재 방식에 대한 신과학新科學 정보들을 이용해, 나의 이런 생각이 신비한 것이 아니라 엄연한 사실임을 보여주는 것이다. 그 결과 많은 사람들이 이런 생각을 접하고 내면의 상태를 바꿔서 더욱 건강해질 뿐 아니라 외부 세계에도 긍정적인 변화를 불러일으킬 수 있기를 바란다. 너무 굉장한 소리라서 비현실적으로 들리더라도 책을 끝까지 읽어보았으면 한다. 워크숍을 통해 얻은 자료들을 통해서 그것이 어떻게 가능한지 정확히 드러날 것이다.

## 이 책이 다루지 않는 것들

오해의 소지를 없애기 위해 이 책에서 다루지 않는 것들을 미리 밝혀두고자 한다. 첫째, 이 책은 의료적인 치료의 일환으로 플라시보를 사용하는 것이 윤리적으로 괜찮은가 하는 문제는 다루지 않는다. 불활성 물질(위약)로 의학 실험 대상이 아닌 환자를 다루는 일이 도덕적으로 온당하냐 아니냐를 둘러싸고 논쟁이 많다. 결과가 수단을 정당화할 수 있느냐 같은 주제로 플라시보와 관련해 방대한 토론을 벌이는 것도 가치 있을 수 있다. 그러나 이런 문제는 이 책을 통해 내가 전달하려는 메시지와는 맞지 않는다. 이 책은 다른 사람이 당신을 속여 위약을 먹게 해도 되느냐 안 되느냐에 대한 것이 아니라, 당신의 변화를 만들어나가는 운전석에 당신 자신을 앉히는 일에 대한 것이다.

이 책은 부정denial에 대한 책도 아니다. 이 책에서 소개하는 방법 중 어떤 것도 당신의 현재 건강 상태를, 그 상태가 어떻든 전혀 부인하지 않는다. 사실은 그 반대이다. 병을 낫게 하는 것이 이 책의 전부인 것이다. 나의 관심은 사람들이 아픈 상태에서 건강한 상태로 옮겨갈 때 그들이 만들어내는 변화를 측정하는 데 있다. 《당신이 플라시보다》는 현실을 거부하는 이야기를 하는 책이 아니라, 당신이 '새로운' 현실로 들어갈 때 어떤 일이 가능해지는지를 보여주는(여기서 새로운 현실이란 가능성의 에너지로 가득한 양자 현실을 뜻한다. 이 책은 그 양자 현실로 들어갈 때 가능성으로만 있던 것을 구체적으로 실현시킬 수 있다고 말한다—옮긴이) 책이다.

의학적 실험 형태로 나오는 정직한 피드백을 보면 우리가 지금 잘하고 있는지 아닌지 알 수 있다. 당신이 어떤 일을 잘해냈음을 과학적인 증거를 통해 확인받으면 그런 결과에 이르기 위해 당신이 어떤 일을 했는지 주목하게 되고 다음에도 똑같이 하게 된다. 그와 반대의 경우라면 변화를 줄 때라는 의미이다. 잘 해낼 수 있을 때까지 변화를 계속해야 한다. 이런 방식으로 우리는 과학과 영성을 겸비할 수 있다. 그에 반해 부정은 내면도 주변 현실도 보지 않는 것이다.

또 이 책은 이런저런 치유법들이 효율적인지 어떤지 질문하지 않는다. 서로 다른 치유법들이 많이 있고 그들 다수는 상당히 효과가 있다. 어떤 치유법이건 최소한 몇몇 사람들에게는 적잖은 효과를 내게 마련이지만, 여기서 그 모든 치유법을 나열하는 것은 이 책에서 내가 집중하고 싶은 일이 아니다.

이 책의 목적은 나의 주의를 가장 많이 끈 특정한 치유법을 소개하는 것이다. 그것은 생각만으로 자신을 치유하는 것이다. 당신에게 좋게 작용하는 치유법이 있다면 그것을 계속해 나아가기 바란다. 처방약, 수술, 침술, 카이로프랙틱, 바이오피드백, 치료 목적의 마사지, 식이 요법, 요가, 반사 요법, 에너지 의학 등등 뭐든 좋다. 이 책에서 거부하는 것이 있다면 우리가 자신에 대해 스스로 부과하는 한계, 그것뿐이다.

## 이 책이 다루는 것들은?

이 책은 두 부분으로 나눠진다.

제1부에서는 플라시보 효과가 무엇인지 이해하는 데 도움이 될 배경 지식과 정보를 자세히 다룰 것이다. 그리고 우리의 뇌와 몸 속에서 플라시보가 작동하는 방식을 살펴볼 것이고, 더불어 같은 종류의 기적적인 변화들을 당신의 뇌와 몸 속에서 당신 혼자, 오직 생각만으로 창조하는 법도 살펴볼 것이다.

1장에서 나는 인간 마음의 놀라운 힘을 증명하는 믿을 수 없는 이야기 몇 편을 소개하면서 이 책을 시작할 것이다. 생각이 어떻게 그들 자신을 치유했는지 들려주는 이야기도 있고, 어떻게 그들을 병들게 했는지(때로는 심지어 죽음을 앞당겼는지) 들려주는 이야기도 있다. 암 진단을 받고 죽었지만 검시해 보니 오진이었음이 드러난 남성, 항우울제 시험 약제가 사실 플라시보였는데 수십 년 동안 고통받던 우울증에서 극적으로 벗어난 여성, 골관절염으로 다리를 절었지만 가짜 무릎 수술을 받고 기적처럼 병이 나은 퇴역 군인들 이야기가 나올 것이다. 부두 voodoo교 저주 이야기나 독사를 다루는 사람 이야기 같은 깜짝 놀랄만한 이야기도 등장한다. 이런 극적인 이야기들을 하는 이유는 현대 의학의 도움이 없어도 인간의 마음이 단독으로 할 수 있는 일들이 얼마나 방대한 영역에 걸쳐 있는지 보여주고 싶기 때문이다. 이런 이야기들을 통해 '어떻게 그것이 가능하지?'라는 의문을 갖기 바란다.

2장에서는 플라시보의 역사를 간략히 살펴볼 것이다. 비엔나의 한 의사가 치료 목적(그는 그렇게 생각했다)으로 경련을 유도하기 위해 자철磁鐵을 이용한 1770년대부터, 신경 과학자들이 마음이 작동하는 복잡다단하고 흥미진진한 미스터리들을 풀고 있는 현대에 이르기까지, 플라시보와 관련한 모든 과학적 발견을 추적해 나아갈 것이다. 약속 시간에 늦게 가보니 환자가 램프의 불꽃에 취해 있는 것을 보고 최면술을 계발한 의사, 제2차 세계대전 때 모르핀이 부족한 상황에서 식염제를 진통제로 활용한 군의관 이야기 등이 등장한다. 또 일본에서 행한 정신신경면역학 관련 실험 이야기도 읽게 될 것이다. 독이 있는 덩굴 이파리를 독 없는 이파리로 교체해 놓았지만 독이 있다고 생각한 피험자들이 알레르기 반응을 보인 이야기이다.

여러분은 또 노먼 커즌스Norman Cousins(웃음이 건강에 미치는 영향을 연구한 웃음 전문가—옮긴이)가 어떻게 웃음으로 건강을 되찾았는지, 하버드 대학의 연구원이자 의사인 허버트 벤슨Herbert Benson이 어떻게 초월 명상법Transcendental Meditation으로 심장 질환 환자들의 발병 요소를 줄일 수 있었는지, 이탈리아의 신경 과학자 파브리지오 베네데티Fabrizio Benedetti가 피험자들에게 약을 줬다가 그 약을 슬쩍 플라시보로 바꾼 다음 뇌가 온몸에 원래의 약이 생산하던 것과 똑같은 신경 화학 물질들을 계속 생산하라는 신호를 보내는지를 어떻게 관찰하게 되었는지도 알게 될 것이다. 그리고 당신은 정말로 판을 뒤흔들 새롭고 놀라운 연구 결과들도 보게 될 것이다. 예를 들어 플라시보 복용으로 과민성 대장 증상도 극적으로 호전시킬 수 있다. 심지어 그 약이 비활성인 플라시보라는 것을 잘 알고 있는데도 말이다.

　3장에서는 플라시보 효과가 나타날 때 뇌에서 벌어지는 생리학에 대해 살펴볼 것이다. 플라시보가 효과를 보이는 것은, 어떤 의미에서, 건강해질 수 있다는 새로운 생각을 당신이 받아들이고 그 생각을 즐길 수 있게 되면서 그 새로운 생각이 '나는 늘 아플 거야'라는 기존의 생각을 대체하기 때문이란 사실을 당신도 알게 될 것이다. 이 말은 당신이 생각을 바꿔 더 이상 익숙한 과거와 똑같은 미래가 이어질 거라고 무의식적으로 기대하지 않고 가능성 있는 새로운 결과를 바라고 기대하기 시작하면 플라시보 없이도 똑같은 효과를 일으킬 수 있다는 뜻이다. 이런 이야기에 동의한다면 당신은 자신이 어떻게 생각을 하는지, 마음이 무엇인지, 생각과 마음이 어떻게 몸에 영향을 미치는지 살펴보고 싶어질 것이다.

　나는 당신이 계속해서 똑같은 생각을 한다고 할 때 어떻게 해서 그 생각이 똑같은 선택을 부르고, 그 선택이 똑같은 행동을 야기하고, 그 행동이 똑같은 경험을 만들고, 그 경험이 똑같은 감정을 생산하며,

그 감정이 또 애초의 그 생각을 부르게 되는지, 그러니까 신경 화학적으로 볼 때 당신이 왜 늘 똑같은 상태에 머물게 되는지 설명할 것이다. 결국, 당신이 생각하는 스스로의 모습을 당신이 자신에게 계속 상기시켜 주고 있는 셈이다. 하지만 기다려보라. 그렇다고 당신이 나머지 인생도 늘 똑같은 상태로 살 수밖에 없다는 이야기는 아니다. 나는 신경 가소성의 개념도 설명할 것이고, 살아있는 한 언제든 당신 뇌로 하여금 새로운 신경 통로, 신경 연결을 만들게 할 수 있고, 따라서 변할 수 있다는 점도 설명할 것이다. 그런 사실을 어떻게 알게 되었는지도 함께 설명할 것이다.

4장은 플라시보 반응의 생리학 다음 단계로, 신체 내 플라시보 효과에 대한 논의로 옮겨간다. 한 남성 노인 집단의 이야기로 시작이 될 것이다. 하버드 대 연구원들이 이 노인들을 대상으로 일주일 피정 프로그램을 짜 이들에게 20년 더 젊어진 것처럼 행동할 것을 요구했다. 피정이 끝날 즈음 다수의 노인이 상당한 생리학적 변화를 경험하게 된다. 모두 그들의 신체 시계를 되돌려놓는 변화였다. 그럴 수 있었던 비밀을 당신도 곧 알게 될 것이다.

그 비밀을 밝히기 위해 4장에서 나는 유전자가 무엇이며 몸 속에서 유전자가 어떻게 신호를 주고받는지를 설명할 것이다. 당신은 새롭고 흥미진진한 후성 유전학 이론이 "유전자가 곧 운명"이라는 전통적인 생각을 어떻게 물리쳤는지 보게 될 것이다. 후성 유전학은 우리가(정확하게는 우리의 마음이) 새로운 유전자들로 하여금 새로운 방식으로 행동하라고 정말로 지시할 수 있다고 말한다. 당신은 우리 몸이 유전자들을 껐다 켰다 하는 정교한 메커니즘을 갖고 있다는 사실도 알게 될 것이다. 이 말은 당신이 부모한테서 물려받은 유전자들만 발현해야 하는 불운의 존재가 아니라는 뜻이다. 그리고 잘 배우기만 하면 당신의 신경 회로 배선을 바꿔 새로운 유전자들을 선택할 수 있고 그래서 실제로 몸의 변화를 부를 수 있다는 뜻이다. 또 손상된 곳에 건강한 새 세포를 만들기 위해 우리 몸이 어떻게 줄기 세포와 접촉하는지(이것이 플라시보 효과가 부르는 많은 기적들을 설명하는 물리적 현상이다)도 알게 될 것이다.

5장에서는 앞의 두 장을 하나로 묶어서 어떻게 생각이 뇌와 몸을 바꾸는지를 설명한다. 그 시작은 "환경이 바뀔 때 생각이 바뀌어 우리의 몸이 새로운 유전자를 새로운 방식으로 발현한다면, 환경이 실제로 그렇게 바뀌기 전에 생각부터 바꿔 새로운 유전자를 발현시키는 것도 가능하지 않을까?"라는 의문이다. 그 다음 나는 아직 오지 않은 미래의 일을 지금 순간에 경험하기 위해 분명한 의도와 고양된 감정을 결합시키는(이것은 우리 몸에 미래 경험의 샘플을 제공하는 것과 같다), 이른바 '머릿속 시연mental rehearsal'이라 불리는 기술의 사용법을 설명할 것이다.

중요한 것은 내면의 생각을 외부의 환경보다 더 진짜처럼 만드는 것이다. 그러면 뇌는 그 둘 사이의 차이를 모르고 생각 속의 일이 실제로 벌어지고 있는 것처럼 여기며 그 상태에 맞게 변할 것이기 때문이다. 그런 일을 충분히 오랫동안 성공적으로 할 수 있을 때 당신의 몸은 바뀔 것이다. 당신의 몸이 후성 유전학적 변이를 일으키며 새로운 유전자를 새로운 방식으로 활성화하기 시작할 것이기 때문이다. 마치 그 상상했던 미래의 사건이 지금 벌어지고 있는 것처럼 말이다. 그리고 그때 당신은 즉시 그 새로운 현실로 걸어 들어가 플라시보가 될 수 있다. 5장에서는 어떻게 그런 일이 벌어지게 되는지 그 배후의 과학을 정리할 뿐만 아니라 허황한 것처럼 보이던 꿈을 실현하고자 이 기술을 이용한 (알고 그랬든, 모르고 그랬든) 각계각층 사람들의 이야기도 들려줄 것이다.

6장에서는 암시 감응력suggestibility 개념을 집중적으로 설명한다. 먼저 한 가지 매혹적이지만 오싹한 실험 이야기를 들려줄 것이다. 이 이야기는 정신적으로 건강한 보통 사람이 단지 최면에 아주 잘 걸린다는 특성 때문에 어떻게 처음 본 사람을 총으로 쏘아 죽이는, 평소 생각지도 못한 행동을 하게 되는지 보여준다.

당신은 사람들이 정도는 다르지만 누구나 암시 감응력을 갖고 있으며, 암시 감응력이 높을수록 잠재의식적 마음subconscious mind 속으로 더 잘 들어갈 수 있다는 사실을 보게 될 것이다. 이것은 플라시보 효과를 이해하는 데 중요한 문제이다. 의식적 마음conscious mind은 우리의 5퍼센트에 지나지 않는다. 우리의 나머지 95퍼센트가 이를테면 잠재의식적으로 프로그램화된 상태라고 말할 수 있고, 그렇기 때문에 우리 몸이 잠재의식적인 마음의 지배를 받게 되는 것이다.(즉 몸이 제멋대로 마음으로 행세하는 것이다.) 당신은 분석적 마음을 넘어서서 당신 잠재의식 속 프로그램의 작동 시스템 속으로 들어가야 한다는 것을 알게 될 것이다. 새로운 생각으로 새로운 결과를 불러 유전적 운명을 바꾸고 싶다면 말이다. 그리고 바로 그것을 하는 데 어떻게 명상이 강력한 도구가 되는지도 보게 될 것이다. 이 장은 서로 다른 뇌파 상태에 대한, 그리고 그것들 중 어떤 것이 암시 감응력을 높이는 데 가장 좋은지에 대한 간단한 논의로 끝을 맺는다.

7장에서는 태도attitude, 믿음belief, 인식perception 등이 어떻게 당신의 존재 상태를 바꾸고 당신의 성격personality, 즉 당신의 개인적 현실personal reality을 바꾸는지 보여주며, 새로운 현실을 창조하기 위해 태도와 믿음, 인식을 어떻게 바꿀 수 있는지를 보여준다. 여기서 당신은 무의식적 믿음들이 발휘하는 힘에 대해 읽게 되고, 당신도 모르게 품고 있던 믿음들을 찾아낼 기회도 갖게 될 것이다. 또 당신의 주변 환경과 연상 기억들이 믿음을 바꾸는 당신의 능력을 얼마나 방해하고 있는지도 보게 될 것이다.

나는 이 장에서 믿음과 인식을 바꾸기 위해서는 분명한 의도와 고양된 감정의 결합이 필요하다는 점을 좀 더 확고히 할 것이다. 이 결합이 당신이 양자장에서 선택한 미래의 그 가능성이 이미 일어난 일이라고 당신 몸으로 하여금 믿게 만드는 조건을 만들어준다. 여기에서 고양된 감정이 무엇보다 중요한데, 그것은 당신의 선택이 뇌 속의 고정된 프로그램들이나 몸 속의 중독된 감정들보다 더 큰 에너지 진폭을 가질 때에만 당신 뇌의 전기 회로망과 몸의 유전적 발현을 바꾸고 당신 몸을 (오래된 신경 전기 회로망과 조건화의 모든 흔적을 지우고) 새로운 마음으로 재조정할 수 있기 때문이다.

8장에서는 양자 우주quantum universe를 소개할 것이다. 양자 우주라는, 모든 것의 원자와 분자를 구성하는, 물질과 에너지로 이루어진 이 예측불가의 세계는 확실히 단단한 물질보다는 (텅 빈 공간처럼 보이는) 에너지 쪽에 가깝다는 사실이 드러날 것이다. 그리고 치유를 위해 플라시보 효과를 이용할 때 우리가 사용할 열쇠가 바로, 순간에 모든 가능성이 존재한다고 말하는 이 양자 모델이다. 양자 모델 덕분에 우리는 자신을 위한 새로운 미래를 선택한 뒤 그것을 현실에서 실제로 관찰할 근거를 갖게 되기 때문이다. 그리고 이 장에서 당신은 변화의 강을 건너 미지의 것을 알게 되는 것이 정말로 가능한 일임을 이해하게 될 것이다.

9장에서 나는 우리 워크숍에 참석한 사람들 가운데 건강을 위해 앞서 말한 기술들을 사용해 정말 놀라운 결과를 부른 세 사람을 소개할 참이다. 먼저, 19세에 아주 드문 불치의 퇴행성 뼈 질환 진단을 받은 로우리를 만날 것이다. 로우리는 왼쪽 다리와 엉덩이뼈가 그 후 몇십 년 사이 열두 번이나 크게 부러졌고, 걸으려면 반드시 목발에 의지해야 했는데, 지금은 지팡이도 필요 없이 완전히 정상적으로 걸어 다닌다. 뼈 엑스레이 사진도 깨끗하다.

그 다음으로 나는 원망과 화가 가득하던 시절 하시모토 병 진단을 받은 캔디스를 소개할 것이다. 하시모토 병은 심각한 갑상선 질환으로 많은 문제를 야기한다. 의사는 죽을 때까지 약을 복용해야 한다고 했지만, 캔디스는 상태를 호전시켜 결국 의사가 틀렸음을 입증했다. 지금 캔디스는 새롭게 찾은 삶과 깊은 사랑에 빠졌고, 갑상선 약을 전혀 복용하지 않으며, 혈액 테스트도 매우 정상이다.

마지막으로 다섯 아이의 엄마이자 성공한 사업가요 많은 이들이 슈퍼우먼이라고 여기던 조앤을 만날 것이다. 그랬던 그녀가 갑자기 쓰러진 뒤 이미 꽤 진전된 다발성 경화증이라는 진단을 받았다. 상태는 급격히 나빠져 결국 두 다리를 조금도 움직일 수 없게 되었다. 하지만 몇 년 동안 전혀 못 움직이던 그 여인이 어느 날 겨우 한 시간짜리 명상을 했을 뿐인데 아무 도움 없이 방 안을 돌아다녔다!

10장에서 나는 워크숍 참가자들의 더 놀라운 이야기를 그들의 뇌 주사 사진(뇌 스캔)과 함께 공유할 생각이다. 우리는 여기서 파킨슨병을 완전히 치유한 미셸, 하반신 마비 환자였지만 명상 후 휠체어에서 일어난 존을 만날 것이다. 또 출세가도를 달리던 CEO 캐시가 어떻게 '순간에 사는 법'을 배우고, 보니가 어떻게 자궁근종과 생리 이상 증세(대량 출혈)를 치유했는지도 보게 될 것이다. 마지막으로 우리는 제네비브와 마리아를 만나볼 것이다. 제네비브는 명상중에 기쁨의 눈물이 흘러내리는 멋진 축복의 상태를 맛보았고, 마리아는 뇌의 오르가슴이라고밖에 설명할 수 없는 현상을 경험했다.

우리 과학자 팀이 사람들의 뇌를 촬영해 둔 자료를 보여줄 텐데, 당신도 그것을 보면 우리가 워크숍 현장에서 목격한 변화들을 실감할 수 있을 것이다. 이 모든 자료들의 가장 좋은 점은 당신이 그와 유사한 위업을 이루기 위해 수행자도 학자도 과학자도 영적 지도자도 될 필요가 없음을 보여준다는 것이다. 박사 학위도, 의사 면허증도 필요 없다. 이 책에 나오는 사람들은 당신과 같은 평범한 사람들이다. 이 장을 읽고 나면 당신도 이 사람들이 한 일이 마술도 아니고 그렇게 기적적인 일도 아니라는 걸 알게 될 것이다. 이들은 단지 누구나 연마할 수 있는 기술들을 배우고 적용한 것뿐이다. 그리고 그 같은 기술을 연습한다면 당신도 비슷한 변화를 만들어낼 수 있을 것이다.

이 책의 제2부는 모두 명상에 관한 것이다. 11장에서는 명상을 위한 간단한 준비 단계들을 보여주고 당신에게 도움이 될 구체적인 기술들을 소개할 것이다. 12장에서는 내가 워크숍에서 가르치는 명상 기술들을 활용할 때 필요한 사항들을 하나씩 설명할 것이다. 앞에서 말한 놀라운 결과를 만들어낸 참가자들이 사용한 것과 똑같은 기술들이다.

플라시보의 힘을 활용하는 문제에 대해 아직 모든 답을 알지는 못하지만, 내가 다행으로 생각하는 것은 다양한 사람들이 실제로 이 아이디어를 이용해 삶 속에서 비범한 변화를, 다른 많은 사람들이 사실상 불가능하다고 생각하는 그런 변화를 바로 지금 만들어가고 있다는 것이다. 이 책에서 내가 나누고자 하는 기술들이 몸의 치유에만 한정될 필요는 없다. 이 기술들을 이용해 삶의 모든 측면을 향상시킬 수 있다. 이 책이 여러분을 고무시켜 이 기술들을 시도해 보고 싶은 마음이 들게 되길 바란다. 그리고 지금까지 말한, 불가능한 것처럼 보이는 변화를 당신도 삶에서 가능한 것으로 만들기를 바란다.

『 이 책에 소개하는 이야기는 모두 실제로 내 워크숍에서 치유를 경험한 사람들의 이야기이다. 하지만 그들의 이름과 구체적인 개인 정보는 사생활 보호 차원에서 조금씩 바꿔서 소개했다. 』

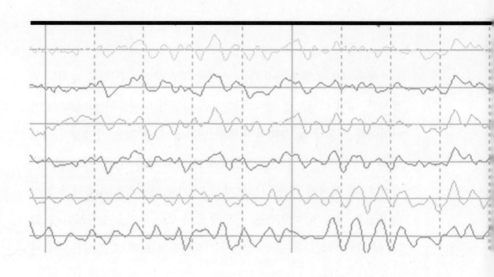

# PART 1
# INFORMATION

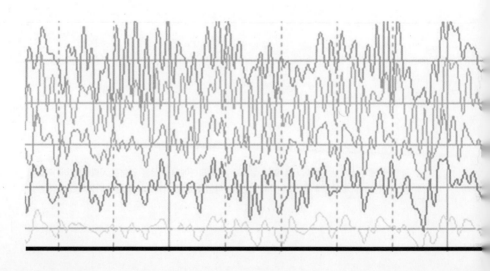

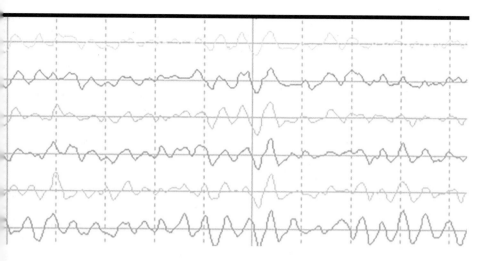

정보

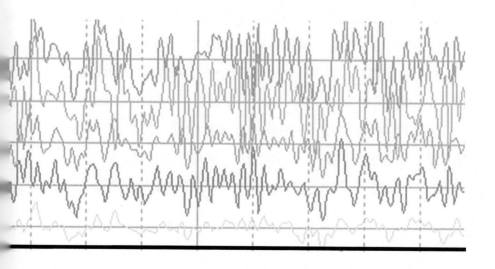

# 01:이런 일이
   가능한가?

1970년대 초, 세인트루이스 근교에 살던 은퇴한 신발 판매원 샘 론더는 갑자기 음식물을 삼키기가 힘들었다.[1] 결국 의사를 찾아갔고, 의사는 론더에게 전이성 식도암이라는 진단을 내렸다. 그 시대에 전이성 식도암은 불치병으로 살아남은 사람이 없었다. 그것은 사형 선고였고, 그 소식을 전하던 의사의 목소리는 무거웠다.

의사는 위장과 식도 내 암세포를 제거하는 수술을 권했다. 그래야 남은 시간을 최대한 늘릴 수 있다고 했다. 론더는 의사를 믿고 이에 동의했고 수술을 받았다. 론더는 주변의 기대대로 모든 과정을 잘 견뎌냈지만 곧 사태는 최악으로 치달았다. 간 정밀 검사 결과가 식도암보다 더 나빴던 것이다. 간 좌엽 전체에 암세포가 퍼져 있었다. 의사는 최대한 슬픈 목소리로 이제 살날이 몇 달밖에 남지 않았다고 했다.

70대의 론더 부부는 아내의 가족이 살고 있는, 그곳에서 500킬로미터 가량 떨어진 내슈빌로 이사했다. 이사 직후 론더는 그곳의 한 병원에 입원해 내과의 클리프턴 미더의 진료를 받게 되었다. 의사 미더가 론더의 병실에 처음 들어갔을 때 왜소한 체구의 론더는 수염을 덥

수룩하게 기른 채로 시트를 몇 겹이나 덮고 있었다. 간호사는 며칠 전 입원할 때부터 그런 모양새였다고 했다.

당뇨병으로 혈당 수치가 높기는 했지만 간암 환자들에게서 흔히 보이는 간 효소가 지나치게 많다는 것 외에 나머지 혈액 화학치는 거의 정상이었다. 정밀 검사에서도 더 큰 문제는 발견되지 않았다. 환자의 절망적인 상태를 고려할 때 축복과도 같은 결과였다. 새 의사의 지시에 따라 론더는 마지못해 물리 치료를 받고 영양제를 맞고 간호와 보살핌도 받았다. 며칠 후 론더는 상태가 좀 호전되고 그만큼 불평도 줄어들기 시작했다. 그리고 미더 박사에게 자신의 삶에 대해 이야기하기 시작했다.

론더는 그 전에도 한 번 결혼을 한 적이 있었다. 그와 첫 번째 아내는 서로에게 진정한 소울 메이트 같은 존재였다. 어쩐지 아이는 생기지 않았지만 그 점만 빼면 만족스러운 삶이었다. 그들은 보트 타기를 즐겼기 때문에 은퇴 후에는 큰 인공 섬 근처에 집을 하나 장만해 살았다. 그런데 어느 날 밤 근처의 흙댐 하나가 터져 성채 같은 물줄기가 집을 덮쳤고 모든 것을 앗아갔다. 론더는 잔해물에 매달려 기적적으로 살았지만 아내는 시체도 찾지 못했다.

"소중한 것을 다 잃었어요." 론더가 의사에게 말했다. "그날 밤 그 물살과 함께 내 심장과 영혼도 휩쓸려가 버렸죠."

그렇게 아내가 죽은 지 반년도 안 돼 아직 깊은 우울증과 슬픔에 빠져 지내던 바로 그때 론더는 식도암이라는 진단을 받고 수술을 받았다. 그리고 그때 두 번째 아내를 만나 결혼을 했다. 두 번째 아내는 그가 불치병에 걸렸음을 알면서도 혼자인 그를 돌보겠다고 나선 마음씨 따뜻한 여성이었다. 결혼 몇 달 후 그들은 내슈빌로 이사했고, 그 후의 이야기는 미더 박사도 다 알고 있었다.

론더의 슬픈 이야기에 미더 박사는 연민에 가득한 목소리로 물었다. "제가 어떻게 하면 도움이 되겠습니까?" 그 죽어가던 남자는 잠시 생각에 잠겼다.

그리고 마침내 이렇게 말했다. "저는 크리스마스까지 살고 싶습니다. 크리스마스 때 아내랑 처가 식구들과 함께 지내고 싶어요. 저에게 참 잘해주었으니까요. 크리스마스까지만 잘 보낼 수 있게 도와주세요. 그게 제가 바라는 전부입니다." 미더 박사는 최선을 다하겠다고 말했다.

10월 말 퇴원할 즈음 론더는 입원할 때보다 훨씬 좋은 모습이었다. 미더 박사는 놀라운 일이라고 생각했지만, 론더가 잘해주고 있어서 기쁜 마음이 더 컸다. 그 후부터 미더 박사는 론더를 한 달에 한 번씩 보았는데 볼 때마다 론더는 더 좋아 보였다. 하지만 정확히 크리스마스 일주일 후 새해 첫날 론더의 아내가 그를 다시 병원으로 데리고 왔다.

놀랍게도 론더는 다시 곧 죽을 것처럼 보였다. 하지만 미더 박사는 미열 증세와 가슴 엑스레이 상의 작은 폐렴 흔적 말고는 별다른 점을 발견할 수 없었다. 호흡이 힘든 것 같지도 않았다. 혈액 검사 결과도 모두 좋았고, 미더 박사의 지시로 실시한 배양균 검사도 모두 음성으로 판명 났다. 미더 박사는 항생제를 처방하고 산소 호흡기를 달게 했다. 그리고 행운을 빌었지만, 하루 만에 샘 론더는 사망했다.

이쯤에서 당신은 이 이야기가 불행하게 죽어간 전형적인 암 환자 이야기라고 생각할지도 모르겠다. 하지만 이야기는 거기서 끝난 것이 아니었다.

병원에서 론더의 사체를 검시할 때 재미있는 일이 벌어졌다. 이 남자의 간은 사실 암세포로 가득한 것이 아니었다. 간 좌엽과 폐의 아주 조그만 부위에 아주 작은 암세포 혹이 있었을 뿐이었다. 그러니까 그가 사망에 이를 정도로 암이 심각하지 않았던 것이다. 식도 주변도 완전히 깨끗했다. 간암 양성 반응이라는 세인트루이스 병원의 정밀 검사 결과는 말할 것도 없이 오진이었다.

샘 론더는 식도암으로 죽은 것도, 간암으로 죽은 것도 아니었다. 그리고 마지막으로 다시 병원에 입원했을 때 보인 약간의 폐렴 증세로 죽은 것도 아니었다. 그는 자신과 가까이 있던 사람들이 모두 그가 죽어가고 있다고 생각했기 때문에 죽은 것이었다. 세인트루이스 병원의 그 의사도 론더가 죽어가고 있다고 생각했다. 내슈빌의 미더 박사도 그렇게 생각했다. 론더의 아내와 가족들도 마찬가지였다. 그리고 가장 중요하게는 론더 자신도 자기가 죽어가고 있다고 생각했다. 과연 론더는 생각만으로 죽었을까? 그것이 가능할까? 생각이 그렇게나 강력하다는 말인가? 만약에 그렇다면, 이는 아주 특이한 경우가 아닐까?

## 플라시보 과다 복용?

26세 대학생, 프레드 메이슨(가명)은 여자 친구와 헤어지고 우울증에 걸렸다.[2] 그러다 한 항우울제 신약 임상 실험 광고를 보고 피험자로 참가하기로 했다. 그는 4년 전에도 한 차례 우울증을 겪은 적이 있었는데, 그때 의사가 아미트리프틸린 항우울제 계열의 엘라빌을 처방해 줬지만 너무 졸린데다 마비 증세까지 생기는 부작용 때문에 복용을 멈춰야 했었다. 그 약이 자신에게는 너무 강하다고 생각한 메이슨은 부작용이 적을 신약에 기대를 걸어보기로 했다.

임상 연구가 한 달 정도 진행되던 어느 날 메이슨은 헤어진 여자친구에게 전화를 걸어보기로 했다. 하지만 둘은 전화 도중 싸우게 되었고, 전화를 끊은 메이슨은 충동적으로 자살을 시도했다. 아직 실험 중에 있는 그 항우울제 약병을 집어 들고 남아 있는 알약 29개를 전부 삼켜버린 것이다. 그리고 그 즉시 후회했다. 그는 아파트 건물 복도로 달려나가 도와달라고 필사적으로 외치다가 바닥에 쓰러졌다. 울부짖는 소리를 듣고 나온 이웃이 바닥에 쓰러져 있는 메이슨을 보았다.

메이슨은 고통에 몸부림치며 자기가 항우울제를 있는 대로 다 삼켰는데 절대 죽고 싶지 않다고, 병원에 데려다달라고 이웃에게 부탁했고, 이웃은 그렇게 했다. 응급실에 도착한 메이슨은 창백한데다 땀을 흘리고 있었다. 혈압은 80/40이었으며, 분당 심장 박동수는 140이었다. 그는 헐떡거리면서도 계속 "죽고 싶지 않다"고 소리쳤다.

메이슨을 검사한 의사들은 혈압이 낮고 심장 박동이 빠르며 숨을 가쁘게 쉬는 것 외에는 아무런 다른 이상을 발견하지 못했다. 그럼에도 메이슨은 곧 혼수 상태에 빠질 것처럼 보였고 점점 말도 불분명해졌다. 의료팀은 정맥 주사기를 꽂고 식염제를 투여한 뒤 혈액과 소변 샘플을 받고 나서 메이슨에게 무슨 약을 복용했는지 물었다. 메이슨은 약 이름을 기억하지 못했다.

메이슨은 의사들에게 실험중인 항우울제였다고만 말했다. 그리고 텅 빈 약병을 건넸다. 약병에 약명은 없었지만 다행히 해당 임상 실험에 대한 정보가 적혀 있었다. 의사들은 메이슨이 더 심각한 상태에 빠질지도 몰라 바이털 사인을 모니터하며 검사 결과를 기다렸다. 병원 직원이 임상 실험 연구자들과 연락이 닿기를 바라는 것 외에 더 할 수 있는 일은 없었다.

네 시간 후 나온 검사 결과는 더할 나위 없이 정상이었다. 곧이어 그 임상 실험에 관여하고 있던 한 내과 의사가 도착했다. 그는 텅 빈 약병의 라벨에 표시된 코드를 확인한 후 임상 실험 기록지와 대조했다. 그리고 메이슨이 사실은 플라시보를 복용했으며 그가 삼킨 알약에는 약 성분이 전혀 들어 있지 않았다고 말했다. 그러고 나서 몇 분 후 메이슨의 혈압과 심장 박동은 거짓말처럼 정상으로 돌아왔다. 더 이상 혼미해 보이지도 않았다. 마치 마술이라도 부린 것 같았다. 메이슨은 노시보nocebo(사실 무해하지만 환자가 해롭다고 믿기 때문에 실제로 해로운 영향을 불러일으키는 물질. 노시보 효과는 해롭다는 암시나 믿음이 약의 효과를 떨어뜨리는 효과를 말한다―옮긴이)의 희생자였다. 강력한 기대 때문에 해로운 효과를 불러일으키는 그 무해한 물질 말이다.

메이슨이 그런 이상 징후들을 겪은 것은, 순전히 그가 항우울제를 한 움큼 다 삼키면 그런 일이 벌어지는 게 당연하다고 생각했기 때문일까? 그런 일이 정말 가능할까? 샘 론더의 경우처럼 메이슨의 경우도 그의 마음이 육체를 통제한 걸까? 가능성이 가장 높은 시나리오처럼 보이는 것에 대한 기대에 휘둘린 나머지 그 시나리오를 현실로 만들어버린 것일까? 그런 일이 과연 일어날 수 있을까? 메이슨은 혈압같은, 보통은 의식적으로 통제할 수 없는 기능까지 통제하지 않았는가? 그렇게 생각이 우리를 병들게 할 수 있다면 정말 생각으로 병을 낫게 할 수도 있지 않을까? 우리에게 정말 그런 능력이 있는 건 아닐까?

## 만성 우울증이 마술처럼 사라지다

캘리포니아에 사는 46세의 인테리어 디자이너 제니스 숀펠드는 10대 때부터 우울증으로 고통을 받아왔다. 그랬지만 1997년 신문의 그 광고를 볼 때까지 그녀는 자신의 우울증을 치료해 달라고 누구에게도 도움을 청하지 않았다. UCLA 신경정신병학협회에서 벤라팍신(상표명은 '이펙서')이라는 항우울제 신약을 테스트하는데 임상 실험 지원자를 찾고 있었다. 자신이 정말 자살이라도 시도할까봐 가족들이 우려할 정도로 우울증이 심각한 상태였기 때문에 숀펠드는 곧장 테스트에 참여했다.

숀펠드가 협회를 처음 찾아간 날, 한 기술자가 뇌전도 측정기로 45분 정도 그녀의 뇌파 활동을 모니터해 기록했고, 곧 숀펠드는 병원 내 약국에서 약병을 하나 받았다. 숀펠드는 실험 대상 지원자 51명 중 절반가량이 실험 약제인 항우울제를 받고 나머지 절반이 플라시보를 받는다는 사실을 잘 알고 있었다. 그녀가 어느 쪽에 배당되었는지는 그녀 자신은 물론 의사들도 알지 못했다. 실제로 연구가 끝날 때까지 아무도 모르는 일이었다. 하지만 당시 그녀에게는 그런 것이 아무런 문제도 되지 않았다. 그녀는 별 이유도 없이 갑자기 눈물을 쏟게 만드는 그 병적인 우울증과의 수십 년 싸움에서 드디어 도움을 받을 수 있게 되었다는 생각에 흥분했고 희망으로 가득 차 있었다.

숀펠드는 연구가 계속되는 8주 동안 매주 협회를 방문한다는 데 동의했다. 방문할 때마다 기분이 어떤지 묻는 질문들에 대답했고 뇌전도 측정도 여러 번 했다. 약을 복용한 지 얼마 안 돼 숀펠드는 난생처음 기분이 아주 좋아지는 것을 느꼈다. 메스꺼운 느낌이 들기도 했지만 메스꺼움이 테스트중인 항우울제의 흔한 부작용 중 하나임을 이미 알고 있었기 때문에 오히려 좋은 징후로 받아들였다. 그녀는 우울증도 사라지고 부작용도 경험하고 있다면 자신이 진짜 항우울제를 복용하고 있음에 틀림없다고 생각했다. 매주 협회에 갈 때마다 만나던 간호사조차 숀펠드가 진짜 약을 복용하고 있다고 확신했다. 그만큼 많은 변화를 경험하고 있었기 때문이다.

드디어 8주간의 연구가 끝나고 연구원 한 명이 충격적인 사실을 밝혔다. 약을 복용한 뒤로 더 이상 자살 충동도 일지 않고 마치 새로 태어난 듯 기분이 좋았던 숀펠드는 사실 플라시보 그룹에 속해 있었던 것이다. 어안이 벙벙해진 숀펠드는 그 연구원의 말을 믿을 수 없었다. 그렇게 오랜 세월 자신을 괴롭히던 우울증이 겨우 설탕약 한 병 집어삼켰다고 다 나은 것처럼 느껴진다는 게 절대로 믿어지지 않았다. 게다가 부작용까지 있었지 않았나! 뭔가 기록이 잘못되었음에 틀림없었다. 그녀는 의사에게 기록을 다시 확인해 달라고 요청했다. 의사는 기분 좋게 웃으며 그녀가 집으로 가져간 약병, 그녀에게 삶을 되찾아준 그 약병이 정말로 플라시보라고 확인해 주었다.

충격을 받고 앉아 있는 숀펠드에게 의사는 그녀가 진짜 약을 복용하지 않았다고 해서 우울증에서 나은 것이 상상이라는 뜻은 아니라고 말해주었다. 이 모든 사실이 의미하는 것은 그녀의 기분을 좋게 만든 것이 무엇이든 그것이 이펙서는 아니라는 것뿐이었다.

게다가 그녀만 그런 것이 아니었다. 그 연구의 결과는 플라시보 그룹의 38퍼센트가 병이 호전되었음을 보여주었다. 이펙서를 받은 그룹은 52퍼센트가 나아졌다고 했다. 그런데 나머지 자료들이 다 나오자 이번에는 연구자들이 놀라고 말았다. 플라시보로 효과를 본 숀펠드 같은 환자들은 나아졌다고 단지 상상만 한 것이 아니었다. 그들 뇌파의 패턴이 실제로 변해 있었다. 연구 내내 그렇게나 충실히 진행된 뇌전도 측정 기록들이 전전두엽 피질의 활동이 상당히 증가했음을 보여주었던 것이다. 우울증 환자들은 보통 전전두엽 피질의 활동이 매우 둔하다.[3]

그러므로 플라시보 효과는 숀펠드의 마음만 바꾼 것이 아니라 그녀 몸 속 생명 작용까지 바꾼 것이었다. 다시 말해 그녀 마음속의 무언가만이 아니라 그녀 뇌 속의 뭔가도 바꾼 것이다. 숀펠드는 그냥 기분만 좋아진 게 아니라 몸이 정말 좋아져 있었다. 연구가 끝날 무렵 숀펠드의 뇌는 완전히 다른 뇌가 되어 있었다. 약을 복용한 것도 아니고 뭔가 다른 일을 한 것도 아니었는데 말이다. 그녀의 몸을 바꾼 것은 그녀의 마음이었다. 그 후 12년도 더 지났지만 숀펠드는 여전히 그 실험에 참가하기 전보다 훨씬 좋은 기분으로 살고 있다.

설탕약으로 우울증의 뿌리 깊은 증상들을 없앨 뿐 아니라 메스꺼움 같은 부작용까지 일으키는 일이 어떻게 가능할까? 설탕약 같은 비활성 물질이 실제로 뇌파의 발화發火를 바꾸는 힘이 있고 뇌에서 우울증에 가장 영향을 많이 받는 부분을 정확하게 찾아내 그 활동을 늘린다니, 이게 과연 무엇을 뜻하는 것일까? 주관적인 마음이 정말로 그와 같은 객관적인 생리 변화를 만들어낼 수 있을까? 이런 방식으로 플라시보가 진짜 약을 완벽히 모방하도록 내버려두는 우리의 몸과 마음, 그 안에서 도대체 무슨 일이 일어나고 있는 걸까? 이와 똑같은 경이로운 치유 효과가 만성 정신질환만이 아니라 암 같은 생명을 위협하는 병에서도 일어날 수 있을까?

## '기적적인' 치유 하나: 보였다가 보이지 않았다가

1957년, UCLA의 심리학자 브루노 클로퍼Bruno Klopfer는 동료들의 검증 과정이 필수인 한 학술지에 임파선 암, 즉 림프종 말기에 있는 한 환자의 사례를—그의 이름을 '라이트 씨'라고 밝히며—게재했다.[4] 이 남성은 엄청 큰 종양들을 갖고 있었다. 목, 사타구니, 겨드랑이 등에 있는 일부 종양은 거의 오렌지 크기만 했으며 일반적인 치료로는 아무 효과가 없었다.

그는 벌써 몇 주째 "고열에 거친 숨을 내쉬며" 침대에 누운 채 "끙끙 앓고" 있었다. 주치의 필립 웨스트는 희망이 없다고 생각했다. 하지만 라이트 자신은 그렇지 않았다. 라이트는 자신이 입원하고 있던 (캘리포니아 롱비치의) 그 병원이 말의 피에서 추출한 크레비오젠Krebiozen이라는 약을 시험하고 평가하는 미국 내 10개 병원 및 연구 센터 중 하나라는 사실을 알고 매우 흥분했다. 라이트는 의사 웨스트에게 끈질기게 간청을 했고, 의사는 결국 그 신약을 라이트에게 투여해 보기로 했다.(임상 실험 대상자는 기대 수명이 최소한 석 달은 넘어야 했기 때문에 라이트는 그 실험의 공식 대상자는 아니었다.)

라이트는 금요일에 크레비오젠을 투여받았는데 월요일 즈음이 되자 걸어 다니며 웃고 간호사들과 농담을 하는 등 마치 새 사람이라도 된 듯 행동했다. 웨스트는 라이트의 종양들이 "뜨거운 난로 위의 눈덩이처럼 녹아버렸다"고 보고했다. 사흘도 안 돼 종양들이 원래 크기의 반으로 줄었던 것이다. 그리고 그 후 열흘 만에 라이트는 완전히 회복되어 퇴원했다. 기적 같은 일이었다.

하지만 두 달 후, 10개 기관에서 진행된 크레비오젠 실험이 아무 효과도 없는 불발탄이었다는 언론 보도가 나왔다. 라이트도 그 기사를 읽었다. 실험 결과가 그렇다는 사실을 충분히 인지하고 그 약이 무익하다는 사실이 확실해지는 순간 그는 바로 무너졌다. 종양들이 되돌아온 것이다. 라이트가 처음에 보여준 그 긍정적인 반응이 플라시보 효과였다고 짐작한 웨스트 의사는 라이트가 말기 암 단계에 있어 더 이상 잃을 것이 없으므로 자신의 가설을 한번 실험해 보기로 했다. 그는 라이트에게 신문 기사를 믿지 말라면서, 종양이 다시 생긴 것은 자신들이 라이트에게 투여한 크레비오젠이 질이 떨어지는 것들이라 그런 것이라고 말했다. 그리고 '새로운 고농축정제 크레비오젠'이 지금 오고 있으니 그것이 도착하면 바로 투여해 주겠다고 했다.

치유에 대한 기대가 생기면서 라이트는 기뻐했고, 며칠 뒤 이른바 '새 크레비오젠'을 투여받았다. 하지만 웨스트 의사가 사용한 주사기에는 아무런 약도, 신약도 들어 있지 않았다. 단지 증류수만 들어 있었다.

라이트의 종양들은 또다시 기적처럼 사라졌다. 라이트는 행복하게 퇴원했고, 그 후 두 달 동안 종양 없이 잘살았다. 그런데 이번에는 미국의학협회가 크레비오젠이 정말로 무익하다는 발표를 해버렸다. 의료 기관들이 사기를 당했던 것이다. 그 '기적의 약'은 장난질로 판명

이 났다. 크레비오젠은 간단한 아미노산을 함유하고 있는 광물성 기름에 불과했다. 제조업자들은 결국 기소되었다. 그 뉴스를 들은 라이트는 다시 쓰러졌다. 그는 다시는 건강해질 수는 없다고 믿었다. 라이트는 절망한 상태로 입원했고, 이틀 후 사망했다.

라이트는 어떻게 자신의 존재 상태를, 한 번도 아니고 두 번이나, 그렇게 암이 없는 상태로 바꿀 수 있었던 걸까? 그것도 며칠 만에? 그것이 어떻게 가능할까? 그의 새로운 마음에 몸이 자동으로 반응했던 것일까? 그리고 그 약이 무가치하다는 말을 들었을 때, 그 약으로 나을 거라는 소리를 들었을 때 겪은 것과 똑같은 화학 반응을 역으로 거치며 다시금 암 세포를 가진 남자로, 그 익숙한 병든 존재 상태로 돌아간 것일까? 약이나 주사 말고 수술 같은 외과적인 어떤 과정을 거쳐도 그런 새로운 생화학적 상태를 불러낼 수 있을까?

## 받은 적이 없는 무릎 수술

1996년, 베일러 의과대학 교수로 정형외과 의사이자 교정 스포츠 의학의 권위자인 브루스 모슬리Bruce Moseley는 10명의 지원자들과 함께한 한 가지 실험 연구 결과를 발표했다. 지원자들은 모두 군 복무를 한 사람들로 무릎 골관절염을 앓고 있었다.[5] 그들 중에는 상태가 심각해서 다리를 눈에 띄게 절거나 지팡이를 짚고 걷거나 여타 보조 기구를 필요로 하는 사람이 많았다.

연구 계획에 따르면 이들은 당시 흔히 하던 관절경關節鏡 수술을 하도록 되어 있었다. 관절경 수술을 하려면 먼저 환자를 마취한 다음 무릎을 약간 절개해서 관절경이라는 섬유 광학 도구를 삽입해야 했다. 이 관절경을 통해 의사는 환자의 관절을 잘 들여다볼 수 있었다. 본격 수술에 들어가면 의사는 관절을 긁어내고 씻어내, 염증과 통증의 원인으로 여겨지던 퇴화한 연골의 파편들을 제거했다. 당시에는 해마다 70~80만 명이 이 수술을 받았다.

모슬리의 연구 프로젝트 대상자 10명 중 2명은 괴사 조직 제거술이라고 불리는 일반적인 관절경 수술(의사가 무릎 관절의 연골 가닥들을 긁어내는 것)을 받았다. 그리고 3명은 세척(높은 수압의 물을 무릎 관절에 주입해 관절의 퇴화한 물질들을 씻어내는 것)을 받았고, 나머지 5명은 가짜 수술을 받았다. 가짜 수술에서 모슬리는 피부 조직을 메스로 능란하게 절개한 다음 다른 의료 과정을 전혀 거치지 않은 채 다시 꿰매기만 했다. 그 다섯 명에게는 관절경 삽입도, 관절 긁어내기도, 뼛조각 제거도, 세척도 하지 않았던 것이다. 단지 절개하고 봉합만 했다.

과정의 시작은 모두에게 똑같았다. 환자들은 한 명씩 수술실로 들어갔고, 모슬리가 손을 씻으며 준비하는 동안 모두에게 똑같이 마취 작업이 행해졌다. 하지만 그때마다 수술실에서는 밀봉된 봉투 하나가 모슬리를 기다리고 있었다. 그 봉투가 그때 수술대에 누워 있는 환자가 예의 그 세 집단 중 어디에 속하게 될지를 말해주었다. 모슬리 박사도 봉투를 열기 전까지는 알 수 없는 일이었다.

수술이 다 끝난 뒤 연구에 참여한 환자 10명은 모두 운동성이 눈에 띄게 좋아졌고 통증도 확연히 줄어들었다고 보고했다. '가짜' 수술을 받은 사람들도 괴사 조직 제거와 세척을 받은 사람들만큼이나 좋아졌다. 결과에 차이는 없었다. 심지어 반년이 지난 후에도 그랬다. 그리고 6년 후 플라시보 수술을 받은 사람 2명을 인터뷰했는데, 여전히 통증 없이 정상적으로 걸었고 운동성도 아주 좋았다.[6] 그리고 6년 전 그 수술을 받기 전에는 하지 못하던 일상 활동을 모두 할 수 있다고 했다. 그들은 마치 새 삶이 시작된 것 같다고 말했다.

그 결과에 매료된 모슬리 박사는 2002년 180명의 환자를 상대로 한 또 다른 연구 결과를 발표했다. 이번에는 수술 후 2년 동안 경과를 지켜본 것이었다.[7] 이번에도 세 집단의 환자들 모두 상태가 좋아졌으며, 많은 환자가 수술 직후부터 통증 없이 정상적으로 걷기 시작했다. 이번에도 역시 진짜 수술을 받은 두 집단의 환자들이 플라시보 수술을 받은 나머지 집단의 환자들보다 더 좋아진 것은 아니었다. 그런 결과는 2년 후에도 마찬가지였다.

이 환자들은 단지 그 의사의 치유 능력과 그 병원에 대한 신념과 믿음만으로, 혹은 현대적인 수술실을 흘긋 본 것만으로 병이 좋아진 것일까? 그들은 어쩌다 완전히 나은 무릎을 갖고 사는 삶을 상상하고 그 가능성을 굳게 믿은 다음 정확하게 그런 미래 속으로 걸어 들어간 것일까? 모슬리는 실제로 하얀 실험실 가운을 입은 현대판 주술사인 걸까? 그런데 심장 수술같이 뭔가 더 심각하고 위협적인 수술에서도 같은 수준의 치유를 끌어낼 수 있을까?

## 있지도 않았던 심장 수술

1950년대 말, 두 연구 집단이 당시 협심증 치료로 흔히 이루어지던 수술을 플라시보 수술과 비교하는 연구를 했다.[8] 오늘날 주로 이용

되는 관상동맥 우회술이 아직 없던 시대의 이야기이다. 그 당시 심장
병 환자들은 대부분 내유동맥 묶음술internal mammary ligation이라 알려진
수술을 받았는데, 기본적으로 가슴을 열어 손상된 동맥을 노출시킨 다
음 의도적으로 피가 통하지 않게 하는 것이다. 그런 방식으로 혈액의
흐름을 막으면 몸이 새로운 혈관을 만들어낼 수밖에 없고 그러면 더
많은 혈액이 심장으로 유입될 거라는 생각이었다. 이 수술은 엄청난
수의 환자들을 상대로 큰 성공을 거두었는데, 의사들은 새로운 혈관이
실제로 만들어졌는지에 대해서는 아무런 확신도 할 수 없었다. 이 문
제가 동기가 되어 그 두 연구 집단이 플라시보 실험을 하게 된 것이다.

하나는 캔자스시티에, 또 하나는 시애틀에 있던 두 연구 집단은 피
험자들을 두 그룹으로 나누어 똑같은 과정을 따르게 했다. 그러나 실제
로 한 그룹은 당시 일반적인 내유동맥 묶음술을 받고 다른 그룹은 가
짜 수술을 받았다. 가짜 수술 그룹 환자들에게는 외과 의사들이 진짜
수술을 할 때와 똑같이 환자의 가슴을 조그맣게 절개해 동맥들을 노
출시키기만 하고 더 이상 아무것도 하지 않은 채 절개 부위를 꿰맸다.

두 연구의 결과는 놀랍게도 유사했다. 진짜 수술을 받은 환자들은
67퍼센트가 고통이 덜해졌다고 느꼈고 약 복용량도 줄였으며, 가짜 수
술을 받은 환자들의 경우는 83퍼센트가 그랬다. 사실 플라시보 수술이
진짜 수술보다 더 나았던 셈이다!

가짜 수술을 받은 환자들이 수술을 받으면 나을 것이라고 철석같
이 믿어서 실제로도 정말 나은 것일까? 오로지 제일 바람직한 결과만
기대했기 때문에? 그리고 그런 일이 가능하다면 우리가 매일 하는 긍
정적이거나 부정적인 생각은 우리 몸과 건강에 과연 어떤 영향을 미

치고 있을까?

## 모든 것은 마음 자세에 달렸다

마음 자세가 정말로 수명을 포함해 우리의 건강에 영향을 준다는 것을 보여주는 연구 결과들이 많다. 예를 들어 2002년 마요 클리닉Mayo Clinic이 발표한 연구 결과(이들은 30년 동안 447명의 사람들을 관찰했다)에 따르면, 낙관론자들이 육체적·정신적으로 더 건강했다.[9] 낙관론자optimist라는 단어는 최적이라는 뜻의 'optimal'에서 유래한 것으로 '최고best'를 뜻한다. 이는 낙관론자들이 미래에 대한 최고의 시나리오에 집중함을 시사한다. 연구 결과를 좀 더 자세히 살펴보면 낙관론자들은 육체의 건강과 안정적인 감정 상태 덕분에 일상 활동에 문제를 덜느꼈다. 대부분의 시간, 고통도 덜 느끼고 더 활기차고 사회 활동도 쉽게 하며 더 행복하고 더 침착하고 더 평화로웠다. 이 발표 직전에 마요 클리닉이 발표한, 30년 동안 800명 이상의 사람들을 살펴본 연구 결과에서는 낙관론자가 비관론자보다 더 오래 사는 것으로 나타났다.[10]

50세 이상의 사람들 600명을 대상으로 23년 동안 진행한 예일대학의 한 연구에 따르면, 노화에 대해 긍정적인 자세를 갖는 사람들이 부정적인 사람들보다 평균 7년을 더 오래 살았다.[11] 수명에 영향을 미치는 요소가 혈압이나 콜레스테롤 수치, 흡연, 몸무게, 운동량보다 사실은 마음 자세였던 셈이다.

특별히 심장의 건강과 마음 자세 간의 관계를 살펴본 다른 연구들도 있다. 앞의 연구들과 비슷한 시기에 866명의 심장병 환자들을 대상으로 한 듀크 대학의 연구 결과를 보면, 평상시 좀 더 긍정적인 감정을 느낀 환자들이 습관적으로 더 부정적인 감정을 느낀 사람들보다 11년 후에도 20퍼센트 더 많이 살아있었다.[12] 조지아 의대의 학생 255명을 25년 동안 지켜본 연구 결과는 이보다 더 놀랍다. 적대적인 성향의 학생들이 관상동맥 관련 심장병에 걸릴 확률이 다섯 배나 더 컸던 것이다.[13] 미국심장협회 2001년 학술 대회에서 발표된 존스 홉킨스 병원의 한 연구 결과에서는, 급기야 긍정적인 관점을 갖는 것이 가족력으로 심장 질환에 걸릴 확률이 큰 성인들에게는 현재 알려진 가장 강한 예방책이라고 공언하기까지 했다.[14] 적절한 마음 자세가 심장 질환 예방에 적당한 음식, 적당한 운동, 정상 몸무게의 유지만큼이나 혹은 그보다 더 좋다는 뜻이다.

그날그날 우리가 갖는 마음가짐이 즐겁고 사랑으로 가득한지 아니면 적대적이고 부정적인지에 따라 우리의 수명이 어느 정도 결정된다니 왜 그럴까? 현재의 마음가짐을 바꾸는 것이 가능하기는 할까? 그것이 가능하다면 새로운 마음가짐이 과거의 경험에 의해 조건화된 기존의 마음 방식을 이겨낼 수 있다는 것일까? 혹은 뭔가 부정적인 일이 일어날 거라는 기대가 실제로 그 일을 일어나게 하는 것은 아닐까?

## 바늘이 꽂히기도 전에 구역질을 한다

미국 국립암연구소에 따르면 항암 화학 요법을 받는 환자의 29퍼센트가 화학 요법 치료를 연상시키는 냄새와 장면에 노출되면 예기성豫期性 구역질이라 불리는 상태에 빠진다고 한다.[15] 11퍼센트는 구역질이 매우 심해서 치료 전부터 실제로 구토를 했다. 일부는 화학 요법 치료를 받으러 가는 차 안에서부터 구역질을 느꼈고, 또 일부는 대기실에만 있는데도 구토를 했다.

《통증과 증상 관리 저널Journal of Pain and Symptom Management》에 실린 2001년 로체스터 의과대학 암센터의 연구에서는 구역질의 경우 예상이 실제 상황이 되는 경우가 특히 더 많다고 보고했다.[16] 이 자료에 따르면 담당 의사로부터 치료 뒤 토할지도 모른다는 말을 들으면 실제 토할 수도 있겠다고 생각한 암 환자의 40퍼센트가 치료가 시작되기도 전에 구역질을 했다. 토할지 어떨지 잘 모르겠다고 대답한 암 환자의 13퍼센트도 토했다. 하지만 구역질을 전혀 기대하지 않은 환자들 중에 토한 사람은 아무도 없었다.

화학 요법 약물 때문에 토하게 될 거라고 아무리 확신했다고 해도 어떻게 약물이 들어오기 전부터 구역질을 하는 걸까? 그렇다면 그들을 실제로 아프게 하는 것은 생각의 힘인가? 그 40퍼센트의 환자들에게 그것이 사실이라면 이들은 자신의 생각을 바꾸는 것만으로도 쉽게 더 건강해지고 매일 더 편안해질 수 있는 것 아닐까? 하나의 생각을 받아들이는 것으로 우리는 과연 병을 낫게 할 수 있을까?

## 소화 장애가 사라지다

얼마 전 오스틴에 도착해 비행기에서 막 내리려는데 한 여성이 갖고 있던 책이 내 눈에 들어왔다. 우리는 서서 비행기에서 내릴 차례를 기다리고 있었는데 그녀의 가방 밖으로 그 책이 튀어나와 있었던 것이다. 책 제목에 '믿음belief'이라는 단어가 들어가 있었다. 자연스럽게 미소를 주고받고 나는 어떤 책인지 물었다.

"기독교와 신념에 관한 책이에요." 그녀가 대답했다. "그건 왜 물으세요?" 나는 플라시보 효과를 주제로 책을 쓰고 있는데 온통 믿음에 관해 이야기하는 책이나 다름없다고 말을 했다.

"그럼 제 얘기 하나 해드릴게요." 그녀가 말했다. 그녀는 몇 년 전에 글루텐 불내성不耐性, 만성 소화 장애, 장염을 비롯한 다양한 질병의 진단을 받고 만성 통증에 시달렸다고 했다. 그녀는 그 병들에 대해 찾아보고 여러 건강 전문가도 찾아다니며 조언을 구했다. 그들은 어떤 음식을 피해야 하는지, 어떤 약을 복용해야 하는지 알려주었고 그녀는 시키는 대로 했다. 하지만 온몸의 통증은 여전했다. 잠도 잘 수 없었고, 피부병에 소화 장애가 심각했으며, 그 외에도 이런저런 불쾌한 증세들에 시달렸다. 그렇게 몇 년을 보낸 뒤 새 의사를 만나 혈액 검사를 했는데 결과가 모두 정상으로 나왔다고 했다.

"내가 정말로 정상이고 내 몸에 아무 이상도 없다는 걸 알게 된 그날, 나는 멀쩡해졌어요. 증세가 모두 사라졌죠. 나는 금세 기분이 좋아졌고, 원하는 건 뭐든 먹을 수 있었어요." 그녀는 흥분기가 묻은 목소리로 그렇게 말했다. 그리고 웃으며 덧붙였다. "믿어져요?"

자신에 대한 믿음을 180도 바꿔버리는 새로운 정보가 실제로 우리 몸의 증상을 사라지게 한다면, 그런 일을 지지하고 일어나게 만드는 우리 몸 안에서는 과연 무슨 일이 일어나고 있는 걸까? 몸과 마음은 정확히 어떤 관계에 있을까? 새로운 믿음이 실제로 우리의 뇌와 몸의 화학 작용을 바꾸고, 우리가 우리 자신이라고 생각하는 어떤 것의 신경 회로들을 물리적으로 재배치하고, 우리의 유전자 발현까지 바꿀 수 있을까? 그러니까 우리는 다른 사람이 될 수 있을까?

## 파킨슨병 대 플라시보

파킨슨병은 기저핵이라고 불리는, 몸의 움직임을 통제하는 중뇌中腦 안의 일부 신경 세포들이 단계적으로 퇴행하는 신경 질환이다. 이 가슴 아픈 질병을 앓는 환자들의 뇌는 기저핵이 제대로 기능하는 데 필요한 신경 전달 물질인 도파민을 충분히 생산해 내지 못한다. 초기 증상으로는 대개 자체 통제가 안 되는 근육 경직, 떨림, 걷고 말하는 패턴의 변화 같은 운동 신경의 문제가 발생하는데, 현재로서는 치료가 불가능하다고 한다.

밴쿠버 브리티시컬럼비아 대학의 한 연구원 그룹은 일단의 파킨슨병 환자들에게 증상을 제법 완화시켜 줄 약을 받게 될 거라고 이야기해 주었다.[17] 그러나 실제로 그 환자들은 플라시보인 식염제 주사만 맞았을 뿐이다. 그런데 어떤 약물 처치도 받지 않은 그들 중 절반이나 되는 사람들이 주사 후 운동 신경 조절 능력이 훨씬 좋아졌다.

무슨 일이 벌어졌는지 확실히 알기 위해 연구원들은 환자들의 뇌를 정밀 조사했고, 플라시보에 긍정적으로 반응한 사람들의 뇌가 실제로 도파민을 생산해 낸다는 것을 알게 되었다. 도파민 양이 전보다 200퍼센트까지 늘어난 것이다. 약물로 그 정도의 효과를 내려면 암페타민(각성제로 도파민을 증가시킨다)을 거의 최대 용량에 가깝게 투여해야 한다.

나아질 거라는 단순한 기대가 파킨슨병 환자들 속에 있던 어떤 미개척의 힘을 촉발시킨 것이다. 그리고 그 힘이 그들이 낫기 위해 필요한 도파민 생산을 정확하게 해낸 것 같았다. 이것이 사실이라면 도대체 어떤 과정이 있었기에 생각만으로 뇌 속에 도파민이 생성된 것일까? 그렇다면, 명확한 의도와 고양된 감정 상태의 결합이 있었고 그 결합이 낳은 새로운 내면 상태가 우리 안의 약 창고를 흔들고 또 한때 의식적 통제보다 강하다고 여겨졌던 유전적 환경보다 더 큰 힘을 발휘할 수 있다는 말인데, 이 말이 맞다면 실제로 이는 우리를 특정 상황에서 무적無敵으로 만드는 것도 가능하지 않을까?

## 독사와 스트리크닌에 대하여

애팔래치아 일부 지역에는 아직도 뱀을 들어올리는, 100년 된 종교 의식을 치르는 집단들이 있다.[18] 그런 일이 합법인 주는 웨스트버지니아뿐이지만, 그렇다고 다른 주의 독실한 신도들이 그 의식을 안 하는 건 아니다. 다른 주 지방 경찰들은 그냥 눈을 감아주고 있다고 한다.

이런 의식을 행하는 작고 소박한 교회에서는 신도들이 예배에 참석하기 위해 모이면 목사가 서류 가방처럼 생긴 나무 상자를 한두 개씩 들고 등장한다. 상자는 잘 잠겨 있고, 경첩이 달린 투명한 플라스틱 문에는 숨구멍이 뚫려져 있다. 목사는 예배당이나 회의실 앞의 설교단 가까이 마련된 단 위에 상자를 조심스럽게 놓아둔다. 곧이어 음악이 나오고 기운이 고조되면서 예수의 사랑과 구원을 노래하는 종교색 짙은 가사들이 컨트리 웨스턴과 블루그래스가 합쳐진 멜로디를 타고 울려 퍼진다. 분위기가 무르익으면 틴에이저들이 부러워할 키보드와 전자 기타, 심지어 드럼까지 갖춘 무대에서 라이브 전문 뮤지션들이 울부짖고 교구 주민들은 탬버린을 쳐대기 시작한다. 분위기가 조성되었다 싶으면 목사는 설교단 위에 있는 그릇에 불을 피우고 그 불 속에 손을 넣는다. 불꽃이 활짝 편 손바닥을 핥게 하는 것이다. 그 다음에는 아예 불 그릇을 들고 천천히 맨 팔뚝을 훑어 내려간다. 말 그대로 '워밍업'을 하는 것이다.

회중은 동요하기 시작한다. 손을 맞잡고 음악에 맞춰 춤을 추거나 펄쩍펄쩍 뛰기도 하면서 구원자를 찬양하고 방언을 한다. 회중은 분위기에 완전히 압도된다. 이른바 '부음을 받은being anointed' 상태가 되는 것이다.(성스런 기름 부음을 받은 자는 상징적으로 신과 특별한 관계에 있는 것으로 간주된다—옮긴이) 이제 목사가 나무 상자를 열 때다. 목사는 상자 안으로 손을 넣어 독사 한 마리를 꺼낸다. 보통 방울뱀이나 살무사이다. 목사는 살아있는 뱀의 허리를 잡고 춤을 추는데, 이때 뱀의 머리가 목사의 머리와 목 가까이에서 흔들거리고 목사의 얼굴에서는 땀이 비 오듯 쏟아진다.

목사는 춤을 추면서 뱀을 공중에 높이 쳐들었다 내리기도 한다. 뱀의 아랫부분은 목사의 팔을 친친 감고 있고, 머리 쪽은 제멋대로 움직인다. 그 다음, 목사는 다른 상자에게 두 번째, 심지어 세 번째 뱀까지 꺼내기도 한다. 이쯤 되면 회중도 '기름 부음 의식'이 다가왔다는 걸 느끼며 남녀 가리지 않고 뱀 만지기 의식에 동참한다. 어떤 예배에서는 목사가 흔한 유리컵 안에 든 스트리크닌strychnine 같은 독을 삼키기까지 한다. 하지만 이상이 생겨 괴로워하는 일은 없다.

열에 들뜬 신자들이 한 치의 의심이나 두려움 없이 그 경첩 달린 나무 상자로 달려드는 예배가 수천 건이나 됨에도 뱀을 만지다가 물리는 사고는 그다지 자주 일어나지 않는다. 그리고 그런 일이 일어난다고 해서 다 죽는 것도 아니다. 병원으로 달려가기보다는 회중이 뱀에 물린 사람에게 모여들어 기도하는 경우가 더 많다. 이 사람들은 왜 뱀에 잘 물리지 않는 걸까? 물린 사람이 죽는 경우도 왜 그렇게 적은 걸까? 그들은 어떻게 그런 마음 상태, 즉 물리면 죽을 수도 있는 그 유독한 창조물을 두려워하지 않는 마음 상태로 들어갈 수 있을까? 그 마음 상태는 어떤 방식으로 그들을 보호하는 걸까?

우리는 응급 상황에서 극도로 강한 모습을 보이는 경우가 있다. 이것을 흔히 '히스테리성 힘'이라고 한다. 예를 들면 2013년 4월, 오리건 주의 레버넌 지역에 살던 16살의 한나 스미스와 동생인 14살의 헤일리 스미스는 1.3톤이 넘는 트랙터를 들어 올려 밑에 깔려 있던 아버지 제프 스미스를 구했다.[19] 타오르는 석탄 위를 걷는 파이어 워커firewalker도 있다. 아니면 (일명 유리 섭식증을 앓고 있어서) 유리를 씹고 삼켜야 하는 카니발의 쇼맨이나 자바 출신 트랜스 댄서들은 어떨까?

초인간적인 것처럼 보이는 그런 일들이 어떻게 가능할까? 그들 사이에 무언가 중요한 공통점이 있지 않을까? 믿음의 절정 상태에서 이들은 어쩌면 환경의 영향을 받지 않는 쪽으로 자기 몸을 변화시키는 것은 아닐까? 그런데 스네이크 핸들러와 파이어 워커에게 힘을 주는 그 바위처럼 단단한 믿음이 거꾸로 우리에게 해를 끼치거나 우리를 죽게 할 수도 있지 않을까? 우리도 모르는 사이에 말이다.

## 부두교를 이기다

1938년 테네시의 어느 시골, 60세의 한 남자가 이름 모를 병으로 넉 달째 시름시름 앓고 있었다. 결국 아내가 병상이 15개 정도 되는 마을 외곽의 한 병원으로 그를 데려갔다.[20] 그즈음 23킬로그램 가까이 살이 빠진 밴스 반더스(가명)는 숨이 거의 끊어지기 직전이었다. 의사 드레이튼 도허티는 폐결핵이나 암을 의심했지만 아무리 검사를 해보고 엑스레이를 찍어봐도 결과는 모두 음성으로 나올 뿐이었다. 아무런 원인이 없는데 반더스는 계속 고통을 호소했다. 음식을 거부했기 때문에 관管 급식을 시도했지만, 관 속으로 들어가는 것은 뭐든 다 토해냈다. 반더스는 계속 악화되어 갔고, 자신이 곧 죽을 거라는 말만 되풀이했다. 결국에는 말조차 거의 할 수 없었다. 여전히 고통의 원인을 찾지 못한 채 그는 마지막이 가까워 온 듯했다.

괴로워하던 아내가 도허티 의사에게 개인 면담을 신청했다. 그녀는 비밀에 부쳐달라면서, 남편의 문제는 "부두교의 저주를 받아서" 생긴 것이라고 했다. 반더스는 부두교 의식이 빈번한 공동체 안에서 살았는데 어느 날 그곳 부두교 사제와 논쟁이 붙은 모양이었다. 그 뒤 어느 늦은 밤 사제가 반더스를 공동묘지로 불러냈는데, 거기서 악취 나는 액체가 든 병을 반더스 얼굴에 대고 흔들면서 반더스에게 저주를 내렸다고 했다. 반더스에게 이제 곧 죽을 것이고 아무도 그를 구하지 못할 거라고 했다는 것이다. 바로 그것 때문이었다. 반더스는 살날이 얼마 남지 않았다고 확신했고, 불길한 일이 닥칠 거라고 믿었다. 참담한 심정으로 집에 돌아온 반더스는 그때부터 먹기를 거부했다. 그리고 급기야는 병원까지 온 것이다.

이야기를 다 듣고, 도허티는 환자 치료를 위해 매우 파격적인 계획을 하나 생각해 냈다. 계획 실행일 아침, 그는 반더스의 침대 곁으로 가족들을 모두 불러 모으고 이제 환자를 치료할 확실한 방법을 찾았다고 말했다. 도허티가 그럴듯하게 꾸며낸 이야기를 가족들은 귀를 쫑긋 세우고 들었다. 도허티는 전날 밤 부두교 사제를 속여서 그 공동묘지로 나오게 해 만났고, 마침내 자신이 반더스를 저주했음을 실토받았다고 했다. 쉬운 일은 아니었다고 했다. 사제는 당연히 의사에게 협력할 생각이 없었으니까 말이다. 하지만 도허티가 그의 멱살을 잡고 나무 쪽으로 밀어붙이자 결국 기세가 꺾여서 실토했다고 했다.

도허티는 사제가 반더스의 살 속으로 도마뱀 알들을 비벼 넣었고, 그 알들이 반더스의 위장에 들어가 부화했다고 말했다. 대부분은 죽었으나 제일 큰 놈 하나가 살아남아서 반더스의 몸을 속에서부터 갉아먹고 있는 중이라고 했다. 그러고 나서 도허티는 자기가 반더스의 몸에서 그 도마뱀만 제거하면 치료가 될 거라고 단언했다.

그러더니 도허티가 간호사를 불렀고 간호사는 얌전히 커다란 주사기를 하나 들고 들어왔다. 도허티는 그 주사액에 강력한 약 성분이 들어 있다고 말했다. 실제로 주사기에는 구토를 일으키는 약이 채워져 있었다. 제대로 작동하는지 주사기를 조심스레 살펴본 뒤 도허티는 놀란 환자에게 마치 무슨 의식을 거행하듯 주사액을 주입했다. 그러고는 어리벙벙해 있는 가족들에게 아무 말도 하지 않고 당당히 병실을 빠져나갔다.

얼마 지나지 않아 환자가 토하기 시작했다. 간호사가 빈 그릇을 갖다 대주자 반더스는 한동안 몸을 뒤틀고 울부짖으며 구토를 했다. 구토가 거의 끝날 때쯤 도허티는 다시 당당히 병실로 들어왔다. 침대 곁에서 그는 검은 의사 가방 속에 슬그머니 손을 넣고 녹색 도마뱀을 한 마리 끄집어내 손 안에 감췄다. 그리고 반더스가 다시 구토를 할 때 토사물을 받던 그릇 속으로 그 파충류를 슬쩍 집어넣었다.

"보세요, 반스!" 도허티는 최대한 극적인 목소리로 외쳤다. "지금 속에서 뭐가 나왔는지 보세요. 이제 다 나았어요. 부두교 저주가 풀렸다고요!"

병실 사람들이 웅성대기 시작했다. 바닥에 주저앉아 흐느끼는 가족도 있었다. 반더스 자신은 멍한 눈을 동그랗게 뜨더니 소스라치듯 그릇을 내동댕이쳤다. 몇 분 후 반더스는 깊은 잠에 빠졌고, 그 상태로 12시간을 넘게 잤다.

마침내 잠에서 깨어났을 때 반더스는 굉장한 허기를 느꼈다. 그러곤 의사가 위장이 터지지나 않을까 걱정할 정도로 많은 음식을 게걸스럽게 먹어치웠다. 그 후 일주일도 안 되어 반더스는 원래 몸무게와 기운을 되찾았다. 그는 건강한 모습으로 퇴원했고, 그 후 10년을 더 살았다.

사람이 저주를 받았다고 해서 꼼짝없이 죽는다는 게 정말 가능한 일일까? 청진기를 걸치고 처방 용지를 갖고 다니는 이 시대의 주술사들도 그 부두교 사제가 반더스에게 한 것과 똑같은 확신을 우리에게 전하지 않는가? 우리도 반더스처럼 그들의 말을 똑같이 믿고 있지는 않는가? 그리고 사람이 정말로 죽으려고 작정할 수 있는 거라면, 반대로 불치병에 걸린 사람이 살려고 결심할 수도 있지 않는가? 자신의 내면 상태를 바꾸고—다시 말해 암 환자, 관절염 환자, 심장병 환자, 파킨슨병 환자 등등의 환자로서의 정체성을 떨쳐버리고—마치 입고 있던 옷을 벗고 다른 옷을 갈아입듯이 건강한 몸의 상태로 턱 걸어 들어갈 수는 없는 걸까?

다음 장에서는 정말로 가능한 것이 무엇인지, 또 그것을 당신 삶에 어떻게 적용할 수 있는지 살펴볼 것이다.

## 02: 플라시보의
간략한 역사

절박한 상황이 절박한 행동을 부른다는 말이 있다. 하버드 출신의 미국인 외과 의사 헨리 비처Henry Beecher가 제2차 세계대전 당시 전장에 있을 때, 모르핀이 부족했다. 전쟁 말미라 야전 병원에 모르핀 공급이 부족한 때였으므로 드문 상황은 아니었다. 하지만 하필 그때 비처는 심하게 부상당한 병사를 한 명 수술해야 했다. 진통제 없이 수술했다가는 심장 쇼크로 죽을 수도 있었는데, 그럼 다음에 얼마나 끔찍한 일이 이어질지 생각하기도 싫었다.

망설일 새도 없이 간호사 한 명이 주사기에 식염제를 채우고 마치 모르핀인 양 병사에게 주입했다. 병사는 그 즉시 안정을 찾았다. 소금물 주사를 한 방 맞았을 뿐인데 실제 모르핀을 맞은 것처럼 반응한 것이다. 비처는 수술을 시작했고, 살을 째고 필요한 조치를 한 다음 다시 꿰매는 일을 모두 마취제 없이 끝냈다. 병사는 약간의 통증을 느꼈지만 쇼크를 받지는 않았다. 비처는 어떻게 소금물이 모르핀을 대신할 수 있는지 스스로도 의아스러웠다.

그때부터 야전 병원에 모르핀이 떨어질 때면 비처는 모르핀인 양

식염제를 투여했다. 그러면서 비처는 점점 플라시보의 힘을 확신하게
되었고, 전쟁이 끝난 뒤 미국으로 돌아와 자신이 경험한 현상을 연구
하기 시작했다.

1955년, 비처는 《미국의학협회저널Journal of the Americal Medical Associa-
tion》에 15개 연구에 대한 임상 심리審理를 게재해 역사에 큰 업적을 남
겼다. 이 논문에서 비처는 플라시보의 커다란 의미를 밝힌 것은 물론
피험자들에게 실제 약과 위약을 무작위로 배당하는, 의학 연구의 새로
운 모델도 제시했다. 이 모델은 현재 무작위 비교 실험randomized, controlled
trials(RCT)이라고 불리는데 강력한 플라시보 효과의 결과를 왜곡 없이
도출하는 장점이 있다.[1]

생각, 믿음, 기대만으로—그 생각, 믿음, 기대를 의식하든 않든—물
리적 현실을 바꿀 수 있다는 아이디어가 제2차 세계대전 때 그 야전 병
원에서 처음 나온 것은 물론 아니다. 성경은 기적적인 치유 이야기로 가
득하고, 심지어 오늘날에도 사람들이 프랑스 남부의 루르드Lourdes(1858
년 이곳에서 14살 난 농부의 딸 버나데트가 성모 마리아의 비전을 보았다고 전해진
다) 같은 곳에 정기적으로 모여 목발, 교정기, 휠체어 등을 치유의 증거로
남기고 돌아가기도 한다. 유사한 기적들이 포르투갈의 파티마Fátima(양 치
던 어린아이 셋이 1917년 성모 마리아의 발현을 목격했다)에서도 보고되었고,
파티마 성모 발현 30주년 기념으로 만든 성모상의 세계 순례중에도 이
런 일이 일어났다는 보고가 있다. 이 성모상은 세 아이 중 나이가 가장
많은 아이(나중에 수녀가 되었다)가 묘사한 대로 만들어졌고, 순례 길에 나
서기 전에 교황 비오 12세가 축복을 내려주었다고 한다.

신념 치유는 기독교 전통에만 국한되지 않는다. 이제는 고인이

된 인도의 사티야 사이 바바Sathya Sai Baba는 신봉자들에게 신의 화신化身으로 받들어지는데, 손바닥에 비브후티vibhuti라는 신성한 재ash를 만들어 보였다고 한다. 회색의 이 부드러운 재를 먹거나 반죽 형태로 피부에 발라서 육체적·정신적·영적인 질병들을 치유했다고 말하는 사람들이 많다. 티베트의 라마승에게도 숨을 불어넣어 병자를 치유하는 힘이 있다고 한다.

4세기부터 9세기까지 영국과 프랑스를 통치한 왕들조차 신하들의 몸에 손을 올려 신하들을 치유하곤 했다. 특히 잉글랜드 국왕 찰스 2세가 치유 능력이 커서 10만 번 넘게 그런 일을 했다고 한다.

무엇이 이른바 그런 '기적'들을 일으키는 것일까? 단지 신에 대한 믿음이? 아니면 어떤 사람이나 대상, 혹은 신성하다고 생각되는 장소에 대한 믿음이? 신념과 믿음이 그런 심오한 효과를 내려면 어떤 과정을 거치면 되는 걸까? 묵주 기도를 드리는 것이든, 성스런 재를 피부에 문지르는 것이든, 믿음 가는 의사가 처방한 새로운 기적의 약을 먹는 것이든, 그런 의례에 어떤 의미를 부여하느냐가 플라시보 현상에서 일정한 역할을 하는 것은 아닐까? 그런 치료를 받은 사람들의 내면 상태가 외부 환경 조건들(적당한 시간에 나타난 사람이나 장소, 물건)로부터 영향을 받고 그 결과로 생긴 새로운 내면 상태가 실제로 육체의 변화를 부른 것은 아닐까?

## 자기장에서 최면술로

1770년대 오스트리아 빈의 외과 의사 프란츠 안톤 메스머Franz Anton Mesmer는 당시 사람들이 기적적인 치유를 위한 의학 모델이라 생각하던 것을 계발하고 증명해서 유명해진 인물이다. 메스머는 지구 중력이 인간의 몸에 영향을 미친다는 아이작 뉴턴의 아이디어를 확장시켜서, 사람의 몸에는 보이지 않는 자기장 액체가 흐르고 있고 자신이 '동물 자기장animal magnetism'이라 부르는 힘을 이용해 그 액체를 조작하면 병을 치료할 수 있다고 믿었다.

메스머가 이용한 기술은 환자에게 자기 눈을 똑바로 바라보게 한 다음 환자의 몸 위에 올려놓은 자석들을 이리저리 옮기면서 몸 속 자기장 액체의 움직임을 바꾸는 것이었다. 나중에 메스머는 (자석 없이) 자신의 손짓으로도 같은 효과를 낼 수 있다는 걸 알게 되었다. 시술이 시작되면 환자들은 곧 몸을 떨거나 뒤틀고 이어 경련을 일으키게 되는데, 메스머는 그때 치료가 일어난다고 생각했다. 환자가 진정될 때까지 메스머는 액체의 균형을 맞추는 작업을 계속했다. 메스머는 이 기술을 이용해 마비와 경련을 동반하는 질병부터 생리 불순, 치질 같은 가벼운 질병까지 다양하게 치료했다.

메스머와 관련해 지금도 회자되는 가장 유명한 이야기는 마리아 파라디스를 치료한 이야기이다. 마리아 파라디스는 십대의 소녀 피아니스트로 세 살 때부터 심신心身 상관성 질병인 히스테리성 시각 상실증을 앓고 있었는데, 메스머가 그 아이를 어느 정도 치유한 것이다. 파라디스를 자기 집에 몇 주 동안이나 머물게 하면서 노력한 결과 마침내 움직임을 인식하고 색을 구별할 수 있는 정도까지 치유할 수 있었던 것이다. 그런데 파라디스의 부모는 그런 진전에 그다지 기뻐하지 않았다. 딸이 치유되면 왕실로부터 받는 장애인 수당을 더 이상 받지 못하게 되기 때문이었다. 게다가 건반 위의 자기 손을 보기 시작하자

파라디스의 피아노 실력이 눈에 띄게 퇴보했다. 메스머가 이 피아니스트 소녀와 부적절한 관계를 갖고 있다는 둥 근거 없는 소문도 퍼지기 시작했다. 그러자 부모는 딸을 메스머의 집에서 강제로 데리고 나왔고, 파라디스는 다시 시각 장애를 앓기 시작했으며, 메스머는 명성에 큰 타격을 입었다.

퓌세귀르Puységur 후작이라 알려진 프랑스 귀족 아르망 마리 자크 드 샤스트네Armand-Marie-Jacques de Chastenet는 메스머의 그런 선구적인 작업을 주시하다가 메스머의 아이디어를 다음 단계로 발전시켰다. 퓌세귀르는 '자기장 몽유증magnetic somnambulism'(자면서 걸어 다니기와 유사한 증상)이라는 깊은 최면 상태를 유도해 냈는데, 그 상태에 있는 환자들은 자신이나 다른 사람의 건강 상태에 대해 뜻밖의 사실을 말하는 등 강한 통찰력을 보여주기도 했다. 비록 깨어나면 아무것도 기억하지 못했지만, 그 상태에 있을 때 그들은 암시 감응력이 극도로 높아져서 그가 유도하는 대로 하곤 했다. 환자를 다루는 의사에게 힘이 있다고 생각한 메스머와 달리, 퓌세귀르는 (의사의 유도에 도움을 받은) 환자가 자기 몸에 대해 갖고 있는 생각 속에 힘이 있다고 믿었다. 이런 믿음에 근거한 퓌세귀르의 치료법은 몸과 마음의 관계를 탐구한 최초의 의학적 시도라 할 만하다.

1800년대, 스코틀랜드의 외과 의사 제임스 브레이드James Braid가 메스머리즘mesmerism('최면'이라는 뜻으로, 메스머의 이름에서 나왔다—옮긴이)을 더욱 발전시켜 노이리프노티즘neurypnotism(현재는 히프노티즘hypno-tism(최면)이라 불린다) 개념을 만들어냈다. 브레이드는 어느 날 진료 시간에 늦게 도착했는데, 자신을 기다리던 환자가 고요한 상태에서 오일 램프의 펄럭이는 불꽃에 강하게 매혹되어 있는 모습을 보고 그때부터 최면술을 연구하기 시작했다고 한다. 그는 환자가 무언가에 집중해 뇌의 한 부분을 '피곤하게 하는' 상태에 있으면 암시 감응력이 극적으로 높아진다는 사실을 발견했다.

많은 실험 끝에 브레이드는 어떤 물체를 응시하게 하는 방법으로 환자를 한 가지 생각에 집중하게 만들 수 있다는 걸 알게 되었다. 그런 방식으로 환자들을 오일 램프를 응시하던 환자와 유사한 트랜스 상태(가수면 상태, 무아지경의 상태)로 들어가게 할 수 있었는데, 브레이드는 그런 상태를 만성 류머티즘 관절염, 감각 손상, 복잡하고 다양한 척추 손상, 뇌졸중 같은 질병을 치료하는 데 이용할 수 있다고 생각했다. 그의 책《노이리프노티즘*Neurypnotism*》에는 많은 성공 사례들이 소개되어 있는데, 그중에는 두 다리가 마비된 33세 여성과 피부병에 심각한 두통까지 앓던 54세 여성을 치유한 이야기도 있다.

그때 브레이드의 작업을 살펴본 프랑스의 명망 높은 신경학자 장-마르탱 샤르코Jean-Martin Charcot는 그런 트랜스 상태로 들어가는 능력은 히스테리 상태로 고통받는 사람들에 한해서만 가능하다고 주장하면서, 히스테리성 질환이라면 유전적인 신경성 질환이기 때문에 치유는 불가능하다고 생각했다. 따라서 샤르코는 최면술을 치유가 아닌 증상을 연구하는 데 사용했다. 마지막으로 샤르코의 라이벌이던 낭시 대학의 이폴리트 베른하임Hippolyte Bernheim은 최면술에 아주 중요한 암시 감응력은 히스테리성 발작에만 한정된 것이 아니라는 주장을 펼쳤다. 베른하임은 자신의 생각을 치료에도 적용해, 환자들에게 트랜스 상태에서 깨어날 때 병의 증상이 사라질 것이며 기분이 좋아질 것이라고

암시했다. 암시의 힘을 치료 도구로 이용한 셈이다. 베른하임은 1900
년대 초까지 그런 치료를 계속했다.

초점과 기술이 서로 약간씩 다르긴 했지만, 암시 감응력에 대한
초기의 이런 연구들은 질병과 질병의 발현 방식에 대한 사람들의 생
각을 바꾸었고, 이를 통해 다양한 육체적·정신적 문제를 해결하는 데
도움을 주었다.

두 번의 세계대전 동안 정신과 의사 벤자민 사이먼Benjamin Simon 같
은 군의관들은 최면 암시 감응력hypnotic suggestibility 개념(이 개념에 대해서
는 뒤에서 더 다룰 것이다)을 이용해 예전에는 '전쟁 신경증shell shock'이라
불리다가 지금은 외상 후 스트레스 장애post-traumatic stress disorder(PTSD)로
불리는 트라우마로 고통받는 병사들을 도왔다. 전쟁의 끔찍한 경험으
로 인한 고통이 너무나 심해, 많은 참전 군인들이 자기 방어 차원에서
스스로 감정을 마비시키거나 그 끔찍한 사건들과 관련한 기억을 잊어
버리거나 더 심한 경우에는 플래시백(회상) 형태로 전쟁 경험들을 계
속 재체험하기도 했다. 이런 증상들은 모두 또 다른 스트레스성 질병
을 유발할 수 있다. 사이먼과 동료들은 그와 같은 참전 군인들에게 최
면술이 굉장히 유용함을 알게 되었다. 최면술 덕분에 참전 군인들이 트
라우마에 잘 대면하고 대처할 수 있었고, 이는 트라우마가 (매스꺼움,
고혈압을 비롯한 심혈관계 장애와 면역력 약화까지 포함하는) 육체적
질병과 정신적 불안의 형태로 다시 떠오르지 않도록 하는 데 큰 도움
이 되었다. 이 군의관들도 최면술을 이용한 이전의 의사들처럼 환자를
도와 생각의 패턴을 바꾸게 하는 방식으로 병을 낫게 하고 정신적·육

체적 건강을 되찾게 했던 것이다.

이 최면 기술들이 효과가 아주 좋았기 때문에 민간인 의사들도 암시 감응력 이용에 관심을 보이기 시작했다. 비록 그들 대다수가 환자를 트랜스 상태에 들어가게 하는 것이 아니라 설탕 약이나 다른 플라시보를 주고 그 '약'이 병을 낫게 해줄 거라고 말하는 정도에 그쳤지만 말이다. 모르핀 주사를 맞았다고 믿고 그에 따라 반응했던 부상병들처럼, 이 환자들도 똑같이 암시에 반응하며 실제로 병세가 더 나아졌다. 사실 이 시기는 비처Beecher의 시대라 할 만하다. 1955년, 비처가 무작위 비교 실험 모델을 제시한 획기적인 임상 심리 논문을 발표한 이래, 플라시보는 의학 연구에서 중요한 부분으로 자리매김이 된 것이다.

의학계는 비처의 요지를 잘 받아들였다. 처음에 연구자들은 (플라시보를 받은) 제어 집단의 사람들이 아무런 변화도 보이지 않을 것이고, 따라서 이들과 진짜 치료약을 받은 집단의 사람들을 비교해 보면 실제로 치료약이 얼마나 잘 듣는지 알 수 있을 것이라고 생각했다. 하지만 아주 많은 연구에서 제어 집단 사람들이 실제로 더 좋아졌다. 저절로 좋아진 것이 아니라, 도움이 될지도 모르는 치료를 받거나 약을 먹었다는 믿음을 갖고 나을지도 모른다는 기대를 했기 때문이었다. 플라시보 그 자체는 불활성이지만, 플라시보 효과는 확실히 있었고 믿음과 기대의 힘이 극도로 강력한 힘을 발휘한다는 점이 점점 더 분명해졌다! 믿음과 기대가 무의미하지 않는 이상 어느 정도는 그것들에서 플라시보 효과의 이유를 찾아야 했다.

마침내 연구자들은 비처의 요구에 귀를 기울이며 무작위 이중 은폐 실험을 시작했다. 피험자들을 진짜 약 집단과 위약 집단에 무작위로 배당하고, 피험자는 물론 연구자도 누가 진짜 약을 받고 누가 플라시보를 받는지 전혀 모르게 했다. 이렇게 하면 플라시보 효과가 양쪽 집단 모두에 똑같이 일어날 수 있고, 연구원들이 자칫 피험자를 그들이 속한 집단에 따라 다르게 대할 가능성도 줄일 수 있었다.(요즘에는 종종 3중 은폐 실험이 진행되기도 하는데, 이 경우 자료를 분석하는 통계 전문가조차 분석이 끝날 때까지 누가 어떤 약을 받았는지 알지 못한다.)

## 노시보 효과 연구

모든 일에는 이면이 있게 마련이다. 치유 능력 때문에 암시 감응력이 많은 주목을 받는 동안 이 똑같은 현상이 해로운 작용을 끼칠 수 있다는 점도 분명해졌다. 마술과 부두교 저주 같은 관행이 암시 감응력의 부정적인 측면을 드러낸 것이다.

1940년대, 하버드의 생리학자 월터 브래드포드 캐넌Walter Bradford Cannon(1932년에 '투쟁 혹은 도주fight or flight 반응'이라는 용어를 처음 만들어낸 사람이다)은 노시보 반응이 최종적으로 어떻게 귀결되었는지를 연구하고 그 현상을 '부두교 죽음voodoo death'이라고 불렀다.[2] 캐넌은 주술사나 부두교 사제의 힘을 강력하게 믿는 문화의 사람들이 마법에 걸리거나 저주를 당한 후 특별한 사고, 음독, 감염의 증거가 없는데도 갑자기 병이 들거나 죽은 일화들을 대거 연구했다. 캐넌의 이 연구가 있었기에 오늘날 우리는 인간의 생리 반응 체계가 어떻게 감정(특히 두려움 같은)으로 병을 만들어내는지 많은 것을 알 수 있게 되었다. 캐넌에 따르면, 자신을 죽일 저주의 힘에 대한 희생자의 믿음은 그를 결국 붕괴로 몰아갈 심리적 잡탕찌개의 일부에 지나지 않는다. 사회적으로 추방되고 심지어 가족한테도 거부당한 상태로 살아가게 된 점도 그런 결과를 낳은 또 다른 요소였던 것이다. 그런 희생자들은 순식간에 걸어다니는 시체가 되어버렸다.

물론 무해한 원천에서 해로운 결과가 나오는 일이 부두교의 경우에만 있는 것은 아니다. 1960년대 과학자들은 단지 해로울 것이라고 믿거나 예측하기 때문에 해로운 효과를 야기하는 불활성 물질을 가리켜 '노시보nocebo'라 이름 붙였다.('노시보'는 '내가 해롭게 하리라'라는 뜻의 라틴어로 '내가 좋게 하리라'라는 뜻의 '플라시보'의 반대말이다).[3] 노시보 효과는 보통 약물 실험에서 일어나는데, 위약을 복용한 피험자가 실험 중인 진짜 약의 부작용을 기대할 때 혹은 부작용에 대한 특별 경고를 받을 때, 실제로 진짜 약을 복용하지 않고 단지 그 약이 불러올 수 있는 인과 관계들을 생각하는 것만으로도 그 부작용을 경험하게 되는 것을 말한다.

노시보 현상만을 보기 위한 연구는 윤리적인 문제 때문에 거의 없는 편이지만, 그렇다고 아주 없지는 않다. 덩굴옻나무에 심한 알레르기 반응을 보이는 아이들 집단을 대상으로 1962년 일본에서 이루어진 연구가 그중 많이 알려져 있다.[4] 연구원들은 아이들 팔뚝에 덩굴옻나무 이파리를 문지르고는 그것이 무해한 이파리라고 말했다. 비교를 위해 다른 쪽 팔뚝에는 무해한 이파리를 덩굴옻나무라고 하면서 문질렀다. 덩굴옻나무라고 말은 했지만 실은 무해한 이파리를 문지른 팔뚝에 모든 아이들이 발진을 일으켰다. 그리고 실제 옻나무가 닿은 팔뚝에서 발진이 전혀 나타나지 않은 아이도 13명 중 11명이나 되었다.

믿기 어려운 결과였다. 덩굴옻나무에 알레르기가 심한 아이들이 어떻게 그것에 노출되고도 발진을 일으키지 않았을까? 그리고 어떻게 전혀 해가 없는 다른 이파리 때문에 발진을 일으켰을까? 덩굴옻나무 이파리임에도 자기한테 아무 해도 없을 거라는 '새로운' 생각이 과거의 기억은 물론 덩굴옻나무가 알레르기를 일으킨다는 믿음까지 뛰어넘어, 그 진짜 옻나무 이파리를 무해한 것으로 만든 것이다. 그리고 곧 그 반대의 일도 벌어졌다. 무해한 이파리가 유해할 것이라는 생각만으로 독성을 띠게 된 것이다. 두 경우 모두 새로운 생각에 아이들 몸이 즉시 반응한 셈이었다.

이 실험에서 아이들은 옻나무 이파리가 무해하다는 말을 믿음으로써, 알레르기를 일으키던 과거 경험들로 보아 그 유독한 이파리에 육체적으로 반응할 거라는 기대에서 어느 정도 자유롭게 된 것이라고 말할 수 있다. 사실 아이들은 알레르기에 반응하리라는 기대 자체를 하지 않았고, 기대라는 것이 시간을 전제한 것이란 점에서 아이들은 시간을 초월한 셈이었다.(시간의 초월은 환경의 초월과 함께 치유에 아주 중요한 요소로 저자가 자주 강조하는 점이다.—옮긴이) 그것은 어떤 의미에서 아이들이 환경(덩굴옻나무 이파리)이 만드는 조건보다 더 커졌음을 암시한다. 아이들은 단지 생각을 바꾸는 것만으로 몸의 생리 작용을 바꾸고 또 조종할 수 있었다. (기대 형태의) 생각이 '진짜' 물리적 환경보다 우리 몸에 더 큰 영향을 미칠 수 있음을 보여주는 이 놀라운 증거는 정신신경면역학이라는 과학 연구 분야의 신기원을 여는 데 일조했다. 정신신경면역학이란 생각과 감정이 면역 체계에 미치는 영향을 연구하는 학문으로, 몸과 마음의 관계를 논할 때 빠질 수 없는 분야이다.

1960년대에 있었던 또 하나 주목할 만한 노시보 연구는 천식 환자들을 대상으로 이루어진 것이다.[5] 연구원들은 40명의 천식 환자에게 항원抗原 혹은 자극물이 들어 있다고 말은 했지만 사실은 수증기만 든 흡입기를 나눠주었다. 그들 중 48퍼센트인 19명이 기도가 좁혀오는 듯한 천식 증상을 경험했고, 30퍼센트인 12명은 완전한 천식 발작을 일으켰다. 그 다음, 연구원들은 같은 피험자들에게 그런 증상을 완화해줄 약물이 들어 있는 것이라며 다른 흡입기를 나눠주었다. 이때에도 흡입기에는 수증기만 들어 있었는데 그들의 기도가 정말로 다시 뚫렸다.

천식 증상을 일으킨 경우건 또 극적으로 정상으로 돌아간 경우건 환자들은 모두 연구원들이 마음에 심어준 암시와 생각에만 반응했고 그 암시와 생각으로 기대하게 된 일을 정확하게 해냈다. 그들은 뭔가 해로운 것을 흡입했다고 생각했을 때 해로운 일을 당했고, 약을 받았다고 생각했을 때 나았다. 그리고 그런 암시와 생각이 그들의 환경, 즉 객관적 현실보다 더 큰 영향을 미쳤다. 따라서 결국 그들의 생각이 새로운 현실을 만들어냈다고 할 수 있다.

그렇다면 우리가 매일 하는 생각이나 늘 고수하는 믿음은 어떨까? 감기 걸리기 쉬운 기간이라는 기사와 독감 예방 주사를 맞으라는 글을 겨울 내내 어디서든 보게 된다면, 그 모든 것이 우리로 하여금 '예방 주사를 맞지 않으면 감기에 걸릴 텐데'라는 생각을 하게 만들고, 그 때문에 우리가 독감에 더 잘 걸리게 되는 것은 아닐까? 덩굴옻나무 이파리 연구에서 무해한 이파리에 발진을 일으킨 아이들처럼, 혹은 단지 수증기만 흡입했을 뿐인데 기관지 수축 반응을 경험한 그 천식 환자들처럼, 우리도 감기 같은 증상을 보이는 사람을 보고 나도 아플지도 모른다고 생각하는 것만으로 아프게 되는 것은 아닐까?

우리는 단지 공익 광고, 상업 광고, 텔레비전 쇼, 기사 들이 우리에게 그렇다고 주입하기 때문에, 나이가 들면서 더 많이 관절염, 관절 강직, 기억력 감퇴, 쇠약, 성욕 저하 등으로 고통받게 되는 것은 아닐까? 우리가 무의식적으로 만들어내는 자기 충족적 예언들에는 또 어떤 것이 있을까? 그리고 생각과 믿음만 바꾼다면 해결할 수도 있는 '어쩔 수 없는 일'에는 또 어떤 것이 있을까?

## 첫 번째 도약

1970년대 말 획기적인 한 연구에서 플라시보가 진짜 약처럼 엔도르핀(우리 몸이 만들어내는 천연 진통제) 분출을 촉발할 수 있음이 처음으로 확인되었다. 이 연구에서 샌프란시스코 캘리포니아 대학의 존 레빈John Levine 박사는 막 사랑니를 제거한 40명의 치과 환자들에게 진통제 대신 플라시보를 주었다.[6] 정말로 고통을 없애줄 진통제를 받았다고 생각했기 때문에 환자들은, 이제는 놀랍지도 않게, 통증이 완화되었다고 보고했다. 연구원들은 그 환자들에게 다시 날록손naloxone이라는, 뇌 속의 모르핀과 엔도르핀(내생內生 모르핀)의 수용체receptor를 화학적으로 닫아버리는 모르핀 길항제antidote를 나눠주었다. 그리고 그 길항제를 복용한 환자들은 통증이 되살아났다고 호소했다. 이것은 플라시보 복용으로 환자들이 그들만의 천연 진통 완화제인 엔도르핀을 분출해 냈다는 뜻이었다. 이 연구는 피험자들이 마음속으로만 통증 완화를 경험한 것이 아니라 실제 몸으로도 경험했음을 보여준 것이라는 점에서 플라시보 연구 역사에서 하나의 중대한 사건이 되었다. 그 환자들은 몸과 마음을 아우르는 존재 상태 전반에서 통증 완화를 경험했던 것이다.

인간의 몸이 그렇게 진통제를 자체 제조하면서 스스로를 위한 약국처럼 기능한다면, 우리 안에 저장되어 있는, 치유에 좋은 화학 물질들을 무한대로 혼합해서 자체 제작한 천연 약들을 필요할 때마다 가져다 쓸 수 있지 않을까? 의사가 처방한 약과 똑같은 약, 아니 어쩌면 그보다 더 나은 약 말이다.

1970년대에 심리학 박사 로버트 아더Robert Ader는 또 다른 연구를 통해 '조건화conditioning'라는 흥미로운 요소를 플라시보 논의에 추가했다. 유명한 러시아 인 생리학자 이반 파블로프Ivan Pavlov에 의해 유명해진 이 조건화 개념은 두 가지 일의 연결을 전제로 한다. 파블로프가 먹이를 주기에 앞서 종을 울리기 시작한 후로 종소리와 음식을 연결시키게 된 파블로프의 개들처럼 말이다. 언젠가부터 그 개들은 종소리를 들을 때마다 먹이에 대한 기대감 때문에 자동으로 침을 흘리도록 조건화되었다. 조건화의 결과로 개들의 몸은 침을 흘리게 만든 애초의 자극(음식)이 없을 때조차 환경 속 새로운 자극(이 경우 종소리)에 침을 흘리며 생리적으로 반응하게 되었다.

그러므로 조건화된 반응에서는, 몸 속에 저장되어 있는 무의식적인 프로그램(이 부분에 대해서는 다음 장에서 더 자세히 논할 것이다)이 의식적 마음을 능가해 상황을 관장하게 된다고 말할 수 있을 것 같다. 그런 방식으로 몸이 실제로 마음(무의식)이 되는 것이다. 의식적인 생각이 더 이상 통제권을 갖지 못하기 때문이다.

파블로프는 개들을 음식의 냄새, 모습, 맛에 반복적으로 노출시킨

다음 종을 울렸다. 시간이 지나자 종소리만으로도 개들은 무의식적·자동적으로 몸 속의 생리적·화학적 상태를 바꾸었다. 개들의 자율 신경계(의식적으로 자각할 수 없는 우리 몸의 잠재의식적 작동 체계)가 전면에 나선 것이다. 그러므로 조건화는 과거의 기억들을 내면에서 일어날 효과에 대한 기대와 결부시킴(흔히 연상 기억이라고 한다)으로써 몸 속에 무의식적·내면적인 변화를 창조해, 결국 그 기대, 즉 예측했던 결과가 자동으로 일어나게 만든다고 할 수 있다. 그 과정에서 조건화가 강하면 강할수록 의식적인 통제력은 줄어들고 무의식적인 프로그램은 더 자동적이 된다.

아더 박사는 그런 조건화된 반응이 얼마나 오래 지속되는지 알아보고자 연구를 시작했다. 먼저 실험용 쥐들에게 위통을 야기하는 시클로포스파미드라는 약물을 탄 달콤한 사카린 물을 먹여보았다. 쥐들이 그 물의 달콤한 맛과 위장의 아픔을 연결시키는 조건화를 끝내고 나면 곧 시클로포스파미드를 탄 물을 거부할 것이라고 생각했다. 아더 박사가 알고 싶었던 것은 쥐들이 얼마나 오랫동안 거부하느냐였다. 위통을 일으키는 달콤한 물에 대한 조건화된 반응이 얼마나 지속되는지 그 기간을 측정하고 싶었던 것이다.

그런데 시클로포스파미드가 면역 체계도 약화시킨다는 사실을 미처 생각지 못한 아더 박사는, 박테리아와 바이러스 감염으로 쥐들이 갑자기 죽어나가자 놀라지 않을 수 없었다. 그 후 아더 박사는 연구 장치를 바꾸고 살아남은 쥐들에게 계속 사카린 물을 (점안기로 강제로) 먹였다. 다만 이번에는 시클로포스파미드를 섞지 않았다. 그런데 면역력을 떨어뜨리는 약을 더 이상 주입하지 않았음에도 쥐들은 계속 감염으로 죽어나갔다.(처음부터 단물만 받아먹은 비교 그룹의 쥐들에게는 아무런 문제도 일어나지 않았다.) 로체스터 대학의 면역학자 니콜라스 코헨Nicholas Cohen 박사와 함께 팀을 이루면서 아더 박사는 쥐들이 단물의 맛과 면역력을 저하시키는 약의 효과를 연결시키는 조건화를 한번 만들고 나면 그 연결이 너무 강력해서 단지 단물을 마시는 것만으로 그 약이 만드는 생리학적 효과(신경 체계에 면역 체계를 억압하라고 신호를 보내는 것)를 일으킨다는 사실을 발견했다.[7]

1장에서 살펴본 샘 론더처럼 아더의 쥐들도 생각만으로 죽은 것이다. 과학자들은 자신들이 한 번도 생각지 못한 여러 가지 강력한 방식으로 마음이 무의식적으로 몸을 움직일 수 있음을 보기 시작했다.

## 동서양이 만나다

그 무렵 인도의 구루guru 마하리시 마헤시Maharishi Mahesh가 가르친 초월 명상Transcendental Meditation(TM)이라는 동양의 수행법이 (1960년대 비틀즈를 시작으로 한) 유명 인사들의 열렬한 호응에 힘입어 미국에서 인기를 끌기 시작했다. 이 명상법은 하루에 두 번씩 20분 동안 마음을 가라앉히고 만트라를 반복하는데, 그 목적은 물론 영적인 깨달음이었다. 그런데 이 수행법이 하버드의 심장병 전문의 허버트 벤슨Herbert Benson의 주의를 끌었다.

벤슨은 이 수행법이 스트레스와 심장병의 위험 요인을 줄일 수 있다는 데 흥미를 느꼈다. 그는 거기에서 영적 수행 과정에 따른 신비성을 걷어내고 '이완 반응relaxation response'이라는 그와 유사한 기술을 계발해, 1975년에 낸 같은 이름의 책에서 자세히 설명했다.[8] 벤슨은 생각의 패턴을 바꾸는 것만으로 스트레스 반응을 멈추게 할 수 있고, 그 결과 혈압을 낮추고 심박동을 정상으로 되돌려 깊은 휴식 상태에 들어갈 수 있다고 주장했다.

명상은 기본적으로 이것도 저것도 아닌 중립의 자세를 유지하는 것이지만, 집중을 하다 보면 좀 더 긍정적인 자세와 감정이 일어나게 된다. 이 점에 관해서는 목사 출신의 노먼 빈센트 필Norman Vincent Peale이 1952년에 《긍정적인 생각의 힘The Power of Positive Thinking》이라는 책에서 이미 이야기한 바 있었다. 이 책은 생각이 실제로 삶에 부정적으로건 긍정적으로건 영향을 미칠 수 있다는 관점을 퍼트렸다.[9] 이런 관점은, 1976년 정치 분석가이자 잡지 편집자였던 노먼 커즌스Norman Cousins가 어쩌면 죽을 수도 있었던 병을 어떻게 웃음으로 치유했는지 《뉴잉글랜드 의학지New England Journal of Medicine》에 발표하면서 다시금 의학계의 주목을 받기도 했다.[10] 커즌스는 1년 후 출판한 베스트셀러 《질병의 해부학Anatomy of an Illness》에서 자신의 이야기를 더 자세히 들려주고 있다.[11]

커즌스는 우리 몸의 세포들을 하나로 유지시키는 섬유상 단백질인 콜라겐의 손상을 야기하는, 강직성 척수염이라는 일종의 퇴행성 관절염 진단을 받았다. 의사는 강직성 척수염 환자 500명 중 한 명 정도밖에는 회복이 안 된다고 했다. 커즌스는 엄청난 통증 때문에 팔다리를 움직이기도 힘들고 침대에서 돌아눕기도 어려운 지경이었다. 피부 안쪽으로 거친 혹들이 생겨났고, 심한 때에는 입도 다물 수 없었다고 한다.

부정적인 감정 상태로 오래 살아온 탓에 그런 질병이 생겼다고 확신한 커즌스는, 그렇다면 똑같은 이치로 좀 더 긍정적인 감정 상태가 되면 그 같은 손상을 되돌릴 수도 있을 거라고 생각했다. 커즌스는 의사와 계속 상담하는 한편, 비타민 C를 대량 섭취하는 식이 요법을 시작하고, 막스 형제(미국의 희극 배우 형제—옮긴이) 영화를 비롯해 재미있는 영화와 코미디 쇼를 보기 시작했다. 그리고 10분 동안 크게 웃으면 두 시간 동안 통증 없이 잠을 잘 수 있다는 사실도 발견했다. 결국 그는 완전히 회복되었다. 건강해질 때까지 웃는 아주 간단한 방법으로 말이다.

어떻게 그런 일이 가능할까? 당시의 과학자들은 그런 기적 같은 회복을 이해할 수도 설명할 수도 없었지만, 오늘날의 연구자들은 후성 유전학적 과정이 작용했기 때문이라고 말한다. 커즌스가 마음자세를 바꾼 것이 몸 속의 화학 작용을 바꾸고, 그것이 내면 상태를 바꾸면서 그로 하여금 새로운 방식으로 새로운 유전자들을 프로그래밍하게 한 것이다. 간단히 말해 그는 질병을 야기한 유전자들을 하향 조절하고(끄고) 회복을 관장하는 유전자들을 상향 조절한(켠) 것이다.(뒤에 오는 여러 장에서 이 유전자를 끄고 켜는 문제를 더 자세히 살펴볼 것이다.)

그리고 몇 년 후 일본 쓰쿠바 대학의 연구원 케이코 하야시Keiko Hayashi도 이와 똑같은 결과를 증명해 보였다.[12] 하야시의 연구에서 한 시간 내내 코미디 프로그램을 시청한 당뇨 환자들이 모두 39개의 유전자들을 상향 조절했는데, 그중 14개가 NK 세포natural killer cell(자연 살해 세포로서 암세포 등을 공격하는, 면역을 담당하는 중요한 세포—옮긴이) 활동에 관여했다. 이 유전자들 모두 혈당 조절과 직접적인 관계가 없었음에도 환자들은 당뇨와 관련한 건강 강좌를 들은 날보다 혈당 조절에 더 큰 차도를 보였다. 연구자들은 웃음이 면역 반응에 관계하는 많은 유전자들에 영향을 주고, 나아진 면역 체계가 혈당 조절을 좋게 한다고 추측했다. 환자들의 뇌가 촉발한 고양된 감정이 유전적 변형을 불러왔고, 그 변형이 자연 살해 세포를 활성화했으며 혈당 반응도 (아마도 다른 많은 유익한 효과들에 추가적으로) 어느 정도 향상되었던 것이다.

커즌스가 1979년에 플라시보에 대해 말한 것처럼 "그런 과정들은 약 속에 무슨 마술이 숨어 있어서가 아니라 인간의 몸이 그 자체로 최고의 약제사이고 몸이 내린 처방이 가장 뛰어난 처방이기 때문이었다."[13]

대체 의학과 심신 상관 의학이 한창 자리를 잡아가던 그 즈음, 커즌스의 경험에 영감을 받은 예일 대학의 외과 전문의 버니 시걸Bernie Siegel은 왜 생존 확률이 낮은데도 어떤 환자들은 살아남고 생존 확률이 높은데도 어떤 환자들은 사망하는지 그 이유를 찾기 시작했다. 그리고 암 투병 생존자들 대부분이 거침없고 호전적인 사람들이며, 치료 불가한 환자가 있을 뿐 치료 불가한 병은 없다는 결론을 내렸다. 시걸은 희망이 치유에 강력한 힘이고, 무조건적인 사랑이야말로 면역 체계의 가장 강력한 자극제로 천연의 묘약을 생산·제공한다고 말했다.[14]

## 플라시보가 항우울제를 능가하다

1980년대 말부터 1990년대까지 항우울제 신약들이 대거 쏟아져 나왔는데, 이로 인해 항우울제에 대한 논란이 일면서 (그 즉시는 아니더라도) 결국은 플라시보의 힘에 대한 믿음이 높아졌다. 출판된 항우울제 연구 자료들의 1998년 메타 분석meta-analysis(한 주제에 대한 연구들을 다시 요약하고 종합하는, 비교적 객관적인 기법—옮긴이)에서, 당시 코네티컷 대학의 심리학자 어빙 키르쉬Irving Kirsch 박사는 2,300명 이상의 환자들이 참여한 무작위 이중 은폐 임상 실험 19건에서 대부분의 완화 증상이 항우울제가 아닌 플라시보 덕분이었음을 발견하고 놀라지 않을 수 없었다.[15]

다음으로 키르쉬는 정보자유법을 이용해서, 법에 따라 식품의약국FDA에 보고해야 하는, 항우울제 약물 제조사의 미공개 임상 실험 자료들을 입수했다. 이 새로운 자료들, 즉 1987년에서 1999년 사이 가장 많이 처방된 공인 항우울제 여섯 종류 중 네 종류에 대해서 5천 명 이상의 환자들을 상대로 진행한 임상 실험 35건을 가지고 키르쉬와 그의 동료들은 두 번째 메타 분석을 실행했다.[16] 그리고 이번에도 무려 81퍼센트나 되는 경우에서 플라시보가 프로잭Prozac, 이펙서Effexor, 설존Serzone, 팍실Paxil 같은 대중적인 항우울제만큼이나 효과가 있다는 사실을 알아냈다. 나머지 항우울제가 더 잘 작용한 경우에도 대부분 플라시보보다 효과가 월등히 좋은 것이 아니라서 통계적으로 큰 의미는 없었다. 처방약이 플라시보보다 확실히 더 나은 경우는 심각한 우울증 환자들의 경우뿐이었다.

플라시보 효과의 중요성을 무시하고 싶어 하는 연구자도 많았지만 키르쉬의 연구 결과는 대단한 반향을 불러왔다. 논쟁은 대부분 항우울제가 플라시보보다 전혀 낫지 않다는 사실에 집중되었지만, 임상 실험에 참여한 환자들은 항우울제로도 분명 좋아졌다. 항우울제는 분명 유용하다. 하지만 플라시보를 복용한 환자들도 좋아졌다. 어떤 연구원들은 키르쉬의 연구 자료를 항우울제가 실패했다는 증거로 보기보다 플라시보가 성공적이라는 증거로 보는 긍정적인 쪽을 선택했다.

어쨌든 이 임상 실험들은 놀랍게도 '우울증이 좋아질 수 있다'는 생각이 항우울제를 복용하는 것과 똑같이 실제로 우울증을 치료할 수 있다는 사실을 말해주었다. 이 연구에서 플라시보를 복용하고 좋아진 사람들은 사실 1970년대 사랑니를 뽑고 스스로 진통제를 분비해 낸 레빈 의사의 환자들처럼 그들만의 천연 항우울제를 만들어냈던 것이다. 키르쉬는 우리 몸이 본래적으로 지성을 갖고 있고 그 지성이 자연치유 복합물들의 화학적 배열을 만들어내 우리에게 봉사하게 한다는 또 다른 증거들도 세상에 내놓았다. 아주 흥미롭게도 우울증 임상 실험에서 실제 약을 복용하고 증상이 완화된 사람들의 퍼센트가 높아지는 만큼 플라시보 복용으로 증상이 완화된 사람들의 퍼센트도 시간이 흐르면서 더 높아졌다. 어떤 연구자들은 그 이유를 항우울제에 대한 대중의 기대가 커졌기 때문에 은폐 임상 실험에서 플라시보 효과도 따라서 더 커지는 것이라고 말한다.[17]

## 플라시보의 신경생물학

곧 신경 과학자들이 플라시보가 주입되었을 때 신경 화학적으로 벌어지는 복잡한 양상을 정교한 뇌 주사 사진(뇌 스캔)으로 찍기 시작했다. 1장에서 소개한, 식염제를 투여받고 실제 약을 투여받았다고 생각하고 운동 기능을 되찾은 파킨슨 환자들을 대상으로 한 2001년의 연구가 그 한 예이다.[18] 플라시보 연구의 선구자 중 한 명인 이탈리아 연구자 파브리지오 베네데티Fabrizio Benedetti 박사도 몇 년 전 파킨슨병과 관련해 유사한 연구를 했고, 그 연구에서 처음으로 개개의 신경 세포들에 미치는 플라시보의 효과를 증명했다.[19]

베네데티는 (파킨슨 환자들의 경우에서 보이는) 기대의 신경생물학적 작용뿐만 아니라 전형적인 조건화(아더가 이전에 구토를 일삼던 실험 쥐들에게서 보았던 것)의 신경생물학적 작용도 함께 연구했다. 한 실험에서 베네데티는 피험자들에게 성장 호르몬을 자극하고 코르티솔 호르몬 분비를 억제하는 약 수마트립탄sumatriptan을 주었다가 나중에 그 약을 슬쩍 플라시보로 대체했다. 그리고 베네데티는 환자들의 뇌 주사 사진이 수마트립탄을 복용했을 때와 똑같은 곳에서 계속 불을 밝히고 있음을 발견했다. 이것은 뇌가 플라시보를 복용할 때도 진짜 약을 복용했을 때와 같은 물질(이 경우 성장 호르몬)을 스스로 생산함을 증명한다.[20]

다른 약물과 플라시보 조합 실험들에서도 양상은 크게 다르지 않았다. 플라시보를 통해 뇌에서 만들어진 화학 물질들은 해당 환자가 애초에 면역 체계 질환, 운동 근육 질환, 우울증 등의 치료를 위해 복용한 약물들에서 얻은 화학 물질들과 거의 다르지 않았다.[21] 사실 베네데티는 플라시보가 심지어 진짜 약물의 부작용까지 그대로 드러낸다는 것도 증명했다. 예를 들어 마취제와 관련한 한 플라시보 연구에서 피험자들이 플라시보를 복용했음에도 마취제를 복용했을 때처럼 호흡이 얕고 느려지는 똑같은 부작용을 호소했다. 플라시보 효과가 진짜 약물의 생리학적 효과를 매우 유사하게 흉내 내기 때문이다.[22]

사실을 말하자면 우리의 몸은 정말이지 많은 생리화학 물질들을 분비해 낼 수 있으며, 그것들이 우리를 치유하고 통증으로부터 보호하고 숙면을 취하게 돕고 면역 체계를 강화하고 유쾌한 기분이 들게 하며 심지어 사랑에 빠지라고 독려하기도 한다. 어떻게 그럴 수 있을까? 간단히 설명하면 특정 유전자가 이미 한번 발현되어 우리가 삶의 어느 시점에서 관련 화학 물질들을 만들어낸 적이 있다면, 설령 스트레스나 질병 때문에 그 유전자의 작동이 멈춰 더 이상 관련 화학 물질들이 분비되지 않게 되었다 하더라도 우리 몸은 이전의 경험으로 그 유전자를 어떻게 발현시킬지 알고 다시 발현시킬 수 있기 때문이다.(앞으로 이를 증명하는 연구 결과들을 많이 소개할 텐데 유의해서 보기 바란다.)

그렇다면 베네데티가 말하는 조건화의 신경생물학적 작용이 구체적으로 어떻게 일어나는지 보자. 신경학적 연구들은 참으로 놀라운 사실들을 보여준다. 어떤 사람이 한 가지 물질을 계속 복용하면 그 사람의 뇌는 계속 같은 방식으로 같은 신경 회로들을 활성화한다. 그 결과 뇌는 그 물질이 하는 일을 외우게 된다. 과거 경험상 익숙하게 느껴지는 내면의 변화를 특정한 약이나 주사와 머릿속에서 직접 연결시킬 때 그 사람은 특정한 약이나 주사의 효과에 쉽게 조건화될 수 있다. 이런 조건화 때문에 플라시보를 복용할 때도 진짜 약을 복용했을 때와 똑같은, 이미 만들어져 있는 신경 회로를 활성화하는 것이다. 머릿속 연상 기억이 약이나 주사와 몸 속의 호르몬 변화를 연결시키는 잠재의식적인 프로그램을 끌어내고, 그 프로그램이 자동으로 우리 몸에 신호를 보내 진짜 약에서 발견되는 화학 물질들을 만들게 하는 것이다.…… 놀랍지 않은가?

베네데티는 목적에 따라 플라시보 치료 유형을 달리해야 최선의 결과를 얻어낼 수 있다고 말한다. 예를 들어 수마트립탄 연구에서는 플라시보가 효과가 있을 거라고 처음에 말로 암시하는 방식은 성장 호르몬 생성에 아무런 도움이 되지 않았다. 연상 기억으로 (호르몬 분비, 면역 체계 기능을 바꾸는 것 같은) 무의식적인 생리 반응 효과를 끌어내기 위해 플라시보를 사용하고 싶다면 조건화 방식이 좋다. 그 반면 (통증, 우울증 완화 같은) 좀 더 의식적인 반응들을 위해 플라시보를 사용하고 싶다면 간단한 암시 혹은 기대를 내비치는 방식이 좋다. 그러므로 베네데티의 주장에 따르면 플라시보 반응은 한 가지가 아니라 여러 가지이다.

## 정신력의 문제를 내 손 안에

2010년, 사람들이 자신이 플라시보를 복용하고 있다는 걸 알 때조차 그 효과가 나타난다는 사실을 보여준 하버드의 테드 캅처크Ted Kaptchuk 의학 박사의 파일럿 연구는 플라시보 연구 역사에 새롭고 놀라운 전환점을 마련해 주었다.[23] 이 연구에서 캅처크와 그의 동료들은 과민성 대장 증후군IBS 환자 40명에게 플라시보를 주었다. 모든 환자는 분명히 '위약'이라고 씌어 있는 약병을 받았고, 그 약이 "설탕약 같은 약리적으로 비활성인 물질로 만들어진 위약으로 채워져 있으며, 이 위약이 심신 상관 자가 치유 과정을 통해 IBS를 크게 호전시킬 수 있음이 임상 실험 결과 드러났다"는 말을 들었다. 비교 그룹인 또 다른 40명의 IBS 환자 그룹은 아무런 약도 받지 않았다.

3주 후 플라시보를 복용한 그룹이 아무런 치료도 받지 않은 그룹보다 병증이 두 배나 호전된 것으로 나타났다. 캅처크가 기록해 놓은 두 그룹 간 차이는 진짜 IBS 약 중 가장 좋은 것으로 한 실험 결과와 비슷한 것이었다. 이 환자들은 속아서 자가 치유를 한 것이 아니었다. 그들은 플라시보를 복용하고 있음을 잘 알았다. 그럼에도 플라시보가 증상을 완화시킬 수 있다는 말을 듣고 근거야 어쨌든 그 말을 믿음으로써 몸에 영향을 주고 호전되는 결과를 낳은 것이다.

한편, 태도와 인식, 믿음의 효과를 조사하며 심신 상관 연구를 선도하는, 이와 유사한 다른 연구들도 많이 있다. 이 연구들은 운동의 실질적인 결과 같은 매우 구체적인 것조차 믿음에 영향을 받을 수 있음을 보여준다. 2007년 하버드의 심리학 박사 에일리아 크럼Alia Crum과 엘렌 랑어Ellen Langer가 호텔에서 근무하는 84명의 여성 청소부를 대상으로 한 연구가 그 완벽한 예이다.[24]

처음에 청소부들은 자신들이 매일 하는 일이 미국 공중위생국이 권장하는 건강을 위한 1일 운동 권장량(30분)을 초과한다는 사실을 아무도 알지 못했다. 사실 여성 청소부의 67퍼센트는 정기적인 운동을 하지 않는다고 했고, 37퍼센트는 운동을 전혀 하지 않는다고 했다. 이 최초 평가 후 크럼과 랑어는 청소부들을 두 그룹으로 나누었다. 그리고 첫 번째 그룹에게 그들의 움직임이 얼마나 많은 칼로리를 소모하는지와 그들이 하는 일만으로도 운동이 되고도 남는다고 말해주었다. 두 번째 그룹에게는 그런 정보를 전혀 주지 않았다.(이 두 그룹은 서로 다른 호텔에서 근무했기 때문에 정보를 공유할 수는 없었다.)

한 달 후, 첫 번째 그룹의 사람들은 몸무게가 평균 1킬로그램 줄었고, 체지방 비율이 낮아졌으며, 수축기 혈압 수치가 평균 10포인트 떨어졌다. 그들은 직장 밖에서 다른 추가적인 운동을 하지 않았고 식사 습관도 전혀 바꾸지 않았다. 똑같은 일을 한 다른 그룹의 청소부들에게는 아무런 변화가 없었다.

반향이 만만찮을 또 다른 유사한 실험이 그 전에 퀘벡에서도 있었다. 48명의 젊은이들이 10주 동안 일주일에 세 번 90분씩 운동하는 에어로빅 프로그램에 참여했다.[25] 이 사람들은 두 그룹으로 나누어졌다. 코치들은 첫 번째 그룹 피험자들에게 이 실험이 특별히 그들의 에어로빅 능력과 심리적인 행복감을 높이기 위해 하는 것이라고 말해주었다. 비교 그룹에게는 에어로빅의 육체적인 좋은 점만 언급했다. 10주가 지난 뒤 두 그룹의 에어로빅 능력은 모두 향상되었으나, 자기 존중감(행복의 정도를 나타낸다)이 높아진 그룹은 비교 그룹이 아니라 실험 대상 그룹이었다.

이런 연구들이 보여주듯이 우리는 자각awareness만으로도 우리 몸과 건강에 중요한 물리적 효과를 일으킬 수 있다. 우리가 배우는 것, 우리가 경험할 것을 설명하는 데 사용되는 말들, 우리에게 주어진 설명에 우리가 의미를 부여하는 방식, 이 모두가 우리의 의도에 영향을 준다. 그리고 대단한 의도를 가지고 어떤 일을 한다면 우리는 자연히 더 나은 결과를 얻게 된다.

요지는 당신이 '무엇what'을 하고 있으며 그것을 '왜why' 하고 있는지 더 많이 알수록 '어떻게how' 할 것인지가 더 쉬워지고 더 효과적이 된다는 것이다.(이 책도 당신에게 그와 똑같은 작용을 하기 바란다. 무엇을 하고 있는지, 왜 하고 있는지 잘 알수록 더 나은 결과를 얻게 될 것이다.)

오래전 신시내티 대학에서 행한 다음과 같은 고전적인 연구에서도 알 수 있듯이, 우리는 복용하는 약의 색깔이나 한 번에 삼키는 약의 양 같은 미세한 요소에도 의미를 부여한다. 이 연구에서 연구원들은 의학도 57명에게 한두 알의 분홍색 혹은 파란색 캡슐 약을 주었다. 학생들에게 분홍색은 흥분제이고 파란색은 안정제라고 말했지만, 사실 둘 다 비활성 약이었다.[26] 연구원들은 결론적으로 "캡슐 두 개를 복용했을 경우 한 개를 복용했을 때보다 더 눈에 띄는 변화를 보였고, 파란색 캡슐이 분홍색 캡슐보다 훨씬 더 안정을 가져다주는 결과를 보였다"고 보고했다. 학생들도 안정제로는 파란색 약이 분홍색 약보다 두 배 반 더 효과적이었다고 평가했다. 모든 약이 다 플라시보였음에도 말이다.

좀 더 최근의 연구들은 정신적인 수행 능력을 평가하는 시험들에서도 믿음과 인식이 점수에 영향을 끼칠 수 있음을 보여준다. 2006년 캐나다에서 이루어진 한 연구에서 여학생 220명은 수학 시험에서 남자가 여자보다 5퍼센트 정도 유리하다고 주장하는 가짜 연구 보고서를 읽었다.[27] 그런 뒤 연구자들은 그 여학생 그룹을 둘로 나누고, 한 그룹에게는 그렇게 유리한 이유가 최근 발견된 유전적 요인들 때문이라고 말하고 다른 그룹에게는 교사들이 초등학교에서 여학생과 남학생을 차별해서 교육했기 때문이라고 말했다. 그리고 두 그룹 모두에게 수학 시험을 보게 했다. 수학 능력에 남자가 유전적으로 유리하다고 읽은 쪽의 여자들의 점수가 차별 교육 때문에 그렇게 되었다고 읽은 쪽의 점수보다 낮았다. 자신들이 불리할 수밖에 없다는 생각으로 밑칠이 되어 있을 때는 실력 발휘도 자신이 진짜 불리한 것처럼 될 수밖에 없었던 것이다.

아프리카계 미국인 학생들과 관련해서도 이와 비슷한 예가 기록된 바 있다. 아프리카계 학생들은 대학입학자격시험SAT을 비롯한 어휘 능력, 읽기, 수학 문제에서 역사적으로 백인 학생들보다 낮은 점수를 받아왔다. 사회 경제적 배경에서 차이가 없는 경우에도 그랬다. 실제로 흑인 학생들은 대부분의 표준 시험에서 같은 나이의 백인 학생들에 비해 평균 70~80퍼센트 정도의 점수를 받는다.[28] 스탠포드 대학의 사회심리학 박사 클라우드 스틸Claude Steele은 '고정 관념의 위협'이라 불리는 효과에 그 책임을 물어야 할 것이라고 말했다. 그의 연구에 따르면 부정적인 고정 관념의 대상 그룹에 속하는 학생들은 자신도 그 고정 관념에서 예외가 아니라고 생각할 때 그런 압박을 느끼지 않을 때보다 수행 능력이 떨어지게 된다.[29]

조슈아 아론슨Joshua Aronson 박사와 함께 진행한 스틸 박사의 한 획기적인 연구에서 연구원들은 스탠포드 대학 2학년 학생들에게 일련의 언어 추리 시험을 치르게 했다. 어떤 학생들에게는 그 시험이 인지 능력을 측정하기 위한 것으로 흑인이 백인보다 낮은 점수를 받는 시험이라고 고정 관념의 밑칠을 해두고, 다른 학생들에게는 그 시험이 그다지 중요하지 않은 연구 도구라고만 말했다. 고정 관념의 밑칠을 받은 그룹의 흑인 학생들은 SAT에서 비슷한 점수를 받은 백인 학생들보다 낮은 점수를 받았다. 밑칠을 받지 않은 그룹에서는 SAT 점수가 비슷한 흑인과 백인 학생 간에 점수 차이가 없었다. 고정 관념의 밑칠이 결정적인 차이를 만들었음이 증명된 것이다.

밑칠priming은 기본적으로, 우리가 처한 환경 내의 어떤 사람, 어떤 장소, 어떤 일(예를 들어 시험)이 우리 뇌에 굳어 있는 온갖 종류의 관련 생각들(예를 들어 시험 점수를 매기는 사람들은 흑인 학생들이 백인 학생들보다 낮은 점수를 받는다고 생각한다는 생각)을 야기하는 것으로, 우리로 하여금 스스로 의식하지는 못하지만 특정 방식(높은 점수를 받지 않는 것)으로 행동하게 만든다. 이것이 '밑칠'이라고 불리는 것은 그런 일이 펌프에 마중물을 넣는 것('prime'에는 '밑칠을 하다'와 '마중물을 넣다'는 두 가지 뜻이 있다—옮긴이)과 같기 때문이다. 펌프가 물을 많이 끌어올리게 하려면 펌프 안에 먼저 약간의 물을 넣어야 한다. 이 경우에는 사람들이 흑인 학생들이 백인 학생들보다 낮은 점수를 받을 것이라고 기대한다는 생각 혹은 믿음이 마중물과 같은 역할을 하는 것이다. 그 물은 늘 그곳에 있다. 펌프를 자극하기 위해 뭔가를 할 때(펌프의 핸들을 잡거나 시험을 치거나) 당신은 관련된 모든 생각, 행동, 감정을 휘젓게 되고, 그 장치에서 나오기 위해 내내 기다리고 있던 바로 그것을 정확하게 생산해 낸다. 펌프의 경우는 물이 그것이고, 시험의 경우는 낮은 점수가 그것이다.

잠깐 생각해 보기 바란다. 밑칠이 끌어내는 자동 행동들은 대부분 우리 자신도 모르는 사이에 무의식적 혹은 잠재의식적 프로그램에서 나오게 된다. 그렇다면 혹시 우리는 하루 종일 무의식적으로 행동하도록 밑칠이 되어 있는 것은 아닐까? 그렇다는 사실을 우리가 알지도 못한 채로 말이다.

스틸은 '고정 관념의 위협'이 미치는 효과를 또 다른 고정 관념을 통해서 재확인했다. 스틸은 수학에 강하다는 백인 남학생들과 아시아 남학생들에게 함께 수학 시험을 보게 했는데, 아시아 학생들이 수학 시험에서 백인 학생들보다 약간 우월하다는 말을 들은 백인 학생들이 그런 말을 듣지 못한 백인 학생들보다 낮은 점수를 받았다. 수학을 잘한다는 여학생들을 대상으로 했을 때도 유사한 결과가 나왔다. 이 여학생들도 무의식적으로 낮은 점수를 받을 거라고 예상했을 때 실제로도 더 낮은 점수를 받았던 것이다.

스틸이 한 연구의 배후에 깔려 있는 의미는 그렇다면 매우 심오한 것이기까지 하다. 우리 자신에 대해 다른 사람들이 믿고 생각하는 것(더 정확하게는 그런 믿음과 생각을 우리가 믿고 생각하는 것)이 우리가 하는 일의 성공 정도를 포함해 우리의 수행 능력에까지 영향을 준다는 뜻이니까 말이다. 플라시보의 경우도 마찬가지다. 약을 먹을 때 (조건화 때문에) 앞으로 어떤 일이 일어날 것이라고 믿는 것, 그리고 약을 먹을 때 (의사를 포함한) 주변 사람들이 기대하리라고 우리가 생각하는 것이 그 약에 대한 우리 몸의 반응에 영향을 준다. 많은 약이, 심지어 수술조차도 사실은 우리가 반복적으로 그 효과를 믿도록 밑칠을 당하고 교육을 받고 조건화되었기 때문에 실제로 좋게 작용하는 것은 아닐까? 플라시보 효과가 없다면 그 약들은 그만큼 잘 작용하지 못하지 않을까? 아니 어쩌면 전혀 작용하지 못하는 것은 아닐까?

## 당신은 당신의 플라시보가 될 수 있는가?

최근, 톨레도 대학에서 실행한 연구 두 건은 어떻게 마음만으로 사람의 인식과 경험이 결정될 수 있는지와 관련해 어쩌면 가장 밝은 빛을 던져주는 것 같다.[30] 이 두 건의 연구 각각에서 연구원들은 진단용 설문지에 어떻게 대답했느냐에 따라 건강한 지원자들을 낙천주의자와 염세주의자라는 두 범주로 나누었다. 첫 번째 연구에서 연구원들은 피험자들에게 플라시보를 주면서 그것이 기분을 나쁘게 하는 약이라고 말했다. 염세주의자들은 낙천주의자들보다 그 약에 부정적인 반응을 더 강하게 보였다.(낙천주의자들보다 기분이 더 나빠졌다.) 두 번째 연구에서도 연구원들은 플라시보를 나눠주었다. 하지만 이번에는 그 약이 숙면을 도와줄 것이라고 말했다. 낙천주의자들은 염세주의자들보다 훨씬 더 잘 잤다고 보고했다.

이는 낙천주의자가 뭔가가 기분을 좋게 할 것이라는 암시에 반응할 가능성이 더 많다는 말이다. 미래에 대한 최고의 시나리오를 바라도록 밑칠이 되어 있는 상태이기 때문이다. 그리고 염세주의자는 뭔가가 자신의 기분을 나쁘게 할 거라는 암시에 반응할 가능성 더 많다는 말이다. 의식적 혹은 무의식적으로 최악의 잠재 결과를 기대하기 때문이다. 마치 낙천주의자는 숙면을 돕는 구체적인 화학 물질을 무의식적으로 만들어내는 반면, 염세주의자는 기분을 나쁘게 하는 물질들의 조합을 만들어내는 것 같다.

달리 말해서, 똑같은 환경에 있어도 긍정적인 사고 방식을 지닌 사람은 실제로 긍정적인 상황을 만들어내는 경향을 보이는 반면, 부정적인 사고 방식을 지닌 사람은 실제로 부정적인 상황을 만들어내는 경향을 보인다는 말이다. 이것은 우리 안에 있는, 자유 의지를 가진 개인적인 생물 공학이 만들어내는 기적이다.

얼마나 많은 의학적 치유가 플라시보 효과 덕분인지는 정확하게 알 수 없지만(앞장에서 언급한 비처의 1955년 보고서는 35퍼센트라고 주장하지만, 현대의 연구 결과를 보면 10퍼센트에서 100퍼센트까지 다양하게 나타난다[31]), 대략적인 비율을 알면 확실히 큰 도움이 될 것이다. 그렇다는 점을 고려할 때 우리는 노시보와 관련된 부정적인 생각의 결과로 발생하는 아픔과 질병이 얼마나 되는지 자문해 볼 필요가 있다. 우리 생각의 약 70퍼센트가 부정적이고 불필요한 것들이라는 심리학의 최근 연구 결과를 생각해 볼 때, 노시보 효과로 우리가 무의식적으로 키우는 질병의 비율도 사실상 대단할 것이다. 그 비율은 우리가 느끼는 것보다는 훨씬 더 높을 게 분명하다.[32] 정신적·육체적·정서적 건강의 많은 문제들이 갑자기 아무 이유 없이 드러나는 경우가 많은 요즘 세상을 볼 때 이는 그리 불합리한 생각만은 아닐 것이다.

마음이 이렇게 강력하다는 사실이 믿기 힘들 수도 있겠지만, 지난 몇십 년간의 연구를 통해 밝혀진 진실들은 분명 여기에 힘을 실어 준다. 당신이 생각하는 것이 곧 당신의 경험이 되는 것이다. 건강과 관련해서는 특히 더 그렇다. 당신 생각에 따라 자동으로 또 절묘하게 반응하는 놀라운 약학 사전이 당신 몸 속에 들어 있기 때문이다. 그것은 곧 기적을 부르는 조제실이기도 하다. 그 조제실이 당신 몸 속에 이미 존재하는 치유의 분자들을 자연스럽게 활성화시키고, 서로 다른 수많은 상황들 속에서 서로 다른 합성물들을 배달하면서 서로 다른 효과들을 끌어낸다. 그렇다면 이런 질문이 떠오를 것이다. 어떻게 그런 일을 할 수 있는가?

다음 장에서는 생물학적 수준에서 이 모든 일이 어떻게 일어나는지를 설명할 것이다. 그 과정에서 당신은 이 본래적인 능력을 의식적·의도적으로 이용해 건강한 삶을 창조하고 원하는 삶을 사는 방법도 자연스럽게 알게 될 것이다.

# 03:뇌 속의
## 플라시보 효과

이 장에서는 나의 전작《브레이킹》의 내용을 되새겨보고자 한다. 당신이 이미《브레이킹》을 읽었고 이 주제에 대해 충분히 알고 있다면, 이 장을 읽지 않고 건너뛰어도 좋고 대충 훑어보며 중요한 개념들만 상기해도 좋을 것이다. 하지만 여전히 의심스러운 개념이 있다면 이장을 꼼꼼히 읽기 바란다. 여기서 말하는 것을 분명히 이해하고 넘어가야 다음에 이어지는 장들을 잘 이해할 수 있을 것이다.

앞에서 살펴본 이야기들이 말해주듯이, 우리가 진정으로 존재 상태state of being를 바꿀 때 우리의 몸은 새로운 마음에 반응할 수 있다. 그리고 존재 상태를 바꾸는 일은 생각을 바꾸는 일로 시작할 수 있다. 커다란 전뇌前腦 덕분에 인간은 생각을 다른 어떤 것보다 더 실재하는 것으로 만들 수 있는 특권을 누리게 되었고, 그래서 플라시보가 그 효력을 발휘할 수 있는 것이다. 이 모든 과정이 어떻게 진행되는지 보기 위해서 우리는 조건화conditioning, 기대expectation, 의미 부여meaning라는 세 가지 중요한 요소를 검토하고 조사해야 한다. 앞으로 보게 되겠지만 플라시보 반응이 일어나는 것은 이 세 요소가 함께 작용하기 때문이다.

플라시보 반응의 첫 번째 중요한 요소인 조건화에 대해서는 앞장에서 파블로프 이야기를 하면서 설명한 바 있다. 정리하자면, 조건화란 매우 많이 경험한 것이기 때문에 그 과거의 기억(예를 들어 아스피린을 복용한 기억)을 생리학적 변화(두통의 제거)와 연결시키는 것이다. 이렇게 생각해 보자. 머리가 아플 때 실제로 당신은 내면에서 생리적 변화가 일어났음을 알아챈다.(머리가 아프다고 느낀다.) 당신이 자동으로 하게 될 다음 일은 외부 세계에서 뭔가를 찾아(이 경우 아스피린) 내면 세계에 변화를 주는 것이다. 내면의 상태(아픈 상태)가 과거에 당신이 그 아픈 상태를 바꾸기 위해 외부 세계에서 내렸던 선택, 행동, 경험(아스피린을 복용하고 통증에서 벗어나는 것)을 생각하도록 자극했기 때문이다.

다시 말해 아스피린이라는 외부 환경에서 온 자극 혹은 신호가 하나의 특별한 경험을 만들고, 그 경험이 생리적 반응 혹은 보상을 낳을 때, 그것이 당신 내면의 환경을 바꾼다. 내면 환경의 변화를 알아채는 순간 당신은 그 변화를 야기한 외부의 것에 주목한다. 그리고 외부의 무언가가 내부의 무언가를 바꾼 사건은 하나의 연상 기억이 된다.

그런 사건을 똑같은 과정으로 자꾸 반복하면 연상에 의해 그 외부의 자극이 아주 강해지거나 강화되고, 그 결과 우리는 아스피린을 아스피린처럼 보이는 설탕약으로 대체해도 아스피린을 복용했을 때와 똑같은 내면의 반응(머리가 덜 아프게 되는 것)을 자동으로 불러낼 수 있다. 이것이 플라시보가 작동하는 방식이다. 그림 3-1A, 3-1B, 3-1C의 조건화 과정 설명을 참고하기 바란다.

플라시보 반응을 위한 두 번째 요소인 기대는 어떤 다른 결과를 예측할 이유가 주어질 때 작동하기 시작한다. 예를 들어 관절염 때문에 만성 통증에 시달리고 있는데 의사가 새로운 약을 주면서 통증을 줄여줄 것이라고 단정적으로 말할 때, 우리는 의사의 말대로 그 약을 복용했을 때 뭔가 다른 일(더 이상 아프지 않는 것)이 일어날 것이라고 기대한다. 사실 그때 우리는 의사의 암시에 감응한 것이다.

그렇게 암시에 감응할 때 우리는 자연스럽게 우리 밖의 무엇(새로운 약)을 우리가 선택한 또 다른 가능성(통증 제거)과 연결시킨다. 마음속으로 미래의 가능성을 하나 집어 들고 그 새로운 결과를 희망하고 예상하고 기대하는 것이다. 우리가 선택한 그 새로운 결과를 감정적으로 받아들이고 포용할 때, 그리고 그 감정의 강도가 충분히 강할 때, 우리의 뇌와 몸은 우리의 존재 상태가 고통 없는 상태로 바뀌었다는 상상만 하고 있더라도 그 일이 실제로 일어난 것으로 착각한다. 뇌와 몸에게 그 둘은 같은 것이기 때문이다.

## 조건화

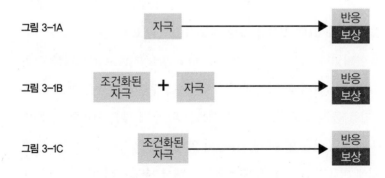

그림 3-1A는 자극이 생리적 반응 혹은 보상의 변화를 부름을 보여준다. 그림 3-1B는 자극을 조건화된 자극과 같이 줄 때도 반응이 여전함을 보여준다. 그림 3-1C는 자극을 없애고 플라시보 같은 조건화된 자극으로 대체해도 똑같은 생리적 반응이 나올 수 있음을 보여준다.

그 결과 뇌는 우리의 상태가 실제로 변했을 때(약을 복용해서 약효가 발생했을 때) 활성화하는 신경 회로들을 활성화하고, 그때 분비하는 것과 똑같은 화학 물질들을 몸 곳곳으로 보낸다. 그때 우리가 기대하는 일(통증에서 벗어나는 것)이 실제로 일어난다. 뇌와 몸이 우리의 내면 상태를 바꿀 완벽한 약을 만들어냈기 때문이다. 우리는 이제 새로운 존재 상태에 있게 된다. 그것은 몸과 마음이 하나처럼 작동하는 상태이다. 우리는 마음으로 몸도 바꿀 수 있을 만큼 강력한 존재이다.

조건화와 기대에, 플라시보 반응을 위한 세 번째 요소인 의미 부여가 추가되면 플라시보는 더 잘 작동한다. 하나의 행동에 새로운 의미를 부여한다는 것은 배후의 의도를 더한다는 뜻이다. 다시 말해 우리가 하는 일에 대해 뭔가 새로운 것을 알고 이해하게 될 때(의미가 더 많이 부여될 때) 우리는 그 일에 우리의 의식적이고 의도적인 에너지를 더 많이 불어넣게 된다. 예를 들어 앞장에서 살펴본 호텔 청소부들은 자신이 매일 많은 육체 운동을 하고 있다는 사실을 알고 그래서 좋다는 점을 이해하자 자신이 일상적으로 하는 일에 더 많은 의미를 부여할 수 있었다. 그때 그들은 그냥 청소기를 돌리고 물건을 닦고 문지른 것이 아니었다. 그들은 근육 운동을 하고 힘을 기르고 칼로리를 태우고 있었다. 운동의 좋은 점에 대해 연구원들로부터 교육을 받고 난 후 청소기를 돌리고 물건을 닦고 문지르는 일이 더 많은 의미를 갖게 되었기 때문에, 일을 할 때 청소부들의 의도 혹은 목적은 단지 일을 끝내는 것에 머물지 않았다. 육체적 운동을 해서 더 건강해지는 것으로 그들의 의도와 목적이 발전한 것이다.

바로 그런 일이 그 청소부들에게 일어났던 것이다. 비교 집단 멤버들은 그들의 일에 그런 의미를 부여하지 않았다. 자신이 하는 일이 건강에 그렇게 좋을 수 있다는 걸 몰랐기 때문이다. 그러므로 그들은 똑같이 일을 했음에도 연구 집단 멤버들처럼 좋은 점을 얻어내지 못했다.

플라시보 작동 방식도 마찬가지다. 특정한 물질, 과정, 혹은 수술이 효과가 있다는 말을 들음으로 해서 그에 대해 믿음이 더 커지면 커질수록, 건강을 회복하고 더 나아질 거라는 생각에 반응할 가능성도 더 커진다. 다시 말해 내면의 환경을 바꾸기 위해 외부에 있는 사람이나 장소, 물건과의 경험에 더 많은 의미를 부여할수록, 생각만으로 내면의 상태를 의도적으로 바꿀 수 있는 가능성이 더 커진다. 좀 더 설명하면 당신이 하는 일(예를 들어 약을 먹는 일)로부터 받을 수 있는 보상에 대해 배운 덕분에 건강과 관련한 새로운 결과를 더 많이 받아들일 수 있다면, 마음속에서 만들어내는 모델은 더 분명해질 것이고, 그 결과 당신 뇌와 몸에 밑칠을 더 잘하게 될 것이며, 따라서 그 모델을 정확히 복제해 낼 수 있다는 것이다. 간단히 말해 원인에 대한 믿음이 클수록 결과가 좋아진다는 얘기이다.

## 플라시보: 생각의 해부학

플라시보 효과라는 것이 생각으로 생물학적 기능과 작용을 바꾸는 일종의 기능을 말한다면(우리는 이것을 정신력이라고도 부른다), 우리는 우리의 생각을 조사하고 또 그것이 우리 뇌와 몸과 어떻게 교류하는지를 조사해야 할 것이다. 먼저 개인의 일상적인 생각부터 살펴보자.

우리는 습관의 산물들이다. 우리는 하루에 6~7만 가지 생각을 하고,[1] 그 생각의 90퍼센트가 바로 어제도 한 생각들이다. 우리는 매일 침대의 똑같은 쪽에서 일어나고, 욕실에서 똑같은 일을 보고, 똑같은 방식으로 머리를 빗으며, 똑같은 아침을 똑같은 의자에 앉아서 먹고, 똑같은 손으로 머그컵을 잡고, 똑같은 일을 하기 위해 똑같은 길을 운전해 가고, (똑같은 감정을 폭발시키는) 똑같은 사람들과 어떻게 하면 되는지 잘 아는 똑같은 일을 한다. 그런 일을 마치면 우리는 서둘러 퇴근을 한다. 그래야 빨리 이메일을 체크하고, 그래야 빨리 저녁을 먹고, 그래야 빨리 좋아하는 TV 쇼를 보고, 그래야 빨리 어제와 같이 잠잘 준비를 하며 이를 닦고, 그래야 빨리 잠자리에 들 수 있고, 그래야 빨리 다음날에도 똑같은 일들을 다시 할 수 있기 때문이다.

매일 자동 인형처럼 살고 있다는 말처럼 들리는가? 그렇다면 정확하게 들은 것이다. 같은 생각이 같은 선택을 이끈다. 같은 선택이 같은 행동behavior을 이끈다. 같은 행동이 같은 경험을 창조한다. 같은 경험이 같은 감정을 생산한다. 그리고 같은 감정이 또다시 같은 생각을 부른다. 그림 3-2를 보고 같은 생각이 어떻게, 늘 그렇듯 같은 현실을 만드는지 그 순서를 따라가 보기 바란다.

그런 의식적/무의식적 과정을 따를 때 결과적으로 우리의 생명 활동도 같은 상태에 머물게 된다. 같은 생각을 하고 같은 행위action를 하고 같은 감정으로 살기 때문에, 삶이 바뀌게 해달라고 몰래 빌어봤자 뇌도 몸도 변하지 않는다. 당신이 뇌를 똑같이 활동시키고, 그러면 똑같은 뇌 신경 회로가 활성화되고, 그러면 뇌의 또 똑같은 화학 작용이 재생산되며, 그것이 당신 몸의 화학 작용에 또 똑같은 영향을 준다. 그리고 그 똑같은 화학 작용이 늘 같은 방식으로 같은 유전자를 발현한

116

같은 현실

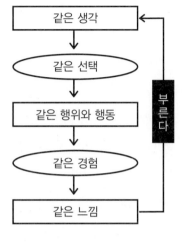

**그림 3-2** 생각만으로 같은 현실을 창조하는 법

다. 그리고 그 같은 유전자의 발현이 같은 단백질, 즉 같은 세포 구성 요소들을 만들어내며 늘 같은 몸을 유지시킨다.(단백질에 대해서는 뒤에 더 자세히 살펴보겠다.) 그리고 단백질의 발현은 곧 삶 혹은 건강을 뜻하므로 당신의 삶과 건강도 같은 상태를 유지한다.

　그럼 이제 잠시 당신의 삶을 살펴보자. 이 모든 것이 당신에게 무슨 의미를 지닐까? 당신이 어제처럼 생각한다면 아마도 어제처럼 선택하기 쉬울 것이다. 어제와 같은 오늘의 선택이 어제와 같은 내일의 행동들을 부를 것이다. 어제와 같은 습관적 행동들이 당신의 미래에 어제와 똑같은 경험들을 만들어낼 것이다. 어제와 똑같은 당신 미래의 일들이 항상 당신에게 어제와 똑같은 감정들을 만들어낼 것이다. 그 결과 당신은 매일 똑같이 느낄 것이다. 어제가 내일 같고 내일이 어제 같다. 그러므로 사실상 당신의 과거가 곧 당신의 미래가 되는 것이다.

지금까지의 말에 동의한다면, 이제 우리는 방금 설명한 그 익숙한 감정이 곧 '당신'(당신의 정체성 혹은 당신의 성격)이라고 말할 수 있다. 그것이 바로 당신의 존재 상태이다. 그 존재 상태는 편하고 자연스러우며 자동적이다. 그 존재 상태가 당신처럼 보이는 '그것'이요, 솔직히 말해 과거 속에서 살아가고 있는 당신 자신이다. 반복적인 과정을 (매일 아침 '당신'의 느낌을 기대하고 기억하는 것으로) 매일 계속하면 그 당신으로 보이는 존재의 상태는 그때마다 어제와 같은 생각을 부르는 일만 할 수 있다. 그리고 그 생각은 또 당신에게 영향을 줘 당신으로 하여금 자동으로 어제와 똑같은 선택과 행동과 경험의 순환을 갈망하게 할 것이다. 당신이 '당신'이라고 생각하는 그 익숙한 느낌으로 되돌아가기 위해서 말이다. 따라서 당신 성격과 관련된 모든 것이 변하지 않고 늘 그대로 남게 된다.

당신의 성격personality이 이렇다면 이런 당신의 성격이 당신의 개인적personal 현실reality을 만들 것이다. 그렇게 간단한 것이다. 당신의 성격은 당신이 어떤 생각을 하느냐, 어떻게 행동하느냐, 어떻게 느끼느냐에 따라 결정된다. 그러므로 현재 이 페이지를 읽고 있는 당신의 현재 성격이 당신의 삶이라고 하는 현재의 개인적 현실을 만들어온 것이다. 그리고 그것은 당신이 새로운 개인적 현실(새 삶)을 창조하고 싶다면, 지금까지 해온 생각을 조사해서 바꿔나가야 한다는 뜻이기도 하다. 당신은 똑같은 경험만 불러온, 그동안 당신이 선택해 온 무의식적인 행동들에 대해 의식해야 하고, 그 다음에 새로운 선택을 하고 새로운 행

## 당신의 성격이 당신의 개인적 현실을 창조한다

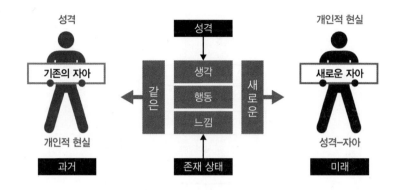

**그림 3-3** 당신이 생각하고 행동하고 느끼는 법이 당신의 성격을 만든다. 그 성격이 당신의 존재 상태이다. 그러므로 같은 생각, 행동, 감정이 당신을 똑같은 과거의 개인적 현실 속에 가두어둘 것이다. 하지만 하나의 성격으로서 새로운 생각, 행동, 감정을 포용하면 당신은 반드시 미래에 새로운 개인적 현실을 창조하게 될 것이다.


동을 하고 새로운 경험을 창조해야 한다.

그림 3-3은 당신의 성격이 어떻게 당신의 개인적 현실에 영향을 주는지 잘 보여준다.

당신은 당신이 기억 속에 저장해서 일상적으로 늘 느끼며 살아가는 감정들을 주의 깊게 살피고, 그 감정들을 거듭 느끼는 것이 당신에게 좋은지 아닌지 판단해야 한다. 알다시피 사람들은 대부분 기존의 성격을 그대로 갖고 있으면서 새로운 현실을 만들어보려고 애를 쓰지만 그런 일이 될 리가 없다. 삶을 바꾸려면 말 그대로 다른 사람이 되어야 한다. 다른 사람이 되는 과정에 도움이 될 건전한 과학을 한번 살펴보자. 그림 3-4를 보고 순서를 다시 한 번 따라가 보기 바란다.

새로운 현실

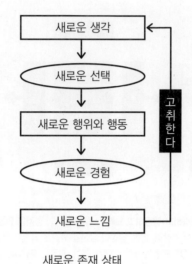

새로운 존재 상태

**그림 3-4** 생각으로 새로운 현실을 창조하는 법


　이 모델을 이해한다면 당신은 새로운 생각이 새로운 선택을 부른
다는 데 동의할 것이다. 새로운 선택은 또 새로운 행동을 부른다. 새로
운 행동은 새로운 경험을 부른다. 새로운 경험은 새로운 감정을 창조
하고, 새로운 감정과 느낌은 새로운 방식으로 생각하도록 당신을 고취
한다. 바로 그때 '진화'가 이루어진다. 그리고 이 새로운 성격/새로운
존재 상태가 당신의 개인적 현실과 생명 활동(당신 뇌의 신경 회로, 몸 속
의 화학 작용, 유전자 발현, 나아가 당신의 건강까지)을 바꿀 것이다. 이 모든
것의 출발점은 단지 하나의 생각이다.

## 뇌 작용법에 대한 간단한 설명

지금까지 나는 별다른 설명도 없이 뇌 신경 회로, 신경 네트워크, 뇌 화학 작용, 유전자 발현 같은 단어들을 짤막짤막 언급해 왔는데, 이제 당신이 당신을 위한 완벽한 플라시보가 될 때 뇌와 몸이 서로 어떻게 협력하는지를 과학적으로 간단하게나마 설명해 보고자 한다.

살짝 삶은 달걀 정도의 무르기에 75퍼센트가 물로 이루어진 우리의 뇌는 뉴런이라 불리는 약 1천억 개의 신경 세포로 구성되어 있다. 이 신경 세포들은 물 속이나 다름없는 환경 속에서 서로 매끄럽게 연결되어 떠 있는 상태로 배열되어 있다. 각각의 신경 세포는 잎이 없고 탄력적인 떡갈나무처럼 생겼고, 꿈틀대는 가지와 뿌리를 이용해 다른 신경 세포들과 연결되기도 하고 분리되기도 한다. 하나의 신경 세포가 만들 수 있는 연결의 수는 그 세포가 뇌의 어디에 위치하느냐에 따라 1천 개에서 10만 개 이상까지 아주 다양하다. 예를 들어 (뇌에서 생각을 담당하는) 신피질의 뉴런은 하나당 약 1만 개에서 4만 개의 연결을 보여준다.

옛날에 우리는 뇌를 하나의 컴퓨터로 생각하곤 했다. 컴퓨터와 뇌는 확실히 일부 유사한 점이 있지만, 뇌는 그렇게 단순하지 않다. 각각의 뉴런 자체가 이미 60메가바이트 이상의 램을 가진 독특한 유기 컴퓨터biocomputer이다. 이 컴퓨터는 초당 수천수만 건에 이르는 막대한 양의 자료를 처리할 수 있다. 우리가 살면서 새로운 것을 배우고 경험할 때 우리의 뉴런들은 서로 전기 화학적으로 정보를 교환하면서 새로운 연결들을 만든다. 그 연결들을 우리는 시냅스synapse(신경 접합부. 연접이라고도 한다―옮긴이) 연결이라고 부른다. 신경 세포들이 정보를 교환하는 곳(즉 한 뉴런의 가지와 다른 뉴런의 뿌리 사이의 틈 혹은 간극)이 시냅스라 불리기 때문이다.

배움이 시냅스 연결을 만든다면, 기억은 그 연결을 유지한다. 그러므로 사실상 기억이란 곧 신경 세포들 간의 장기적인 연결 혹은 관계라고 말할 수 있다. 그리고 그런 연결이 창조되는 방식과 그것들이 시간이 지나면서 변하는 방식이 뇌의 물리적 구조를 바꾼다.

뇌가 그런 변화를 만들어갈 때 우리의 생각들이 신경 전달 물질이라고 불리는(세로토닌, 도파민, 아세틸콜린이 흔히 알려진 신경 전달 물질들이다) 다양한 화학 물질들의 혼합을 만들어낸다. 우리가 생각을 할 때 한 뉴런 나무의 가지에 있는 신경 전달 물질이 시냅스 틈을 가로질러 다른 뉴런 나무의 뿌리에 도달한다. 신경 전달 물질이 그 시냅스 틈을 건너자마자 뉴런은 전기를 일으키며 정보를 발화發火한다. 계속 같은 생각을 할 때 뉴런은 계속 같은 방식으로 발화해 두 뉴런들 사이의 관계를 강화하고, 그 결과 다음번에 그 뉴런들이 발화할 때 정보 전달 신호를 더 쉽게 만들어낼 수 있다. 그렇게 해서 뇌에는 우리가 무언가를 배웠을 뿐만 아니라 배운 것을 기억까지 했다는 물리적 증거가 남게된다. 이런 선택적 강화 과정을 '시냅스 강화synaptic potentiation'(혹은 시냅스 상승)라고 부른다.

정글같이 얽힌 뉴런들이 새로운 생각 하나를 지지하기 위해 일제히 발화할 때 신경 세포 속에 화학 물질(단백질) 하나가 추가로 만들어지는데, 이 단백질이 그 세포의 중심, 즉 세포핵 쪽으로 나아가다가 DNA(디옥시리보핵산)에 정착한다. 이 단백질(화학 물질)은 거기서 여러 개의 유전자의 스위치를 켠다. 유전자의 일은 몸의 구조와 기능을 유지시키는 단백질을 만드는 것이기 때문에, 이때 그 신경 세포는 재빨리 새로운 단백질을 만들어내 다른 신경 세포들과 이어질 새로운 가지들을 생성시킨다. 그러므로 우리가 한 가지 생각 혹은 경험을 충분히 반복할 때 우리의 뇌 세포들은 서로간의 연결을 강화할 뿐만 아니라(그렇게 우리의 생리적 기능에 영향을 준다), 전체 연결의 수도 크게 늘린다.(그렇게 뇌의 물리적 구조에 영향을 준다.) 그때 뇌는 미시적으로 더욱 조밀해진다.

그러므로 새로운 생각을 하는 순간 우리는 신경학적·화학적·유전적으로 변하는 것이다. 사실 우리는 새로운 것을 배우고, 새로운 생각을 하고, 새로운 경험을 하는 순간, 신경 세포 간의 새로운 연결을 수천 개까지도 새로 만들 수 있다. 이것은 생각만으로 즉각 새로운 유전자를 개인적으로 발현시킬 수 있다는 뜻이다. 마음을 바꾸는 것만으로 그런 일이 일어난다. 정신력의 문제인 것이다.

노벨상 수상자 에릭 캔들Eric Kandel 의학 박사는 새로운 기억이 만들어질 때(즉 뭔가를 배울 때) 자극을 받은 감각 뉴런들 속 시냅스 연결 개수가 처음의 두 배인 2,600개로 늘어나는 것을 증명해 보였다. 그런데 최초의 배움이 반복되지 않은 경우엔 그 수가 단 3주 만에 다시 원래 연결 개수인 1,300개로 떨어졌다.

배운 것을 충분히 여러 번 반복할 때, 우리는 다음에 그것을 기억하기 쉽게 뉴런들 사이의 소통을 강화해 두는 것이다. 반복하지 않으면 시냅스 연결이 바로 사라지고 기억은 지워진다. 그래서 새로운 생각, 선택, 행동, 습관, 믿음, 경험을 뇌 속에 단단히 붙잡아두고 싶다면 그것들을 계속 업데이트하고 검토하고 기억하는 것이 중요하다.[2] 그림 3-5를 보면 뉴런과 뉴런 네트워크를 더 잘 이해할 수 있을 것이다.

신경 세포 하나가 4만 개의 다른 신경 세포들과 연결되어 있는 모습을 상상해 보면 이 시스템이 얼마나 방대한지 감을 잡을 수 있을 것이다. 하나의 신경 세포가 초당 10만 개의 정보를 다른 뉴런들과 공유하고, 이들 다른 뉴런들도 각각 초당 10만 개의 기능을 처리한다고 해보자. 함께 일하는 이 뉴런들의 덩어리가 형성하는 네트워크를 우리는 신경망neural network(혹은 신경 회로망)이라고 부른다. 신경 회로망은 시냅스 연결들이 만들어내는 일종의 공동체로 신경 회로 시스템neurocircuitry이라고도 한다.

뇌의 회백질을 구성하고 있는 신경 세포들이 물리적으로 변할 때, 그리고 뉴런들이 선택되어 수억 개의 정보를 처리할 수 있는 거대한 네트워크로 편성되어 들어가도록 명령받을 때, 우리의 뇌는 환경으로부터 받는 정보들에 적응하면서 그 물리적 하드웨어를 바꾼다. 그러다 이내 그 신경 네트워크들이 마치 먹구름 속에서 미친 듯이 터지는 번갯불처럼 정보들을 모았다 분산시켰다 하면서 반복적으로 불을 켤 때, 뇌는 계속 동일한 하드웨어 시스템(물리적 신경 네트워크들)을 이용하겠지만 이와 함께 소프트웨어 프로그램(무의식적·자동적 신경 네트워크)도 만들어낼 것이다.

뇌에 프로그램들이 설치되는 방식이 그렇다. 하드웨어가 소프트웨어(무의식적 프로그램들)를 만들면 그 소프트웨어 시스템이 하드웨어에 내장되고, 그러면 그 소프트웨어가 이용될 때마다 그 하드웨어가 강화된다.

## 신경 네트워크(신경망)

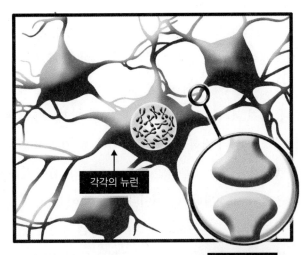

**그림 3-5** 이것은 하나의 신경망 속 뉴런들을 간단한 그래픽으로 표현한 것이다. 각각의 뉴런들이 갖고 있는 가지들 사이의 아주 작은 공간이 시냅스 간극으로 뉴런들 사이의 소통을 촉진한다. 뉴런 10만 개가 모래 알 하나 정도의 크기이며 그것들 사이의 연결은 10억 개가 넘을 것이다.

그러므로 아무것도 배우지 않고 아무 새로운 일도 하지 않아서 늘 같은 생각만 하고 같은 느낌만 갖는다면, 당신의 뇌는 정확하게 같은 순서와 패턴과 조합으로 뉴런들을 발화하고 동일한 신경 네트워크만 활성화할 것이다. 그리고 그 신경 네트워크들은 당신이 매일 무의식적으로 사용하는 자동 프로그램이 된다. 다시 말해 당신은 말을 하고 면도나 화장을 하고 키보드를 치고 동료를 평가하는 등등의 일을 하기 위한 자동 신경 네트워크를 하나 갖게 되는 것이다. 하도 많이 해서 그런 행동이 실제로 무의식적이 되었기 때문이다. 더 이상 그런 일에 대해 의식적으로 생각할 필요가 없다. 그런 일을 하는 데 전혀 힘이 들지 않는 것이다.

그 신경 네트워크의 회로들을 워낙 자주 강화해 온 까닭에 그것들은 이제 고정이 되었다. 뉴런들 사이의 연결이 더 단단해지고, 추가 회로들이 만들어졌으며, 가지들이 실제로 확장이 되고 물리적으로 더 두꺼워졌다. 마치 다리를 보강하고, 새 길을 몇 개 더 내고, 교통 편의를 위해 고속도로를 더 넓히는 것처럼 말이다.

신경 과학에서 가장 기본적인 원칙 중 하나가 "함께 발화하는 신경 세포들은 함께 고정된다"[3]는 것이다. 당신의 뇌가 같은 방식의 발화를 반복할 때마다 당신은 같은 수준의 마음을 재생산하는 것이다. 신경 과학에 따르면 마음이란 곧 행동 혹은 일을 하고 있는 뇌를 뜻한다. 그러므로 우리가 같은 마음을 재생산하면서 내가 아는 나를 스스로 매일 상기한다면, 우리는 같은 방식으로 뇌를 발화하는 것이고, 그렇게 몇 년 동안이나 쉬지 않고 같은 신경 네트워크를 활성화시키게 되는 것이다. 그러다 30대 중반이 되면 우리의 뇌는 자동 프로그램들로만 구성된 매우 제한된 모습을 보이게 된다. 그런 고정된 패턴을 우리는 자신의 정체성이라고 부른다.

그런 고정된 패턴을 상자에 갇힌 뇌라고 생각해 보자. 뇌 속에는 물론 상자 따위는 없지만, 상자 속에 갇혀서 생각한다는 말은 그림 3-6이 보여주는 것처럼 뇌가 물리적으로 한정된 패턴에 고정되었음을 의미한다고 봐도 무방할 것이다. 당신 자신의 의지로 같은 수준의 마음을 거듭 생산한 결과, 가장 흔히 발화되어 엮인 회로들의 집합이 지금의 당신을 만들어왔다.

## 신경의 경직

**상자 속에서 생각하기**

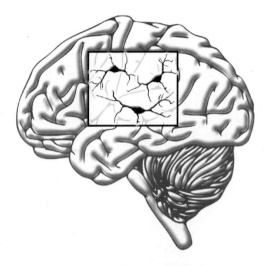

**그림 3-6** 당신의 생각, 선택, 행동, 경험, 감정적 상태가 몇 년 동안 늘 똑같다면—같은 생각은 곧 같은 감정이란 뜻이고, 같은 생각과 감정은 또 같은 선택으로 이어지는 끝없는 순환을 강화한다—당신의 뇌는 한정된 모습으로 고정된다. 뇌를 같은 패턴으로 발화하는 것으로 매일 같은 마음을 재창조하기 때문이다. 그렇게 시간이 지나면 생리적으로 제한된 특정 신경망들의 집합이 강해지며, 그 집합이 당신의 뇌로 하여금 물리적으로 같은 수준의 마음을 더 쉽게 창조하게 만든다. 이때 당신은 상자 속에서만 생각하게 된다. 그런 경직된 신경 회로들 전체가 당신의 정체성이 된다.

## 신경 가소성

따라서 우리의 목적은 그림 3-7이 보여주듯이 상자 밖에서 생각해서 뇌가 다른 방식으로 발화하게 만드는 것이어야 할 것이다. 마음을 연다는 것의 의미가 그렇다. 뇌가 다른 방식으로 일하게 만들 때마다 당신은 말 그대로 마음을 바꾸는 것이다.

연구에 따르면 우리가 뇌를 사용할 때 뇌가 자라고 변하는데 그것
은 신경 가소성neuroplasticity(새로운 정보를 배울 때 뇌가 적응하고 변하는 능력)
덕분이다. 예를 들어 오랫동안 수학을 연구한 수학자일수록 수학에 이
용되는 뇌 부분의 신경 가지들이 더 많이 자라 있다.[4] 그리고 교향악단
에서 여러 해 연주한 전문 음악가의 뇌는 언어와 음악 능력에 관여하
는 부분이 확장되어 있다고 한다.[5]

## 신경 가소성

**상자 밖에서 생각하기**

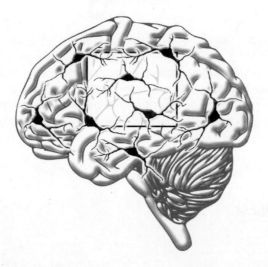

**그림 3-7** 새로운 것을 배우고 새로운 방식으로 생각하기 시작할 때 당신은 다른 순서, 패턴, 조
합으로 뇌를 발화한다. 수많은 다양한 신경망들을 다른 방식들로 활성화하는 것이다. 그리고 뇌
가 다르게 일하게 만든다는 것은 그때마다 마음을 바꾼다는 뜻이다. 상자 밖에서 생각하기 시작
할 때 그 새로운 생각들이 새로운 선택, 새로운 행동, 새로운 경험, 새로운 감정을 불러오게 되어
있다. 그러면 당신의 정체성도 바뀌는 것이다.

신경 가소성 작동법을 설명하는, 과학적으로 공식화된 용어는 가지 치기pruning와 싹 틔우기sprouting이다. 이는 말뜻 그대로이다. 일부 신경 연결, 패턴, 회로를 제거(가지 치기)하고 새로운 것들을 만들어내는 것(싹 틔우기)이다. 기능이 좋은 뇌라면 이 과정이 일어나고 끝나는 데 몇 초도 걸리지 않는다. 캘리포니아 대학 버클리 캠퍼스 연구원들이 실험 쥐를 대상으로 한 연구에서 밝혀낸 사실이다. 이들은 (형제자매, 새끼들과 우리를 공유하며 다양한 장난감을 갖고 놀 수 있는) 풍족한 환경에 사는 쥐들이 그렇지 못한 환경에 사는 쥐들보다 더 많은 뉴런과 이 뉴런들 사이에 더 많은 연결을 가진, 더 큰 뇌를 갖고 있음을 알아냈다.[6] 다시 말하지만 새로운 것을 배우고 새로운 경험을 할 때 우리는 말 그대로 우리의 뇌를 바꾼다.

늘 똑같이 살 수밖에 없게 만드는 고정된 프로그램과 조건화의 사슬을 끊고 나오는 데에는 상당한 노력이 필요하다. 더불어 지식도 필요하다. 당신과 당신 삶에 관한 중요한 정보들을 습득할 때, 당신 회백질의 3차원 자수에 완전히 새로운 패턴이 수놓아질 것이기 때문이다. 그때 당신은 뇌를 새로운 방식, 다른 방식으로 작동하게 만드는 원료들을 더 많이 갖게 되는 셈이다. 그리고 그때 당신은 현실을 다르게 생각하고 인식하기 시작할 것이다. 삶을 새로운 마음의 렌즈로 보기 시작했으니까 말이다.

## 변화의 강 건너기

이제 당신은, 변하고 싶다면 무의식적인 자아(이제는 이것이 고정된 프로그램들의 집합일 뿐임을 잘 알 것이다)를 의식해야 한다는 것을 알았으리라.

변화하는 데 가장 힘든 일은 어제 한 선택을 오늘은 하지 않는 것이다. 그런 일이 그렇게 힘든 이유는 습관적·자동적으로 같은 행동을 하게 하고, 그래서 같은 것들을 경험하게 하며 오래된 정체성을 둘러싼 같은 감정을 재확인하게 하는 그 동일한 선택을 부르는 동일한 생각을 더 이상 하지 않는 그 순간, 곧바로 불편함을 느끼게 되기 때문이다. 존재의 새로운 상태는 낯설게 마련이다. 몰랐던 것이기 때문이다. '비정상'처럼 느껴지기 때문이다. 자신이 아닌 것 같은 느낌도 드는데, 이는 실제로 그것이 자신이 아니기 때문이다. 그리고 모든 것이 불확실한 것 같고, 더 이상 그 익숙했던 자아의 느낌을 기대할 수 없으며, 그런 상태가 우리 삶을 어떻게 바꿀지 알 수 없기 때문이다.

그렇게 불편하다면 사실 그 순간 우리는 이미 변화의 강에 발을 담근 것이다. 미지의 땅으로 들어간 것이다. 더 이상 과거의 자아로 존재하지 않는 바로 그 순간, 우리는 그림 3-8이 분명히 보여주듯이 과거의 자아와 새로운 자아 사이의 틈을 건너야 한다. 그냥 왈츠를 추다 보니 어느새 새로운 성격이 되어 있더라는 말은 있을 수 없다. 새로운 성격이 되는 일에는 시간이 걸린다.

변화의 강에 발을 들여놓을 때 옛 자아와 새 자아 사이의 빈 공간이 너무 불편해서 사람들은 대부분 그 즉시 다시 과거의 자아로 돌아가 버린다. 무의식적으로 '이것 별로야, 불편해' 혹은 '기분이 좋지 않아'라고 생각하는 것이다. 그런 생각 혹은 자기 암시를 받아들이는 순간 (그리고 그런 생각들에 감응하는 순간) 또다시 예의 그 오래된 선

## 변화의 강 건너기

**그림 3-8** 변화의 강을 건너기 위해 당신은—같은 생각, 같은 선택, 같은 행동, 같은 느낌과 관계하는—예의 그 익숙하고 예측 가능했던 자아를 떠나야 한다. 그리고 텅 빈 공간 혹은 미지의 세계로 발을 들여놓아야 한다. 오래된 자아를 죽이고 싶다면 새 생각, 새 선택, 새 행동, 새 감정의 새 자아를 창조해야 한다. 이 강으로 들어가는 것은 새롭고 예측할 수 없고 낯선 자아로 걸어 들어가는 것이다. 그 미지의 세계가 당신이 창조를 할 수 있는 유일한 곳이다. 이미 알려진 세상에서는 새로운 것은 아무것도 창조할 수 없다.

택들을 무의식적으로 하게 된다. 그 습관적인 행동들을 불러 같은 경험들을 하게 만들고 또 같은 감정과 느낌을 자동으로 보증하는 그 선택들 말이다. 그리고 자신에게 '이제 기분 좋군'이라고 말한다. 하지만 사실은 '익숙한데'라고 말하는 것이다.

변화의 강을 건너는 것이 사실은 옛 자아의 생물학적·신경학적·화학적 심지어 유전학적인 죽음이라는 것과 그래서 불편한 것임을 이해하고 나면, 변화를 위한 힘이 생기고 강의 반대쪽에 시선을 둘 수 있다. 변화란 오랫동안 무의식적으로 같은 방식으로 생각한 결과 고정되어 버린 신경 회로를 바꾸는 것이라는 사실을 받아들일 때 우리는 그 일이 어려워도 잘 감당해 갈 수 있다. 우리가 그런 불편함을 느끼는 이유가 사실은 우리 뇌의 구조에 반복적으로 아로새겨진 오래된 자세, 믿음, 인식을 해체하고 있기 때문이라는 걸 이해한다면 우리는 그것을 견뎌낼 수 있을 것이다. 변화의 한가운데서 우리가 맞서 싸우는 갈망이 사실은 우리 몸의 화학적·감정적 중독들을 없애려고 하기 때문이란 걸 이해한다면 우리는 그것을 잘 받아넘길 수 있을 것이다. 잠재의식 속의 습관과 행동이 생물학적 차원에서 진정으로 변하고 있으며 그로써 우리 몸이 세포 수준에서 변화하고 있음을 알 수 있다면 우리는 앞으로 나아갈 수 있다. 우리가 지금 부모를 비롯한 이전의 세대들로부터 받은 유전자들을 수정하고 있음을 기억할 수 있다면, 우리는 한껏 고취되어 목표에 집중할 수 있다.

그렇게 변화의 강을 지나는 때를 '영혼이 어두운 밤을 지나는 때'라고 말하는 사람도 있다. 이것은 말하자면 불사조가 스스로를 태워서 재가 되는 과정과도 같다. 새로운 자아가 태어나려면 옛 자아가 죽어야 한다. 당연히 그런 일이 쉬울 리가 없다.

그래도 괜찮다. 그 미지의 세계야말로 창조를 시작하기에 완벽한 장소이니까 말이다. 그곳은 가능성의 장소이다. 그것보다 더 좋은 것이 무엇이겠는가? 우리는 대부분 미지의 것으로부터 달아나도록 조건화되어 있다. 이제 우리는 빈 공간 혹은 미지의 세계에서 두려워하지 않고 편안해지는 법을 배워야 한다.

너무 혼란스럽고 앞에 무엇이 있는지 볼 수 없고 미래를 예측할 수 없기 때문에 그 빈 공간에 있기 싫다고 말한다면, 나는 그렇게 혼란스럽고 아무것도 볼 수 없고 예측할 수 없는 것이 사실 더 좋은 것이라고 말하고 싶다. 미래를 예측하는 최고의 방법이 미래를 창조하는 것이다. 이미 알고 있는 곳에서가 아니라 알려지지 않는 곳에서의 창조 말이다.

새로운 자아가 태어날 때 그 자아는 생물학적으로도 달라야 한다. 신경 단위의 새로운 연결이 발아해야 하고, 매일 새로운 방식으로 생각하고 행동하기로 의식적으로 선택함으로써 그 연결을 굳혀야 한다. 그리고 같은 경험을 습관이 될 때까지 반복하는 방식으로 이 연결을 강화시켜야 한다. 새로운 경험을 충분히 해서 화학적으로 새로운 상태에 우리도 감정적으로 익숙해져야 한다. 그리고 우리의 존재 상태를 새로운 방식으로 바꾸는 새로운 단백질을 만들기 위해 새로운 유전자들이 발현되어야 한다. 앞에서 보았듯이 단백질의 표출이 생명의 표출이고 생명의 표출이 곧 건강한 몸이라면, 그때 구조적·기능적으로 새로운 수준의 건강한 삶이 뒤따르게 될 것이다. 그때 새로워진 마음과 새로워진 몸이 반드시 나타나게 되어 있다.

그때 길고 어두운 밤이 지나고 새 새벽이 다가올 것이며, 불사조가 잿더미 속에서 다시 살아날 것이고, 우리는 새로운 자아를 발명할 것이다. 새 자아의 육체적·생물학적 표출은 말 그대로 다른 사람이 되는 것을 의미한다. 진정한 변형이란 바로 그런 것이다.

## 환경 극복하기

뇌는 당신이 삶에서 경험해 온 모든 것, 당신이 알고 있는 모든 것을 반영하도록 만들어졌다. 당신은 이제 당신이 외부 세계와 교류할 때마다 그 사건들이 현재의 당신을 만들고 규정한다는 걸 이해했을 것이다. 당신이 이 땅에 사는 동안 발화하고 결합시킨 뉴런들의 복잡한 네트워크들이 수십조 개의 연결을 만들었다. 당신이 배우고 기억했기 때문이다. 그리고 뉴런과 뉴런이 연결되는 모든 곳에서 '기억'이 만들어진다는 점에서 당신의 뇌는 살아 움직이는 '과거 기록 장치'이다. 당신이 처한 환경 속의 서로 다른 시간과 장소에서 온갖 사람, 온갖 사물과 함께한 방대한 경험들이 당신 회백질의 깊숙한 곳에 인장처럼 찍혀 있는 것이다.

따라서 우리가 현재에 살면서 과거를 생각하는 것은 당연하다. 과거의 기억이 새겨져 있는 하드웨어와 소프트웨어 프로그램을 그대로 사용하고 있기 때문이다. 그리고 매일 같은 시간에 같은 일을 하고, 같은 장소에서 같은 사람을 보고, 같은 경험을 하며, 같은 삶을 산다면 우리의 내면은 그런 외부 환경의 영향을 받을 수밖에 없다. 환경이 우리의 생각과 행동과 느낌을 통제하는 것이다.

그런 의미에서 우리는 우리 개인적 현실의 희생자인 셈이다. 우리의 개인적 현실personal realities이 우리의 성격personalities을 창조하기 때문이다. 그리고 그 과정이 무의식적이 되어버렸기 때문이다. 그럴 때 그 무의식적 과정이 똑같은 생각과 느낌을 재삼재사 확인해 주고 외부 세계와 내면 세계 사이의 결혼 혹은 합체가 이루어지며 그러면서 그 둘이 하나가 되고 같아지는 건 당연한 일이다. 그때 내가 곧 환경이고 환경이 곧 내가 된다.

환경이 우리가 생각하고 느끼는 법을 그렇게 조종하는 상황에서, 그래도 변하고 싶다면 우리 자신 혹은 우리 삶의 무언가가 우리 환경 속의 현재 상황보다 더 강력해져야 할 것이다.

## 생각대로 느끼고 느낀 대로 생각한다

생각이 뇌의 언어라면 느낌은 몸의 언어이다. 그리고 당신이 생각하고 느끼는 방식이 당신의 존재 상태를 만든다. 당신의 마음과 몸이 함께 작용할 때 하나의 존재 상태가 생겨나는 것이다. 다시 말해 당신의 현재 존재 상태는 당신의 마음과 몸이 현재 어떻게 연결되어 있는지를 여실히 보여준다.

생각을 할 때마다 당신의 뇌는 신경 전달 물질을 만드는 것 외에 신경 펩티드라고 불리는 작은 단백질, 곧 또 다른 화학 물질도 만든다. 이 화학 물질이 당신 몸에 메시지를 보낸다. 그러면 당신의 몸은 느낌을 갖는 것으로 반응한다. 몸이 느끼고 있음을 알아차린 뇌는 정확하게 그 느낌에 맞는 또 다른 생각을 만들어내고, 그 생각이 또 유사한 화학적 메시지를 더 많이 만들어내고, 그러면 몸은 또 그 유사한 느낌으로 반응하고, 당신의 뇌는 또 그 느낌에 맞는 생각을 하게 된다.

생각이 느낌을 창조하고 느낌은 다시 그 느낌에 필적하는 생각을 창조한다. 이것은 대부분의 사람들이 수년씩 갇혀 있을 수 있는 고리이다. 그리고 뇌가 몸의 느낌에 이 느낌과 똑같은 느낌을 생산할 동일한 생각들을 산출하며 반응하기 때문에, 그런 잉여의 생각들이 뇌의 신경 회로를 일정한 패턴으로 고정시킴은 더 말할 필요도 없다.

그렇다면 그때 우리 몸에서는 어떤 일이 일어나게 될까? 몸을 작동시키는 것은 느낌이기 때문에, 몸은 당신이 당신의 자동적인 사고에 기반해 계속해서 느끼는 감정(느낌)들을 기억하게 될 것이다. 그 감정들은 곧 무의식적으로 강하게 고정되어 있는 마음/뇌와 같은 것이다. 그렇다면 의식적 마음이 정말로 할 수 있는 일은 없다는 뜻이 된다. 무의식적으로 프로그램화되고 조건화된 몸이 아주 실질적으로 (자체 통제권을 갖는) 마음이 되어버리는 것이다.

결국 생각한 대로 느끼고 또 느낀 대로 생각하는 이 고리가 충분히 오랫동안 작동하면 우리의 몸은 뇌가 몸에 신호를 보내 느끼라고 하는 감정을 기억 속에 저장하게 된다. 그 사이클이 견고하게 자리를 잡아 깊이 뿌리를 내리면 그것은 이제 익숙한 존재 상태로 된다. 그 존재 상태는 계속 돌고 도는 오래된 정보에 기반한 것이다. 과거 경험의 화학적 기록에 불과한 감정들이 우리의 생각을 몰아가면서 거듭거듭 발산되는 것이다. 이런 일이 계속되는 한 우리는 과거에 살고 있는 것이다. 이때 미래를 바꾸는 것이 너무도 어려움은 당연한 일이 아니겠는가!

같은 방식으로 발화할 때 뉴런들은 뇌와 몸에 동일한 신경 화학 전달 물질 및 동일한 신경 펩티드를 분비한다. 그러면 그 동일한 화학 물질들이 몸을 물리적으로 다시 한 번 바꾸는 방식으로, 그 감정들을 더욱 깊이 기억하도록 몸을 훈련시킨다. 세포와 조직은 내부의 특정 수용 영역에서 그 특정 화학적 신호를 받아들인다. 그 수용 영역들은 화학적 메신저(신경 전달 물질)들을 위한 도킹 스테이션docking station 같은 기능을 한다. 원, 삼각형, 사각형 모양의 퍼즐 조각을 똑같은 모양의 구멍에 집어넣어 맞추는 아이들 장난감처럼, 메신저들은 그 도킹 스테이션에 완벽하게 들어맞는다.

감정의 분자들이라 할 수 있는 화학적 메신저들이 바코드를 운반하고 있다고 생각해 보자. 그리고 이 바코드를 통해 세포 내 수용체들은 그 화학적 메신저들이 어떤 전자기적 에너지를 갖고 있는지 읽을 수 있다. 어떤 화학적 메신저가 자신에게 맞는 전자기적 에너지를 갖고 있는 경우 세포 내 수용체에서는 그 에너지를 맞을 준비를 한다. 메신저가 도킹 스테이션에 들어오고 세포 내 수용체가 그 화학적 메시지를 받아들이는 것이다. 그러면 그 세포는 하나의 단백질을 만들어내거나 변형시킨다. 이 새롭게 태어난 단백질은 세포핵 속의 DNA를 활성화한다. 이때 감겨 있던 DNA가 열려서 풀리고, 세포 밖에서 온 해당 메시지에 맞는 유전자가 읽히게 되며, 세포는 그 DNA로부터 새로운 단백질(예를 들어 특정 호르몬)을 만들어 몸 속에 내보낸다.

그렇게 마음이 몸을 훈련시키고 있는 것이다. 세포 밖의 똑같은 신호들은 뇌 속의 같은 수준의 마음으로부터 나온 것들이기 때문에(그 사람이 매일 같은 생각을 하고 같은 행동을 하고 같은 감정을 느끼기 때문이다), 이런 과정이 오랫동안 지속되면 (몸이 환경으로부터 늘 똑같은 데이터를 받아들이기 때문에) 늘 똑같은 유전자들이 늘 똑같은 방식으로 활성화된다. 새로운 생각이 일어나지도, 새로운 선택이 내려지지도, 새로운 행동이 보여지지도, 새로운 경험이 받아들여지지도, 새로운 감정이 만들어지지도 않았다는 뜻이다. 뇌로부터 나오는 정보들이 항상 똑같아서 같은 유전자들만 반복적으로 활성화되면 그 유전자들만 거듭해서 선택된다는 뜻인데, 그렇게 되면 그 유전자들은 자동차의 기어처럼 닳게 된다. 그때 우리 몸은 구조가 약하고 기능이 떨어지는 단백질을 만들게 되며, 우리는 늙고 병들게 된다.

그리고 때가 되면 두 가지 시나리오 중 하나가 발생하게 된다. 첫 번째 시나리오는 계속해서 같은 정보만 받아들이던 세포막의 지성知性이 수용체들을 변경 확장하면서 몸의 필요와 요구에 적응하는 것이다. 그 결과 그 세포는 해당 화학 물질들을 더 많이 받아들일 수 있다. 몸의 요구를 만족시키기 위해 도킹 스테이션들을 더 많이 만들어냈기 때문이다. 계산대에 줄이 길어지면 창구를 하나 더 여는 것과 같은 이치이다. 사업이 잘되면(똑같은 화학 물질들이 계속 들어오면) 직원을 더 고용하고 계산대도 더 많이 열어야 할 것이다. 이제 몸은 (무의식적) 마음과 같아졌다. 아니 몸이 곧 마음이 되었다.

또 다른 시나리오에서는 세포가 매 순간 쏟아져 들어오는 똑같은 느낌과 감정의 홍수에 압도당한 나머지 화학적 메신저들의 입장을 거부하게 된다. 그 화학 물질들은 대부분 세포의 도킹 스테이션 문 밖에 매달려 있게 되고, 세포는 그런 상태에 익숙해진다. 그런 상태에서 세포는 뇌가 고양된 감정들을 아주 많이 생산할 때만 문을 열고 싶어 한다. 당신이 감정의 강도를 충분히 높여야 자극을 받고 도킹 스테이션 문이 열리며 세포가 깨어난다.(감정의 중요성에 대해서는 앞으로 더 논의할 것이다. 감정은 복잡한 플라시보 방정식을 푸는 열쇠이다.)

첫 번째 시나리오에서처럼 세포가 새로운 수용체들을 만들 경우 몸은 그 특정 화학 물질들을 갈망하게 된다. 뇌가 그 물질들을 충분히 만들지 못할 경우에 특히 더 그렇다. 그 결과 우리의 감정이 우리의 생각을 좌우하게 된다. 다시 말해 몸이 마음을 통제하게 된다. "몸이 감정을 기억한다"고 말할 때 내가 뜻한 것이 바로 이것이다. 몸이 마음을 반영하도록 생물학적으로 바뀌고 조건화된 것이다.

두 번째 시나리오에서처럼 세포가 화학 물질들의 포화에 압도되어 수용체들이 둔감해지면, 마치 약물 중독자처럼 몸은 그 세포를 깨우기 위해 더 큰 화학적 스릴을 요구할 것이다. 다시 말해 몸이 자극에 반응하도록 만들고 싶다면 지난번보다 더 화를 내고 더 걱정하고 더 죄책감을 느끼고 더 혼란스러워해야 한다는 뜻이다. 따라서 당신은 아무 이유도 없이 애완견에게 소리를 지르는 것 같은 약간의 극적인 요소를 가미해야 무슨 일이든 시작할 수 있을 것 같다고 느낄 수 있다. 단지 몸이 원하는 약물을 주기 위해서 말이다. 아니면 시어머니나 장모를 얼마나 싫어하는지 꼭 떠들어대야만 할 수도 있다. 단지 그렇게 하면 몸이 세포를 깨우는 데 필요한 화학 물질들을 가질 수 있기 때문이다. 그것도 아니면 끔찍한 결과가 벌어질지도 모른다는 상상에 집착하며 어떻게든 아드레날린 호르몬을 분비하려고 애쓸지도 모른다. 필요한 만큼 감정적 화학 물질을 받지 못할 때 몸은 뇌에게 신호를 해 더 많이 보내달라고 할 것이다. 결국 몸이 마음을 조종하게 되는 것이다. 이것은 꼭 하나의 중독처럼 보인다. 따라서 이제부터 내가 감정 중독emotional addiction이라는 말을 써도 여러분은 무슨 뜻인지 이해할 수 있을 것이다.

이런 방식으로 느낌(감정)이 생각의 수단이 될 때, 다시 말해 느낌보다 더 대단한 생각을 할 수 없을 때, 우리는 프로그램 속에 갇혀 있다고 할 수 있다. 생각대로 느끼고 느낌대로 생각하게 되는 것이다. 이때 우리가 경험하는 것은 생각과 느낌의 합병 같은 것이다. 우리는 '느생finking' 아니면 '생느theeling'하는 것이다. 이런 고리 속에 빠져 있는, 무의식적 마음으로서의 우리의 몸은 실제로 1년 365일 한 순간도 빠짐없이 자신이 늘 같은 과거 속에서 살고 있다고 믿고 있다. 하나가 된 마음과 몸이 무의식적 프로그램들에 의해 이미 정해진 운명에 맞춰 사는 것이다. 따라서 변하고 싶다면 몸과 그 모든 감정적 기억들, 중독들, 무의식적 습관들보다 우리 자신이 더 커져야 한다. 더 이상 무의식적 마음이 되어버린 몸에 좌지우지되지 말아야 한다는 뜻이다.

생각대로 느끼고 느낌대로 생각하는 사이클의 반복은 의식적 마음이 몸을 조건화하는 과정이다. 그러다 일단 몸이 마음이 되면, 우리가 습관이라고 부르는 상태가 된다. 즉 몸이 마음이 될 때 습관이 생긴다. 35세가 될 즈음 당신의 95퍼센트는 무의식적 자동 컴퓨터 프로그램처럼 기능하는, 기억된 행동과 기술, 감정 반응, 믿음, 인식, 태도 들의 집합이 될 것이다.

따라서 당신의 95퍼센트는 잠재의식 혹은 무의식적 존재 상태에 있는 셈이다. 그 말은 당신의 5퍼센트에 해당하는 의식적 마음이 당신이 무의식적으로 암기해 온 95퍼센트에 대항하고 있다는 뜻이다. 당신은 얼마든지 긍정적으로 생각할 수 있다. 하지만 5퍼센트의 의식적 마음은 마치 과거 35년 동안 당신이 갖고 있던 온갖 부정적인 생각들을 기억하고 암기하고 있는 나머지 95퍼센트 마음의 물결을 억지로 거슬러 수영하고 있는 것처럼 느낄 것이다. 그래서 몸과 마음이 따로 논다는 말이 나왔다. 그 물결을 거스르려고 해도 당연히 그리 멀리 가지 못할 것이다.

그래서 나는 이전 책에 《브레이킹 *Breaking the Habit of Being Yourself*》이라는 제목을 붙여주었다. 우리가 깨야 하는 가장 단단한 습관이 바로 우리 자신이 되어버린 습관이다. 우리의 성격과 개인적 현실을 반영하는 무의식적 프로그램들을 강화하며 똑같은 방식으로 생각하고 느끼고 행동하는 그 습관 말이다. 과거에 살면서 새로운 미래를 만들 수는 없다. 그것은 그냥 불가능하다.

## 당신 자신의 플라시보가 되는 데 필요한 것

이 모든 것의 분명한 이해를 돕기 위해 예를 하나 들겠다. 나는 의도적으로 부정적인 사건을 그 예로 골랐는데, 부정적인 유형의 사건들이 우리를 제한된 존재 상태에 가두는 경향이 더 크기 때문이다. 그에 반해 성공적이거나 힘을 불어넣어 주거나 고무적인 사건들은 보통 더 나은 미래를 만들도록 도와준다.(이 과정도 곧 분명히 밝혀질 것이다.)

당신이 대중 앞에서 연설을 하다가 끔찍한 경험을 한 적이 있고, 그 경험이 마음에 상처를 남겼다고 하자.(마음의 상처를 부른 다른 경험으로 대체해도 좋다.) 그 과거 경험 탓에 당신은 현재 대중 앞에 서서 말하는 것을 두려워한다. 그런 일을 해야 할 상황이 되면 당신은 불안하고 초조해지며 자신감을 잃고 만다. 스무 명밖에 안 되는 사람일지라도 회의실 앞에서 그들을 바라보는 일은 생각만 해도 숨이 막히고 손이 차갑고 축축해지며 심장이 뛰고 목부터 온 얼굴이 벌게지고 위장이 꼬이고 뇌가 얼어붙는 것 같다.

이런 반응은 모두 잠재의식적으로 기능하는(즉 의식적 통제 밖에 있는) 자율 신경계의 소관이다. '자율autonomic'을 '자동automatic'으로 대체해 보면 이해하기 더 쉬울 것이다. 자율 신경계는 소화, 호르몬, 순환, 체온 등 당신이 의식적으로 통제할 수 없는 것들을 조절하는 신경계이다. 아무리 의식적으로 원한다고 해도 당신은 심장 박동수를 바꾸거나, 뜨거워진 손발을 차게 하기 위해 혈류량을 줄이거나, 얼굴과 목을 뜨겁게 하거나, 소화 효소의 신진대사 분비물을 바꾸거나, 명령에 따라 발화하는 수백만의 신경 세포들을 멈추게 할 수 없다. 그런 기능들을 바꾸려고 의식적으로 시도는 할 수 있겠지만, 아마도 금방 그럴 수 없다는 사실을 알게 될 것이다.

당신의 몸이 그런 자율적이고 생리적인 변화들을 만들어가는 것은, 당신이 사람들 앞에 서서 발표를 한다는 미래에 대한 생각을, 대중 앞에서 연설을 하다가 망쳤다는 과거의 감정적 기억과 연결시켰기 때문이다. 미래에 대한 생각이나 아이디어 혹은 가능성이 과거의 불안감이나 실패 혹은 당황스러움과 오랫동안 계속해서 연결되면, 마음은 그런 과거의 느낌에 자동으로 반응하도록 몸을 조건화할 것이다. 그렇게 우리는 계속 익숙한 존재 상태로 들어가는 것이다. 느끼고 있는 것 이상을 생각할 수 없기 때문에 우리의 생각과 감정이 그 과거와 하나가 되는 것이다.

이제 당신의 뇌에서 어떤 일이 일어나는지 살펴보자. 과거에 대한 기억으로서 신경학적으로 부각되고 정형화된(경험이 뇌의 신경 회로를 풍성하게 한다는 점을 상기하기 바란다) 그 특정 사건은 마치 발자국처럼 당신 뇌 속에 물리적으로 박혀 들어간다. 그 결과 당신은 찍혀 있는 발자국들을 따라가기만 하면 되므로, 과거의 그 부정적인 대중 연설 경험을 단번에 기억해 낼 수 있다. 그 경험이 좀처럼 잊히지 않는다는 것은 그 경험에 대한 감정적 충전充電도 그만큼 컸다는 뜻이다. 그러므로 당신은 성공적인 연설가가 되고 싶은 꿈을 접게 만든 그때의 느낌도 모두 감정적으로 상기할 수 있다. 그 경험 이후로 당신은 화학적으로 변한 것 같기 때문이다.

나는 느낌과 감정이 과거 경험의 최종 산물임을 강조하고 싶다. 당신이 하나의 경험을 할 때, 당신의 감각들은 그 사건을 포착한 다음 다섯 개의 감각 경로(오감)를 통해 그 사건에 대한 중요한 정보를 모두 당신 뇌로 전달한다. 그 새로운 자료들이 모두 뇌에 도달하면 신경 세포 집단들이 새 네트워크를 조직한 다음 외부의 새 사건을 거기에 반영시킨다. 그 신경 회로들이 구체화되는 순간 뇌는 몸에 신호를 보내 생리를 바꿀 화학 물질을 만들어낸다. 그 화학 물질이 바로 감정 혹은 느낌이다. 그러므로 우리가 과거의 사건을 기억할 수 있는 것은 그때 우리의 감정이 어땠는지 기억하기 때문이다.

따라서 발표가 엉망이 되었을 때 당신의 오감이 외부 환경으로부터 모은 모든 정보가 당신의 내면 환경에서 당신의 느낌을 바꾼 것이다. 당신의 감각들이 전달한 정보, 즉 사람들의 얼굴 모습, 커다란 방의 크기, 머리 위에서 밝게 빛나던 형광등 불빛, 마이크 울리는 소리, 기껏 용기를 내 던진 농담에 돌아온 귀가 먹먹할 것 같은 침묵, 말을 시작하자마자 치솟은 실내 온도, 땀과 함께 증발하던 당신의 오래된 향수 냄새 등이 당신 내면의 상태를 바꾼 것이다. 그리고 감각의 외부에서 벌어진 그 특별한 사건(원인)을 생각과 느낌의 내면 세계에서 진행되던 변화들(결과)과 연결시키는 순간 당신은 하나의 기억을 만들어낸 것이다. 당신이 하나의 원인을 하나의 결과와 결부시켰고, 그때 당신만의 조건화 과정이 시작되었다.

그날 당신이 자초한 그 고문이 다행히 썩은 과일이나 야채가 날아오는 일 없이 끝나자 당신은 차를 몰아 집으로 향했다. 차 안에서 당신은 그 사건을 자꾸만 곱씹었다. 그리고 그렇게 그 경험을 상기할 때마다(정확하게는, 같은 수준의 마음을 재생산할 때마다) 당신은, 정도야 좀 다르겠지만, 당신 뇌와 몸에 같은 화학적 변화들을 만들어냈다. 과거를 거듭 재확인하며 조건화 과정을 더해갔던 것이다.

당신의 몸이 무의식적인 마음으로서 행동하기 때문에, 몸은 그 감정 상태를 만들어내는 당신 삶 속의 실제 사건과, 그 사건을 기억할 때 생각만으로 만들어내는 감정의 차이를 구별하지 못한다. 당신의 몸은 자기가 실제로 같은 경험을 자꾸 반복하면서 살고 있다고 믿는다. 사실 당신은 차 안에서 혼자 편하게 앉아 있지만, 당신의 몸은 육체적으로 현재의 이 경험을 당신이 다시 하고 있는 것처럼 반응한다. 그 경험에 대한 생각에서 비롯되어 나오는 뇌 속의 신경 회로들을 당신이 발화하고 고정시킬 때, 당신은 지금 시냅스 연결들을 물리적으로 유지하고 그 신경망들 속에 훨씬 더 오래가는 연결들을 만들고 있는 중이다. 즉 장기 기억을 만들고 있는 것이다.

집에 도착한 당신은 배우자, 친구, 어쩌면 어머니에게까지 그날 있었던 사건에 관해 말했을 것이다. 그 트라우마의 끔찍한 디테일을 묘사하면서 당신은 극도로 감정적이 되었다. 그 사건이 야기한 감정을 다시 체험하면서 당신은 이미 지난 일임에도 또다시 그 사건에 맞게 당신 몸을 화학적으로 조건화했다. 당신은 생리적으로 당신 몸을 훈련시켰고, 따라서 당신 몸은 잠재의식적으로, 무의식적으로, 자동으로 당신의 개인적인 역사가 되었다.

그 후에도 계속 당신은 주변 사람들이 다 알아챌 정도로 울적해했다. 사람들이 "무슨 일 있어?" 하고 물을 때마다 당신은 괜찮은 척 그냥 넘어갈 수 없었다. 오히려 이때다 하고 그날 받은 화학 물질 세례에 더 깊이 중독될 기회로 삼았다. 그 경험이 야기한 울적한 기분에 당신은 며칠이고 그렇게 감정적으로 대응했다. 그 감정적 대응이 연장되면서, 그 사건을 기억할 때면 그때랑 똑같은 감정에 사로잡히는 일이 몇 주 정도가 아니라 몇 달, 몇 년으로 이어졌다. 이제 그 감정은 당신의 기질이나 특성, 본성의 일부 정도가 아니라 당신의 성격으로 굳어졌다. 그 감정이 곧 당신이 되어버린 것이다.

이제 누군가가 당신에게 사람들 앞에서 말을 하라고 하면, 당신은 자동으로 움츠러들고 꺼리고 불안해하게 된다. 외부 환경이 내면 환경을 조종하지만, 당신은 그 상황을 극복할 수 없다. 당신의 미래(대중 앞에서 말하기)가 과거의 느낌(죽을 것 같은 고통)과 같을 것이라는 생각이 떠오르는 순간, 마음이 되어버린 당신의 몸이 마술처럼 자동적·무의식적으로 반응을 한다. 아무리 애를 써도 의식적인 마음은 전혀 힘을 쓰지 못하는 것 같다. 몇 초도 못 되어 당신 뇌와 몸의 약국에서 다수의 조건화된 반응들이 조제되어 나온다. 땀이 줄줄 흐르고, 입이 마르고, 무릎이 꺾이고, 메스껍고, 어지럽고, 호흡이 가빠지고, 죽도록 피곤해진다. 모두 당신 몸의 생리 현상을 바꾸는 그 한 가지 생각 때문이다. 그 생각은 정말이지 플라시보이다.

할 수만 있다면 당신은 "저는 연설가가 아닙니다" "사람들 앞에 잘 나서지 못합니다" "발표를 잘 못합니다" 혹은 "너무 겁이 많아서 많은 사람 앞에서는 잘 말하지 못합니다" 같은 말을 하면서 그 기회를 거절할 것이다. 그렇게 "저는 ……합니다"라고(……에 당신의 경우에 해당하는 말을 넣어보라) 말할 때마다, 당신은 당신의 마음과 몸이 하나의 미래에 맞춰져 있다고, 혹은 당신 생각과 감정이 하나의 목적지에 맞춰져 있다고 선언하는 셈이다. 그런 식으로, 기억된 존재 상태를 강화하는 것이다.

어쩌다 누군가로부터 왜 과거나 한계로 스스로를 규정하려 하느냐는 질문을 받으면, 당신은 분명 그 과거의 기억과 그때 느꼈던 감정 상태를 이야기하면서 당신이 그래야만 하는 이유를 재확인할 것이다. 어쩌면 약간 윤색까지 할지도 모른다. 생물학 차원에서 보자면 당신이 정말로 주장하는 것은 몇 년 전 그 사건이 있었을 때 물리적·화학적·감정적으로 변해버렸고 그때 이후로 전혀 변하지 않았다는 것이다. 당신은 자신이 만든 한계로 스스로를 규정하기로 선택해 온 것이다.

이 이야기 속 당신은 당신 몸의 노예가 되었고(몸이 곧 마음이 되었기 때문이다), 당신이 처한 환경의 조건들에 갇혀 있으며(특정 장소에서 특정 시간에 사람이나 상황과 얽힌 경험이 당신이 생각하고 행동하고 느끼는 법에 영향을 주고 있기 때문이다), 시간 속에서 길을 잃었다.(과거에 살면서 과거와 똑같은 미래를 기대하고 있으며, 따라서 몸과 마음이 현재에 살지 못하기 때문이다.) 그러므로 현재의 존재 상태를 바꾸고 싶다면, 당신은 몸, 환경, 시간이라는 이 세 요소보다 더 커져야 한다.

플라시보는 조건화, 기대, 의미 부여라는 세 가지 요소로부터 나온다고 했던 이 장의 시작 부분을 환기한다면, 이제 당신은 당신이 당신을 위한 플라시보임을 더 확실히 알 수 있을 것이다. 왜 그럴까? 방금 든 예에서 조건화, 기대, 의미 부여의 세 요소가 모두 그 역할을 하고 있기 때문이다.

첫째, 유능한 조련사처럼 당신은 당신 몸을 몸과 마음이 하나인

(생각과 느낌이 합병된) 무의식적 존재 상태로 조건화했다. 그리고 이제 생각만 하면 자동으로 당신 몸이 생물학적·생리학적으로 마음이 되도록 프로그램화되었다. 그리고 외부 환경으로부터 자극이 올 때마다(누군가를 가르칠 기회 같은 것) 당신은 파블로프가 개를 조건화하듯 잠재의식적으로 또 자동적으로 과거 경험 당시의 마음 상태를 떠올리도록 당신 몸을 조건화해 왔다.

하나의 생각이 몸의 자율 신경계를 활성화하고 생리적으로 상당한 변화를 만들어낸다는 것을 플라시보 연구 대부분이 보여주었으므로, 당신은 생각을 감정과 연결시키는 것만으로 내면 세계를 규제하고 있다고 할 수 있다. 당신의 두려움과 관련된 모든 익숙한 느낌들과 육체적 감각들에 의해 당신의 무의식적인 자율 신경계는 신경 화학적으로 강화된다. 그리고 당신의 생명 활동은 그런 강화를 완벽하게 반영한다.

둘째, 미래가 과거와 같을 것이라고 기대한다면 당신은 과거에서 생각하고 있을 뿐만 아니라 과거에만 기반해서 이미 알고 있는 미래를 선택하는 것이고, (무의식적 마음으로서의) 당신의 몸이 현재 그 미래에 살고 있다고 믿을 때까지 과거의 그 사건을 감정적으로 끌어안고 있는 것이다. 당신의 주의는 온통 이미 알고 있고 따라서 예측 가능한 현실에 가 있기 때문에, 당신은 새로운 선택도 행동도 경험도 감정도 좀처럼 느낄 수 없게 된다. 생리적으로 과거에 매달려서 무의식적으로 미래를 예보하고 있는 것이다.

셋째, 어떤 행동에 의미나 의식적인 의도를 부여하면 결과는 증폭된다. 당신에게 의미 있는 것은 매일 스스로에게 하는 말(여기서는 당신이 좋은 발표자가 아니라는 것과 대중 연설은 극심한 공포를 야기한다는 말)이다. 그때 당신은 자기 암시에 암시 감응력을 갖게 된다. 그리고 현재 당신의 지식이 과거 경험에서 나온 결론에 기반한 것이라면, 새로운 지식을 얻지 않는 한 늘 마음속 생각과 똑같은 결론을 산출해 낼 수밖에 없을 것이다. 의미와 의도를 바꾸어보라. 앞장에서 살펴본 호텔 청소부들처럼 당신도 다른 결과를 얻게 될 것이다.

당신이 긍정적인 변화를 통해 새로운 존재 상태가 되고자 애를 쓰든, 아니면 예의 그 오래된 존재 상태에 갇혀 자동 인형처럼 움직이든, 당신이 언제나 당신의 플라시보라는 사실만큼은 변하지 않은 진실로 남을 것이다.

# 04 : 몸 속의
## 플라시보 효과

1981년 9월의 어느 상쾌한 날, 70~80대 남성 노인 여덟 명으로 구성된 한 집단이 승합차를 나눠 타고 보스턴에서 북쪽으로 두 시간 거리인 뉴햄프셔 주 피터버러의 한 수도원으로 향했다. 5일 동안 피정을 하기로 되어 있었는데, 단 그곳에서 그들은 다시 젊어진 것처럼 행동해야 했다. 그들은 실제 나이보다 최소한 22년은 젊어진 것처럼 행동하라는 요구를 받았다.

이 피정은 하버드 대의 심리학 박사 엘렌 랑어Ellen Langer가 이끄는 연구팀이 조직한 이벤트였다. 이들은 그 다음 주에 다른 남성 노인 여덟 명을 한 번 더 같은 장소로 데리고 갔다. 비교 집단인 이 두 번째 그룹 사람들은 22년 젊었을 때를 적극적으로 회상은 하되 젊어진 것처럼 행동하지는 말 것을 요구받았다.

수도원에 도착한 첫 번째 그룹의 노인들은 젊은 시절을 다시 사는 데 도움될 만한 온갖 것에 둘러싸였다. 그들은 《라이프》지와 《선데이 이브닝 포스트》지 옛날 판들을 뒤적거렸고, 1959년에 인기를 끌었던 영화와 텔레비전 쇼를 시청했으며, 라디오에서 페리 코모와 냇 킹 콜의 음악을 들었다. 피델 카스트로의 쿠바 집권이라든지 소련 수상 흐루시초프의 미국 방문 같은 '시사' 뉴스를 논하고, 심지어 야구 스타 미키 맨틀과 유명한 권투 선수 플로이드 패터슨이 세운 기록을 되새기기도 했다. 그 소품들은 모두 교묘히 고안된 장치들로, 노인들이 스물두 살이나 더 젊어졌다고 느끼는 데 큰 도움이 되었다.

두 번에 걸친 닷새간의 피정이 끝나고, 연구원들은 여러 가지 측정을 해서 그 수치를 피정 전에 미리 측정해 둔 수치와 비교했다. (젊어진 것처럼 행동한) 첫 번째 그룹의 노인들이 과거를 회상하기만 한 비교 그룹의 노인들보다 몸 상태가 훨씬 더 좋아지긴 했지만, 두 그룹 노인들 모두 생리적·구조적·기능적으로 더 젊어져 있었다.[1]

노인들은 키가 더 커지고 몸무게가 줄어들고 걸음걸이가 좋아졌다. 자세가 바르게 되어 키가 커졌고, 관절들이 더 유연해졌으며, 관절염이 완화되어 손가락도 길어졌다. 시력과 청력도 좋아졌고, 물건을 잡는 힘도 더 커졌다. 기억하는 것도 좀 더 분명해졌으며, 인지 능력 테스트에서도 더 좋은 점수를 받았다.(두 번째 비교 그룹의 점수가 피정 전보다 44퍼센트 더 좋아진 데 반해 첫 번째 그룹은 63퍼센트 더 좋아졌다.) 노인들은 닷새 동안 연구원들의 코앞에서 실제로 더 젊어졌던 것이다.

다음은 랭어의 말이다. "실험이 끝날 무렵 나는 그들과 터치 풋볼(상대의 몸에 손을 대는 것으로 태클을 대신하는 레크리에이션 용 미식 축구—옮긴이)이긴 했지만 어엿한 미식 축구를 하기도 했다. 그들 중에는 지팡이를 집어던진 사람도 있었다."[2]

어떻게 이런 일이 가능했을까? 노인들은 22년 전 사용했던 뇌의 회로들에 다시 불을 켰고, 그와 같은 뇌의 변화에 몸도 마술처럼 화학적으로 반응했음에 분명하다. 그들은 단지 젊어진 것처럼 느끼기만 한 것이 아니었다. 수치들이 증명하고 있는 것처럼 육체적으로도 정말 더 젊어졌다. 변화는 그들 마음속에서만이 아니라 몸 속에서도 일어났던 것이다.

하지만 그들 몸 속에서 정확하게 무슨 일이 일어났기에 그런 놀라운 육체적 변형이 가능한 것일까? 체격과 육체적 기능과 관련한 그 모든 수치의 변화는 정확하게 무엇으로 인한 것일까? 대답은 그들의 유전자에서 찾을 수 있다. 유전자는 생각만큼 그렇게 불변하는 것이 아니다. 그러면 유전자가 정확히 무엇이며 어떻게 작용하는지 좀 더 자세히 살펴보자.

## DNA 신화의 해체

나선형으로 꼬여 있는 사다리 혹은 지퍼가 상상된다면 디옥시리보핵산deoxyribonucleic acid(DNA라고 하면 더 익숙할 것이다)의 생김새를 꽤 잘 파악한 것이다. 몸 속 모든 살아있는 세포의 핵 속에 들어 있는 이 DNA는 현재의 우리를 만들고 있는 날것의 정보 혹은 명령을 담고 있다.(앞으로 보게 되겠지만 우리의 세포들이 일생 동안 이 명령의 청사진을 반드시 그대로 따라야 하는 것은 아니다.) DNA 지퍼의 양쪽에는 서로 쌍을 이루는 핵산들이 있는데 이것들을 함께 염기쌍base pairs이라고 부른다. 그 수는 세포 하나당 30억 개 정도로, 이 핵산들이 긴 줄을 만들며 집단을 이룬 것이 유전자이다.

유전자는 작지만 독특한 구조를 보인다. 당신 몸 속에 있는 단 하나의 세포의 세포핵에서 DNA를 꺼내 완전히 펼친다면 그 길이가 1.8 미터나 된다. 몸 전체의 DNA를 모두 꺼내 펼치면 그 길이는 태양에서 지구를 150번 왕복하는 길이 정도가 된다.[3] 하지만 거의 70억 명에 이르는 인류의 DNA를 모두 꺼내 한데 뭉칠 경우 그 크기는 쌀알 한 톨 정도밖에 되지 않는다.

우리의 DNA는 저마다 다른 배열로 심어져 있는 명령들을 활용해서 단백질을 만들어낸다. '단백질protein'이라는 말은 그리스 어에서 '가장 중요한 것'이라는 뜻의 'protas'에서 나왔다. 단백질은 우리 몸이 3차원의 정연한 구조(해부학적인 몸)뿐만 아니라 생명 활동을 구성하는 복잡한 기능들과 얽히고설킨 상호 작용을 만들어가는 데 사용하는 중요한 원자재이다.

우리 몸은 사실 단백질 생산 기계이다. 근육 세포는 액틴과 미오신을 만들고, 피부 세포는 콜라겐과 엘라스틴을 만들고, 면역 세포는 항체를 만들고, 갑상선 세포는 티록신을 만들고, 어떤 눈 세포는 케라틴을 만들고, 골수 세포는 헤모글로빈을 만들고, 췌장 세포는 프로테아제와 리파아제, 아밀라아제 같은 효소를 만든다.

세포들이 제조하는 이것들이 모두 단백질이다. 단백질이 우리의 면역 체계를 통제하고, 음식을 소화시키고, 상처를 아물게 하고, 화학 반응을 촉진하고, 체격을 지탱하고, 세포들 사이의 소통을 위한 멋진 분자들을 제공하며, 그 외에도 셀 수 없이 많은 일을 한다. 간단히 말해 단백질은 곧 생명력의 표상이다.(그리고 건강한 육체의 표상이다.) 그림 4-1을 보면 유전자에 대해 간단하게나마 이해할 수 있을 것이다.

제임스 왓슨James Watson 박사와 프랜시스 크릭Francis Crick 박사가

세포

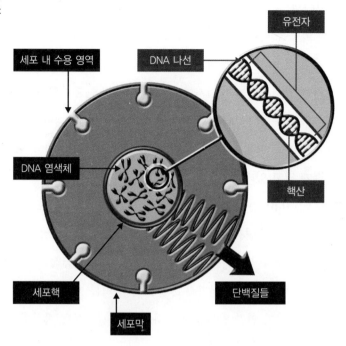

**그림 4–1** 세포핵 속에 DNA가 들어 있는 세포 하나를 아주 간단히 묘사한 그림이다. 유전자 물질은 따로 떼어 가닥으로 펼쳐보면 지퍼나 사다리가 꼬인 것 같은 모습인데 이것을 우리는 DNA 나선이라고 부른다. 사다리 가로대들이 서로 쌍을 이루는 핵산들인데, 이 핵산들은 일종의 코드들로 이 코드들에 따라 단백질들이 만들어진다. 이 DNA 가닥들의 서로 다른 길이와 배열을 우리는 유전자라고 부른다. 유전자는 단백질을 만들 때 발현된다. 우리 몸의 다양한 세포들이 우리 몸의 구조와 기능을 위해 서로 다른 많은 단백질을 만들어낸다.

DNA의 이중 나선 구조를 발견하고 나서 60년 동안, 유전자가 모든 것을 결정한다는 왓슨의 '중심 원리central dogma' 설(1970년《네이처*Nature*》지에 왓슨이 발표[4])이 굳게 유지되어 왔다. 여기저기서 모순되는 증거들이 튀어나왔지만, 연구자들은 그런 증거를 복잡한 시스템 속에서 나타나는 단순한 변칙 정도로 치부했다.[5]

왓슨의 발표 후 약 40년이 지났음에도 유전자 결정론은 여전히 대중의 마음을 지배하고 있다. 사람들은 대부분 우리의 운명이 유전적으로 이미 결정되어 있으며, 특정 암이나 심장 질환, 당뇨병 혹은 여타의 조건을 발생시키는 유전자를 받고 태어나면 눈동자의 색이나 코의 모양을 바꿀 수 없는 것처럼(콘택트렌즈를 착용하고, 성형 수술을 받을 수 있음에도 불구하고) 어쩔 수 없이 그 병에 걸리게 된다고 흔히들 오해하고 또 그렇게 믿고 있다.

뉴스 미디어는 특정 유전자가 이런저런 상태와 질병을 야기한다고 계속 떠들어대면서 그런 믿음을 강화한다. 이런 뉴스들은 우리가 생물학의 희생자이며, 우리의 건강과 안녕, 성격에 궁극의 힘을 발휘하는 것이 곧 우리의 유전자라고 믿도록 우리를 프로그래밍해 왔다. 심지어 유전자가 인간 만사를 지시하고 인간 관계를 결정하며 미래까지 예언한다고 말한다.

하지만 우리는 정말 이렇게 태어났기 때문에 이렇게 살고 이런 일을 하고 있는 걸까? 이런 믿음들은 유전자 결정론이 우리 문화에 깊숙이 침투해 있음을 보여주고, 우리로 하여금 정신병, 동성애, 리더십 등등에 대한 유전자가 따로 있다고 믿게 만든다.

하지만 이런 것들은 어제의 뉴스가 만들어낸 구시대의 믿음일 뿐이다. 먼저, 예를 들어 난독증, 주의력 결핍증, 알코올 중독을 일으키는 유전자는 없다. 그러므로 모든 건강 문제 혹은 육체적 변이가 유전자와 연관되는 것은 아니다. 지구상의 사람들 중 5퍼센트도 안 되는 사람이 1유형 당뇨, 다운증후군, 겸상 적혈구성 빈혈 같은 특이한 유전적 조건을 갖고 태어난다. 다른 95퍼센트의 사람들이 그와 같은 문제 상태로 발전했다면 그것은 생활 습관과 행동 양식 때문이다.[6] 또 한 가지 사실을 말하자면 (예컨대 알츠하이머나 유방암 같은) 특정 상태를 부르는 유전자를 갖고 태어난 사람이라고 해서 모두 그런 상태에 처하지는 않는다는 것이다. 우리의 유전자는 어느 날 꼭 부화하게 되어 있는 알 같은 것이 아니다. 유전자는 그런 방식으로 작동하지 않는다. 진짜 중요한 문제는 우리가 갖고 있는 유전자의 발현 유무이며, 또 어떻게 우리가 유전자에 불을 켜고 끄느냐 하는 것이다.

과학자들이 마침내 인간 유전체(휴먼 게놈human genome) 지도를 완성하면서 유전자를 보는 우리의 방식에는 커다란 변화가 찾아왔다. 1990년 인간 유전체 규명 프로젝트가 시작되었을 때, 과학자들은 최종적으로 14만 개의 유전자들을 발견해 낼 것으로 기대를 했다. 14만 개의 유전자를 기대한 것은 유전자들이 하는 일이 단백질을 제조(및 생산 감독)하는 것이고, 인간의 몸이 10만 개의 각기 다른 단백질을 제조하며, 거기에 단백질 제조에 쓰이는 조절 단백질 4만 개가 추가되었기 때문이다. 그러니까 인간 유전체 지도를 그리던 과학자들은 단백질 하나당 유전자 하나씩 발견할 것으로 기대했던 것이다. 하지만 2003년 프로젝트가 끝날 즈음 그들은 인간의 유전자가 2만 3,688개뿐임을 알고 충격에 휩싸였다.

왓슨의 '중심 원리' 관점으로 보면 그 정도의 유전자로는 우리의 복잡한 몸을 만들고 운용할 수 없음은 물론이요 뇌 작동조차 온전히 시킬 수 없다. 유전자에 들어 있는 것이 아니라면 그렇게 많은 단백질을 창조해서 생명을 유지시키는 정보들은 다 어디에서 오는 걸까?

## 천재적인 당신의 유전자

이 질문에 대답하려면 우리는 생각을 달리할 수밖에 없다. 유전자들은 체계적으로 협력하면서 일하기 때문에 세포 안에서 여러 유전자가 동시에 발현되기도(불이 켜지기도) 하고 억제되기도(불이 꺼지기도) 하는 것은 아닐까? 실제로 우리가 생명을 유지하는 데 필요로 하는 모든 단백질은 어느 때고 켜질 수 있는 유전자들의 다양한 조합을 통해서 생산된다. 깜빡거리면서 불이 들어오는 전구도 있고 불이 꺼지는 전구도 있는 크리스마스 트리를 생각해 보라. 아니면 밤새도록 각 건물 속 방들의 불이 켜졌다 꺼졌다 하는 도시 야경의 스카이라인을 상상해도 좋다.

유전자들의 조합이 무작위인 것은 물론 아니다. 전체 유전체, 즉 DNA의 줄들은 서로 긴밀한 형태로 연결되어 있기 때문에 각자 다른 부분들이 무엇을 하고 있는지 잘 안다. 우리 몸의 모든 원자, 분자, 세포, 조직, 체계는 일관된 수준의 에너지 위에서 같이 기능하고, 개개인의 의도한(의식적) 혹은 의도하지 않은(무의식적인) 존재 상태도 그와 똑같은 에너지 수준에 있게 된다.[7] 따라서 유전자들은 세포 밖의 환경에 의해 활성화될(켜질) 수도 있고 비활성화될(꺼질) 수도 있다. 여기에서 세포 밖 환경이란 (감정적·생리적·신경적·정신적·에너지적, 나아가 영적인 존재 상태 같은) 몸 안의 환경일 수도 있고, (트라우마, 기온, 고도, 독소, 박테리아, 바이러스, 음식, 알코올 등등의) 몸 밖의 환경일 수도 있다.

사실 유전자는 그것들을 켜고 끄는 자극의 종류에 따라 분류된다.

예를 들어 경험 의존적 혹은 활동 의존적 유전자들은 우리가 새로운 경험을 하거나 새로운 정보를 배우거나 치료 과정에 있을 때 활성화된다. 이 유전자들이 단백질을 합성하고 화학 물질 메신저들을 만들어내, 줄기 세포를 치유에 필요한 종류의 세포로 그때그때 변화시킨다.(줄기 세포가 치유 과정에 하는 역할에 대해서는 곧 살펴볼 것이다.)

행동-상태 의존적 유전자들은 감정이 크게 고양될 때, 스트레스를 받을 때, 혹은 (꿈꾸는 상태나 명상시 같은) 다른 수준의 자각 상태일 때 활성화된다. 이 유전자들은 우리의 생각과 몸 사이를 연결시킨다. 다시 말하면 이 유전자들이 몸과 마음의 연결 고리들이다. 이 유전자들이 있기 때문에 우리는 몸과 마음을 건강하게 만들며 육체적 탄력, 건강, 치유를 증진시킬 수 있다.

과학자들은 이제 유전자 발현이 심지어 매 순간마다 변동될 수도 있다고 믿는다. 수도원에서 피정을 한 노인들에 대한 연구가 보여주듯이 연구자들은 우리의 활동뿐만 아니라 생각, 느낌, 나아가 선택, 행동, 경험이 우리 몸의 치유와 재생에 심대한 영향을 끼치고 있다고 말한다. 그러므로 당신의 유전자는 당신이 가족, 친구, 동료와 어울릴 때, 영적 수행을 할 때 그 영향을 받고, 당신의 성적性的인 습관, 운동의 강도, 당신이 쓰는 세제의 종류에도 영향을 받는다.

최근의 연구에 따르면 유전자의 약 90퍼센트가 환경이 보내는 신호에 반응한다고 한다.[8] 우리의 경험이 그렇게나 많은 유전자를 활성화시키고 있다면, 우리의 본성이 교육에 의해서 영향을 받고 있다는 말이 된다. 그렇다면 이런 특성을 활용해 보면 어떨까? 그러면 병원 약은 꼭 필요할 때만 쓰고 다른 많은 일을 하면서 건강을 극대화할 수 있지 않을까?

어네스트 로시Ernest Rossi 박사가《유전자 발현의 정신생물학The Psychobiology of Gene Expression》에서 쓴 것처럼 "우리의 주관적인 마음 상태, 의식적으로 동기가 부여된 행동, 자유 의지에 대한 인식이 건강을 최적화하는 쪽으로 유전자 발현을 바꿀 수 있다."[9] 최근의 과학적 논의들은 개인이 사는 동안에 유전자를 바꿀 수 있다고 말한다. 유전자 진화 과정은 수천 년에 걸쳐 일어날 수도 있지만, 행동 변화나 새로운 경험을 통해 몇 분 안에 유전자 발현 방식을 바꿀 수 있으며 그렇게 변형된 유전자가 다음 세대로 넘어가기도 한다.

유전자를 우리의 운명이 엄격히 새겨져 있는 석판처럼 보기보다, 엄청난 양의 부호화된 정보들이 들어가 있는 저장고, 혹은 단백질 발현을 위한 가능성들로 채워진 거대한 도서관처럼 보는 것이 도움이 될 것이다. 그런데 우리는 창고에서 무언가를 가지고 나오듯 저장된 그 정보들을 불러와 사용할 수는 없다.

우리는 그 안에 무엇이 있는지, 그것들에 어떻게 접근해야 할지 모르고, 그래서 쓸 수 있는 많은 것을 놔두고도 그저 작은 부분만 사용하는 데 그치는 것 같다. 실제로 우리는 우리 DNA의 약 1.5퍼센트밖에 발현하지 못한다. 나머지 98.5퍼센트는 몸 속에서 잠자고 있다.(과학자들은 그런 DNA를 폐물 유전자란 의미로 '정크 DNA'라고 부른다. 하지만 이 유전자들은 폐물이 아니다. 과학자들은 단지 어떻게 하면 그 유전자 재료를 이용할 수 있는지 아직 모를 뿐이다. 그중 일부가 조절 단백질 생성에 쓰이고 있다는 것 정도 외에는 말이다.)

도슨 처치Dawson Church 박사는 "실제로 유전자들이 우리의 성격에 기여하고 있지만 우리의 성격을 결정짓는 것은 아니다. 우리의 건강, 수명, 행복은 유전자보다 믿음, 기도, 생각, 의도, 신념을 포함한 우리의 의식적 도구들과 훨씬 더 밀접하게 관계한다"라고 《유전자 속의 지니 *The Genie in Your Genes*》에 썼다.[10] 우리의 몸이 그저 뼈와 살로만 이루어진 자루가 아닌 것처럼, 우리의 유전자도 한갓 정보의 창고이기만 한 것은 아니다.

## 유전자 발현의 생물학

이제 유전자 발현에 대해 좀 더 자세히 살펴보자. 유전자 발현에는 사실 여러 요인이 관여할 수 있지만, 이 책에서 중요한 것은 몸과 마음의 연결에 대한 논의이기 때문에 이 주제에 합당한 부분만 최대한 간단히 설명해 보겠다.

일단 세포 외부(즉 환경)로부터 온 화학 물질 메신저(예를 들어 신경 펩티드)가 세포의 도킹 스테이션에 달라붙어 세포막을 통과하면 그 메신저는 세포핵으로 가서 DNA와 만난다. 그곳에서 메신저는 새로운 단백질을 합성 혹은 창조해 낸다. 그러고 나면 그 단백질이 운반하는 신호가 세포 안에서 정보로 번역된다. 다음으로, 그 단백질은 작은 창문을 통해 세포의 핵 안으로 들어가 메시지의 내용대로 세포핵 안에서 특정 염색체(나선으로 꼬여 있는 DNA의 한 조각으로, 그 안에 많은 유전자가 들어 있다)를 찾는다. 도서관 책꽂이에 꽂혀 있는 많은 책 중에서 책 하나를 찾는 것과 같다.

그 줄들 각각은, DNA 속에 들어 있는 정보와 세포핵 내 나머지 부분 사이에서 필터 역할을 하는 단백질 슬리브sleeve로 덮여 있다. DNA 부호가 선택되려면 그 슬리브가 제거되거나 벗겨져서 DNA가 노출되어야 한다.(도서관 책장에서 꺼내온 책을 다른 사람이 읽기 전에 펼치고 읽어야 하는 것과 같다.) DNA의 유전 부호 속 정보들은 읽히고 활성화되어 특정 단백질을 만들게 될 때를 기다리고 있다. 즉 단백질 슬리브가 벗겨져 유전자 속 정보가 노출될 때까지 DNA는 잠만 자는 것이다. DNA는 부호화된 정보들이 가능성의 형태로 보관되어 있는 창고로서 자물쇠가 열리고 문이 열리기만을 기다리고 있다. 그러므로 DNA는 단백질(삶의 모든 측면들을 조정하고 유지하는 단백질)을 만들라는 지시를 기다리고 있는 가능성 조각들의 목록 같은 것이다.

단백질은 염색체를 선택하면 DNA를 둘러싼 외피를 제거해서 그 염색체를 연다. 이때 또 다른 단백질이 그 염색체 내 전체 유전자 배열(책 속의 장章들이라고 생각하자)이 처음부터 끝까지 읽혀지도록 조정하고 준비시킨다. 유전자가 노출되고 단백질 슬리브가 제거되어 유전자가 읽히면, 그 유전자를 읽는 조절 단백질로부터 RNA(리보 핵산)라고 불리는 또 다른 핵산이 생산된다.

그러면 이제 유전자가 발현 혹은 활성화된 것이다. RNA는 세포 핵에서 나와 RNA가 갖고 있는 부호에 따라 새로운 단백질과 결합한다. 자고 있던 가능성의 청사진에서 실제로 발현된 존재가 되는 것이다. 그 유전자가 창조한 단백질은 이제 그 세포 안팎에서 삶의 서로 다른 측면들을 수없이 구성하고 모으고 회복하고 유지할 수 있고 그것들과 교류할 수 있으며 그것들에 영향을 줄 수 있다. 그림 4-2가 이 과정의 전체 그림을 보여준다.

## 후성 유전학적 신호

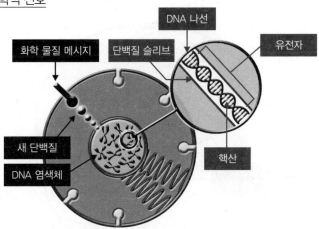

**그림 4-2A** 후성 유전학적 신호가 세포 내 수용 영역으로 들어가는 모습을 보여준다. 화학 물질 메신저가 세포막에 다다르면 새로운 단백질의 형태로 또 다른 신호가 하나의 유전자 배열을 선택하기 위해 세포핵으로 보내진다. 이 시점에서 유전자는 외부 환경으로부터 스스로를 보호하기 위해 또 다른 단백질로 자신을 감싸고 있다. 유전자가 읽히려면 그 외피가 벗겨져야 한다.

## 유전자 선택

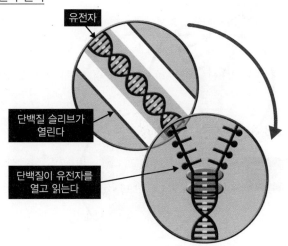

**그림 4-2B** DNA의 유전자 배열 주위를 둘러싼 단백질 슬리브가 어떻게 열려서 조절 단백질이라 불리는 또 다른 단백질이 정확한 지점에서 그 유전자를 열고 읽게 되는지 보여준다.

## 유전자 읽기

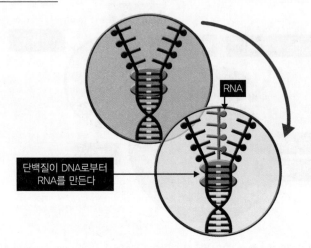

**그림 4-2C** 조절 단백질이 어떻게 RNA라고 불리는 또 다른 분자를 만드는지 보여준다. RNA는 유전적으로 부호화된 물질을 해독하고 전사轉寫해 하나의 단백질로 만드는 일을 한다.

## 단백질 생성

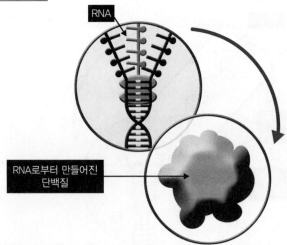

**그림 4-2D** 단백질의 생성을 보여준다. RNA는 아미노산이라고 불리는 단백질의 기초 자재들을 모아 새로운 단백질을 만든다.

건축가가 집을 짓는 데 필요한 정보를 모두 청사진에서 얻듯이, 우리 몸은 우리를 살아있게 하는 복잡한 분자들을 창조하는 데 필요한 모든 설명을 DNA 속의 염색체들로부터 받는다. 하지만 청사진을 읽으려면 건축가는 먼저 그것을 마분지 통에서 꺼내 펼쳐야 한다. 그 전까지 청사진은 읽히기를 기다리는 잠자는 정보에 불과하다. 세포도 마찬가지다. 우리의 유전자는 단백질 막이 제거되고 세포가 유전자 배열 읽기를 선택할 때까지 비활성 상태로 남아 있다.

과학자들은 우리 몸이 필요로 하는 것은 건축을 시작하는 정보(청사진) 그 자체뿐이라고 믿었고, 따라서 대부분 그것에만 집중했다. 모든 사건들의 홍수가 세포 밖에서 오는 신호와 함께 시작된다는 사실에는 거의 주의를 기울이지 않았던 것이다. 세포로 하여금 유전자의 도서관에서 어떤 유전자를 선택해 읽을 것인가를 결정하게 하는 것이 바로 세포 밖에서 오는 신호이다.

지금쯤 당신도 그 신호가 무엇인지 감지했을 것이다. 그 신호에는 우리의 생각, 선택, 행동, 경험, 감정 등이 포함된다. 따라서 이것들을 바꿀 수 있으면 당신 스스로 적당한 유전자를 선택해 발현시킬 수 있는 것이다.

## 후성 유전학: 인간이 신이 되는 법

유전자에 우리의 운명이 봉인되어 들어 있는 것이 아니라 엄청난 가능성의 도서관이 그 안에 있어서 책들이 책장에서 나와 읽히기만을 기다리고 있는 것이 사실이라면, 우리는 어떻게 그 잠재력들과 접촉할 수 있을까? 우리의 건강과 안녕에 막대한 효력을 발휘할 그 잠재력들 말이다. 수도원에서 피정했던 남성들은 확실히 그 잠재력에 접촉할 수 있었다. 하지만 어떻게? 상대적으로 새로운 연구 분야인 후성 유전학에 그 답이 들어 있다.

'에피제네틱스epigenetics'(후성 유전학)란 단어 그 자체로 알 수 있듯이 '유전자 위above the gene'에 있는 것에 관한 학문이라는 뜻이다. DNA 자체가 아니라 세포 밖에서 오는 메시지, 다시 말해 환경에서 오는 메시지가 유전자를 통제함을 의미하는 것이다. 이 신호들이 메틸기($CH_3$)를 만들어내 유전자의 특정한 지점에 붙이는데, 이 과정(이를 DNA 메틸화 과정이라고 한다)이 유전자의 불을 켜고 끄는 데 중요한 과정 중 하나이다.(다른 두 과정인 '공유 히스톤 변경covalent histone modification'과 '논코딩 RNA 과정noncoding RNA'도 유전자의 불을 켜고 끄지만, 우리의 논의에서는 그 부분까지 자세히 알 필요는 없다.)

후성 유전학은 유전자에 의해 우리의 운명이 결정되는 것이 아니고, 의식을 바꾸는 것으로 몸의 구조와 기능 모두에 물리적인 변화를 줄 수 있다고 말한다. 우리는 우리의 유전자 프로그램을 만드는, 환경 속 다양한 요인들을 통제해 원하는 유전자는 깨우고 원하지 않는 유전자는 잠재우는 방식으로 유전적 수준에서 운명을 수정해 나아갈 수 있다. 그런 요인들(신호들)은 느낌이나 생각처럼 몸 안으로부터 올 수도 있고 공해나 햇살 같은 외부 환경에 대한 몸의 반응으로부터 올 수도 있다.

후성 유전학은 세포에게 언제 무엇을 하라고 말하는 외부의 모든 신호들을 연구한다. 그리고 유전자 발현을 활성화(상향 조정)하거나 억제(하향 조정)하는 원천들을 살핀다. 그뿐 아니라 매 순간 세포가 기능하는 과정을 조절하는 에너지의 역학도 연구한다. 후성 유전학에서는 비록 우리의 DNA 부호는 변하지 않을지라도 하나의 유전자 안에 수천 가지 서로 다른 조합과 순서, 패턴이 가능하다고 말한다.(이는 우리의 뇌 속 신경망에 수천 가지 조합과 배열, 패턴이 가능한 것과 똑같다.)

인간의 유전체 전체를 가지고 말하면 수백만의 후성 유전학적 변이가 가능해서 과학자들은 그 수를 생각만 해도 머리가 빙글빙글 돌 지경이다. 인간 후성 유전체 프로젝트Human Epigenome Project는 인간 유전체 프로젝트Human Genome Project가 끝난 2003년에 유럽에서 시작되어 지금까지도 진행중인데,[11] 어떤 연구자들은 이 프로젝트가 끝나고 나면 "인간 유전체 프로젝트는 15세기에 아이들이 주판알을 가지고 하던 숙제만큼이나 간단한 것이 될 것"이라고 말하기도 한다.[12] 청사진 이야기로 돌아가서 말한다면, 우리는 실제 청사진을 한 번도 바꾸는 일 없이도 거의 무한한 수의 변화를 주면서 우리가 짓는 집의 색깔, 쓰는 재료의 종류, 집의 규모, 심지어 그 위치까지 모두 바꿀 수 있다는 얘기가 된다.

DNA가 똑같은 일란성 쌍둥이는 후성 유전학의 작용을 보여주는 아주 훌륭한 예이다. 유전자 결정론(모든 질병이 유전적이라는 생각)을 받아들인다면 일란성 쌍둥이는 정확하게 똑같은 유전자만 발현해야 한다. 하지만 이들이 늘 똑같은 방식으로 똑같은 질병을 앓지는 않는다. 쌍둥이 한 명이 유전적인 병을 앓게 되더라도 다른 한 명은 전혀 그렇지 않은 경우도 있다. 같은 유전자의 쌍둥이가 서로 다른 결과를 드러내는 것이다.

스페인에서의 한 연구가 그런 점을 잘 보여준다. 마드리드에 있는 스페인 국립 암 센터의 후성 유전학 실험실의 연구원들은 3세에서 74세에 이르는 40쌍의 일란성 쌍둥이들을 연구했다. 그리고 유사한 라이프스타일로 많은 시간 함께 지내온 어린 쌍둥이들이 유사한 후성 유전학적 패턴을 보이는 데 반해, 떨어져서 각자 다른 라이프스타일로 살아온 나이든 쌍둥이들은 매우 다른 후성 유전학적 패턴을 보임을 알아냈다.[13] 예를 들어 50세의 쌍둥이들은 3세의 쌍둥이들에 비해 서로 다르게 발현된 유전자의 수가 네 배나 많았다.

이 쌍둥이들은 정확하게 똑같은 DNA를 갖고 태어났지만, 서로 다른 라이프스타일(다른 인생)을 살아온 쌍둥이들의 경우 유전자를 매우 다르게 발현시킨 것이다. 세월이 흐를수록 더 그랬다. 나이든 쌍둥이들은 마치 동일 모델의 컴퓨터 두 대와 비슷했다. 유사한 소프트웨어를 까는 것으로 시작은 했지만, 시간이 지남에 따라 각기 아주 다른 소프트웨어 프로그램들을 추가로 다운로드한 것이다. 컴퓨터(DNA)는 같지만 각각 어떤 소프트웨어(후성 유전학적 변이)를 다운받았느냐에 따라 각 컴퓨터가 하는 일과 작동하는 방식은 매우 다를 수 있다. 우리가 생각을 하고 감정을 느낄 때 우리 몸은 복잡한 생물학적 전환과 변화의 공식 속에서 반응하고, 우리의 경험 하나하나는 세포들 속 유전적 변화를 위한 단추를 실제로 누르고 있다.

그 변화의 속도는 정말이지 놀랍다. 전립선암 저위험군의 남성 31명이 철저한 식단과 일상 식이 요법을 따른 결과 단지 석 달 만에 48개의 유전자(대부분 종양을 억제하는)를 상향 조정했고 453개의 유전자(대부분 종양을 키우는)를 하향 조정했다.[14] 샌프란시스코의 캘리포니아 대학에서 딘 오니쉬Dean Ornish 의학 박사의 연구에 참여한 이 남자들은 연구가 진행되는 동안 아랫배 지방이 빠지며 체중이 줄고 혈압도 내려가고 혈중 지방질도 줄어드는 경험을 했다. 오니쉬는 "진짜 중요한 점은 위험 요소가 줄어들었다거나 나쁜 일이 일어날 것을 막았다는 것이 아니라, 그런 변화가 매우 급격히 일어나 그 효과를 보기 위해 몇 년씩 기다릴 필요가 없다는 점이다"라고 말했다.[15]

그보다 더 놀라운 것은 단 6개월 동안 후성 유전학적으로 바꿀 수 있는 유전자의 숫자이다. 스웨덴 룬드 대학의 한 연구에서는 23명의 건강하지만 경도 비만이 있는 남자들이 6개월 동안 보통 앉아만 있던 생활 습관에서 벗어나 일주일에 두 번 정도 스피닝(운동용 자전거 타기)이나 에어로빅 운동에 참여하도록 했다. 연구원들은 이 남성들이 6개월 동안 무려 7천 개나 되는 유전자를 후성 유전학적으로 바꾼 사실을 발견했다. 이것은 인간 유전체 전체 중 거의 30퍼센트에 해당하는 수치이다![16]

이런 후성 유전학적 변형들은 자식들에게, 나아가 손자들에게까지도 물려질 수 있다.[17] 이 같은 사실을 처음 보여준 사람은 워싱턴 주립대 생식생물학센터Center for Reproductive Biology의 센터장인 마이클 스키너Michael Skinner 박사였다. 2005년, 스키너는 새끼를 밴 쥐들을 살충제에 노출시키는 실험을 진행했다.[18] 살충제에 노출이 된 어미에게서 태어난 수컷 새끼들은 두 개의 유전자에서 후성 유전학적 변이가 일어나면서 높은 불임률과 정자 수의 감소 현상을 보였다. 4대에 걸친 수컷 후손들(살충제에 노출된 적이 없는)의 약 90퍼센트에서도 이와 같은 현상이 나타났다.

그런데 그런 외부 환경에 의한 유전자 변형은 전체 이야기의 작은 부분에 불과하다. 지금까지 보아왔듯이 그런 경험에 우리가 어떤 의미를 부여하느냐에 따라 육체적·정신적·감정적·화학적 반응들이 따라오게 마련이고, 이런 반응들도 유전자를 활성화하기 때문이다. 어떤 자료를 (그것이 사실이든 아니든) 사실에 기반한 정보로 받아들이고, 나아가서 감각적으로 인식하고 해석하고 의미를 부여할 때, 유전적 수준에서 상당한 생물학적 변화가 일어난다. 따라서 우리의 유전자는 우리의 의식적 자각(알아차림)과 복잡한 관계 속에서 교류한다고 말할 수 있다. 의미 부여는 지속적으로 우리의 신경 구조에 영향을 미치고, 그 신경 구조는 미시적 수준의 우리에게 영향을 끼치며, 그 미시적 수준의 우리는 다시 거시적 수준의 우리에게 영향을 준다.

후성 유전학 연구는 이런 질문도 제기한다. 외부 환경이 아무것도 바뀌지 않으면 어떻게 될까? 당신이 매일 같은 시간에 같은 사람들과 같은 일을 한다면? 그것이 같은 경험을 이끌고, 같은 경험이 같은 감정을 일으키고, 같은 감정이 같은 방식으로 같은 유전자에게 같은 신호를 보낸다면 어떻게 될까?

과거의 렌즈를 통해 삶을 인식하고, 같은 신경 구조물이 야기하는 같은 조건들에 같은 마음으로 반응하는 한, 당신은 이미 결정된 매우 구체적인 유전적 운명을 향해 나아가고 있는 것이다. 자신과 삶에 대해 당신이 믿고 있는 것, 그리고 그 믿음에 따라 당신이 내리는 선택들이 계속 같은 유전자에 같은 메시지를 보내기 때문이다.

새로운 정보를 받아 새로운 방식으로 점화될 때에만 세포는 같은 유전자를 수천 가지 다른 모습으로 바꾸어 새로운 단백질을 만들어낼 수 있으며, 그때 몸도 바뀌게 된다. 우리는 외부 세계의 모든 요소들을 통제할 수는 없지만, 우리 내면의 많은 것들은 통제할 수 있다. 당신의 믿음, 인식, 외부 환경과 관계하는 법, 이 모두가 당신 내면의 환경(세포 입장에서는 외부 환경)에 영향을 준다. 유전적 운명의 열쇠를 쥐고 있는 것은 당신의 이미 프로그래밍된 생물학적 몸이 아니라 당신 자신이다. 당신은 당신의 잠재력을 풀어줄, 자물통의 구멍에 맞는 열쇠를 찾기만 하면 된다.

그러니 유전자가 무엇인지 제대로 알아보는 것이 어떻겠는가? 유전자는 가능성의 제공자요, 무한한 잠재력의 원천이며, 개인적인 명령들의 암호 체계 같은 것이다. 사실 유전자는 변형을 위한 도구에 다름 아니며, 변형이란 말 그대로 '형태를 바꾸는 것'이다.

## 생존 모드로 살게 하는 스트레스

스트레스는 몸의 균형을 깨기 때문에 후성 유전학적 변이의 가장 큰 원인 중 하나이다. 스트레스는 외상으로 인한 육체적 스트레스, 독소로 인한 화학적 스트레스, 두려움·걱정·과다한 감정 등으로 인한 감정적 스트레스, 이렇게 세 가지 형태로 온다. 이 유형들 각각이 1,400가지 이상의 화학 반응을 일으키고 30개가 넘는 호르몬 및 신경 전달 물질을 생산해 낼 수 있다. 스트레스 호르몬의 화학 성분이 폭포처럼 쏟아져 나올 때 마음이 자율 신경계를 통해 몸에 영향을 주게 되고, 그때 당신은 몸과 마음이 궁극적으로 서로 연결되어 있음을 경험하게 된다.

역설적이지만 스트레스는 원래 우리가 적응할 수 있는 것이었다.

인간을 포함한 자연의 모든 유기체들은 단기간의 스트레스 정도는 거뜬히 이겨낼 수 있도록, 그래서 응급 상황에 능히 대처할 수 있도록 프로그래밍되어 있다. 외부 환경에서 위협을 감지할 때 교감 신경계에서는 투쟁 혹은 도주 반응이 나오고, 심장 박동수와 혈압이 높아지며, 근육이 긴장되고, 아드레날린과 코르티솔 같은 호르몬이 온몸으로 발사된다. 도망을 갈지 아니면 적에 맞설지 준비를 시키는 것이다.

배고픈 야생 늑대의 무리나 난폭한 전사 집단에 쫓기다가 겨우 살아났다면, 당신의 몸은 안전해지는 순간 곧 예의 그 항상성homeostasis 상태(정상적이고 균형 잡힌 상태)로 돌아올 것이다. 그것이 우리 몸이 생존 모드에서 작동하는 방식이다. 위험이 존재하는 짧은 기간에만 몸의 균형이 깨지는 것이다. 최소한, 그게 애초의 작동 방식이었다.

무대는 달라졌지만, 그와 똑같은 일이 오늘날의 세상에서도 벌어진다. 예컨대 운전을 하고 있는데 누가 갑자기 끼어든다. 당신은 순간적으로 깜짝 놀라지만 별 문제가 없는 것 같으면 더 이상 사고의 위협을 느끼지 않게 되고, 당신 몸은 정상으로 돌아간다. 하루 종일 스트레스 상황이 계속 이어지지만 않는다면 말이다.

당신이 보통 사람인데, 신경을 고문하는 듯한 사건들이 연속으로 발생하면 당신은 투쟁 혹은 도주 반응(항상성이 깨진 상태) 속에서 많은 시간을 보내게 될 것이다. 차가 갑자기 끼어든 것이 그날 당신이 목숨의 위협을 느낄 정도로는 유일한 상황일 수도 있지만, 거기에 더해 교통 정체가 심하고, 직장에서 큰 발표를 해야 해서 부담이 크고, 동반자와는 싸웠고, 메일함을 열어보니 카드 사용 청구서가 와 있고, 컴퓨터 하드 드라이버가 깨져 있고, 거울을 보니 흰머리가 더 많이 나 있는 게 보였다면, 스트레스 호르몬들이 당신 몸 속을 거의 쉬지 않고 돌아다닐 것이다.

과거의 스트레스 가득했던 경험을 잊지 않고 미래에 올 스트레스 가득한 상황들을 예상하는 사이, 그 모든 반복되는 단기 스트레스들이 서로 뒤섞여 장기 스트레스가 된다. 그런 상태가 바로 생존 모드 삶의 21세기 버전이다.

투쟁 혹은 도주 모드에서는 생명 유지 에너지가 동원되어 몸으로 하여금 도망가거나 싸우게 한다. 그런데 그런 상태로 계속 위협을 느껴서 항상성 상태로 돌아오지 못하면 생명 에너지가 부족해지게 된다. 에너지가 다른 쪽에서 쓰이고 있으면, 세포의 성장과 회복, 즉 세포 수준에서의 장기 구축 프로젝트나 치유를 위해 쓸 에너지가 부족해지는 것이다. 그때 세포들은 문을 닫고 더 이상 서로 소통하지 않으며 '이기적'이 된다. 향상은커녕 일상적으로 해오던 일들도 해서는 안 되는 때라고 생각하는 것이다. 방어를 해야 하는 때이기 때문이다. 모든 세포가 단독으로 행동할 때인 것이다. 그 결과 함께 일하는 세포들 사이의 소통에 문제가 생긴다. 무엇보다 먼저 면역 체계와 내분비 체계가 약해진다. 소통에 문제가 생겨 외부로부터 정보 신호를 제대로 받지 못하면, 면역 및 내분비 체계를 관장하는 세포 내 유전자들이 그 능력을 제대로 발휘할 수 없기 때문이다.

이것은 마치 98퍼센트의 국가 예산이 국방비에 쓰이는 바람에 학교, 도서관, 도로의 건설과 보수, 커뮤니케이션 시스템, 식량 생산 등등에 쓸 돈이 없는 국가에서 사는 것과 같다. 도로에는 구멍이 숭숭 나 있지만 보수는 되지 않는다. 학교들은 예산 삭감에 난감해하고 학생들은 배움의 기회를 놓친다. 저소득층과 노인을 위한 사회 복지 제도도 사라진다. 거기에 사람들이 먹고살 음식도 부족해진다.

그렇다면 불안, 우울, 소화 불량, 건망증, 불면증, 고혈압, 심장 질환, 뇌졸중, 암, 위궤양, 류머티스 성 관절염, 감기, 독감, 노화, 알레르기, 통증, 만성 피로, 불임, 발기부전, 천식, 호르몬 문제, 피부 발진, 탈모, 근육 경련, 당뇨 등등의 질병과 장기 스트레스와의 관계도 분명해진다. 몇 가지만 나열해도 이 정도이다.(이 모든 질병은 후성 유전학적 변화의 결과이다.) 장기 스트레스를 견뎌낼 수 있는 유기체는 이 지구상에 없다.

응급 상황에서 치유를 위한 후성 유전학적 작용이 멈춘다는 것은 많은 연구들에서 밝혀진 사실이다. 예컨대 오하이오 주립대 의학센터의 연구원들은 170개 이상의 유전자들이 스트레스의 영향을 받고, 그중에 100개의 유전자들이 스트레스 상황에서 기능을 완전히 멈추며, 개중에는 상처 치유에 적합한 단백질 생성에 직접적으로 관여하는 유전자도 많다고 보고했다. 그리고 스트레스를 받은 환자는 그렇지 않은 환자보다 상처를 치유하는 데 0.4배 더 오래 걸렸고, "스트레스가 유전체의 균형을 깨, 세포의 분열 주기 억제나 죽음, 염증에 관여하는 단백질을 생성시키는 유전자들 쪽으로 균형이 기울어지게 한다"고 보고했다.[19] 디트로이트 시민 100명의 유전자를 조사한 또 다른 한 연구는 외상 후 스트레스 장애로 고통받던 23명에 주목했다.[20] 이들의 후성 유전학적 변이는 보통 사람들보다 여섯 배에서 일곱 배 정도 높았는데, 그 대부분은 면역 체계를 약화시키는 작용을 했다.

UCLA 에이즈협회 연구원들은 스트레스를 많이 받는 환자일수록 에이즈 바이러스가 빨리 증식하며, 항레트로 바이러스(HIV 치료제—옮긴이)도 잘 듣지 않는다는 사실을 발견했다. 항레트로 바이러스는 혈압지수, 피부 보습 상태, 심박수가 아주 심한 스트레스 상태에 있음을 보여주는 환자들과 비교해 상대적으로 안정된 환자들에게 그 효과가 네배나 더 좋았다.[21] 이런 발견들에 기초해 연구원들은 신경 체계가 에이즈 바이러스 복제에 직접적인 영향을 준다는 결론을 내렸다.

투쟁 혹은 도주 반응이 초기 인류를 살아남게 했다는 점에서 인간에게 본래 매우 적합한 것이었을지라도, 이제는 그런 생존 시스템이 작동하면 할수록 건강에 필요한 자원이 다른 용도로 사용이 돼 인간 생존에 부적합한 것이 되고 말았다.

## 부정적인 감정이 남긴 유산

스트레스 호르몬을 계속 만들어내는 한, 우리는 분노, 적대감, 공격성, 경쟁심, 혐오, 좌절, 두려움, 걱정, 질투, 불안, 죄책감, 부끄러움, 슬픔, 우울, 절망, 무력감을 비롯해 중독성이 높은 부정적인 감정들을 무더기로 쏟아내게 되어 있다. 이런 감정들은 다 차치하고 쓰라린 과거의 기억을 떠올리거나 무서운 미래를 상상하는 데만 집중한다고 해도 우리 몸은 항상성을 되찾는 데 많은 시간을 보내게 된다. 사실 우리는 생각만으로도 스트레스 반응을 일으킬 수 있다.

그렇게 스트레스 반응이 시작되었는데 멈출 수가 없다면, 우리는 어떤 형태든 질병(감기든 암이든)에 걸릴 수밖에 없다. 유전적 운명에 굴복할 때까지 점점 더 많은 수의 유전자들이 도미노 효과를 일으키며 하향 조정될 테니까 말이다.

예를 들어 미래에 일어날 수 있는 시나리오를 하나 예상할 수 있다면, 그리고 다른 모든 것을 떠나서 오직 그 생각에만 단 한 순간이라도 집중한다면, 우리의 몸은 그 미래의 사건을 준비하기 위해 스스로를 생리학적으로 바꾸기 시작할 것이다. 우리의 몸은 지금 이 순간 그 가능한 미래 속에서 살게 된다. 그 결과 자율 신경계를 활성화하는 조건화 과정이 시작되고, 이때 해당 스트레스 화학 물질이 자동적으로 분비된다. 이것이 이른바 우리의 의지에 반하는 심신心身 상관 작용 방식이다.

그런 일이 벌어질 때 우리는 앞서 언급한 플라시보 효과를 위한 세 가지 요소를 몸소 증명하는 셈이다. 첫째, 우리는 에너지가 커지는 것을 느끼기 위해, 쏟아지는 아드레날린 신경 물질에 우리 몸을 조건화하기(플라시보 효과를 위한 첫 번째 요소) 시작한다. 어떤 사람이나 물건, 혹은 특정 때와 장소에서의 경험을 우리 안에서 그와 같은 신경 물질이 쏟아지는 것과 연결시킨다면, 우리는 그런 자극(어떤 사람이나 물건, 경험 등)을 그냥 생각하는 것만으로도 그런 반응(신경 물질의 쏟아짐)을 하도록 우리 몸을 길들이기 시작할 것이다. 시간이 지나면, 우리는 생각(어떤 시간과 어떤 장소에서 어떤 사람 혹은 어떤 것을 경험할지도 모른다는 생각)만으로도 우리 몸을 간단히 조절해 감정적으로 격앙된 상태에 빠져들게 한다. 과거의 경험에 기반해 미래의 결과를 기대(플라시보 효과를 위한 두 번째 요소)할 수 있다면, 그 미래의 사건에 대한 기대는 우리가 이러한 기대를 감정적으로 받아들일 때 우리 몸의 생리 활동을 바꿀 것이다. 그리고 그런 경험과 행동에 의미 부여(플라시보 효과를 위한 세 번째 요소)를 하면 우리는 그 결과의 배후에 우리의 의식적 의도를 더하게 되고,

그 결과 우리 몸은 우리가 생각하는 현실이나 우리 자신의 모습이 어떠냐에 따라서 변하기도 하고 변하지 않기도 할 것이다.

당신이 스트레스를 당연한 것이나 타당한 것으로 여기고 있건 아니건 상관없이, 당신 몸에게 스트레스는 결코 좋은 것도 아니요 몸을 튼튼히 해주는 것도 아니다. 스트레스 상황에 있을 때 당신 몸은 자신이 사자에게 쫓긴다든지, 아슬아슬한 벼랑 끝에 서 있다든지, 혹은 성난 식인종 집단과 싸우고 있다고 믿는다. 다음은 스트레스가 몸에 미치는 영향을 보여주는 몇 가지 과학적 연구 사례들이다.

오하이오 주립대 의과대학의 연구원들은 가벼운 피부 상처가 아무는 속도(유전자 활동의 상태를 보여주는 중요한 표지)에 스트레스가 미치는 영향을 측정해 냄으로써 스트레스성 감정이 호르몬적·유전적 반응을 야기한다는 사실을 보여주었다.[22] 연구원들은 42쌍의 부부에게 흡입기로 작은 수포 같은 상처를 낸 다음 상처 치유에 흔히 발현되는 단백질 세 가지의 발현 정도를 3주 동안 모니터했다. 먼저 기준점을 잡기 위해 이들 부부들로 하여금 30분 정도 감정의 변화를 부르지 않는 일상적인 대화를 나누게 했고, 이어서 결혼 생활을 하면서 논쟁거리가 되었던 점들을 이야기하게 했다.

부부 간에 서로 동의되지 않는 것들로 논쟁한 후 살펴보니 치유 관련 단백질의 양이 약간 줄어들어 있었다.(해당 유전자가 하향 조정된 것이다.) 논쟁이 커져서 서로 비판하고 빈정대고 비하하는 등 갈등이 거세진 부부의 경우 단백질이 심각한 수준(약 40퍼센트 정도 감소)으로까지 줄어들었다.

이와 반대의 효과를 보여주는 연구들도 있다. 즉 긍정적인 감정으로 스트레스를 줄이는 것이 건강을 증진시키는 후성 유전학적 변화를 야기한다는 것이다. 보스턴 매사추세츠 종합병원의 벤슨-헨리 심신 의학연구소에서 두 번에 걸친 연구를 진행했는데, 이를 통해 연구원들은 평화로운 상태, 나아가 지복至福의 상태를 불러일으킨다는 명상이 유전자 발현에 미치는 영향을 조사했다.

2008년에 진행된 첫 번째 연구에서 20명의 자원자들은 8주 동안 명상, 요가, 반복 기도 등 긴장을 완화시키고 생리적으로 깊은 휴식 상태를 낳는 다양한 심신 수련법(2장에서 언급한 바 있다)을 훈련받았다.[23] 연구원들은 그러한 기법들을 이미 일상적으로 수련해 오던 사람 19명의 상태도 함께 관찰했다.

실험 기간이 끝난 뒤 초보 수련자들은 1,561개의 유전자에서 변화가 나타나고(건강을 증진시키는 유전자 874개가 상향 조정되고 스트레스 관련 유전자 687개가 하향 조정되었다) 혈압, 심박동수, 호흡수도 줄어들었으며, 숙련된 수련자들은 2,209개의 새로운 유전자를 발현시켰다. 이들 몸 속에서 일어난 유전적 변화들은 대부분 정신적인 만성 스트레스에 대한 우리 몸의 반응을 향상시키는 것들이었다.

2013년 진행된 두 번째 연구에서는 단 한 번의 명상으로 긴장 완화를 불러일으키는 것만으로도 초보자, 숙련자 가릴 것 없이 똑같은 유전자 발현이 목격되었다.(당연히 오랫동안 명상을 해온 사람에게는 좋은 변화가 더 많이 일어났다.)[24] 면역 기능, 에너지 대사, 인슐린 분비 관련 유전자들이 상향 조정되었고, 염증과 스트레스에 관여하는 유전자들이 하향 조정된 것이다.

이런 연구들은 아주 단시간 만에도 유전자를 바꿀 수 있음을 확인해 준다. 그래서 플라시보 반응으로 한 순간에 육체적인 변화가 일어날 수 있는 것이다. 세계 곳곳에서 워크숍을 진행하면서 우리는 단 한 번의 명상 직후 눈에 띄게 건강해진 참가자들을 많이 목격했다. 그들은 생각만으로 새로운 유전자를 새로운 방식으로 활성화하면서 스스로를 변화시킨 것이다.(이들의 이야기는 곧 더 자세히 들려줄 것이다).

생존 모드로 살며 늘 스트레스 반응 상태에 있을 때 우리가 진짜 집중할 수 있는 것은 단지 세 가지뿐이다. 육체(나 괜찮나?), 환경(어디가 안전하지?), 시간(이 위협이 언제 끝날까?)이 그것이다. 이 세 가지에만 계속 집중하다 보면 우리는 더 영적이 되지도, 더 자각적이 되지도 못한다. 자기 몰두에 더 깊이 빠지고 몸에만 더 집중하게 될 뿐이다. 바깥세상에서 경험하는 모든 문제들에, 또 우리가 가진 것, 사는 곳, 가진 돈 등등 물질적인 것에만 집중하게 된다. 그러다 보면 우리는 시간에도 집착하게 된다. 과거에 있었던 충격적인 경험과 비슷한 최악의 시나리오가 미래에도 닥칠 것에 대비해야 하기 때문이다. 그리고 시간은 늘 부족하고 모든 일에는 언제나 너무 많은 시간이 걸리기 때문이다.

따라서 스트레스 호르몬은 생존을 위해 우리 몸의 세포를 이기적으로 만드는 것과 똑같이 우리의 에고도 아주 이기적으로 만들어버린다. 그리고 우리는 물질적으로 되고, 감각으로 알 수 있는 것이 세상의 전부라고 생각하게 된다. 결국 새로운 가능성들로부터 스스로를 소외시켜 버리는 것이다. 만성적인 응급 상황을 떠나본 적이 없을 때, 머릿속에 가득 퍼져 있는 '일단 내가 살고 보자'라는 심리가 지속되고 강화되어 자기만 생각하고 자기를 위해서만 일하며 자기만 중요하게 여기는 상태가 된다. 그 결과 자아는 환경과 시간 속에서 살아가는 몸으로

서의 자아에 한정되고 만다.

　이제 당신도 다 알았겠지만, 하나 확실한 것은 생각하고 선택하고 행동하고 경험하고 느끼는 방식을 통해 우리가 정말로 어느 정도는 우리의 유전자를 조작하고 통제할 수 있다는 점이다. 힘을 갖고 있었지만 그것을 모르고 늘 그 힘을 찾아다녔던《오즈의 마법사》의 도로시처럼, 당신도 예전에는 당신 것인 줄 몰랐던 그 힘을 여전히 갖고 있다. 제한적으로 발현되는 유전자에 묶여 있는 당신을 자유롭게 할 바로 그 열쇠 말이다.

# 05 : 생각이
## 뇌와 몸을
## 바꾸는 법

이제 당신이 생각을 하고 감정을 느끼고 사건을 경험할 때마다, 그것이 즐겁든 스트레스를 주든 간에, 당신 세포들의 후성 유전학적 작동을 담당하는 기술자가 다름 아닌 당신 자신임을 알게 되었을 것이다. 당신의 운명을 조종하는 사람은 바로 당신 자신이다. 그렇다면 이제 이런 의문이 든다. 환경이 바뀔 때 새로운 방식으로 새로운 유전자 조합이 만들어진다면, 환경이 실제로 바뀌지 않아도 인식과 믿음을 이용해 그 새로운 유전자 조합을 만들어낼 수는 없을까? 경험의 최종 산물이 대개 느낌이고 감정이지만, 그 경험을 하기 전에 의도적으로 그 감정을 강하게 느끼는 방식으로 우리의 몸이 미래의 그 경험을 미리 맛보게 할 수는 없을까?

미래의 어떤 결과를 진실로 집중하며 의도할 때, 그리고 그 과정에서 외부의 환경보다 내부의 생각을 더 현실처럼 만들 수 있다면, 우리 뇌는 그 둘 사이의 차이를 분간하지 못하고 우리 몸(즉 무의식적 마음)은 바로 그 순간에 미래의 새로운 사건을 경험하기 시작한다. 그리고 그 상상 속 미래의 사건을 준비하기 위해 새로운 유전자에게 새로운 방식으로 신호를 보낸다.

당신이 원하는 선택과 행동과 경험의 그 새로운 시리즈를 머릿속에서 충분히 반복하며 거듭해서 같은 마음을 생산하면, 당신의 뇌는 그 경험을 실제로 일어난 것처럼 보려고, 즉 그 경험이 일어난 때의 마음으로 보려고 새로운 신경 회로를 구성하면서 물리적으로도 바뀌기 시작한다. 당신은 플라시보에 반응하는 사람들과 똑같이 그렇게, 생각만으로 후성 유전학적 변이들을 만들어낸다. 몸의 구조와 기능을 진짜로 바꾸는 것이다. 그러면 그때부터 당신의 뇌와 몸은 똑같은 과거 속에 살기를 그치고 당신이 마음속에서 만들어낸 새로운 미래 속에서 살게 될 것이다.

그런 일은 머릿속 시연mental rehearsal(정신적 시연이라고도 한다—옮긴이)을 통해 가능하다. 머릿속 시연이란 간단히 말해, 눈을 감고 어떤 행동을 하는 모습을 반복 상상하는 것으로, 원하는 미래를 머릿속에서 되새기면서 더 이상 되고 싶지 않은 것(과거의 자아)과 되고 싶은 것을 상기시키는 훈련이다. 그 과정에서 자연스럽게 원하는 미래의 행동을 생각하게 되고, 어떤 선택을 내려야겠다고 머릿속으로 계획하게 되며, 새로운 경험에 마음을 집중하게 된다.

머릿속 시연 과정을 좀 더 자세히 살펴보자. 머릿속 시연을 하는 동안 정확하게 무슨 일이 벌어지고 어떻게 그런 일이 벌어지는지 확실히 이해하기 위해서다. 새로운 결과에 대한 꿈이나 운명을 머릿속으로 시연할 때 당신은 그 결과에 익숙해질 때까지 상상을 거듭한다. 원하는 새로운 현실에 대한 지식과 경험을 뇌 속에 더 많이 새겨 넣으면 넣을수록, 그것이 자료가 되어 머릿속에서 더 나은 모델을 창조하게 되고, 따라서 당신의 의도와 기대는 더욱 커질 것이다.(호텔 청소부들의 경우처럼 말이다.) 당신은 원하는 것을 얻으면 삶이 어떤 모습이고 어떤 기분이 들지를 스스로에게 '상기시킨다.' 그 다음 당신의 관심에 따라 의도를 추가한다.

다음, 당신은 그런 당신의 생각과 의도를 기쁨이나 감사 같은 고양된 감정 상태와 의식적으로 결합시킨다.(고양된 감정 상태에 대해서는 뒤에서 더 살펴볼 것이다.) 그 새 감정을 끌어안고서 좀 더 흥분된 상태가 되면, 그 일이 실제로 일어날 때 나타날 신경 화학 물질이 당신 몸을 휩싸게 된다. 당신 몸이 미래의 경험을 미리 맛보게 되는 것이다. 당신의 뇌와 몸은 삶에서 실제 경험을 하는 것과 그 경험에 대해 단지 생각만 하는 것의 차이를 구분하지 못한다. 신경 화학적인 면에서만 보면 둘이 전혀 다르지 않기 때문이다. 따라서 당신의 뇌와 몸은 현재 그 새로운 경험을 실제로 하고 있다고 믿기 시작한다.

산만해지지 않고 미래의 사건에 집중하는 것으로 당신은 몇 분 안에 과거의 자아와 연결된 신경 회로의 양을 줄일 수 있고, 그렇게 오래된 유전자들을 *끄기* 시작하면서 새 신경 회로들에 불을 켜 서로 연결을 짓게 되며, 이 새로운 신경 회로들이 적합한 신호를 보내 새로운 방식으로 새로운 유전자들을 활성화한다. 앞에서 설명한 신경 가소성 덕분에 당신 뇌 속의 회로들은 당신이 머릿속으로 시연하는 것을 반영하기 위해 스스로를 재조직하기 시작한다. 당신이 계속해서 강력하고 긍정적인 감정으로 그 새로운 생각들을 하고 머릿속 이미지들을 그려간다면 당신의 마음과 몸은 하나가 되어 일하게 되고, 당신은 곧 새로운 존재 상태에 있게 된다.

이 시점이 되면 당신의 뇌와 몸은 더 이상 과거의 기록이 아니라 미래로 향한 지도가 된다. 당신이 마음속으로 만들어낸 바로 그 미래 말이다. 그리고 이때 당신은 플라시보가 되어 생각한 대로 경험하게 된다.

## 머릿속 시연에 대한 성공적인 이야기 몇 개

당신도 들어봤을지 모르겠다. 베트남의 강제수용소에 감금되었던 한 소령이 미치지 않기 위해 머릿속으로 매일 특정 코스를 도는 골프 연습을 했는데, 나중에 풀려나 집에 돌아와서 골프를 쳐보니 최고 점수가 나오더라는 이야기 말이다. 구소련의 인권 운동가 아나톨리 슈차란스키 얘기는 어떤가? 나중에 나탄 샤란스키라는 이름으로 더 알려진 이 사람은 1970년대 미국 스파이라는 오명을 쓰고 9년 넘게 구소련 감옥에서 갇혀 지냈다. 특히 비좁고 어둡고 살얼음이 서리던 감방에서 400일을 보낼 때 그는 체스 판과 말들의 위치를 상상하며 머릿속으로 매일 자신과 체스 게임을 벌였다고 한다. 덕분에 샤란스키는 (보통은 외부 자극이 있어야 유지되는) 신경 지도地圖의 많은 부분을 유지할 수 있었다. 감옥에서 풀려난 뒤 샤란스키는 이스라엘로 망명했고, 나중에는 이스라엘의 통상장관이 되었다. 그리고 체스 챔피언 가리 카스파로프가 1996년 이스라엘을 방문해 이스라엘 인 25명과 동시 체스 게임을 치렀을 때 참여해 그를 이기기도 했다.[1]

그린베이 패커스의 쿼터백 애런 로저스도 머릿속으로 경기장에서의 움직임을 상상하기를 즐기는데, 나중에 실제로도 똑같이 움직이는 경우가 많다고 했다. 2011년 여섯 번째 시드 배정 팀인 패커스가 첫 번째 시드 배정 팀인 애틀란타 팔콘스와 치르는 플레이오프 경기에서 로저스는 36개 패스 중 31개를 성공시키면서 패커스를 그해 슈퍼볼 챔피언으로 이끌었다. 36개 패스 중 31개 성공은 86.1퍼센트의 성공률이며, 포스트 시즌 포워드 패스 기록 중 다섯 번째로 좋은 기록이다.

"6학년 때 코치한테 시각화의 중요성에 대해 배웠어요." 로저스가 《USA 투데이》 스포츠 전문 리포터에게 한 말이다.[2] "누구를 만나거나 영화를 보거나 자려고 누울 때도 나는 항상 경기 때 할 동작들을 머릿속으로 그려봅니다. 오늘 경기에서 한 동작들도 미리 생각했던 게 많았어요. 벤치에 앉아서 생각을 한 거죠." 로저스는 그 경기에서 세 번의 태클을 몸을 회전시켜 피했는데, 나중에 그 부분에 대해 그는 "그 전에 머릿속으로 거의 모두 그려봤던 동작들이었어요"라고 했다.

골프 선수 타이거 우즈나, 마이클 조단, 래리 버드, 제리 웨스트 같은 농구 선수들, 야구 투수 로이 할러데이 등 셀 수 없이 많은 프로 선수들이 머릿속 시연의 놀라운 효과를 이용했다. 골프 챔피언 잭 니클라우스는 자신의 책 《골프와 나의 인생》에서 이렇게 썼다.

"나는 머릿속으로 아주 선명하게 그림이 그려지지 않는 경우라면 연습 때라도 절대 공을 치지 않는다. 머릿속 그림은 마치 영화의 한 장면 같다. 먼저 나는 내가 원하는 곳으로 이미 가 있는 공을 '본다.' 밝은 초록색 잔디에 하얀 공이 멋지고 도도하게 안착해 있다. 그 다음, 장면이 재빨리 바뀌고 나는 그곳으로 가고 있는 공을 '본다.' 공이 날아가는 길, 궤도, 모양을 보고 땅에 닿을 때의 움직임까지 본다. 그 다음 페이드 아웃fade out(영화에서 점차 어두워지는 장면 전환 효과—옮긴이) 같은 게 일어나고 내가 스윙하는 장면이 나타난다. 앞의 두 이미지를 현실로 만드는 바로 그 스윙이다. 그런 짧고 개인적이지만 할리우드 영화 못지않게 극적인 그림이 그려질 때만 나는 골프채를 골라서 공을 향해 다가간다."[3]

이 예들 외에도 머릿속 시연이 최소한의 연습으로 육체적 기술을 배우는 데 극히 효과적임을 보여주는 사례들은 수없이 많다.

그중에 1980년대 후반 로스앤젤레스에 갓 발을 들여놓은 가난한 배우 짐 캐리의 놀라운 이야기만큼은 꼭 하고 넘어가야겠다. 짐 캐리는 먼저 종이 한 장에 길게, 원하는 사람들과 원하는 영화에서 원하는 배역으로 원하는 연기를 하게 될 것이며, 배우로서 성공해 가치 있는 일을 하면서 세상에 기여할 것이라고 적었다.

다음, 매일 밤 할리우드 힐스에 있는 멀홀랜드 드라이브로 올라가 자신의 컨버터블 차에 앉아 하늘을 바라봤다. 그리고 종이에 적은 것들을 자신에게 말하듯 읊조리면서 그런 일이 실제로 일어나고 있다고 상상했다. 그리고 그렇게 상상했던 배우가 이미 된 것 같고 상상했던 일이 현실이 된 것처럼 느껴질 때가 되어서야, 할리우드가 내려다보이는 그 언덕에서 내려왔다. 짐 캐리는 심지어 천만 달러 수표까지 끊어서 갖고 다녔다. '출연료'라고 써 있고 지불 기한은 '1995년 추수감사절'까지였다. 그는 몇 년 동안이나 그 수표를 지갑 속에 넣고 다녔다고 한다.

1994년, 마침내 짐 캐리를 스타로 만들어줄 영화 세 편이 개봉되었다. 먼저 2월에 〈에이스 벤추라: 애완동물 형사〉가 개봉되었고, 7월에 〈마스크〉가 뒤를 이었으며, 12월에 개봉된 세 번째 영화 〈덤 앤 더머〉로 그는 정확하게 천만 달러 수표를 받았다. 혼자 마음속으로 그리던 바로 그 일을 창조해 낸 것이다.

이 사람들의 공통점은 외부 환경을 극복하고, 육체를 넘어서고, 시간을 초월함으로써 내면에 커다란 신경학적 변화를 불러일으켰다는 점이다. 세상에 나아갈 때 이들은 몸과 마음을 하나로 움직이게 할 수 있었고, 머릿속에서 생각해 뒀던 것을 물질 세상에서 그대로 만들어냈다.

어떻게 그럴 수 있었는가는 과학적 연구들이 잘 설명해 준다. 먼저 머릿속 시연에 대한 많은 실험들로 우리가 몸의 특정 부분에 집중할 때 그 부분을 관장하는 뇌의 영역을 자극하고,[4] 그런 자극을 계속할 때 뇌의 감각령sensory area에서 물리적인 변화가 뒤따름이 증명되었다. 같은 곳을 계속 의식할 때 같은 신경 세포 네트워크를 만들어 단단하게 하기 때문이다. 그 결과 그곳에 더 강력한 뇌 지도가 만들어지는 것이다.

하버드 대학교에서는 피아노를 한 번도 쳐본 적이 없는 사람들에게 닷새 동안 하루에 두 시간씩 한 손으로만 치는 간단한 코드를 머릿속으로 연습하게 했는데, 그렇게 손가락 하나 까닥하지 않았음에도 그들의 뇌는 실제 피아노로 연습한 다른 사람들의 뇌와 똑같은 상태로 변해 있었다.[5] 손가락 움직임을 관장하는 뇌 영역이 극적으로 증가한 까닭에 그들의 뇌만 보면 정말로 피아노로 연습한 사람 같아 보였다. 그들은 생각만으로 신경학적 하드웨어(신경 회로들)와 소프트웨어(프로그램들)를 설치하고 새로운 뇌 지도를 창조해 낸 것이다.

12주 동안 30명이 참여한 또 다른 연구에서, 어떤 참가자들은 규칙적으로 새끼손가락 운동을 하고 다른 참가자들은 그 운동을 상상하기만 했다. 실제로 운동을 한 그룹의 사람들이 새끼손가락의 힘을 53퍼센트까지 강화했고, 오직 상상으로만 운동한 그룹의 사람들은 35퍼센트까지 강화했다.[6] 마음속으로만 운동한 사람들의 몸도 실제로 규칙적으로 운동한 사람들처럼 변해 있었다. 그들의 마음이 그들의 몸을 바꾼 것이다.

또 다른 유사한 실험에서는 열 명의 지원자들이 일주일에 다섯 번 이두박근을 가능한 최대로 수축시키는 상상을 했다. 그들이 그렇게 상상 운동을 할 때마다 연구자들이 그들 뇌의 전기 활동을 기록했고 2주마다 근육의 힘을 측정했다. 이두박근 수축을 상상하기만 한 그들은 몇 주 만에 근육의 힘을 13.5퍼센트까지 강화했고, 그런 상상 속 훈련을 멈춘 후에도 3개월 동안이나 그 힘을 유지했다.[7] 새로운 생각에 그들의 몸이 반응한 것이다.

마지막으로 무게가 각기 다른 아령을 실제로 혹은 상상으로 들어 올리게 한 프랑스에서의 한 연구를 들 수 있겠다. 무거운 아령을 들어 올리는 상상을 한 사람들이 가벼운 아령을 들어올리는 상상을 한 사람들보다 근육을 더 많이 쓴 것으로 결과가 나왔다.[8] 머릿속 시연에 관한 이 세 건의 연구에서 피험자들은 모두 생각만으로 육체적 힘을 크게 강화했다.

당신은 이쯤에서 원하는 것을 상상하는 것에서 더 나아가 그 상상에 강한 긍정적 감정을 연결시킬 때 어떤 일이 벌어지는지 보여주는 연구들은 없는지 궁금해 할지도 모르겠다. 사실 그런 연구들이 있으며 이제 곧 살펴볼 것이다.

## 새 마음으로 새 유전자를 몸 속에 발현하기

머릿속 시연이 왜 효과를 내는지 더 확실히 이해하려면, 뇌의 해부학적 구조와 신경 화학적 문제들을 약간이라도 살펴볼 필요가 있다. 먼저 전두엽부터 살펴보자. 이마 바로 뒤에 위치한 전두엽은 창조 본부creative center라 할 만하다. 새로운 것을 배우고 새로운 가능성을 꿈꾸고 의식적 결정을 하고 의도를 내는 등등의 일을 이곳에서 한다. 말하자면 뇌의 CEO인 셈이다. 게다가 전두엽이 있기 때문에 우리는 자신을 관찰할 수 있고 우리가 하는 일과 느낌을 평가할 수 있다. 전두엽은 우리 의식이 살고 있는 집과 같은 것이다. 이것이 중요한 이유는 우리가 어떤 생각들을 하고 있는지 잘 의식할 때 생각들을 더 잘 유도할 수 있기 때문이다.

머릿속 시연을 하면서 원하는 결과에 진심으로 집중하고 전념할 때 전두엽은 당신의 동맹자가 된다. 전두엽은 외부의 소리를 낮추기도 해서 오감이 전달하는 정보들로 산만해지는 일을 줄일 수 있기 때문이다. 뇌 주사 사진을 찍어보면 머릿속 시연중일 때처럼 고도로 집중한 상태에서는 시공간에 대한 자각이 줄어드는 모습을 볼 수 있다.[9] 이와 같은 일이 일어나는 것은 전두엽이 (시간 인식을 담당하는) 두정엽 회로뿐만 아니라 (공간 속 몸을 '느끼게' 하는) 감각 중추들, (육체적 움직임을 담당하는) 운동 중추들, (당신의 정체성이 무엇이고 당신이 누구인지에 대한 생각들이 살고 있는) 연합 중추들로부터의 정보입력을 줄이기 때문이다. 환경과 육체를 넘어서고 심지어 시간까지 넘어설 수 있다면, 머릿속의 생각을 현실로 만드는 데 이보다 더 좋은 방법은 없을 것이다.

당신을 위한 새로운 미래를 상상하는 순간, 새로운 가능성을 생각하는 순간, '고통이나 제약 없이 살 수 있다면 어떨까?' 같은 구체적인 질문을 하는 순간, 당신의 전두엽은 곧바로 준비 태세에 돌입한다. 그리고 몇 초도 지나지 않아 건강하고자 하는 의도를 만들어내고(그래서 당신은 당신이 창조하고 싶은 것과 더 이상 경험하고 싶지 않은 것을 더욱더 분명히 알 수 있다), 건강한 상태의 그림도 머릿속으로 그려내며, 그 결과 건강한 상태가 어떨지 상상할 수 있다.

CEO인 전두엽은 뇌의 다른 모든 부분들과 연결된다. 그러므로 전두엽은 위와 같은 질문에 대한 대답으로서 새로운 마음 상태를 창조하기 위해 뉴런들의 네트워크들을 선택하기 시작한다. 마치 심포니 지휘자처럼, 오래되고 단단해진 뉴런 네트워크는 침묵시키고(신경 가소성의 가지 치기 기능), 뇌의 각각 다른 부분들에서 각기 다른 뉴런 네트워크들을 선택한 뒤 그것들을 하나로 연결시킨다. 당신이 상상하는 일을 반영할 새로운 마음의 수준을 창조하기 위해서이다. 마음을 바꾸는 것은 전두엽이다. 전두엽이 있어 우리 뇌는 다른 순서, 패턴, 조합으로 작동할 수 있다. 일단 전두엽이 다른 뉴런 네트워크들을 선택하고 그것들을 동시에 완벽하게 켜서 새로운 수준의 마음을 창조하고 나면, 당신 마음의 눈, 즉 전두엽에 하나의 그림 혹은 표상이 떠오른다.

이제 신경 화학으로 넘어갈 차례이다. 당신이 하나의 분명한 의도에 집중하는 동안 당신의 전두엽이 지휘력을 발휘해 신경 네트워크들을 동시에 잘 발현시켰다면, 당신의 마음속에서 생각이 하나의 경험이 되는 순간이 찾아올 것이다. 바로 내적 현실이 외적 현실보다 더 현실적으로 되는 순간이다. 일단 생각이 경험이 되면 당신은 그 사건이 현실이 될 때 어떤 느낌일지 그 감정을 느끼기 시작할 것이다.(경험의 화학적 표현이 곧 감정임을 기억하기 바란다.) 그러면 당신의 뇌는 다른 종류의 화학 물질 메신저(신경 펩티드)를 만들어내 몸 속의 세포들로 보낼 것이다. 신경 펩티드는 다양한 세포들에서 적절한 수용 영역 혹은 도킹 스테이션을 찾아 그 메시지를 우리 몸의 호르몬 중추들에 보내고, 궁극적으로는 세포들의 DNA에 보낸다. 그렇게 세포들은 새로운 메시지를 얻고, 그때 사건이 일어나는 것이다.

신경 펩티드로부터 새로운 정보를 얻은 세포 안의 DNA는 해당 유전자에 불을 켜고(혹은 상향 조절하고) 다른 유전자들의 불은 끄는(하향 조절하는) 것으로 반응한다. 모두 새로운 존재 상태를 지지하기 위해서이다. 상향 조절과 하향 조절을, 전구에 불이 켜져서 달아오르고 불이 꺼져서 차가워지는 상태라고 생각해 보면 이해하기 쉬울 것이다. 불이 켜져 활성화된 유전자는 단백질을 만든다. 불이 꺼져 불활성 상태가 된 유전자는 점점 희미해지고 약해지며, 이전만큼 단백질을 생산해 내지 못한다. 그때 우리는 우리 몸에 상당한 변화를 느끼며 그 결과들을 보게 된다.

그림 5-1A와 5-1B를 보기 바란다. 생각만으로 어떻게 몸이 바뀌는지 전체 순서를 따라가는 데 도움이 될 것이다.

### 생각만으로 몸 바꾸기

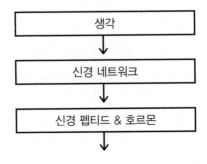

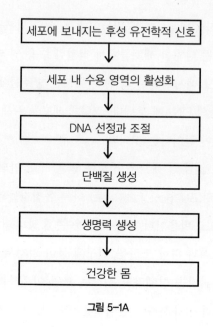

그림 5-1A

## 생각만으로 치유하기

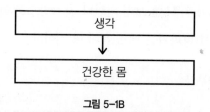

그림 5-1B

그림 5-1A의 플로차트는 몸을 바꾸기 위해, 폭포처럼 쏟아지는 단순한 메커니즘들과 화학적 반응들을 통해서 생각이 어떻게 진행되는지 그 하향적 인과 관계를 잘 보여준다. 새로운 신경 네트워크를 활성화하고 더 건강한 신경 펩티드와 호르몬들(이것들이 새로운 방식으로 세포들에게 신호를 보내며 후성 유전학적으로 새로운 유전자를 활성화시켜 새로운 단백질을 만든다)을 만드는 방식으로 새로운 생각이 새로운 마음을 만들어낼 수 있다면, 그리고 단백질의 생성이 생명력의 생성이고 그것이 곧 건강한 몸을 뜻하는 것이라면, 생각이 몸을 치유할 수 있다고 말하는 그림 5-1B도 이해할 것이다.

## 줄기 세포: 가능성의 강력한 웅덩이

우리가 이해해야 할 다음 퍼즐이 줄기 세포stem cell이다. 줄기 세포도 불가능해 보이는 것을 가능하게 하는 일에 최소한 부분적으로 기여한다. 원칙적으로 줄기 세포는 생물학적으로 미분화된 세포로서 나중에 전문화된다. 그런 의미에서 줄기 세포는 가능성 그 자체라고 할 수 있다. 줄기 세포는 그렇게 백지 상태에 있다가 일단 활성화가 되면, 근육 세포, 골 세포, 피부 세포, 면역 세포, 심지어 뇌의 신경 세포에 이르기까지 우리 몸이 필요로 하는 모든 종류의 세포로 바뀌며, 우리 몸의 조직, 기관, 체계 속에 있는 다치거나 망가진 세포들을 대체한다. 줄기 세포를 각종 시럽이 올려지기를 기다리는 셔벗 같은 것이라고 생각해 보라. 아니면 돌림판 위에서 접시, 사발, 꽃병 혹은 머그컵 등으로 만들어지기를 기다리는 진흙덩어리라고 생각해도 좋다. 그것도 아니면 하루는 물이 새는 파이프를 막는 데 쓰이고 하루는 파티용 드레스로 변신하는 덕 테이프duct tape(다용도의 강력 접착 테이프—옮긴이) 같은 것이라고 해도 좋다.

줄기 세포가 일하는 방식을 예를 들어 설명하면 이렇다. 당신이 손가락을 베었다고 하자. 당신의 몸은 피부에 생긴 이 상처를 치유해야 한다. 물리적인 국소 외상이 생기면 세포의 손상된 부분에서 유전자들에게 신호가 보내진다. 신호를 받은 유전자들은 불을 켜고 적절한 단백질들을 만들며, 단백질은 줄기 세포들에게 건강한 피부 세포로 바뀔 것을 지시한다. 외상에서 나온 신호가 곧 줄기 세포가 피부 세포로 분화하는 데 필요한 정보인 것이다. 이와 같은 수백만의 과정이 우리 몸 속 전반에서 매일 벌어지고 있다. 이런 종류의 유전자 발현을 통한 치유가 우리의 간, 근육, 세포, 장, 골수, 심지어 뇌와 심장에서도 이루어지고 있는 것이다.[10]

상처 치유에 관한 연구들에 따르면, 우리가 분노와 같은 매우 부정적인 감정 상태에 있을 때에는 줄기 세포들이 메시지를 잘 전달받지 못한다고 한다. 라디오 전파 수신에 장애가 생길 때처럼 신호에 잡음이 섞이면, 그 가능성의 세포는 스스로를 유용한 세포로 바꾸는 데 필요한 적절한 자극을 받을 수 없게 된다. 앞에서 살펴보았듯이 우리 몸이 스트레스를 받아 생존 모드에 있을 때는 몸의 에너지 대부분이 분노의 감정과 그 감정의 화학적 결과물들을 다루느라 정신이 없기 때문에 치유에 더 오랜 시간이 걸리는 것이다. 창조하고 성장하고 자랄 때가 아니라 응급조치가 필요한 상황인 것이다.

세포 내 DNA에 메시지를 제대로 전달하려면 분명한 의도를 가진 적절한 마음을 내고 거기에 유익하고 고양된 감정을 덧붙여 플라시보 효과를 일으키면 된다. 그렇게 전달된 메시지는 우리 몸의 더 나은 구조와 기능을 위한 건강한 단백질을 생산하고, 나아가 적절한 메시지를 받아 활성화되기만을 기다리며 잠자고 있던 줄기 세포를 건강한 새 세포로 변화시킨다.

줄기 세포는 모노폴리Monopoly 게임(주로 주사위를 던져 땅을 사들이는 보드 게임의 일종—옮긴이)에서 '감옥 탈출권'과 같은 것이다. 일단 선택을 받으면, 다시 말해 활성화가 되면, 우리 몸의 손상된 부분의 세포들을 대체해서 우리가 (형기를 마친 죄수처럼) 깨끗한 상태로 새롭게 시작할 수 있도록 해주기 때문이다. 사실 1장에서 살펴본 가짜 수술들(무릎 관절 수술, 관상동맥 우회술 등)에서 발생한 플라시보 효과에 따른 치유는 최소한 그 절반이 줄기 세포의 작용 덕분이었다고 할 수 있다.

## 의도와 고양된 감정은 어떻게 우리 몸을 바꾸나?

감정이 우리 몸의 치유에 얼마나 중요한 역할을 하는지는 이미 살펴보았지만, 여기서는 이 문제에 대해 좀 더 깊이 들어가 보도록 하자. 우리가 머릿속으로 시연중인 새로운 생각에 고양된 감정으로 반응한다면 이는 마치 우리의 노력에 증폭 장치를 다는 것과 같다. 후성 유전학적 변화를 더욱 가속시키는 것이 바로 우리의 감정이기 때문이다. 감정 요소가 꼭 필요한 것은 아니다. 앞에서 보았듯이 아령을 들어 올리는 모습을 상상하는 것만으로도 근육을 강화할 수 있다. 그 사람들이 그렇게 유전자를 변화시키는 일을 하면서 축복이라도 받은 양 행복해할 필요까지는 없었다. 하지만 그들은 머릿속에서 아령을 들어 올릴 때마다 '더 힘껏! 더 힘껏! 더 힘껏!'이라고 외치며 스스로를 격려했을 것이다. 그렇게 감정적으로 계속 격려한 것이 에너지적 촉발이 되어 그 과정을 더욱 촉진시켰던 것이다.[11] 고양된 감정을 유지하면 훨씬 더 빨리, 훨씬 더 극적인 결과를 끌어낼 수 있다. 우리는 플라시보 반응에서 이 같은 놀라운 결과들을 이미 살펴보았다.

2장에서 살펴본 웃음에 관한 연구를 기억하기 바란다. 일본의 연구원들은 한 시간 동안 코미디 쇼를 본 환자들이 39개의 유전자를 상향 조정했으며 이 유전자 중 14개는 면역 체계 내 자연 살해 세포natural killer cell(NK 세포. 암세포 등을 공격하는, 면역을 담당하는 중요한 세포—옮긴이)

의 활동에 관계함을 밝혀냈다. 익살스러운 비디오를 본 사람들 몸에 다양한 항체들이 늘어났음을 보여주는 연구 결과도 여러 개 있다.[12] 나아가 노스캐롤라이나 대학 채플힐 캠퍼스에서 진행한 한 연구에서는 긍정적인 감정이 많이 생산되면 미주 신경(내장 기관 등에 넓게 분포되어 부교감 신경과 감각 운동 신경의 역할을 수행한다―옮긴이)의 건강 상태를 보여주는 미주 신경 긴장도(높을수록 좋다―옮긴이)가 높아짐을 증명했다. 미주 신경은 자율 신경계와 항상성 조절에 중요한 역할을 한다.[13] 또 일본에서 이루어진 한 연구에서는 새끼 쥐들에게 5일 동안 매일 5분씩 간지러움을 태우며 긍정적인 감정을 자극하자 새끼 쥐들의 뇌가 새로운 뉴런을 생산해 냈음을 보여주었다.[14]

이 모든 연구는 강력하고 긍정적인 감정이 실제로 육체적인 변화를 일으키고 그 결과 건강에 도움이 되었음을 보여준다. 긍정적인 감정이 우리의 몸과 뇌를 번성하게 하는 것이다.

이제 수많은 플라시보 연구들에서 나타난 플라시보 효과의 패턴을 살펴보자. 누군가 새로운 미래에 대해 분명한 의도(즉 고통이나 질병없이 살기를 원하는 것)를 갖기 시작하는 순간, 그리고 그 의도를 (흥분, 희망, 또 실제로 고통이나 질병 없이 살 거라는 기대 같은) 고양된 감정들과 결합시키는 순간, 우리 몸은 더 이상 과거에 살지 않고 바로 그 새로운 미래에 살게 된다. 지금까지 보아왔듯이 우리 몸은 실제 경험에서 나오는 감정과, 생각만으로 느끼는 감정을 구분하지 못하기 때문이다. 따라서 새로운 생각에 반응하면서 감정을 고양된 상태로 유지하는 것이 이 모든 과정에서 가장 중요한 요소이다. 세포 입장에서는 고양된 감정이 세포 밖에서 오는 새로운 정보이기 때문이다. 그리고 우리의 몸은 실제 경험과 마음속 경험이 같다고 여기기 때문이다.

1장에서 소개한 라이트 씨 이야기를 떠올려보라. 라이트 씨는 어디선가 강력한 신약에 대해 들었고, 그 약만 먹으면 될 거라는 생각에 흥분했으며, 그 약으로 자신이 어떻게 치유될지를 상상했다. 그리고 너무 흥분한 나머지 의사에게 그 신약을 먹게 해달라고 간청을 해, 그것이 약리 작용이 없는 불활성의 약이라는 것도 모르고 복용했다. 하지만 그의 뇌는 그가 고양된 감정으로 상상한 건강해진 모습과 실제로 건강해진 모습 간의 차이를 구분할 수 없었고, 따라서 그의 몸은 그가 상상한 일이 마치 이미 일어난 것처럼 감정적으로 반응했다. 이때 그의 마음과 몸은 새로운 유전자를 새로운 방식으로 발현시키기 위해 함께 일을 했고, 그가 복용한 '강력한 신약'이 아닌 바로 이 과정이 종양들을 줄어들게 하고 건강을 되찾아준 것이다. 그런 과정이 그를 새로운 존재 상태로 바꾼 것이다.

그러다 그 신약이 아무런 효과도 없다는 실험 결과를 듣게 되면서 그는 과거의 생각과 감정, 프로그램으로 되돌아갔고 당연하게도 종양들이 되살아났다. 그의 존재 상태가 다시 한 번 바뀌며 예전의 상태로 돌아간 것이다. 하지만 문제점이 보완된 신약을 복용할 수 있다는 의사의 말을 듣고 그는 또다시 흥분했다. 그는 이 보완된 신약이 정말로 자신을 치료해 줄 것이라고 믿었다. 한 번 나은(혹은 스스로 나았다고 생각한) 경험이 있었기 때문이다.

건강하고자 하는 의도를 내고 그 가능성을 생각하자 당연히 그의 뇌는 다시금 새로운 신경 연결들을 만들고 그 연결들을 강화하기 시작했으며, 그는 새로운 마음 상태에 있게 되었다. 그는 또다시 흥분했고 또다시 희망을 가졌으며, 그 감정들이 이런 새로운 생각들에 꼭 맞는 화학 물질들을 생산해 냈다. 그리고 다시 한 번 그의 몸은 건강해지는 것에 대한 그의 생각/느낌과 실제로 건강해지는 상태를 혼동했다. 그리고 다시 한 번 그의 뇌와 몸은 그가 상상한 것이 실제로 일어난 일인 양 반응했고, 다시 한 번 그의 종양은 사라졌다.

그러다 이 '기적의 약'이 진짜로 실패작이라는 기사를 읽었을 때 그는 예전의 생각과 감정으로 다시 돌아갔다. 그리고 그의 옛날 성격 및 자아가 종양과 함께 되돌아왔다. 기적의 약 따위는 없었다. 그가 기적이었다. 플라시보도 없었다. 그가 플라시보였다.

그러므로 단지 두려움, 화 같은 부정적인 감정을 피하는 일에 집중하는 것에서 더 나아가 감사, 기쁨, 흥분, 열정, 심취, 경외, 영감, 경탄, 신뢰, 인정, 친절, 연민, 힘 같은 긍정적인 감정과 정서를 의식적으로 계발하는 것이 건강을 증진하는 데 훨씬 더 유리하다고 하겠다.

여러 연구 결과에 따르면 친절, 연민 같은 긍정적이고 열린 감정 (우리가 타고난 감정들이다)이 옥시토신이라는 신경 펩티드를 분비하는 경향이 있는데, 이 옥시토신은 두려움과 불안감을 낳는 뇌의 편도체 내 수용체를 닫는 작용을 한다고 한다.[15] 두려움이 사라지면 우리는 무한한 신뢰와 용서와 사랑을 느낄 수 있다. 그리고 우리는 이기성에서 이타성으로 나아간다. 그런 새로운 존재 상태를 구현할 때 우리의 신경 회로는 우리가 상상도 못하던 끝없는 가능성들로 향하는 문을 열어준다. 더 이상 우리의 모든 에너지를 생존하는 데 쏟아 붓지 않아도 되기 때문이다.

과학자들은 장이나 면역계, 간, 심장 등 우리 몸의 많은 부분에 옥시토신 수용 영역이 있음을 발견하고 있다. 이 기관들은, 심장에 더 많은 혈관을 만들어내고[16] 면역 기능을 자극하고[17] 위장 운동을 촉진시키고[18] 혈당 수치를 정상화하는 일 등에 관여하는 옥시토신의 주된 치유 효과에 굉장히 민감하게 반응한다.[19]

잠시 머릿속 시연 문제로 되돌아가 보자. 머릿속 시연에서 전두엽이 어떻게 우리의 동맹자가 되는지 기억해 보기 바란다. 앞에서 말했듯이 육체나 외부 환경, 시간(생존 모드에서 살아가는 사람이 집중하는 세 가지 조건) 같은 조건들을 잊게 만든다는 점에서 전두엽은 머릿속 시연에 도움이 된다. 전두엽은 우리가 우리 자신을 넘어 에고가 없는 순수 의식 상태에 도달하도록 돕는 것이다.

이 새로운 상태에서 원하는 것을 상상할 때 우리 가슴은 더 열리게 되고, 그러면 긍정적인 감정이 밀려들어 오게 되며, 그 결과 생각하는 것을 느끼고 느끼는 것을 생각하는 고리가 마침내 우리에 반해서가 아니라 우리를 위해서 작동하게 된다. 생존 모드에 있을 때 가졌던 이기적인 사고 방식은 더 이상 존재하지 않는다. 생존을 위해 쏟던 에너지가 자유롭게 되어 창조에 쓰이기 때문이다. 매달 내야 할 집세나 대출 상환금을 누군가 대신 내줘서 다른 데 쓸 수 있는 여유 자금이 생긴 것과 같다.

이제, 새로운 미래에 대해 분명한 의도를 내고 그 의도를 개방되고 고양된 감정과 결합시키는 과정을 우리가 새로운 마음 상태와 존재 상태가 될 때까지 거듭 되풀이한다면, 왜 미래에 대한 이 생각들이 이전에 제한되어 보이던 현실보다 더 현실감 있게 느껴지는지 그 정확한 이유를 알았을 것이다. 우리는 생존 모드에서 벗어나 마침내 자유롭게 된 것이다. 그리고 그 고양된 감정을 진정으로 받아들이고 나면 우리는 그동안 상상해 온 가능성과 더 쉽게 사랑에 빠질 수 있다.

그때 이 교향곡 지휘자(전두엽)는 마치 사탕 가게에 들어간 아이 같은 기분이 들 것이다. 신경들을 연결해 온갖 종류의 새로운 신경 네트워크를 마음껏 창조할 수 있으니 흥분되고 기쁠 것이다. 그리고 이 지휘자가 우리의 예전 존재 상태 회로를 꺼버리고 새 존재 상태 회로에 불을 켤 때, 신경 화학 물질들이 우리의 세포에 새로운 메시지를 전달하기 시작하고, 세포는 후성 유전학적 변화를 꾀하며 새롭고 강력한 방식으로 새로운 유전자를 발현시킬 것이다. 그리고 그런 일이 이미 일어난 것처럼 보이도록 하기 위해 고양된 감정을 이용했기 때문에, 실제로 우리는 외부 환경이 변화하기도 전에 유전자를 발현시키고 있는 것이다. 이제 우리는 더 이상 변화를 위해 외부 환경이 바뀌기를 기다릴 필요가 없다. 우리가 변하면 된다.

## 다시 수도원 이야기로

앞장 첫머리에서 소개한, 노인들이 젊은이처럼 행동했더니 실제로 젊어졌다는 이야기로 돌아가 보자. 그들이 어떻게 그렇게 젊어질 수 있었는지 그 미스터리가 이제 풀렸을 것이다.

수도원에 온 노인들은 가족과 함께해 오던 일상에서 벗어났다. 가정이나 사회가 부여한 정체성도 잠시 잊을 수 있었다. 그런 상황에서 그들은 가능한 한 진짜로 다시 젊어진 척하겠다는 아주 분명한 의도를 갖고 피정에 들어갔다. 그리고 다시 젊어진 모습을 머릿속으로 또 실제로도 시연했다.(그런 시연이 뇌와 몸을 바꾼다.) 현재 생활에서 벗어나 스물두 해 전에 본 영화를 보고 잡지를 읽고 라디오를 듣고 텔레비전 프로를 시청하는 동안 그들은 자신이 70~80대 노인이라는 현실을 잊어버릴 수 있었다.

실제로 그들은 다시 젊어진 것처럼 살기 시작했다. 젊게 생각하고 젊게 느끼자 뇌가 새로운 순서와 패턴과 조합으로 신경 세포들의 불을 켜기 시작했다. 그중 일부는 22년 동안 한 번도 불이 켜진 적이 없는 조합이었다. 그들 자신의 들뜬 상상은 물론이고 주변의 모든 환경까지 그 경험을 진짜처럼 느끼도록 거들었기 때문에, 그들의 뇌는 자신들이 실제로 스물두 살 젊어진 것인지 단지 스물두 살 젊은 척하는 것인지를 구분할 수 없었다. 그래서 노인들은 젊은 척하던 며칠 사이에 실제로 유전자까지 젊게 바꿀 수 있었던 것이다.

그때 그들의 몸은 새로운 감정에 걸맞은 신경 펩티드를 생산해 냈고, 이 신경 펩티드가 분출되면서 새로운 메시지들이 세포들에 전달되었다. 그 화학 메시지들을 받아들인 세포들은 그 메시지들을 곧장 각 세포의 깊숙한 곳에 있는 DNA로 안내했다. 메시지가 DNA에 도달하자 새로운 단백질들이 생산되었고, 이 단백질들이 각자 갖고 있던 정보에 따라 새로운 유전자를 찾았다. 유전자를 찾았을 때 그 단백질들은 신호를 기다리며 잠자고 있던 그 유전자에 불을 켜 DNA를 풀고 후성 유전학적 변화를 일으켰다. 이러한 후성 유전학적 변화는 결과적으로 스물두 살 더 젊은 남자의 단백질과 유사한 새로운 단백질을 생산해 냈다. 노인들의 몸이 그런 후성 유전학적 변화에 필요한 것들을 갖고 있지 않았다면, 후성 유전자가 줄기 세포에게 도움을 요청해 필요한 것을 만들게 했을 것이다.

노인들은 더 많은 후성 유전학적 변화를 만들어갔고, 더 많은 유전자에 불을 켜면서 계속 육체적인 개선을 해나갔기 때문에, 느릿느릿 걸어 들어온 그 수도원의 문을 일주일 뒤 나갈 때는 거의 춤을 추듯이 걸어 나가게 되었다.

그런 일이 그 노인들에게 가능했다면 나는 당신에게도 가능하다고 확신한다. 당신은 어떤 현실을 선택해서 살고 싶은가? 그리고 어떤 사람으로 살고 싶은가?(혹은 어떤 사람으로 살고 싶지 않은가?) 정말, 문제는 이렇게나 간단하다.

# 06:암시 감응력

뉴욕, 로어이스트사이드의 별 네 개짜리 호텔, 직원용 출입구의 일반인 통제용 벨벳 줄 뒤에 36세의 이반 산티아고가 일단의 파파라치들과 함께 묵묵히 서 있었다. 그들은 한 외국인 고위 인사를 기다리는 중이었다. 그 고위 인사는 곧 건물에서 나와 연석에 주차되어 있는 두 대의 SUV 리무진 중 하나에 올라탈 예정이었다. 그런데 산티아고에게는 카메라가 없었다. 한 손에는 금방 산 듯한 작고 빨간 배낭이 들려 있었고, 조금 열린 배낭의 지퍼 안에 들어가 있는 다른 한 손에는 소음기가 달린 권총이 쥐어져 있었다. 당당한 풍채에 빈 디젤(대머리가 트레이드마크인 미국의 배우—옮긴이)도 좋아할 멋진 대머리의 소유자로 펜실베이니아 교정국 직원으로 일하는 산티아고는 살인 무기에 대해서는 거의 문외한이었다. 일을 하면서도 총을 쏴본 적은 한 번도 없었다. 하지만 그날은 총 쏠 준비가 되어 있었다.

몇 분 전만 해도 산티아고는 암살은 물론이고 총이며 배낭, 외국인 고위 인사 따위는 안중에 없이 그저 집으로 가는 중이었다. 그런데 이제 방아쇠에 손가락을 걸고 무섭게 눈살을 찡그리며 금방이라도 살

인자로 돌변할 기세였다. 이윽고 호텔 문이 열렸고 빳빳한 흰색 와이셔츠를 입은 표적이 멋진 선글라스를 끼고 가죽 서류 가방을 든 채 느긋하게 걸어 나왔다. 그리고 그 남자가 자신을 기다리는 리무진을 향해 두세 걸음도 채 떼기 전, 산티아고가 배낭 속에서 권총을 쑥 꺼내더니 세 발을 쐈다. 남자는 보도에 쓰러져 꿈쩍도 못했고 와이셔츠는 붉게 물들었다.

그 순간 어디선가 톰 실버Tom Silver라는 남자가 나타났다. 남자는 한 손을 산티아고의 어깨에, 그리고 다른 한 손을 그의 이마에 대고 조용히 말했다. "내가 다섯까지 세고 나면 당신은 완전히 상쾌한 기분이 들 겁니다. 그때 눈을 뜨고 깨어나세요. 하나, 둘, 셋, 넷, 다섯! 깨어나세요!"

산티아고는 최면에 걸린 상태에서 알지도 못하는 사람(스턴트맨)을 쐈고, 그가 사용한 권총은 서바이벌 게임 에어소프트에서 쓰는 무해한 소품용 권총이었다. 연구자들은, 법을 잘 준수하고 누가 봐도 선량한 사람이 갑자기 냉혈한 암살자로 바뀌는, 상상도 못할 일이 과연 최면으로 가능한지 실험하는 중이었다.[1]

SUV 리무진 안에서는 실버의 동료들이 모든 장면을 지켜보고 있었다. 하버드 대학의 실험 정신병리학 전문가 신시아 마이어스버그Cynthia Meyersburg 박사, 의사 결정 관련 신경 연결 통로를 연구해 온 옥스퍼드 대학의 신경 과학자 마크 스톡스Mark Stokes 박사, 삼엄한 경비 속에 정신 질환 범죄자들을 수감하는 많은 기관과 병원에서 연구를 해온 미시건 주 그랜드 레피즈 시 내 인적자원연합Human Resource Associates의 법의학 심리학자 제프리 킬리스제브스키Jeffery Kieliszewski 박사가 그들이었다.

연구는 그 전날 185명의 지원자들과 함께 시작되었다. 실버(임상 최면 치료의 공인 치료사이자 최면을 이용한 범죄 과학 수사 전문가로, 대만 정부를 도와 24억 달러 상당의 국제 무기 밀매 스캔들을 파헤친 적도 있다)는 185명을 대상으로 최면 암시 감응력 정도를 평가했고, 그들 중 5~10퍼센트만이 최면 암시 감응력이 매우 좋은 것으로 나왔다. 그렇게 검사를 통과한 16명을 대상으로 다시 심리 검사를 해서 이 실험으로 영구적으로 마음의 상처를 받을 수도 있겠다 싶은 다섯 명을 다시 제외시켰다. 그렇게 해서 남은 11명은, 최면 상태에서 과연 뿌리 깊은 사회 규범까지 거부할 수 있는지 알아보는 다음 검사를 받아야 했다. 누가 가장 암시 감응력이 좋은지 보여주는 검사였다.

지원자들은 작은 그룹으로 나뉘어 점심 식사로 몹시 붐비는 여러 식당으로 흩어졌다. 그 전에 연구원들은 지원자들에게 몰래 후최면 암시posthypnotic suggestion(나중에 행동으로 옮기게 하는 암시―옮긴이)를 해 두었다. 암시 내용은 식당에서 자리에 앉자마자 의자가 매우 뜨거워질 테고, 어느 순간이 되면 너무 더워 그 자리에서 속옷까지 벗어던진다는 것이었다. 지원자들은 암시에 다양한 정도로 순응하는 반응을 보였지만, 연구원들은 동조하는 척하거나 메시지를 완전히 따를 만큼 암시 감응력이 좋지는 않은 사람 일곱 명은 제외시켰다. 그러나 나머지 네 명은 정말로 의자가 극도로 뜨겁다고 '생각'했고 몇 초 만에 속옷까지 벗어던졌다.

이들 네 사람은 다음 단계로 넘어가, 결과를 절대로 속일 수 없는 또 다른 검사를 받게 되었다. 지원자들은 금속제 욕조 속으로 들어갔는데, 이 욕조는 얼음이 어는 온도보다 겨우 3도 높은 화씨 35도(섭씨

1.6도. 화씨에서 얼음이 어는 온도는 32도이다—옮긴이)의 차가운 물로 채워져 있었다. 지원자들은 한 번에 한 명씩 심박동수와 호흡수, 맥박수 모니터용 전선을 차고 욕조 속으로 들어갔고, 그들의 체온과 물의 온도도 특수 열화상 카메라로 모니터했다. 실버는 그들에게 차가운 물에서 아무런 불편함도 느끼지 않을 것이라고, 아니 따뜻한 욕조 속으로 들어가는 것처럼 편안하게 느껴질 것이라고 말했다. 응급 의료 기사들이 대기하는 가운데 마취과 전문의 세크하르 우파드흐야울라Sekhar Upadhyayula가 그 실험을 진행했다.

전체 실험의 성패를 가르는 중요한 실험이었다. 사람이 그 정도로 차가운 물에 들어가 물이 가슴께까지 차오르면 보통은 반사 작용으로 자신도 모르게 숨을 헐떡이고 심박동수와 호흡수가 올라가며 이가 딱딱 부딪힐 정도로 몸을 떨게 되어 있다. 몸 속의 균형을 유지하기 위해 자율 신경계가 자동으로 작동하기 시작하기 때문이다. 이런 일은 의식적으로 통제할 수 있는 일이 아니다. 설령 깊은 최면 상태에 들어가 있다고 해도, 이런 극단적인 환경에서 뇌에 보내지는 감각의 양은 최면 상태가 그대로 유지되기 힘들 정도로 엄청 늘게 마련이다. 이 검사를 통과하는 사람이 있다면 그는 암시 감응력이 무진장 높은 사람임에 틀림없었다.

네 명 중 세 명은 비록 깊은 최면 상태에 들어가 있긴 했지만, 그 정도의 차가움 속에서도 몸의 항상성을 유지할 만큼은 아니었다. 이 가운데 욕조 속에서 가장 오래 버틴 사람이 18초 정도였다. 하지만 산티아고는 우파드흐야울라 박사가 실험을 끝내라고 할 때까지 2분이 넘게 욕조 속에 머물렀다.

산티아고의 심박동수는 오히려 실험 전에 더 높았다. 물 속으로 들어가자 바로 심박동수가 안정되었다. 심전도 상의 그림도 안정적이었고 호흡도 정상이었다. 산티아고는 마치 따뜻한 욕조에 들어가 있는 것처럼 얼음 덩어리들 속에 앉아 있었다. 사실 그는 자신이 정말로 따뜻한 욕조 속에 앉아 있다고 믿었다. 그는 움찔거리지도 않았고, 저체온증에 빠지지도 않았다. 바로 연구자들이 찾던 사람이었다.

그렇게 극단적인 환경에서 그 정도로 오래 견딜 만큼 최면 암시 감응력이 강하고 마음이 자율 신경 기능까지 통제할 수 있는 산티아고 같은 사람이라면 최종 실험을 치를 준비가 된 셈이었다.

신원 조사 결과에 따르면 산티아고는 매우 선량한 사람이었다. 직장에서는 신임받는 직원이었고, 집에서는 부모에게 헌신적인 아들이요 조카들을 사랑하는 삼촌이었다. 적어도 누군가를 죽일 정도의 냉혈한은 절대 아니었다. 실버는 과연 산티아고 같은 사람을 암살자로 돌변시킬 수 있을까?

실험이 제대로 이루어지려면 어떤 일이 계획되고 있는지 산티아고가 몰라야 했다. 호텔(연구가 진행되던 장소 바로 옆) 앞에서의 최종 실험이 지금까지 실험의 연장선상에 있는 것임을 조금이라도 눈치 채게 해서는 안 되었다. 미리 짜놓은 각본대로, 실험 전체 과정을 촬영하던 방송국의 프로듀서가 산티아고에게 이제 연구 대상자에서 제외되었다는 말과 함께, 다음날 짧은 마감 인터뷰를 위해 한 번 더 들러달라는 말을 전했다. 더 이상 최면을 거는 일은 없을 거라는 언급도 잊지 않았다.

이튿날 산티아고가 프로듀서와 인터뷰를 하는 동안 연구 팀은 밖에서 무대를 만들었다. 스턴트맨은 혈액 주머니를 찼고, (진짜 권총처럼 터지고 반동 효과까지 있는) 에어소프트 소품용 권총이 들어 있는 작고 빨간 배낭은 호텔 입구 바로 앞 오토바이 위에 놓여졌다. 바로 옆 호텔의 직원용 출입문 쪽으로 일반인 통제용 벨벳 줄이 쳐졌고 파파라치들이 카메라를 들고 포진했다. '외국인 고위 관리'와 수행단을 태우고 가려는 듯 도로 옆에는 두 대의 SUV가 주차되어 있었다.

산티아고는 옆 건물 2층에서 기분 좋게 '마감 인터뷰'를 하고 있었다. 그러다 프로듀서가 일이 있어 잠깐 나갔다 들어오겠다고 했고, 그 사이 실버가 산티아고에게 그동안 고마웠다고 인사를 하고 싶어 들렀다며 방으로 들어왔다. 실버는 산티아고와 악수를 하면서 그의 팔을 살짝 잡아당겼는데, 경험으로 그것이 신호라는 걸 잘 알고 있던 산티아고는 그 즉시 트랜스 상태에 빠져 소파에 늘어졌다.

실버는 산티아고에게 '나쁜 사람'이 아래층에 있으며, "그 사람은 제거되어야 한다. 우리가 그를 제거해야 하는데, 그 일을 할 사람은 당신이다"라고 말했다. 그리고 건물을 나가면 오토바이 위에 빨간색 배낭이 하나 있는 것을 보게 될 텐데 그 안에 총이 들어 있다고 했다. 그러고는 그 빨간 배낭을 들고 벨벳 줄 쪽으로 가 호텔에서 그 고위 관리가 서류 가방을 들고 나올 때까지 기다리라고 했다. 그런 뒤 "그 사람이 호텔 문을 나서자마자 심장을 향해 총을 쏘시오. 빵! 빵! 빵! 빵! 빵! 하지만 그 일을 하자마자 당신은 그런 일이 있었다는 걸 아주 쉽게, 완전히, 깨끗하게 잊어버리게 될 것이오"라고 말했다.

마지막으로 실버는 산티아고를 다시 최면 상태로 불러들일 소리 자극과 신체 자극을 주입시켰다. 이 자극을 받으면 산티아고는 실버가 방금 그에게 건 후최면 암시대로 행동하게 되는 것이다. 실버는 산티아고에게 이 건물 밖으로 나가면 세그먼트 프로듀서(한 프로그램의 부분을 담당하는 프로듀서—옮긴이)가 보일 것이고, 그가 악수(신체 자극)를 하면서 "이반, 그동안 고마웠네"(소리 자극)라고 할 것이라고 말했다. 실버는 산티아고에게 그 말을 듣는 즉시 자신이 후최면 암시로 건 일을 할 것이면 그러겠다는 의미로 고개를 끄덕이라고 했고, 산티아고는 고개를 끄덕였다. 그러자 실버는 산티아고를 트랜스 상태에서 풀어주고 마치 정말로 그동안 고마웠다고 말하려고 들른 것처럼 행동했다.

실버가 나가자 프로듀서가 다시 들어와 산티아고에게 감사의 말을 전하면서 마감 인터뷰가 끝났으니 돌아가도 된다고 말했다. 산티아고는 바로 건물을 나왔고, 이제 집으로 갈 일만 남았다고 생각했다.

밖으로 나오자 세그먼트 프로듀서가 그에게 다가와 악수를 하면서 "이반, 그동안 고마웠네"라고 말했다. 그것이 도화선이었다. 그 즉시 산티아고는 주변을 두리번거리며 오토바이를 찾았고, 오토바이 안장 위에 있던 빨간 배낭을 조용히 집어 들었다. 그리고 벨벳 줄과 파파라치들 쪽으로 걸어가 천천히 배낭의 지퍼를 열었다.

몇 분 안 돼 서류 가방을 든 한 남자가 호텔 문 밖으로 걸어나왔다. 산티아고는 주저 없이 배낭에서 권총을 꺼내 그 남자의 가슴을 향해 여러 방을 쏘았다. '고위 인사'의 셔츠 속에 있던 혈액 주머니가 터졌고 그는 극적으로 쓰러졌다.

그와 거의 동시에 실버가 현장에 나타나 산티아고에게 눈을 감으라고 했다. 스턴트맨은 급히 자리를 빠져나갔고, 그 사이 실버는 산티아고를 트랜스 상태에서 벗어나게 했다. 심리학자 제프리 킬리스제브스키가 나타나 산티아고에게 모든 설명을 해줄 테니 다시 건물로 돌아가자고 했고 그는 다른 연구원들과 함께 건물로 들어갔다. 건물 안에서 연구원들은 놀란 산티아고에게 어떤 일이 일어났는지 설명하면서, 방금 밖에서 무슨 일이 있었고, 자기가 무슨 일을 했는지 기억하느냐고 물었다. 산티아고는 아무것도 기억하지 못했다. 실버가 기억할 것이라고 암시하자 비로소 기억했다.

## 잠재의식의 프로그램화

앞장들에서 우리는 상상 속에서나 가능한 시나리오를 믿었더니 몸이 마음속 그림에 반응해 마치 마술처럼 병이 낫게 되었다는 이야기를 여럿 살펴봤다. 본인의 의지와 상관없이 몸이 떨리는 파킨슨병으로 몇 년 동안 고생하다가 단지 생각만으로 도파민 분비를 늘려 이 경련성 마비 증세를 사라지게 한 사람들, 만성 우울증에 시달리다가 각고의 노력으로 뇌 지도를 바꿔 쇠약한 감정 상태를 떨쳐내고 행복과 기쁨을 느끼게 된 여성, 수증기만으로도 대단한 천식 발작을 일으켰으나 바로 그와 똑같은 수증기로 몇 초 만에 기관지를 원래 상태로 되돌린 천식 환자들, 그리고 심각한 무릎 통증으로 걷기조차 힘겨웠으나 가짜 무릎 수술을 받고 기적적으로 나아 이후 통증 없이 살아간 남자들의 이야기도 있었다.

이 외에도 비슷한 사례들이 많은데 이 모든 경우의 공통점은 당사자들이 건강해질 것이라는 암시를 받아들이고 믿었다는 것, 나아가 어떤 분석도 하지 않고 그 잠재적인 결과에 자신을 내맡겼다는 것이다. 그들은 회복의 가능성을 받아들이고 그것이 미래에 실현되리라 믿어

의심치 않았다. 그리고 그 과정이 그들의 마음과 뇌를 바꾸었다. 미래에 그 결과가 일어나리라 믿었을 때 그들은 건강해질 것이라는 생각을 감정적으로 받아들였고, 그 결과 무의식적 마음으로서의 그들 몸은 현재를 살면서도 그 미래의 현실 속에서 살았다.

그들은 새로운 마음에 몸을 맞춰 새로운 방식으로 새로운 유전자를 발현시키고 건강한 몸에 맞는 새로운 단백질을 생성해 내기 시작했다. 그렇게 새로운 존재 상태로 나아갔다. 가능할 것 같은 새 시나리오에 몸을 내맡기고 나서는 그런 일이 어떻게 일어날지, 언제 실현될지 더 이상 따지지 않았다. 더 나은 존재 상태가 되리라 믿어 의심치 않았고, 장기간에 걸쳐 그와 같이 새로운 몸과 마음의 상태를 유지했다. 건강을 위한 유전자에 불이 켜지고 또 계속해서 켜져 있을 수 있었던 것은 그렇게 새로운 존재 상태가 상당한 기간 동안 유지되었기 때문이다.

참여자들은 연구가 진행되는 몇 주 또는 몇 달 동안 매일 당의정을 삼키거나 식염제 주사를 맞거나 혹은 가짜 수술을 받으면서 그 가능한 미래의 결과를 믿고 받아들이고 거기에 자신을 내맡기기를 거듭했다. 통증이나 우울증의 완화를 위해 약을 복용할 때마다 그들은 미래의 결과에 맞게 스스로를 조정하고, 그 결과를 기대하고, 또 그런 의도적인 활동에 의미를 부여했으며, 이로써 내면적으로 변화의 과정이 더욱더 강화되어 갈 수 있었다. 매주 한 번씩 병원에 가서 병세가 호전되었는지 면담하기로 한 경우라면 그때 만나는 의사, 간호사는 물론 의료 장비며 대기실의 분위기까지 일련의 감각 반응들을 불러일으켰고, 이 감각 반응들은 연상 작용을 통해서 그 가능하다고 생각하던 새로운 미래를 상기시켰다. 이 사람들은 '병원'이란 데가 사람의 병을 낫게 해주는 곳이라는 생각에 길들여져(조건화되어) 있었다. 그래서 미래의 변화를 기대하기 시작했고 치료 과정에 빠짐없이 참여하기로 마음을 먹은 것이다. 이 모든 요소가 함께 작용하지 않았다면 이들 플라시보 환자들이 그 결과를 그렇게 철석같이 믿지는 못했을 것이다.

그러니 이제 중요한 점을 하나 짚고 넘어가자. 이러한 변화들을 부른 것은 어떠한 물리적·화학적 방법이나 치료법도 아니었다. 그 사람들은 실제로 수술을 받지도 않았고 약효가 있는 약을 복용하지도 않았으며 진짜 치료라곤 아무것도 받지 않았음에도 그렇게 건강해진 것이다. 그들 마음의 힘이 몸의 생리에 크게 영향을 미쳐서 치유가 이루어진 것이었다. 그런 의미에서 진짜 변형은 그들의 의식적인 마음과는 상관없이 일어났다고 말할 수 있다. 의식적 마음으로 그 모든 과정을 시작했을 수는 있지만, 진짜 일은 잠재의식 속에서 일어났고, 따라서 당사자들도 어떻게 그런 일이 일어났는지 전혀 알 수 없었던 것이다.

이반 산티아고의 경우도 마찬가지다. 최면 상태에 있는 그의 마음이 몸의 생리에 아주 강력한 힘을 발휘했기 때문에 얼음이 둥둥 떠 있는 차가운 욕조 안에서조차 조금도 흐트러지지 않았던 것이다. 그런 놀라운 결과를 끌어낸 것은 그의 의식적 마음이 아니라, 단순한 암시에도 반응한 그의 잠재의식적 마음이었다. 그가 암시를 받아들이지 않았다면 결과는 몹시 달라졌을 것이다. 더구나 그는 그런 일을 하면서 자신이 어떻게 그런 일을 할 수 있을까 생각하지 않았다. 사실 산티아고는 얼음물 속에 앉아 있지 않았다. 그는 더없이 따뜻하고 편안한 물 속에 앉아 있었다.

그러므로 최면처럼 플라시보 효과도 우리의 의식이 어떤 식으로

든 자율 신경계와 교류할 때 일어난다고 할 수 있다. 간단히 말해 의식적 마음이 잠재의식적 마음과 합쳐지는 것이다. 플라시보 환자가 어떤 생각을 현실로 받아들이고 그 최종 결과를 감정적으로 믿고 신뢰한다면, 다음에 벌어질 일은 실제로 낫는 것뿐이다.

폭포처럼 쏟아지는 생리학적 사건들은 자동적으로 우리 몸 전체의 생물학적 변화를 부른다. 의식적 마음과 상관없이 말이다. 우리 몸의 작동 체계 안에서 이러한 작용이 이미 일상적으로 일어나고 있을 때가 되어서야 우리는 그렇다는 것을 의식할 수 있고, 그렇게 의식할 때면 이미 상황은 종료된 것이다. 우리는 비옥한 땅에 씨 뿌리기를 끝낸 농부처럼 기다리기만 하면 된다. 우리를 대신해 우리 몸 속의 체계가 모든 걸 알아서 자동으로 할 것이다. 그것은 해야 할 어떤 일이 아니다. 저절로 이루어지는 일이다.

의식적으로 도파민 분비를 200퍼센트로 높일 수 있는 사람은 없다. 무의식적인 떨림을 통제하고, 우울증을 극복하기 위해 새 신경 전달 물질을 생산하고, 면역력을 키우기 위해 줄기 세포를 백혈구로 바꾸고, 통증을 줄이기 위해 무릎 연골을 재생시킬 수 있는 사람도 없다. 의식적인 마음 상태였다면 산티아고도 욕조 안으로 들어갔을 때 움찔했을 것이다. 그런 일에 성공할 사람은 확실히 없다고 해야 할 것이다. 그래도 시도해 보겠다면, 이 모든 과정을 어떻게 시작할 수 있는지 이미 알고 있는 마음의 도움을 받아야 할 것이다. 그리고 성공하려면, 자율 신경계, 다시 말해 잠재의식적 마음을 활성화한 다음 그것들에 새 세포와 건강한 새 단백질을 만드는 임무를 맡겨야 할 것이다.

## 받아들임, 믿음 그리고 내어맡김

지금까지 나는 암시 감응력이란 것을 마치 필요할 때마다 마음대로 꺼내 써먹을 수 있는 것인 양 말해왔다. 하지만 앞의 이야기에서도 알 수 있듯이 그것이 그렇게 쉽지는 않다. 사실을 직시하자. 산티아고처럼 유난히 암시 감응력이 좋은 사람들이 있을 뿐이다. 그리고 그런 사람들이라고 해서 모든 암시에 다 감응하는 것도 아니다.

예를 들어 앞에서 최면 테스트를 받은 사람들 중 어떤 사람들은 후최면 암시를 받았을 때 공공 장소에서 속옷을 벗는 일 정도는 아무 문제 없이 했지만, 살이 덜덜 떨리는 얼음물 욕조가 따뜻한 자쿠지(물에서 기포가 생기게 만든 욕조—옮긴이)라는 생각은 잠재의식적으로도 받아들이지 못했다. 최면 트랜스 상태에서 일시적으로 상태를 전환시키는 암시와 비교해 후최면 암시(처음 보는 사람에게 총을 쏘라고 산티아고에게 전달된 암시 같은)의 경우 일반적으로 암시가 좀 약해진다는 점을 감안하더라도 이는 마찬가지이다.

그리고 최면처럼 플라시보 반응도 모든 사람에게 다 일어나는 것은 아니다. (가짜 무릎 수술을 받은 남자들의 경우처럼) 수년간 통증 없이 지낸 플라시보 환자들은 후최면 암시를 받은 사람들과 매우 유사하게 반응한다. 이 사람들처럼 암시가 멋지게 작동하는 사람이 있는가 하면 별 반응 없이 지나가는 사람도 있다.

예를 들어 병이 들어 아프고 고통스러울 때 플라시보는커녕 약이나 주사, 수술 등 어떤 치료도 소용없을 거라고 생각하는 사람들이 많다. 그런데 실은 소용이 있다. 다만 느낌에 꺼둘리지 말고 좀 더 크게 생각해 볼 필요가 있다. 새로운 생각이 새로운 느낌을 계속 끌어낼 때 그 생각이 강화되고, 그때 마침내 새로운 존재 상태로 되는 것이다. 하지만 익숙한 느낌이 익숙한 생각을 부르게 내버려두는 습관에서 벗어나지 못한다면, 우리는 과거와 똑같은 몸과 마음의 상태에 있게 되고, 이때 변하는 것은 아무것도 없게 된다.

그런데 약이나 수술로 몸이 회복될 거라는 생각을 받아들이지 못하던 사람이 새로운 수준의 받아들임과 믿음에 이르고 초조함이나 걱정, 분석 없이 최후의 결과에 자신을 내어맡기게 된다면, 그들은 그 과정에서 커다란 보상을 받을 수 있다. 암시 감응력이라는 것이 바로 생각을 실제로 경험하게 만들고, 그 결과 우리 몸이 새로운 방식에 반응하게 하는 것이기 때문이다.

암시 감응력에는 받아들임acceptance, 믿음belief, 내어맡김surrender이라는 세 가지 요소가 필요하다. 내면의 상태를 바꾸기 위해 당신이 하고 있는 일이 무엇이든 그 일을 받아들이고 믿고 거기에 자신을 내어맡길수록 당신은 더 좋은 결과를 창조할 수 있다. 산티아고도 최면 상태에서 잠재의식의 관리 아래 들어갔을 때 그 제거되어야 하는 '악당'에 대해 실버가 하는 말을 완전히 받아들였고, 실버가 사실을 말하고 있다고 믿었으며, 아무런 분석이나 비판 없이 실버가 지시한 대로 따랐다. 초조해서 두 손을 비벼대지도 않았고, 그 고위 인사가 정말 악당이라면 증거를 대라고 요구하지도 않았다. 두 번 생각하지 않고 그냥 그 일을 했다.

## 감정 덧붙이기

건강해질 수 있다는 생각이 들고 그런 생각이나 희망(외부의 뭔가가 우리 내부의 뭔가를 바꿀 것이라는)에 감정적인 기대를 덧붙일 때 우리는 그 최종 결과에 대한 암시 감응력을 높이고 있는 셈이다. 그때 우리는 그 결과를 낳는 전체 체계에 맞게 우리 자신을 조건화하고 그 결과를 기대하고 그 과정에 의미를 부여한다.

그런데 이 과정에서 중요한 것이 감정적인 부분이다. 암시 감응력을 높이는 과정은 단지 생각만으로 이루어지는 것이 아니다. 건강해질 수 있다고 머리로는 생각하지만 감정적으로는 받아들이지 못하는 사람이 많다. 그들은 최면 상태의 산티아고처럼 자율 신경계로 들어가지 못한다. (3장에서 논의한) 모든 신경 물질과 단백질의 발사가 이루어지도록 하는 잠재의식적 프로그램이 자리한 곳이 바로 자율 신경계이기 때문에 자율 신경계로 들어가는 것은 매우 중요한 문제이다. 사실 심리학에서는 대체로, 강렬한 감정을 자주 경험하는 사람들이 아이디어 수용력이 높고, 따라서 암시 감응력도 높다고 보고 있다.

자율 신경계를 통제하는 곳은 대뇌변연계인데, 대뇌변연계는 '감정 뇌' '화학 뇌'라고 불리기도 한다. 그림 6-1의 설명에서도 보이듯이 대뇌변연계는 화학 물질의 분비를 명령하고 항상성을 유지시키며 자연스러운 생리적 균형을 유지하는 등의 잠재의식적 기능에 관여한다. 대뇌변연계는 감정 총괄 본부이다. 당신이 색다른 감정을 느낄 때 뇌의 이 부분이 활성화되고, 그 감정에 상응하는 화학 분자들이 만들어진다. 그리고 이 감정 뇌는 의식적 마음의 통제 밖에 있기 때문에, 당신

## 의식 운동

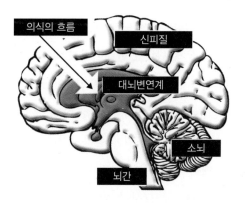

**그림 6-1** 감정을 느낄 때 당신은 최종적으로 의식적 마음의 자리인 신피질을 건너뛰어 자율 신경계를 활성화할 수 있다. 생각을 초월할 때 건강을 조절, 유지하는 뇌의 부분에 도달할 수 있는 것이다.

이 감정을 느끼는 순간 자율 신경계가 자동으로 활동하게 되는 것이다.

치유시 느끼게 될 고양된 감정을 치유 전에 미리 느낄 때 플라시보 효과가 나온다면, 감정적 반응을 증폭할 때(그래서 보통의 무감정 상태에서 벗어날 때) 우리는 우리의 잠재의식 체계를 활성화하는 것이다. 감정 느끼기는 작동 체계 안에 들어가 변화의 프로그램을 짜는 방법이다. 감정을 느낄 때 우리는 즉시 자율 신경계를 움직여 미래에 건강해질 때 분비할 화학 물질을 이미 건강해진 것처럼 만들어낼 것이기 때문이다. 그때 우리의 몸은 뇌와 마음으로부터 천연 묘약들의 신비한 혼합물을 받게 될 것이다. 그 결과 몸은 이제 감정적으로 마음이 되어간다.

지금껏 보아왔듯이 아무 감정이나 다 그런 바람직한 결과를 낳는 것은 아니다. 앞장에서 살펴본 대로 생존 모드의 감정들은 뇌와 몸의 균형을 깨뜨림으로써 최상의 건강을 유지하는 데 필요한 유전자들의 불을 꺼버리거나 하향 조절해 버린다. 두려움, 공허감, 화, 적대감, 초조감, 비관, 경쟁심, 걱정 같은 감정은 건강에 필요한 적당한 유전자에 신호를 보내지 못한다. 실제로는 그 반대이다. 그런 감정들은 투쟁 혹은 도주 반응을 위한 신경 체계에 불을 켜 우리 몸으로 하여금 응급 상황에 대비하게 한다. 이때 우리는 치유를 위한 생명 에너지를 잃게 된다.

약간 다른 이야기지만 어떤 일을 성사시키려고 애쓰는 것도 비슷한 결과를 부른다. 애쓴다는 것은 무언가를 바꾸려고 한다는 것이고, 따라서 애를 쓰는 순간 우리는 그것에 맞서게 된다. 우리는 알게 모르게 고군분투하며 결과를 얻어내려고 애쓴다. 그런 일도 생존 감정이 그렇듯 우리를 불균형 상태로 빠뜨린다. 그래서 더 조급해지고 더 낙담하게 되면 불균형 상태는 더욱더 커진다. 〈스타워즈: 제국의 역습〉에서 요다가 루크 스카이워커에게 했던 말을 기억하는가? "'한다do' 아니면 '하지 않는다do not' 두 가지뿐이야. '애를 써본다try'는 없어." 플라시보 반응도 마찬가지다. 애쓰는 건 없다. 단지 인정하느냐 아니냐가 있을 뿐이다.

우리는 스트레스를 주는 부정적인 감정들에 지나치게 익숙한데다 그 감정들을 과거의 많은 사건들과 곧잘 연결시키기 때문에, 그런 감정들을 느끼는 순간 우리 몸은 바로 과거의 조건 속에 갇히고 만다. 여기서 과거의 조건이란 건강하지 않은 상태를 말한다. 그때 아무리 새로운 정보가 들어와도 당신의 유전자는 새로운 방식으로 작동할 수 없다. 과거가 미래를 몰아낸 셈이다.

한편 감사와 같은 감정은 가슴을 열어줄 뿐 아니라 몸 속의 에너지를 낮은 호르몬 센터들에서 새롭고 높은 곳으로 끌어올린다. 감사는 암시 감응력을 높이는 가장 강력한 감정 중 하나이다. 감사는 우리가 감사할 사건이 이미 일어났다고 몸에게 감정적으로 가르친다. 보통 우리는 원하는 사건이 일어났을 때 감사하기 때문이다.

실제 사건이 일어나기 전에 감사의 감정을 끌어낼 수 있다면 (무의식적 마음인) 당신의 몸은 미래의 사건이 실제로 이미 일어났다고 혹은 지금 일어나고 있다고 믿기 시작할 것이다. 따라서 감사는 받음 receivership의 최후의 상태이다. 그림 6-2를 참조해 생존 감정의 발현이 고양된 감정의 발현과 어떻게 다른지 살펴보기 바란다.

## 고양된 감정 대 제한된 감정

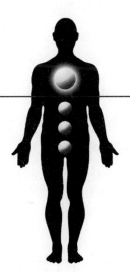

창조적인 감정(이타적)

감사, 사랑, 기쁨, 영감, 평화, 온전함, 신뢰, 앎, 존재함, 힘

생존 감정(이기적)

의심, 두려움, 화, 불안, 걱정, 염려, 심판, 경쟁, 적대, 슬픔, 우울, 욕정, 죄책감, 부끄러움

**그림 6-2** 생존 감정들은 기본적으로 스트레스 호르몬들에서 나오며, 몸과 마음을 이기적이고 제한된 상태에 머물게 하는 경향이 있다. 좀 더 창조적이고 고양된 감정들을 끌어안을 때 에너지가 다른 호르몬 중추로 올라가고, 그때 가슴이 열리기 시작하며 훨씬 이타적이 된다. 그때 당신의 몸은 새로운 마음에 반응하기 시작한다.

감사의 감정을 품고 그것을 분명한 의도와 연결 지을 때 우리는 그 일을 감정적으로 경험하기 시작한다. 그때 우리의 뇌와 몸이 변한다. 구체적으로 말하면 그때 우리는 우리의 마음이 철학적으로 알고 있는 것을 우리의 몸이 화학적으로 알게 하는 것이다. 그때 우리는 현재에 있으면서 새로운 미래 속에 있게 된다. 그때 우리는 우리를 과거에 묶어두는 구태의연한 감정들을 더 이상 사용하지 않아도 된다. 그때 우리는 고양된 감정을 이용해 새로운 미래로 나아가고 있는 것이다.

## 분석적인 마음의 두 얼굴

앞에서도 언급했지만 암시를 받아들이는 정도는 사람마다 다르다. 그래서 암시 감응력 스펙트럼이란 것이 있을 정도이다. 사람들은 안팎의 현실이 제공하는 생각이나 의견, 명령에 각기 다른 수많은 변수들을 고려해 각자 다르게 감응한다. 그림 6-3이 설명하는 것처럼, 암시 감응력은 분석적인 마음에 반비례한다. 분석적일수록 감응력이 낮고, 덜 분석적일수록 감응력이 높다.

분석적인 마음과 암시 감응력

**그림 6-3** 분석적인 마음과 암시 감응력은 서로 반비례한다.

분석적인 마음(혹은 비판적인 마음)은 우리가 알아차리고 있는 마음, 의식적으로 사용하는 마음이다. 우리 뇌에서 신피질이 하는 기능이 이 것이다. 신피질은 의식적인 앎을 관장하는 부위로서 생각하고 관찰하고 기억하며 문제를 해결하는 일을 한다. 신피질은 분석하고 비교하고 판단하고 재고하고 조사하고 질문하고 분류하고 검토하고 추리하고 합리화하고 반성한다. 신피질은 과거의 경험으로부터 배우고 그렇게 배운 것을 미래의 아직 경험하지 못한 것들에 적용한다.

예를 들어 앞서 설명한 최면 실험에서 식당에서 속옷을 벗으라는 후최면 암시를 받은 실험 대상자 11명 중 7명이 암시에 온전히 따르지 못했다. 그들로 하여금 '정신을 차리게 한 것'이 바로 이 분석적인 마음 이다. '이것은 옳은 일일까? 정말 이걸 해야 하나? 그런 일을 하는 나를 사람들이 어떻게 생각할까? 누가 나를 바라보지 않을까? 내 남자친구 가 알면 뭐라고 할까?' 이런 분석을 시작한 순간 암시는 힘을 잃고, 그 들은 예의 그 익숙한 존재 상태로 돌아갔다. 한편 즉시 속옷을 벗은 사 람들은 자신이 무슨 일을 하고 있는지 자문하지 않고 그런 일을 했다. 덜 분석적이었던(그래서 암시 감응력이 더 높았던) 것이다.

신피질은 둘로 나눠져 있고 그 각각은 반구半球라고 불린다. 우리 가 왜 선 대 악, 옳음 대 그름, 긍정 대 부정, 남성 대 여성, 이성애 대 동 성애, 민주당원 대 공화당원, 과거 대 미래, 논리 대 감정, 옛것 대 새것, 머리 대 가슴 등등 이원론적으로 분석하고 생각하면서 많은 시간을 보 내는지 이해가 되는 대목이다. 이것이 무슨 말인지 알 것이다. 거기에 스트레스로 인해 우리 몸에 쏟아지는 화학 물질들이 분석의 전 과정을 더욱더 빠르게 몰아붙인다. 미래의 결과를 예측하기 위해 훨씬 더 많은 것들을 분석하기도 하는데, 이는 과거 경험에 비추어 일어날 수 있는 최악의 시나리오를 어떻게든 피해보려는 것이다.

물론 분석적 마음 자체에는 문제가 없다. 분석적 마음이 있기에 깨어 있는 내내 우리가 잘살 수 있다. 우리를 인간으로 만들어주는 것도 분석적 마음이다. 분석적 마음은 의미를 만들어내고 외부 세계(서로 다른 시공간 속의 사람들과 물건들의 경험이 합쳐진 결과)와 내면 세계(우리의 생각과 느낌)를 일관성 있게 연결시킨다.

분석적 마음은 우리가 고요하고 편안하고 집중력이 좋을 때 가장 잘 작동한다. 이때 분석적 마음은 우리를 위해 작동한다. 우리 삶의 수많은 측면을 동시에 살피면서 우리에게 의미 있는 답을 제공한다. 분석적 마음은 무수한 갈림길에서 우리의 선택을 돕는다. 분석적 마음이 있기에 우리는 결정을 내리고, 새로운 것을 배우고, 어떤 것이 믿을 만한지 아닌지 면밀히 살펴보고, 사회 상황들이 윤리적인지 아닌지 판단하고, 삶의 목적을 분명히 알고, 도덕적인 것과 비도덕적인 것을 확실히 구분하고, 받아들인 감각 자료가 중요한 것인지 아닌지 판단할 수 있다.

분석적 마음은 외부 환경에 대처하고 그 속에서 잘 살아남도록 우리를 보호한다는 점에서 에고ego의 확장이라고 할 수도 있다. 사실 에고가 하는 중요한 일 중 하나가 보호이다. 에고는 늘 외부 환경 속의 상황들을 평가하며 가장 이로운 결과를 모색한다. 자아self를 보살피고 몸 또한 보존하려 애쓴다. 뭔가 위험할 것 같으면 당신의 에고가 말해줄 것이고, 상황에 잘 대응하도록 당신을 끌어갈 것이다. 예를 들어 길을 걷고 있는데 마주 오는 차들이 당신이 걷는 인도 쪽으로 너무 붙어서 달려온다면 당신은 길 건너편으로 건너서 걸어갈 것이다. 그렇게 하도록 이끄는 것이 에고이다.

하지만 스트레스 호르몬의 집중 포화로 에고가 균형을 잃게 되면 분석적 마음이 대단히 활발해지면서 과도한 자극을 받게 된다. 이때 분석적인 마음은 더 이상 우리를 위해서가 아니라 우리에 반해서 작동하게 된다. 우리는 지나치게 분석적이 된다. 그리고 에고는 극도로 이기적이 되어서 뭐든 자신이 먼저여야 만족한다. 그것이 에고의 일이기 때문이다. 에고는 우리의 정체성이 보호되려면 통제를 받아야 한다고 생각하고 느낀다. 에고는 결과물에 대해 힘을 발휘하고 싶어 하고, 안전한 상황을 확보하기 위해 해야 할 일을 미리 말해준다. 그리고 익숙한 것들에 집착하고 보내려 하지 않는다. 그래서 억울해하고 아파하고 고통스러워한다. 희생자 상태에서 벗어나지 못하는 것이다. 에고는 미지의 상황은 위험한 것으로 보고 어떻게든 피하려고 한다. 에고에게 미지란 신뢰할 수 없는 것이다.

중독적인 감정의 요구들을 충족시킬 수만 있다면 에고는 무슨 일이든 해서 힘을 기를 것이다. 에고는 자신이 원하는 것만 생각하고 그것을 가장 먼저 얻기 위해서는 어떤 험한 일도 불사할 것이다. 에고는 자신을 보호하기 위해서라면 언제든지 싸우고 거짓말하고 교활해지고 영악해진다.

따라서 스트레스가 많은 때일수록 당신의 분석적 마음은 바로 그 순간 당신이 느끼는 감정 속에 더 철저히 갇혀 당신 삶을 분석하게 된다. 이런 일이 일어날 때 사실 당신의 의식은 진짜 변화를 부르는 잠재의식적 마음의 작동 체계로부터 더 멀어진다. 그때 당신은 감정적이었던 과거로 당신의 삶을 분석하는 것이다. 그 문제에 대한 대답이 과거의 감정 속에 있을 리가 없는데도 말이다. 이때 당신은 익숙하고 제한적인 화학적 상태 안에 갇혀서 더욱더 고심할 수밖에 없다. 상자 밖으로 나가서 생각해야 하는데 상자 속에서만 생각하는 것이다.

앞에서 논의했던 생각과 느낌의 고리 때문에 그때 하는 생각은 같은 감정을 다시 창조하고, 따라서 당신의 뇌와 몸의 질서를 더욱더 무너뜨리게 된다. 스트레스 감정을 극복하고 다른 마음의 상태로 삶을 바라볼 때 좀 더 쉽게 답을 찾을 수 있을 것이다.(이 점을 잊지 말기 바란다.)

분석적인 마음이 강해지면 새로운 결과에 대한 암시 감응력이 낮아진다. 왜 그럴까? 곧 응급 상황에 맞닥뜨릴 것 같은 순간에 열린 마음으로 새로운 가능성들을 음미하고 받아들일 수 없기 때문이다. 새로운 생각을 믿고, 그것이 마음껏 펼쳐지게 두고, 그것에 자신을 내어맡길 때가 아닌 것이다. 신뢰할 때가 아니라, 생존 가능성의 최대값을 알기 위해 아는 것과 모르는 것을 가늠하고 그렇게 해서 자아를 보호할 때인 것이다. 다시 말해 미지의 것으로부터 도망가야 할 때인 것이다. 그러므로 스트레스 호르몬들이 분석적 마음을 지지할 때는, 생각이 좁아지고, 새로운 어떤 것을 믿거나 신뢰하지 않게 되며, 생각만으로 믿게 하거나 미지未知의 것을 기지既知의 것으로 만드는 암시 감응력이 떨어진다. 당신은 분석적인 마음 혹은 에고를 당신을 위해서 사용할 수도 있고 당신에게 반反하도록 사용할 수도 있다.

## 마음 작동법

의식적 마음의 일부이지만 독립적이기도 한 분석적 마음 때문에 우리의 마음은 의식적 마음과 잠재의식적 마음으로 나뉜다. 이 분석적인 마음이 침묵하고 잠재의식(진정한 변화가 일어나는 영역)적으로 인식이 이루어질 때에만 플라시보 효과가 나타난다. 당신이 자아를 넘어서서 당신의 자율 신경계가 당신의 의식적 마음을 가릴 때에만 플라시보 반응이 나온다는 말이다.

그림 6-4로 이 점을 간단하게나마 설명해 보자. 그림의 원은 우리 마음 전체를 뜻한다. 의식적 마음은 전체 마음의 약 5퍼센트에 지나지 않는다. 의식적 마음은 논리, 추리, 창조적 능력으로 이루어져 있다. 이것들에서 자유 의지가 생긴다. 나머지 95퍼센트가 잠재의식적 마음이다. 이 마음은 컴퓨터 운영 체계 같은 것으로, 이곳에서 모든 자동 기능, 습관, 감정적 반응, 굳어진 행동 양식, 조건화된 반응, 연상 기

마음

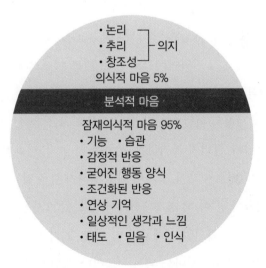

**그림 6-4** 의식적 마음, 분석적 마음, 잠재의식적 마음

억, 일상적인 생각과 느낌 등이 우리의 태도와 믿음과 인식을 만든다.

의식적 마음은 명시적explicit 혹은 서술적declarative 기억들이 저장되는 곳이다. 서술적 기억이란 말 그대로 서술할 수 있는 기억이다. 당신이 이번 생에서 배운 지식(의미 기억semantic memory이라고 한다)과 해온 경험(에피소드 기억episodic memory이라고 한다)이 여기에 속한다. 당신은 테네시에서 자라난 여성일 수 있다. 그렇다면 어릴 적에 말을 타다가 떨어져 팔이 부러지기도 했을 것이다. 열 살엔 타란툴라 독거미를 길렀을 것이다. 그 독거미가 우리를 벗어나 온 가족이 두 밤이나 호텔에서 잤을 수도 있다. 열네 살 때 주州 맞춤법 대회에서 상을 받은 이래 맞춤법을 틀린 적이 한 번도 없었을지 모른다. 네브래스카 대학에서 회계학을 전공했고, 현재는 (대기업에서 일하는) 언니를 따라 애틀랜타에서 살고 있을 것이다. 그리고 온라인 금융 전공으로 석사 학위를 준비중일 것이다. 서술적 기억은 곧 자전적 자아이다.

우리는 내포적implicit 혹은 비서술적non-declarative 기억도 갖고 있다. 이것을 절차procedural 기억이라고도 한다. 바로 어떤 일을 무수히 반복한 결과 의식하지 않고도 할 수 있을 때 생기는 기억이다. 무수한 반복 덕분에 이제 당신의 뇌뿐 아니라 당신의 몸도 그 일을 잘 알게 된 것이다. 자전거 타기, 클러치 조작하기, 운동화 끈 묶기, 전화 번호 누르기, 키패드에 비밀번호 누르기, 심지어 읽고 말하기 같은 것들을 생각해 보자. 이런 것들이 곧 이 책 전체에서 논의되고 있는 자동 프로그램들이다. 이미 잠재의식화되었기 때문에 더 이상 그 기술이나 습관에 대해 분석하거나 의식하지 않아도 되는 것들이다. 그림 6-5는 이런 프로그램들이 탑재해 있는 운영 체계의 모습을 잘 보여준다.

어떤 일을 할 때 그 일을 어떻게 해야 할지가 마음속에 깊이 새겨지고 몸이 그것에 감정적으로 조건화된 반응을 보일 정도로 그 일에 통달하게 되면, 우리 몸은 그 일을 어떻게 해야 하는지 의식적 마음만큼이나 잘 알게 된다. 몸이, 이제는 천성이 된, 내면의 신경 화학적인 절차를 암기한 것이다. 어떻게 그럴 수 있을까? 간단하다. 반복되는 경험이 뇌의 해당 신경 네트워크를 강화하다가, 감정을 통해 몸을 훈련시킴으로써 마침내 그 거래를 완성했기 때문이다. 그런 일이 경험을 통해 신경 화학적으로 충분히 구현되고 나면, 우리는 이제 익숙해진 잠재의식적 생각이나 느낌을 잠깐 스치기만 해도 몸 속의 관련 자동 프로그램을 작동시킬 수 있다. 그리고 그 즉시 우리는 그 프로그램에 따른 행동을 자동으로 수행하는 존재 상태가 된다.

### 기억 체계

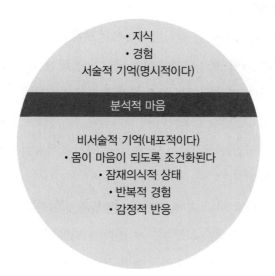

**그림 6-5** 기억 체계는 서술적인 기억(명시적이다)과 비서술적인 기억(내포적이다)으로 나뉜다.

내포적 기억은 경험에 대한 감정에서 발전하는데 여기에는 두 가지 시나리오가 가능하다. ① 매우 강렬한 한 번의 감정적인 사건이 머리에 즉시 기록되어 잠재의식 속에 저장된다.(예를 들어 어릴 때 큰 백화점에서 엄마를 잃어버린 기억 같은) ② 거듭되는 경험으로 말미암은 감정의 중복이 잠재의식 속에 반복적으로 저장된다.

내포적 기억은 잠재의식 체계의 일부로서, 반복되는 경험이나 매우 강렬한 감정적 사건에 의해 생겨난다. 따라서 어떤 정서나 감정을 떠올리는 것으로 우리는 잠재의식적 마음의 문을 열 수 있다. 뇌의 언어가 생각이고 몸의 언어가 감정이기 때문에, 어떤 감정을 느끼는 순간 우리는 몸-마음에 불을 켜게 된다.(몸이 잠재의식적 마음이 되었기 때문이다.) 드디어 운영 체계 속으로 들어간 것이다.

이렇게 생각해 보자. 늘 느끼던 감정을 또다시 느낄 때, 당신은 그 감정이 잠재의식 속에 일으키는 일련의 생각들과 접촉하게 된다. 그렇게 당신은 당신이 느끼는 감정에 상응하는 생각으로 매일 자기 암시를 건다. 그 생각들이 바로 당신이 마치 사실인 양 받아들이고 믿고 따르는 생각들이다. 따라서 당신은 늘 느끼는 감정에 정확히 들어맞는 생각들에 대해서만 암시 감응력이 더 높아진다. 결과적으로 당신이 부지불식간에 하고 있는 생각들이 당신이 거듭해서 받아들이고 믿고 따르는 생각들이 된다.

이와 반대로 기억 속에 저장된 감정들과 일치하지 않는 생각들에 대한 암시 감응력은 자꾸 더 낮아진다. 미지의 가능성을 언급하는 새로운 생각은 그게 뭐가 되었든 틀린 것만 같다. 자아의 목소리(당신이 매일 듣는 자아의 잠재의식적인 생각)가 매 순간 당신이 의식하지도 못하는 사이에 자율 신경계와 생물학적 과정을 자극하고 스스로 당신이라고 생각하는 사람이 거의 기계적으로 느끼는 감정들을 더욱더 강화하기 때문이다. 낙천주의자들이 긍정적인 암시에 더 호응한 반면 염세주의자들은 부정적인 암시에 더 호응하더라는 2장의 이야기를 기억하기 바란다.

그렇다면 느낌을 바꿀 때 새로운 생각의 흐름에 대한 암시 감응력이 더 좋아지지 않을까? 물론이다! 고양된 감정을 느끼고 그 새로운 감정으로 새로운 생각들이 자극받도록 허용한다면, 우리는 우리가 느끼고 생각하는 것에 대한 암시 감응력을 높일 수 있다. 그때 우리는 새로운 존재 상태가 되고, 그때 하는 새로운 생각들은 다시 그 느낌에 상응하는 자기 암시가 된다. 그리고 감정들을 느낄 때 우리는 자연스럽게 우리의 내포적 기억 체계와 자율 신경계를 활성화시킨다. 그렇게 우리는 간단히 자율 신경계로 하여금 그것이 가장 잘하는 일, 즉 균형과 건강과 질서를 되찾는 일을 하게 만드는 것이다.

앞서 살핀 플라시보 연구에서 본 많은 사람들이 바로 그런 일을 했다. 그들은 건강해질 것이라는 생각에 한껏 고취된다거나 희망을 갖거나 혹은 기뻐했고, 그렇게 감정을 고양시켰다. 그리고 아무런 분석 없이 새로운 가능성을 본 순간 그 감정들의 영향으로 암시 감응력이 더 높아졌다. 그런 감정들을 느꼈을 때 그들은 운영 체계 안에 들어가 새로운 질서(그런 감정들에 상응하도록 자기 암시하는 질서)의 자율 신경계 프로그램을, 생각만으로 다시 짠 것이다.

## 잠재의식의 문을 열다

암시 감응력의 정도가 사람마다 다르다면 그 다름의 정도는 분석적인 마음의 층이 얼마나 두꺼우냐에 따라 측정될 수 있을 것이다. 의식적 마음과 잠재의식적 마음 사이의 장벽이 두꺼울수록 운영 체계로 들어가기가 더 어려워질 것이다.

그림 6-6과 6-7은 서로 다른 마음을 가진 두 사람을 나타낸다.

그림 6-6의 사람은 의식적 마음과 잠재의식적 마음 사이에 아주 얇은 막이 있고, 따라서 암시에 매우 많이 열려 있다.(이반 산티아고처럼 말이다.) 이 사람은 지나치게 분석하거나 따지지 않기 때문에 뭐든 자연스럽게 받아들이고 믿고 거기에 자신을 내어맡길 것이다. 이런 사람들은, 생각한 대로 경험하기 쉽다는 점을 이해하고 그 생각을 감정적으로 잘 끌어안는 사람들이며, 따라서 이 과정을 자율 신경계에 각인시켜 생각이 언제라도 현실이 되도록 하는 데 타고난 재주가 있는 사람들이다. 이 사람들은 대개 삶에서 뭔가를 이해하려고 많은 시간 노력하거나 많은 것을 복잡하게 생각하지 않는다. 최면 쇼를 본 적이 있다면, 자진해서 무대에 올라오는 사람들이 주로 이 범주에 든다.

이제 그림 6-7의 사람을 살펴보자. 이 사람은 의식적 마음과 잠재의식적 마음을 가르는 분석적 마음의 층이 두껍다. 암시를 액면 그대로 받아들일 사람은 아니란 걸 당신도 이제 잘 알 것이다. 이 사람은 무엇이든 평가하고 검토하고 조사 분석하고 계획하는 지성의 도움을 받은 다음에야 받아들인다. 이 사람은 지극히 비판적이고 모든 걸 다 분석하고 나서야 신뢰하고 따른다.

## 암시 감응력이 높은 사람

분석적인 마음의 층이 얇다

**그림 6-6** (그림 속에서 얇은 줄로 나타난) 덜 분석적인 마음은 암시 감응력이 높다.


우리 중에는 스트레스 호르몬의 분비량에 상관없이 기본적으로 분석적인 마음이 더 큰 사람들이 있다. 어릴 때 부모가 합리적인 사고 기제를 강화해서일 수도 있고, 대학 때 합리적인 사고가 중요한 과목을 공부해서일수도 있고, 혹은 단순히 타고난 성격이 그래서일 수도 있다. (하지만 분석적인 마음이 아무리 크더라도, 배워서 그것을 극복할 수 있다. 나도 그랬으니 걱정할 것 없다.)

앞에서도 말했듯이 이 둘 중 어느 한쪽이 더 유리하다는 말은 아니다. 나는 이 둘 사이에서 균형을 맞추는 것이 가장 건강하다고 생각한다. 지나치게 분석적인 사람은 좀처럼 신뢰하지도 못하고 삶 속으로 자연스럽게 흘러 들어가지도 못한다. 반면에 암시 감응력이 너

## 암시 감응력이 낮은 사람

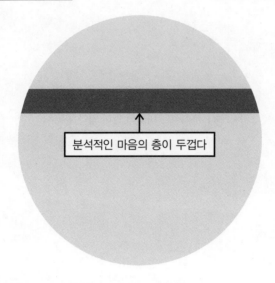

분석적인 마음의 층이 두껍다

**그림 6-7** (그림 속에서 두꺼운 줄로 나타난) 발달한 분석적 마음은 암시 감응력이 낮다.


무 높은 사람은 아주 어수룩하고 무능할 수 있다. 요점은 삶을 끊임없이 분석하고 판단하며 모든 것을 일일이 따지고 든다면 옛 프로그램들로 돌아가는 운영 체계 속에 들어가 새로운 프로그램을 깔기란 불가능하다는 것이다.

암시를 받아들이고 믿고 그것에 자신을 내어맡길 때에만 의식적 마음과 잠재의식적 마음 사이의 문이 열린다. 그때 그 정보(암시)가 자율 신경계에 신호를 보낼 수 있다. 그러면 그 즉시! 자율 신경계가 모든 일을 알아서 할 것이다.

이제 그림 6-8을 살펴보자. 화살표는 의식적 마음에서 잠재의식적 마음으로 의식이 움직이는 것을 보여준다. 이때 암시가 프로그래밍

## 뇌파: 분석적 마음 넘어서기

**그림 6-8** 이 그림은 명상하는 동안 변하는 뇌파의 상태와, 분석적 마음을 지나 의식적 마음에서 잠재의식적 마음으로 옮겨가는 인식의 움직임 사이의 관계를 보여준다.

시스템 속에 생물학적으로 새겨진다.

분석적 마음을 잠재우고 잠재의식적 마음의 문을 열어 암시 감응력을 높이는 요소들은 명상 외에도 몇 가지 더 있다. 예를 들어 정신적 혹은 육체적 피로도 암시 감응력을 높인다. 감각 상실로 인해 사회적·물리적·환경적 신호들을 제한적으로만 접할 때 암시 감응력이 높아진다는 연구 결과도 있다. 극도의 굶주림, 감정적 충격, 트라우마도 우리의 분석 능력을 약화시켜 감응력을 더 높인다.

## 명상의 탈신비화

최면처럼 명상도 비판적 마음을 거치지 않고 바로 잠재의식적 프로그램의 시스템 속으로 들어가게 한다. 명상의 가장 큰 목적은 분석적 마음 없이 인식하는 것, 외부 세계나 몸, 시간에서 벗어나 생각과 느낌의 내면 세계에 주의를 집중하는 것이다.

명상이라는 말에는 덧씌워진 오명들이 많다. 명상이라고 하면 사람들은 흔히 비바람이 몰아치건 말건 완벽한 평정심 속에 산꼭대기에 앉아 있는 수염 덥수룩한 구루라든지, 소박한 승복에 얼굴에는 신비롭고 관대한 미소를 띠고 있는 스님, 혹은 잡티 하나 없는 피부에 멋진 요가복을 입고 일상의 모든 일에서 벗어난 듯 고요한 모습으로 잡지 표지를 장식하고 있는 젊고 아름다운 여성의 이미지를 떠올린다.

이런 이미지들을 접하면 대개는 명상을 비현실적인 것, 접근할 수 없는 것, 우리 능력을 넘어선 것쯤으로 여기기 쉽다. 또 명상을 자신의 종교적 신념과는 맞지 않는 타종교의 영적 수행법으로 간주하는 사람도 있다. 그런가 하면 셀 수 없이 많은 명상의 종류에 압도돼 어디서부터 시작해야 할지 몰라 주저하는 사람도 있다.

하지만 명상이란 그렇게 어려울 필요도 없고, 혼란스러울 필요도 없으며, 또 '기괴할' 필요도 없다. 우리의 논의를 위해 여기서는 일단 명상의 전반적인 목적이 분석적인 마음을 넘어서 깊은 의식의 차원으로 들어가는 것이라고 해두자.

명상할 때 우리는 단지 의식적 마음에서 잠재의식적 마음으로만 옮겨가는 것이 아니다. 우리는 이기성에서 이타성으로, 어떤 몸some-body

과 어떤 사람some-one에서 어떤 몸도 아니고no body 어떤 사람도 아닌no one 것으로, 물질주의자에서 비물질주의자로, 어떤 장소에 있는 것에서 아무 장소에도 있지 않는 것으로, 시간 안에 있는 것에서 어떤 시간에도 있지 않는 것으로 옮겨가기도 한다. 또 우리는 외부 세계가 실재라고 믿고 감각sense으로 실재를 판단하던 것에서, 내면 세계가 실재이고 이 세계로 들어가는 것은 '감각이 없는 세계non-sense', 곧 감각을 넘어선 사유의 세계로 들어가는 것이라고 믿는 데로 옮겨가게 된다. 명상은 우리를 생존에서 창조로, 분리에서 연결로, 불균형에서 균형으로, 비상 모드에서 성장과 재생 모드로 나아가게 하고, 두려움과 분노, 슬픔 같은 제한적인 감정 상태에서 기쁨과 자유, 사랑 같은 확장적인 감정 상태로 나아가게 한다. 근본적으로 우리는 명상을 통해서 이미 알고 있는 것에 집착하던 데서 아직 알지 못하는 것을 포용하는 데로 나아가게 된다.

잠시 그 이유를 살펴보자. 신피질이 의식적 인식이 이루어지는 집이고, 따라서 생각을 하고 분석적인 추론을 하고 지성을 발휘하고 합리적인 과정을 증명하는 곳이라면, 명상을 하기 위해서 당신은 의식을 신피질 너머로 혹은 그 바깥으로 옮겨야 할 것이다. 의식이 기본적으로 사고思考의 뇌에서 대뇌변연계와 잠재의식의 영역으로 옮겨가야 하는 것이다. 다시 말해 신피질과 그것이 매일 수행하는 신경 활동을 줄이려면, 당신은 일시적으로라도 분석적으로 생각하기를 멈추고 추론, 논리, 지성화, 예측, 예상, 합리화와 관계하는 능력들을 내려놓아야 한다. '마음을 고요히 한다'는 말이 바로 이런 것을 뜻한다.(그림 6-1을 다시 참조하기 바란다.)

앞장에서 간략히 설명한 신경 과학적 모델에 따르면, '마음을 고요히 한다'는 말은 당신이 매일 습관적으로 불을 켜 자동적이 된, 생각을 담당하는 뇌 속의 신경 네트워크들 모두에게 '정전停電'을 선언해야 한다는 뜻이다. 즉 같은 수준의 마음을 반복 생산하면서 스스로에게 당신이 생각하는 당신을 계속 상기시키는 일을 멈추어야 한다는 뜻이다.

엄청난 일 같아서 지레 겁을 먹을지도 모르겠다. 하지만 그런 엄청난 일을 해낼 수 있도록 돕고 기술로 습득할 수도 있게 하는, 과학적으로 증명된 실용적인 방법들이 있다. 세계 곳곳에서 워크숍을 해보면 명상이라곤 한 번도 해본 적 없는 일반 사람들이 방법만 배우면 오히려 명상을 아주 잘해내는 경우를 많이 본다. 다음 장들에서 당신도 그 방법들을 배우게 될 것이다. 하지만 여기서는 먼저 의도를 키우는 일에 집중하도록 하자. 그래야 방법을 알았을 때 더 큰 보상을 받을 수 있다.(2장에서 소개한, 퀘벡 시에서 에어로빅 운동을 한 사람들처럼 말이다. 노력하면 심리적으로 더 행복해질 거라는 말을 들은 이들은 에어로빅 연습에 의미를 부여했고, 따라서 결과도 더 좋았다.)

## 명상이 어려운 이유

분석적인 신피질은 우리가 처한 현실을 알아내고자 오감을 모두 활용한다. 사실 신피질은 몸과 환경, 시간을 인식하는 데 온 힘을 쏟는다. 조금이라도 스트레스를 받는 상황이 되면 우리는 몸, 환경, 시간에 더욱더 집중하게 되고, 따라서 이 세 요소의 중요성이 더 커진다. 투쟁 혹은 도주 모드의 비상 상황에서 아드레날린 분비를 시작하게 되면,

우리는 마치 위협을 감지한 야생 동물처럼 몸을 보호하고, 위험 환경에서 도망갈 길을 찾고, 안전하게 빠져나오기까지 얼마나 시간이 걸릴지 파악하는 데에만 온통 주의를 집중한다. 문제에 초집중하고, 자신이 어떻게 보이는지에 집착하고, 힘들어하고, 일에 필요한 시간이 부족하다고 생각하며, 정신없이 서두른다. 남의 얘기만은 아닐 것이다.

생존 모드에 있을 때는 외부 세계와 그 세계에서 당신이 갖고 있는 문제에 지나치게 집중하게 되기 때문에, 당신은 자신이 보는 것과 경험하는 것이 존재하는 모든 것이라고 생각하기 쉽다. 외부 세계가 없다면 당신은 아무 사람도 아니고no one, 아무 몸도 아니고no body, 아무 물건도 아니며no thing 존재할 곳마저 없어지는no place 것이다. 자기 정체성을 끊임없이 확인하는 것으로 현실의 모든 것을 통제하려는 에고의 입장에서 보면 이 얼마나 무서운 일인가!

생존 모드에 있을 때 당신이 감지하는 것들은 진실로 빙산의 일각일 뿐이요 외부 세계를 구성하는 요소들의 몇 가지 배열에 지나지 않는다고 생각하면 도움이 될 것이다. 우리는 외부 세계의 수많은 변주와 조합에 자신을 동일시하며, 이처럼 동일시된 변주와 조합이 곧 자기 자신이라고 여긴다. 그렇다고 해서 우리가 동일시하는 것들이 외부 세계의 전부는 아니다. 실제로 새로운 것을 배울 때마다 우리는 세계를 다르게 보게 된다. 세계가 변한 것이 아니다. 세계에 대한 우리의 인식perception이 변한 것이다.(인식에 대해서는 다음 장에서 좀 더 살펴볼 것이다.)

여기서는, 변화를 바라지만 외부 세계에 있는 것들만으로는 변화할 수 없다면 그때는 우리가 보고 지각하고 경험하고 있는 한계 바깥에서 답을 찾을 필요가 있다는 점을 알아두는 것으로 충분하다. 우리는 지금까지 알아보지 못했던 미지의 다른 원천으로부터 그 답을 끌어내야 할 것이다. 그런 의미에서 미지의 것은 적이 아니라 친구이다. 미지의 그곳에 답이 있다.

외부 세계의 온갖 조건들에서 내면 세계로 주의를 돌려놓기가 그렇게 어려운 또 한 가지 이유는 우리가 대부분 스트레스 호르몬에 중독되어 있다는 것이다. 우리의 의식적·무의식적 반응의 결과인 화학물질들의 분출이 주는 특정 느낌들에 중독되어 있다는 말이다. 그런 중독이 외부 세계가 내면 세계보다 훨씬 더 실재적이라는 믿음을 강화한다. 우리 몸의 생리학도 그런 믿음을 지지하는 상태로 바뀐다. 우리로 하여금 집중하게 만드는 위협거리나 문제, 걱정거리가 어쨌든 진짜로 존재하기 때문이다. 그러므로 우리는 우리가 현재 처해 있는 외부 환경에도 중독된다. 우리는 삶 속의 문제나 조건을 연상 기억함으로써 그와 같은 감정적 중독을 재확인하며, 이로써 진짜 자기라고 믿는 모습을 더욱 강화한다.

달리 설명하면 이렇다. 생존 모드에 사는 동안 우리가 경험하는 스트레스 호르몬들이 우리 몸에 강한 에너지를 주고 오감이 깨어나게 한다. 그때 우리는 고양된 느낌을 받는다. 이로써 우리는 외부 세계와 연결된다. 그리고 그런 스트레스를 계속 받으면 우리는 당연히 오감으로 느끼는 세계만이 실재한다고 생각하게 된다. 물질주의자가 되는 것이다. 이때 내면으로 들어가 '비감각non-sense'의 비물질 세상과 조우하려면, 외부 세계로부터 얻는 화학 물질 분비에 대한 중독과 조건화된 습관을 깨기 위해 상당한 노력을 해야 한다. 상황이 이런데 어떻게 생각이 3차원의 물질 세계보다 더 강력하다고 믿을 수 있을까? 이럴 때 생각만으로 무언가를 바꾸기란 어렵게 된다. 우리가 이미 몸과 환경의 노예가 되어버렸기 때문이다.

1장에서 살펴본 이야기들을 다시 읽어보고 앞으로 9장과 10장에서 살펴볼, 내 워크숍에서 있었던 이야기들을 읽어본다면 그런 믿음을 바꾸는 데 도움이 될 것이다. 불가능하다고 생각했던 것이 가능하다는 걸 보여주는 새로운 정보들을 많이 접하는 것이, 감각으로 지각하는 것이 다가 아님을 상기하는 데 도움이 될 테니 말이다. 인정하든 않든 우리는 플라시보인 것이다.

## 뇌파를 조종하다

암시 감응력을 높여서 방금 언급한 문제들을 극복하고자 자율 신경계로 들어가는 것이 명상이라면, 이제 우리는 그곳으로 들어가는 방법을 알아야 할 것이다. 간단히 말하면 우리는 뇌파를 이용해 그곳에 도달할 수 있다. 뇌가 어떤 상태에 있느냐에 따라 매 순간 암시 감응력의 정도는 크게 달라질 수 있다.

뇌의 여러 가지 상태들에 관해 배운 뒤 당신이 어떤 상태에 있는지 인식할 수 있게 되면, 당신은 한 상태에서 다른 상태로 옮겨간다거나 뇌파 패턴의 눈금자를 오르내리게 하는 법을 훈련해서 익힐 수 있다. 물론 연습이 필요하지만 가능한 일이다. 그러면 먼저 뇌의 여러 가지 상태들에 대해 좀 더 자세히 살펴보자.

신경 세포들은 함께 발화되면 전하를 띤 요소들을 서로 교환하면서 전자기장을 만들어낸다. 뇌전도 검사에서 뇌 주사 사진을 찍을 때 우리가 측정하는 것이 바로 이 전자기장들이다. 인간의 뇌파는 그 진동수frequency(혹은 주파수라 불린다─옮긴이)에 따라 몇 가지로 나뉘는데, 뇌파의 진동이 느릴수록 내면의 잠재의식 속으로 더 깊이 들어간 것이다. 뇌파 상태는 그 진동 속도에 따라 델타파(뇌파의 진동이 가장 느린 상태, 완전히 무의식적인 상태로 원기를 회복하는 깊은 수면 상태), 세타파(깊은 수면 상태와 완전히 깬 상태 사이의 몽롱한 상태), 알파파(창의적이고 상상력이 풍부한 상태), 베타파(의식적인 생각의 상태), 감마파(뇌파의 진동이 가장 빠른 상태, 의식이 고양된 상태)로 나눠진다.

베타파 상태는 우리가 매일 깨어 있는 상태이다. 베타파 상태에 있을 때는 생각하는 뇌, 즉 신피질이 모든 들어오는 감각 자료들을 처리하면서 외부 세계와 내면 세계 사이에 의미를 만들어낸다. 베타파 상태는 명상에 좋은 상태는 아니다. 베타파 상태에서는 외부 세계가 내면 세계보다 더 실재하는 것처럼 보이기 때문이다. 베타파는 저底베타파(책을 읽을 때의 뇌 상태처럼 긴장하지 않고 흥미를 느끼며 무언가에 주의하는 상태), 중베타파(뭔가를 배우고 기억할 때의 뇌의 상태로 몸 밖에서 계속해서 들어오는 자극에 집중하는 상태), 고베타파(스트레스 화학 물질들이 생산될 때의 상태로 위기 모드에서 고도로 집중하고 있는 상태)라는 세 개의 패턴으로 나눠진다. 베타파의 진동이 빠를수록 몸의 운영 체계에 접근하기는 더 어려워진다.

거의 매일 우리는 베타파에서 알파파 사이를 왔다 갔다 한다. 알파파는 외부 세계보다 내면 세계에 더 관심을 갖기 시작하는, 긴장이 완화된 상태이다. 알파파 상태는 가벼운 명상 상태라고 할 수 있다. 상상이나 몽상에 잠기는 상태가 알파파 상태이다. 이 상태에서는 내면 세계가 외부 세계보다 더 실재적인 것으로 느껴진다. 내면 세계에 더 집중하게 되기 때문이다.

고베타파 상태에서 알파파 상태로 들어가면서 좀 더 이완된 태도로 주의를 기울이고 집중할 때 우리는 자동으로 전두엽을 활성화한다. 앞에서 설명했듯이 전두엽은 시공간을 다루는 뇌의 신경 회로들을 약하게 한다. 이때 우리는 생존 모드에서 벗어난다. 베타파 상태에 있을 때보다 더 창조적인 상태가 되고, 따라서 암시 감응력도 더 높아진다.

반은 깨어 있고 반은 잠에 든 몽롱한 상태(보통 '마음은 깨어 있고 몸은 잠자는 상태'라고 한다)인 세타파 상태로 내려가기는 쉽지 않다. 세타파 상태는 암시 감응력이 가장 높은 뇌파 상태로 명상을 하면서 도달하려고 애쓰는 지점이기도 하다. 세타파 상태에서 우리는 잠재의식에 접촉할 수 있는데, 이 상태에서는 분석적인 마음이 작동하지 않기 때문이다. 이 상태에 이르면 우리는 대체로 내면 세계에 머물게 된다.

세타파 상태를 당신만의 잠재의식의 왕국으로 들어가는 열쇠로 생각하라. 앞의 그림 6-8을 보자. 이 그림은 뇌파 상태들과 의식적·잠재의식적 마음이 어떻게 연관되는지를 보여준다. 그 다음으로 서로다른 진동수의 뇌파들을 보여주는 그림 6-9를 보기 바란다.

뇌파 패턴들을 잘 봐두면 이 책 후반부에서 명상 훈련에 관해 살필 때 도움이 될 것이다. 물론 원한다고 해서 즉시 세타파 상태에 빠질거라고 기대하지는 말라. 하지만 뇌가 다양한 상태로 바뀔 수 있으며이처럼 다양한 뇌의 상태가 우리가 이르고자 하는 것에 어떤 영향을 미치는지 알아두면 도움이 될 것이다.

## 뇌파

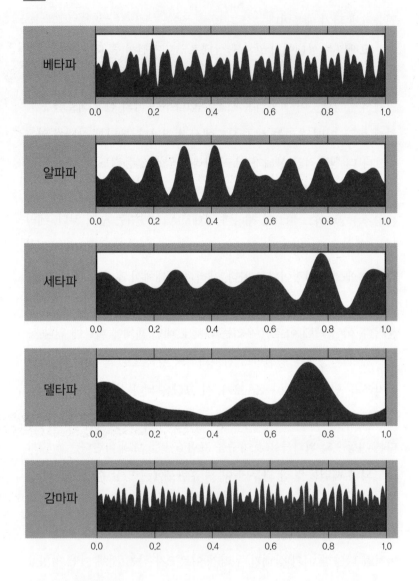

**그림 6-9** 이 그림은 서로 다른 뇌파 상태를 1초 간격으로 보여준다. 감마파는 극도의 흥분과 각성 상태에서 나타난다.

## '암살' 범죄의 분석

이제 이 장 처음에 등장했던 이반 산티아고와 다른 최면 피험자들 이야기로 돌아가 보자. 분명히 이 사람들은 우리 대다수보다 훨씬 쉽게 분석적 마음을 건너뛸 수 있었다. 이들은 신경 가소성과 감정 가소성emotional plasticity이 뛰어나 외부 세계보다 내면 세계를 더 실재하는 것으로 만들 수 있었다. 깨어 있는 시간 동안 이들은 아마도 베타파보다 알파파 상태에 더 많이 머무를 것이다. 따라서 항상성 상태에서 벗어나게 만드는 스트레스 호르몬도 체내에 덜 돌아다닐 것이다. 그러니 아주 뛰어난 암시 감응력으로 잠재의식의 자동 기능들을 의식적으로 잘 통제할 수 있었던 것이다.

하지만 이들도 모두 똑같지는 않았다. 이 연구에서도 암시 감응력의 정도는 다양하게 나타났다. 첫 시험을 통과한 16명의 암시 감응력도 분명히 높지만, 후최면 암시에 따라 공공 장소에서 옷을 벗는 시험까지 통과한 사람들만큼 높지는 않았다. 이 두 번째 시험까지 통과한 사람들은 마음속 깊이 뿌리 박혀 있는 사회 규범들을 거스르는 행동까지 했다. 이들 네 명은 분명 사회적 환경조차 넘어설 정도로 암시 감응력이 높은 사람들이었다. 하지만 그들 중 셋은 얼음물에 아무렇지도 않게 들어가는 것까지는 안 되었다. 물리적 환경까지 넘어서지는 못한 것이다.

꽤 긴 시간 동안 자기 몸을 장악하면서 극단적인 물리적 환경을 넘어설 수 있었던 산티아고만이 최고 수준의 암시 감응력을 증명했다. 산티아고는 차가운 얼음물을 견디는 것은 물론이고, 냉혈 킬러와는 거리가 먼 사람임에도 불구하고 '외국인 고위 인사'를 암살하라는 후최면 암시를 따름으로써 도덕적 환경까지도 넘어설 수 있다는 걸 보여주었다.

플라시보 효과에서도 긴 시간 동안 환경과 몸을 넘어서 있기 위해서는 이와 유사한 고도의 암시 감응력이 요구된다. 외부 세계보다 내면 세계가 더 실재적이라는 생각을 받아들이고 믿고 그 생각에 자기를 내어맡겨야 한다는 말이다. 앞으로 몇 장章만 더 읽으면 당신도 믿음을 바꾸고 암시 감응력을 높이는 법만이 아니라 그런 상태를 이용해 잠재의식을 바꾸는 법까지 배우게 될 것이다. 다행히도 소품 총으로 스턴트맨을 쏘기 위해서가 아니라, 건강이나 감정적 트라우마를 비롯해 당신이 갖고 있는 문제들을 해결하기 위해서 말이다.

# 07:태도, 믿음
## 그리고 인식

자바 인들의 전통 춤 '쿠다 럼핑kuda lumping'(대나무 등으로 만든 말을 다리 사이에 끼고 여럿이서 전통 악기와 고음의 노래에 맞춰 추는 춤. 시간이 지나면서 신들린 상태에 빠지고 유리를 먹는 등의 행위를 하기도 한다―옮긴이)을 보기 위해 사람들이 자카르타의 한 공원으로 모여들었다. 멍한 눈을 한 열두 살의 인도네시아 소년이 누가 시킨 것도 아닌데 군중들로부터 깨진 유리 조각을 받아먹으려고 입을 벌렸다. 소년은 마치 팝콘이나 프레첼이라도 먹듯이 유리 조각들을 씹어 삼켰고, 소화에 아무 문제도 없는 것처럼 보였다.

3세대 쿠다 댄서이기도 한 소년은 아홉 살 때부터 유리를 먹는 놀라운 공연을 펼쳐왔다. 소년과 이 전통 극단의 다른 19명의 단원들은 공연 전이면 늘 자바 전통의 주문을 함께 외우며 죽은 자의 영혼들을 불러내 그날 춤꾼의 몸 안으로 들여보냈다. 그들은 그 영혼들이 그날의 춤꾼을 고통으로부터 보호한다고 믿었다.[1]

소년과 그 동료들은 1장에서 살펴본 애팔래치아 지방의 뱀을 만지는 목사들의 경우와 어떤 면에서 유사하다. 그 목사들도 영혼의 비호 아래 팔이며 어깨에 독사들을 두른 채 연단 위에서 흥분해서 춤을 추었다. 독사들을 얼굴 가까이 대는 위험천만한 행위로 설사 물리더라도 좀처럼 독이 온몸으로 퍼지지는 않는다. 불 위를 걷는, 피지의 벵카섬 사와우 족 사람들도 비슷한 경우이다. 붉게 이글거리는 석탄과 불타는 통나무 속에서 몇 시간씩 달궈진 흰 돌 위를 이들은 조금도 흐트러짐 없이 걷는다. 신이 언젠가 이 부족의 조상 중 한 명에게 그 같은 능력을 부여한 이래 대대로 전해 내려온 능력이라고 한다.

유리를 먹는 소년, 뱀을 쥐고 흔드는 목사, 불 위를 걷는 사람들, 이들은 '이번에도 잘될까?'라는 생각을 단 한 순간도 하지 않았다. 그들의 믿음은 철저했다. 유리를 씹거나 독사를 만지거나 불타는 돌 위를 걷는 등의 일을 하겠다는 결심이 몸, 환경, 시간의 한계를 초월하게 했고, 불가능할 것 같은 일들을 할 수 있도록 그들의 몸을 바꾸었다. 신이 자신을 보호할 거라는 철석같은 믿음이 한 치의 의심도 허락하지 않았다.

매우 강한 믿음이 필요 조건이라는 점에서는 플라시보 효과도 이와 비슷하다. 그런데 지금까지의 심신 상관 연구들이 대부분 플라시보 효과의 원인을 찾기보다 그 결과를 측정하는 데 집중해 왔기 때문에 이 같은 '믿음'에 관한 연구는 많지 않다. 내면 상태의 변화가 신념 치유, 조건화, 억압된 감정의 분출, 상징에 대한 믿음 때문이든 영적인 훈련 때문이든 우리는 여전히 우리 몸 속에서 그런 심오한 변화를 일으키는 것이 무엇이냐는 질문을 던질 수밖에 없다. 그것이 무엇인지 알고 나면 그것을 계발할 수 있지 않을까?

## 믿음은 어디에서 나오는가?

무의식적인 믿음은 우리가 생각하는 것 이상으로 많다. 어떤 생각을 표면적으로는 아주 잘 받아들이는 것 같아도 마음속 깊은 곳에서는 그 생각이 진짜로 가능하다고 믿지 않을 수도 있다. 이 경우 우리는 그저 그 생각을 머리로만 받아들이는 것이다. 플라시보 효과를 야기하기 위해서는 우리 자신에 대한 믿음, 우리의 몸과 건강을 위해 무엇이 가능한지에 대한 믿음을 진정으로 바꿔야 하기 때문에, 우리는 여기서 먼저 믿음이 무엇이고 어디서 생겨나는 것인지 이해하고 넘어갈 필요가 있다.

어떤 사람이 이러저러한 증상을 느끼고 의사를 찾아갔고, 그 의사가 객관적인 자료에 바탕해 그에게 지금 어떠어떠한 상태라고 진단을 내렸다고 하자. 의사는 환자에게 병의 예후도 알려주고 일반적인 경우를 참조해 치료법도 말해준다. 의사로부터 '당뇨' '암' '갑상선 항진증' 혹은 '만성 피로 증후군' 같은 말을 듣는 순간 그 사람 머릿속에서는 과거 경험에 기반한 생각과 이미지와 감정이 시리즈로 지나가게 된다. 과거에 부모가 같은 병을 앓았을 수도 있고, TV 프로그램에서 같은 병을 앓다가 죽은 사람을 보았을 수도 있다. 인터넷에서 그 병에 대해 읽은 기사 때문에 겁을 먹을 수도 있다.

의사를 만나 전문적인 의견을 들으면 환자는 그 병을 자동으로 받아들이고, 확신에 찬 의사의 말을 믿게 되며, 마침내는 관련 치료법과 예상 결과들에 복종하게 된다. 제대로 된 분석 하나 없이 이 모든 일이 끝나버린다. 환자가 의사의 말에 감응한 것(그리고 감염된 것)이다.

이때 이 환자가 슬픔과 함께 두려움, 걱정, 불안 같은 감정까지 껴안는다면 그런 감정들과 똑같은 불행한 생각(자기 암시)밖에는 할 수 없다.

이 환자는 병을 이겨내겠다는 긍정적인 생각을 하며 노력할 수도 있지만, 잘못된 플라시보를 받은 이 사람의 몸은 여전히 기분이 나쁘고, 그 결과 이전과 같은 유전자만 발현시키고 새로운 가능성들은 보지도 지각하지도 못하는 잘못된 존재 상태에 처하게 된다. 이 환자는 그 병에 대한 자신의 믿음(의사의 믿음)이 시키는 대로 하는 것밖에는 달리 할 것이 별로 없다.

그렇다면 (다음 장들에게 살펴볼) 플라시보 효과를 이용해 자가 치유한 사람들의 경우는 무엇이 달랐을까? 첫째, 이들은 자신이 받은 병의 진단, 예후, 치료법이 최종적이라는 의사의 말을 '받아들이지' 않았다. 권위 있는 의사가 설명해 준 가장 그럴듯한 결말도 '믿지' 않았다. 마지막으로, 그 진단, 예후, 치료법에 자신을 '내맡기지도' 않았다. 그들은 받아들이고 믿고 자신을 내맡긴 사람들과 다른 태도를 지니고 있었고, 따라서 다른 존재 상태에 있었다.

그들은 의사의 충고와 의견에 감응하지 않았다. 두려워하지도 슬퍼하지도 않았고 스스로를 희생자로 여기지도 않았다. 오히려 그들은 낙관적이고 열정적이었으며, 이런 감정들이 새로운 생각들을 끌어내고 이 생각들은 다시 그들로 하여금 새로운 가능성을 보게 했다. 그들은 무엇이 가능한지에 관해 다른 생각과 믿음을 갖고 있었기 때문에, 자신의 몸을 최악의 시나리오에 맞게 조건화하지 않았고, 같은 진단을 받은 다른 사람들이 생각하는 그런 예측 결과를 기대하지도 않았으며, 그 진단에 다른 모든 사람이 부여한 의미도 부여하지 않았다. 그들은 자신의 미래에 다른 의미를 부여했고, 따라서 다른 의도를 갖게 되었다. 그들은 후성 유전학과 신경 가소성을 이해했으며, 나의 워크숍과 이벤트에서 배운 것에 도움을 받아서 자신을 병의 희생자로 보지 않고 상황을 주도적으로 타개해 갔다. 그 결과 그들은 같은 진단을 받은 다른 사람들과 달리 훨씬 좋은 결과를 얻게 되었다. 더 많은 정보를 갖고 있던 호텔 청소부들이 더 나은 결과에 이른 것과 똑같은 이치이다.

진단을 받고 그 즉시 "이 병을 이기고야 말 거야!"라고 말하는 보통의 사람들의 경우는 어떨까? 그 병과 의사가 설명해 준 결과를 받아들이지 않았다는 점에서는 앞의 사람들과 다를 바 없지만, 이들 대부분이 자기가 병들지 않을 거라고 진심으로 믿지는 않는다는 점에서 앞의 사람들과 다르다. 믿음을 바꾸는 것은 잠재의식 속의 프로그램을 바꾸는 것이다. 당신도 곧 알게 될 테지만 믿음은 잠재의식적인 존재 상태이기 때문이다.

의식적 마음만 활용해서 변화를 도모하는 사람은 결코 휴면休眠 상태에서 벗어나 유전자를 재구성할 수 없다. 어떻게 하면 변화할 수 있는지 그 방법을 모르기 때문이다. 여기서 치유 과정은 멈춰버린다. 이들은 의사의 말 외에는 어떤 것에도 진정으로 감응하지 못하기 때문에 다른 가능성에 자신을 내맡길 수 없다.

어떤 치료법에도 반응하지 않고 몸 상태도 늘 같다면 매일 동일한 감정적 상태에서 살고 있기 때문이 아닐까? 수백만 명의 사람들을 대변하는 사회 의식에 기댄 채 제대로 된 분석도 없이 의사가 제시한 의학적 모델을 받아들이고 믿고 그것에 자신을 내맡기면서 말이다. 사실이는 수백만 명의 다른 사람들도 똑같이 하고 있는 일이다. 이쯤 되면 의사의 진단이야말로 현대판 부두교의 저주가 아닐까?

민음에 대해 더 깊이 알아보기 위해 먼저 '태도attitude'의 개념부터 살펴보자. 우리가 일련의 생각과 감정을 하나로 묶게 되면 이것들이 결국 자동적인 습관으로 되고, 여기에서 태도가 형성된다. 어떻게 생각하고 느끼느냐가 곧 존재 상태를 만들어내기 때문에 태도는 짧은 존재 상태라고 할 수 있다. 태도는 당신이 생각과 감정을 바꿈에 따라 매 순간 달라질 수 있다. 물론 태도에 따라서는 몇 분, 몇 시간, 며칠, 심지어 몇 주까지 이어지는 것도 있다.

예를 들어 계속해서 좋은 생각들을 했고 그에 따른 좋은 감정들을 느꼈다면, 당신은 "오늘 내 태도는 좋았어"라고 말할 수 있다. 그리고 연달아 부정적인 생각을 했고 그에 따라 부정적인 감정이 들었다면, "오늘 태도가 나빴어"라고 말할 수 있다. 같은 태도를 계속 가지면 그 태도는 자동적인 것이 된다.

특정 태도들을 오랫동안 반복하거나 유지하면 그 태도들이 하나로 묶이는데 여기에서 믿음이 생겨난다. 믿음은 단지 연장된 존재 상태일 뿐이다. 본질적으로 믿음은 당신이 뇌 속에 그 믿음을 고정시키고 그에 따라 당신 몸을 감정적으로 조건화하기 전까지는 거듭 반복되는 생각과 느낌(이것들이 곧 태도)에 불과하다. 당신은 그 믿음들에 중독되어 있다. 그래서 믿음을 바꾸기가 그렇게 어렵고, 믿음이 도전받을 때 본능적으로 기분이 나빠지는 것이다. 경험들이 (생각을 야기하며) 신경학적으로 뇌에 새겨지고 (느낌을 일으키며) 화학 물질에 의해 감정으로 구현된다는 점에서, 믿음은 대부분 과거 경험에 기반한다.

따라서 과거에 있었던 일을 다시 생각하고 분석하는 방식으로 같은 생각을 거듭해서 하게 되면, 그 생각들이 자동적·무의식적인 프로그램을 만들고 그 생각을 거듭하는 한 그 프로그램은 점점 더 견고해진다. 그리고 과거의 느낌을 자꾸 되씹고 그때마다 그 사건이 일어났을 때와 똑같이 느낀다면, 우리는 잠재의식적으로 우리 몸이 그와 같은 감정을 지닌 마음이 되도록 조건화한다. 그리고 우리의 몸은 무의식적으로 과거에서 살게 된다.

같은 생각과 느낌을 오랜 기간 거듭해서 몸이 마음이 되도록 조건화하고 그런 조건화가 잠재의식적으로 프로그래밍될 때, 믿음은 과거로부터 나온 잠재의식적·무의식적인 존재 상태가 된다. 믿음은 태도보다 더 오래 지속된다. 몇 달, 심지어 몇 년씩 지속되기도 한다. 그리고 그렇게 더 오래 지속되기 때문에 몸 속에 더 깊이 새겨진다.

내 기억 속에도 여기에 딱 맞는 어린 시절 이야기가 하나 있다. 나는 이탈리아 인 집안 출신인데 초등학교 4학년 때 이탈리아 인과 유대인이 섞여 사는 도시로 이사를 가게 되었다. 등교 첫날, 선생님이 유대인 여자 아이 셋 사이에 내 자리를 지정해 주었다. 그날 그 아이들은 예수가 이탈리아 인이 아니라는 말을 내게 했다. 그렇게 그날은 내 인생에서 잊을 수 없는 날이 되었다.

그날 오후 집에 돌아오자 아담한 체구의 내 이탈리아 인 어머니가 첫날 학교가 어땠냐고 자꾸 물었지만, 나는 아무 말도 하지 않았다. 그렇게 아무 말도 안 하고 버티자 어머니가 결국 내 팔을 꽉 붙잡고 무슨 일이 있었는지 똑바로 말하라고 다그쳤다.

"나는 예수님이 이탈리아 사람이라고 생각했어요!" 화가 난 내가 말했다.

"무슨 말이냐?" 어머니가 물었다. "예수님은 유대인이시잖니!"

"유대인이라고요?" 나는 즉시 대꾸했다. "그게 말이 돼요? 사진에서 보면 다 이탈리아 사람처럼 보이잖아요! 아니에요? 할머니도 매일 예수님한테 이탈리아 어로 말씀하시고요. 그리고 로마 제국은요? 로마는 이탈리아 도시 아니에요?"

예수가 이탈리아 인이라는 나의 믿음은 그렇게 내 과거의 경험들에서 생겨난 것이었고, 예수에 대한 나의 생각과 느낌은 나의 자동적인 존재 상태가 되었던 것이다. 깊이 자리한 믿음을 깨기란 쉽지 않아서 이 믿음을 깨기까지는 어느 정도 시간이 걸렸다.

이제 논의를 더 진전시켜 보자. 서로 관련된 일련의 믿음들이 하나로 묶이면 그것들은 인식perception이 된다. 따라서 현실에 대한 우리의 인식이란 오래된 믿음, 태도, 생각, 느낌에 기반한 지속적인 존재 상태라고 말할 수 있다. 그리고 우리의 믿음이 잠재의식적·무의식적 존재 상태가 되기 때문에(이 말은 왜 믿는지도 모르고 믿으며, 문제가 생기기 전에는 우리의 믿음을 의식하지도 않게 된다는 뜻이다), 우리의 인식, 즉 우리가 사물을 주관적으로 어떻게 보느냐는 대부분 과거로부터 생겨난 잠재의식적·무의식적 현실관에 좌우될 수밖에 없다.

실제로 과학적 실험 결과들은 우리가 현실을 있는 그대로 보지 않는다고 말한다. 그 대신 우리는 과거에 대한 기억에 기반해 무의식적으로 우리의 현실을 채워가고 있으며, 이 과거에 대한 기억은 우리의 뇌 속에서 신경 화학적으로 유지되고 있다.[2] 우리의 인식이 앞장에서 말한 내포적 혹은 비서술적 기억이 될 때 그 인식은 자동적 혹은 잠재의식적이 되고, 그 결과 우리는 자동으로 현실을 주관적으로 편집하게 된다.

예를 들어 당신은 당신 차가 당신 차인 줄을 잘 안다. 그 차로 수없이 운전해 봤기 때문이다. 당신은 당신 차에 대해 매일 똑같은 경험을 한다. 차에 별다른 일이 거의 생기지 않기 때문이다. 그래서 당신은 거의 매일 차에 대해 같은 생각을 하고 같은 느낌을 갖는다. 차에 대한 당신의 그런 태도가 차에 대한 믿음을 만들어왔고, 그 믿음은 당신 차에 대해 '좋은 차'라는 특정한 인식을 형성시켰다. 고장이 별로 안 났기 때문이다. 그런데 당신이 자동으로 그런 인식을 받아들임에도 불구하고 그 인식은 사실 주관적인 것이다. 당신 차와 같은 제조사의 같은 모델을 가진 사람이 있는데, 그 차는 늘 고장이 나서 그 사람이 자기 경험에 기반해 동일한 차에 대해 다른 믿음과 다른 인식을 가질 수 있기 때문이다.

사실 당신이 보통의 사람이라면 차가 고장이 날 때까지 차에 대해 그다지 자세히 생각하지 않을 것이다. 그저 어제 그랬던 것처럼 오늘도 잘 달려줄 거라 생각할 것이다. 어제, 그제, 또 그 전에 그랬던 것처럼 내일도 더 먼 미래에도 잘 달려줄 것이라고 자연스럽게 기대하는 것이다. 그것이 당신의 인식이다. 하지만 차의 기능에 문제가 생기면, 당신은 (모터가 돌아가는 소리를 주의해서 듣는 등) 좀 더 관심을 기울이면서 당신 차에 대한 당신의 무의식적인 인식을 의식해야 한다.

차가 좀 이상해져서 차에 대한 당신의 인식이 바뀌면, 이제부터는 당신 차에 대해 좀 다르게 인식하게 될 것이다. 배우자, 동료, 문화, 인종, 심지어 당신의 몸과 고통과 관련해서도 이는 마찬가지다. 현실에 대한 대부분의 인식은 이러한 방식으로 기능한다.

이제 내포적 혹은 잠재의식적 인식을 바꾸고 싶다면 당신은 더 의식적이어야(덜 무의식적이어야) 한다. 사실, 전에는 그다지 주의를 기울이지 않았던 당신 인생과 당신 자신의 모든 면에 더 많이 집중해야 한다. 깨어나서 더 많은 걸 자각하며, 그동안 의식하지 못했던 것을 의식해야 한다. 하지만 그런 일이 쉬울 리 없다. 아무리 그렇게 하고 싶어도 같은 현실을 거듭해서 경험하게 되면, 그 현재 세계에 대해 생각하고 느끼는 방식이 계속 같은 태도를 만들어낼 테고, 이는 다시 같은 믿음을 고취시킬 것이며, 같은 믿음은 같은 인식으로 확대될 것이기 때문이다.(그림 7-1 참조)

## 믿음과 인식의 형성

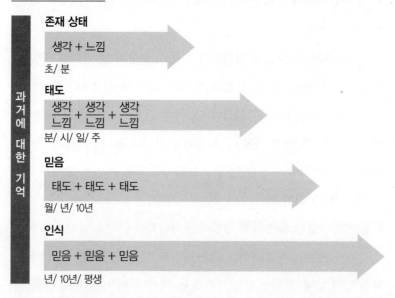

그림 7-1 생각과 느낌은 과거의 기억에서 나온다. 특정 방식으로 생각하고 느끼면 태도가 만들어진다. 태도는 거듭되는 생각과 느낌의 단기 경험에서 나오는 짧은 존재 상태이다. 일련의 태도가 한데 묶이면 믿음이 생겨난다. 믿음은 좀 더 길어진 존재 상태이며, 잠재의식으로 되는 경향이 있다. 일련의 믿음이 모아지면 인식이 만들어진다. 인식은 우리의 선택, 행동, 관계, 현실 모두에 관련된다.

당신의 인식이 기계적인 제2의 천성이 되어 진짜 현실에는 아무 관심도 없게 되면, 당신은 자동으로 모든 것이 이전과 똑같을 것이라고 기대하게 되고, 따라서 눈에 보이는 현실을 무의식적으로 받아들이고 그것에 동의하게 된다. 그래서 사람들이 대개 의사의 말을 무의식적으로 받아들이고 그것에 동의하는 것이다.

그러므로 당신의 믿음과 인식을 바꿔 플라시보 효과를 일으킬 수 있는 유일한 방법은 당신의 존재 상태를 바꾸는 것이다. 당신은 당신의 낡고 한계 가득한 믿음들의 본모습(즉 과거의 기록들)을 보고 그것들을 기꺼이 떠나보내야 할 것이다. 그래야 당신 자신에 대한 새로운 믿음(새로운 미래를 만들도록 도와줄)을 껴안을 수 있다.

## 믿음 바꾸기

그렇다면 자문해 보기 바란다. "내 자신과 내 삶에 대한 어떤 믿음과 인식에 나는 그동안 무의식적으로 동의해 왔던가? 즉 새로운 존재 상태를 만들기 위해 바꿔야 할 믿음과 인식은 무엇인가?" 생각을 요하는 질문이다. 앞에서 말했듯이 믿음들 중에는 믿고 있다고 미처 의식하지도 못하는 믿음도 많기 때문이다.

종종 우리는 주위 환경으로부터 특정 신호를 받는데, 그때 우리는 특정 믿음을 받아들이도록 밑칠을 당한다. 그 믿음이 사실이건 아니건 그 믿음을 받아들이는 순간 우리의 행동뿐 아니라 모든 선택이 그 믿음에 의해 영향을 받게 된다.

2장에서 살펴본, 수학에서 남자가 여자보다 낫다는 가짜 연구 보고서를 읽고 수학 시험에 응한 여학생들 이야기를 기억해 보라. 수학에서 남자가 여자보다 나은 이유가 유전자 때문이라고 읽은 여학생들은 그 이유가 고정 관념 때문이라고 읽은 여학생들보다 수학 시험에서 더 낮은 점수를 받았다. 두 이유 모두 조작된 것이지만(수학에서 남자는 여자보다 결코 낮지 않다) 유전자 때문이라고 읽은 그룹의 여학생들은 그 글을 믿었고, 결국 낮은 점수를 받았다. 시험 전에 아시아 인이 조금 더 좋은 성적을 보인다는 말을 들은 백인 남학생들의 경우도 마찬가지였다. 두 경우 모두 자기가 높은 점수를 받지 못할 거라고 무의식적으로 믿도록 밑칠을 받은 학생들은 실제로도 높은 점수를 받지 못했다. 그 정보가 잘못된 정보라고 해도 말이다.

그런 사실을 염두에 두고서, 우리를 움츠리게 하는 흔한 믿음들의 리스트를 한번 읽고 이 중 당신이 무의식적으로 믿어온 믿음은 없는지 살펴보기 바란다.

나는 수학을 못한다. 나는 부끄럼을 잘 탄다. 나는 성질이 급하다. 나는 똑똑하지 않다. 나는 창의성이라곤 없다. 나는 딱 내 부모다. 남자는 울어서는 안 된다, 혹은 남자는 강해야 한다. 내 짝은 없을 것이다. 여자는 남자보다 작다. 내가 속한 인종 혹은 문화가 우월하다. 인생은 만만찮다. 삶은 고달프고 아무도 도와주지 않는다. 나는 결코 성공하지 못할 것이다. 살아가려면 열심히 일해야 한다. 내 인생에 좋은 일은 없다. 행운은 늘 나를 비켜간다. 뜻대로 되는 일이 없다. 시간이 늘 부족하다. 나를 행복하게 해주는 사람이 없다. ~만 있으면 나는 행복할 것이다. 세상을 바꾸기는 너무 어렵다. 세계는 직선으로 흘러간다.

병균 때문에 병이 든다. 나는 살이 쉽게 찐다. 나는 여덟 시간은 자야 한다. 아픈 건 당연한 것이고 늘 아플 것이다. 생물학적으로 나는 수명을 다했다. 아름다움이란 이러이러한 것이다. 재미 같은 건 하찮은 것이다. 신은 나와 상관없는 존재이다. 나는 나쁜 사람이라서 신의 사랑을 받을 수 없다.……

이런 믿음들은 끝없이 나열할 수 있지만 이 정도면 무슨 말인지 알았으리라.

믿음과 인식은 과거의 경험에서 나오므로, 당신이 자신에 대해 갖게 된 이런 믿음들도 모두 당신의 과거에서 나온 것이다. 그런데 이 믿음들이 사실일까, 아니면 당신이 만들어낸 것일까? 이 믿음들이 과거 언젠가에는 사실일 수도 있었겠지만, 그렇다고 지금도 꼭 사실이라는 뜻은 아니다.

물론 우리는 우리의 믿음에 중독되어 있기 때문에 그렇게 생각하지 않는다. 우리는 과거의 감정에 중독되어 있다. 우리는 우리의 믿음을, 바꿀 수 있는 생각이 아니라, 진실로 본다. 무언가에 대해 매우 강한 믿음을 갖고 있다면 그 반대 증거가 바로 눈앞에 있어도 그것을 보지 못할 수 있다. 눈앞의 증거가 말하는 것과 완전히 다른 것을 인식하기 때문이다. 우리는 실제로 꼭 사실이 아닌 많은 것을 믿도록 우리 자신을 조건화해 왔고, 그런 믿음들이 우리의 건강과 행복에 부정적인 영향을 끼친다.

일부 문화적인 믿음들이 그 좋은 예이다. 1장에서 살펴본 부두교 저주를 떠올려보라. 그 환자는 부두교 사제가 저주를 걸었기 때문에 자신이 죽을 거라고 확신했다. 그 저주가 작동한 것은 오직 그가(그리고 같은 문화 속의 사람들이) 부두교가 진리라고 믿었기 때문이다. 그에게 저주를 건 것은 부두교가 아니라 부두교에 대한 자신의 믿음이었다.

어떤 문화적 믿음들은 구성원들의 조기 사망을 부르기도 한다. 예를 들어 샌디에이고의 캘리포니아 대학에서 3만 명에 육박하는 중국계 미국인 사망 기록을 바탕으로 연구한 것에 따르면, 태어난 해와 관련된 질병에 걸린 사람은 불운하다는 중국 점성학과 한의학의 믿음 때문에 그런 병에 걸린 중국계 미국인들이 평균 5년 일찍 사망했다.[3] 그런 믿음은 중국 전통을 고수하는 사람들에게 더 큰 효력을 발휘했고, 그 결과는 병의 종류와 관계없이 일관되게 나타났다. 예를 들어 혹이나 종양 관련 질병에 걸리기 쉽다는 해에 태어난 중국계 미국인들이 임파선 암으로 사망한 경우, 다른 해에 태어나 같은 암에 걸린 중국계 미국인이나 비중국계 미국인보다 5년 일찍 사망했다.

이런 예들이 보여주듯이 우리는 우리가 의식적·무의식적으로 사실이라고 믿는 것에만 감응한다. 중국 점성학을 믿지 않는 에스키모 사람들은 단지 범의 해나 용의 해에 태어났다고 해서 특정 질병에 더 취약하다는 말에 덜 감응할 것이다. 그것은 부두교 사제가 저주를 걸어 자신을 죽일 수도 있다는 관념에 영국 성공회 신자가 덜 감응하는 것과 같다.

그런데 어떤 결과를 의식적으로 분석하거나 사고하는 일 없이 그냥 받아들이고 믿고 그것에 자기를 내맡긴다면 누구라도 그 특정 결과에 감응하게 될 것이다. 대다수 사람들에게 그런 믿음은 의식적 마음 너머의 잠재의식 체계 속에 깊이 새겨져 있고, 바로 이런 믿음이 질병을 만들어낸다. 그러니 이제 질문을 하나 더 해보겠다. 당신은 문화적 경험에 기반한, 그러니까 사실이 아닐 수도 있는 믿음을 개인적으로 얼마나 많이 가지고 있는가?

믿음을 바꾸는 것은 어렵지만, 그렇다고 불가능하지도 않다. 그저 무의식적인 믿음들을 타파했을 때 무슨 일이 일어날지만 생각하라. '이 모든 일을 다 하기에는 시간이 절대적으로 부족해'라고 생각하고 느끼는 대신, '나는 시간에 얽매이지 않아. 난 다 해낼 거야'라고 생각하고 느낀다면 어떤 일이 일어날까? '우주가 나를 반대하고 있어'라고 믿지 말고, '우주가 친절하게도 나를 위해 움직이고 있어'라고 믿으면 어떨까? 얼마나 멋진 믿음인가! 우주가 당신을 위해 작동한다고 믿는다면, 당신은 어떻게 생각하고 어떻게 살고 어떻게 거리를 걸어다니겠는가? 당신 삶이 그런 믿음으로 어떻게 바뀌겠는가?

믿음을 바꾸고 싶다면 먼저 그것이 가능하다는 사실을 받아들이는 것부터 시작해야 한다. 그런 다음 앞서 설명한 대로 고양된 감정으로 에너지의 수준을 높여야 한다. 그리고 마지막으로 당신의 몸이 그 변화를 인식하게 해야 한다. 당신 몸이 생물학적으로 재조직되는 방식이나 그 시기를 꼭 알아야 할 필요는 없다. 그런 생각을 한다는 것은 분석적인 마음을 가동시킨다는 것이고, 그러면 당신은 베타파 상태로 돌아가게 되며, 이는 암시 감응력을 떨어뜨린다. 그보다는 최종 결단을 내려야 한다. 그 결단의 에너지 혹은 진폭이 당신 뇌 속의 견고한 프로그램과 당신 몸 속의 감정적 중독보다 더 커질 때, 당신은 과거보다 더 커지고 당신 몸은 새로운 마음에 반응하게 될 것이다. 그리고 그때 진짜 변화가 일어날 수 있다.

이 모든 걸 어떻게 할지 당신은 이미 알고 있다. 과거에 당신 자신, 당신 인생의 무언가를 바꾸고 싶어 결심했던 때를 떠올려보라. 어쩌면 이렇게 말했던 때가 있었을 것이다. "내 기분 따위는 상관없어!"(몸을 넘어섬) "무슨 일이 일어나든 상관하지 않을 거야!"(환경을 넘어섬) 그리고 "아무리 오래 걸려도 상관없어!"(시간을 넘어섬) "이 일은 꼭 해내고야 말 거야!"

그렇게 말하는 순간 당신은 소름이 끼쳤을지도 모르겠다. 존재 상태가 바뀌었기 때문이다. 새로운 존재 상태의 새로운 에너지를 느낀 그 순간 당신은 당신 몸에 새로운 정보를 보냈다. 당신은 고무되었고, 익숙한 휴면 상태에서 벗어났다. 생각만으로 당신 몸이 예의 그 과거 상태에서 사는 데서 벗어나 새로운 미래에 살게 되었기 때문이다. 실제로 그때 몸이 마음을 좌우하는 일을 멈추고 당신이 마음을 좌우하게 된 것이다. 당신이 믿음을 바꾼 것이다.

## 인식의 효과

믿음과 마찬가지로 과거 경험에 대한 우리의 인식도, 긍정적인 인식이든 부정적인 인식이든 우리의 잠재의식적 존재 상태와 건강에 직접적인 영향을 미친다. 임상 전기생리학 전문의로 1984년 로스앤젤레스 도허니 안질환연구소 부소장을 지낸 그레첸 반 보에멀Gretchen van Boemel 박사도 도허니 연구소에 보내진 캄보디아 여성들에게서 충격적인 현상을 목격하면서 그런 놀라운 사실을 접하게 되었다. 캘리포니아 롱비치 인근 지역(약 5만 명의 캄보디아 사람들이 살아서 작은 프놈펜이라고 불렀다)에서 살던 40~60세 사이의 이 여성들은 유독 실명을 비롯한 심각한 안질환을 많이 앓고 있었다.

사실, 이 여성들의 눈에는 전혀 문제가 없었다. 반 보에멀 박사는 그들의 시각계視覺系가 제대로 작용하는지 보기 위해 뇌 정밀 사진을 찍었고, 그 결과를 시력 검사 결과와 비교했다. 이 여성들은 모두 1.0이나 0.5 정도의 정상인의 시력을 갖고 있었으나, 시력 검사표를 읽을 때는 거의 맹인 수준이었다. 어떤 여성들은 빛조차 지각하지 못하고 그림자도 전혀 찾지 못했다. 실제로 눈에는 아무 이상이 없었는데도 말이다.

반 보에멀 박사와 롱비치 캘리포니아 주립대학의 패트리시아 로지Patricia Rozée 박사가 함께 팀을 꾸려 이들 여성을 연구한 결과, 앞을 전혀 못 보던 여성들의 경우 공산주의 독재자인 폴 포트 정권 당시 크메르 루주 치하에 살다가 난민 수용소에서 거의 모든 생을 보냈다는 사실을 알아냈다.[4] 그 당시인 1975~1979년 사이, 크메르 루주의 대학살로 최소 150만 명의 캄보디아 인이 살해된 바 있었다.

연구 대상 여성 중 90퍼센트가 크메르 루주 때문에 가족을 잃었고(개중에는 가족을 열 명이나 잃은 사람도 있었다), 70퍼센트는 바로 눈앞에서 사랑하는 사람(때로는 가족 전체)이 잔인하게 살해되는 모습을 지켜봐야 했다. 로지 박사는《로스앤젤레스 타임스》에 "이 여성들은 마음으로 감당할 수 없는 것들을 보았던 것입니다"라고 썼다.[5] "그때부터 이들은 마음을 닫아버렸고 더 이상 보기를 거부했습니다. 더 이상의 죽음도 고문도 강간도 굶주림도 보고 싶지 않았던 것입니다."

남편과 네 아이가 눈앞에서 살해되는 광경을 목격해야 했던 한 여인은 바로 그 순간에 시력을 잃어버렸다. 남동생과 남동생의 세 아이가 죽을 때까지 맞는 모습을 지켜봐야 했던 여인도 있었다. 태어난 지 석 달 된 조카는 죽을 때까지 나무에 내동댕이쳐졌다. 그 사건 후 그녀도 시력을 잃어갔다.[6] 그 여인 자신도 온갖 구타와 모욕과 굶주림과 성적 학대와 고문을 당했고 하루 20시간 노동으로 고통을 받았다. 이제는 안전한 곳에 살고 있었지만 이들은 여전히 집 밖에 나가기를 꺼려했다. 그러면서 악몽과 불쑥불쑥 찾아드는 생각들로 인해 그 잔혹했던 과거를 거듭 기억하고 또 체험하고 있었다.

롱비치 캄보디아 여성들을 대상으로 심신 상관적인 실명 현상을 150건(이런 종류의 희생자로는 세계 최대 규모)이나 기록한 반 보에멀과 로지는 그 결과를 1986년 워싱턴 D.C.에서 열린 미국심리학협회 총회에서 발표했다. 청중들은 할 말을 잃었다.

이 여성들이 실명을 하거나 실명에 가깝게 된 것은 안과 관련 질환이나 신체적 이상 때문에 아니라 그들이 겪은 사건들에 너무도 큰 충격을 받고 말 그대로 "눈이 멀 때까지 울었기" 때문이었다.[7] 차마 볼 수 없는 일을 강제로 보면서 그들의 감정이 크게 고조되었고, 그 고조된 감정이 그들로 하여금 더 이상 보고 싶지 않다는 생각을 갖게 만들었다. 그 사건이 그들 몸의 생물학에(눈이 아니라 뇌에) 물리적 변화를 일으켰고, 그 변화가 현실에 대한 그들의 인식력을 영원히 바꾸어놓은 것이다. 그리고 마음속에서 그 충격적인 장면들을 계속 재생했기 때문에 시력은 영영 개선되지 않았다.

이처럼 극단적인 경우가 아니라도 과거의 충격적인 경험은 우리에게 유사한 흔적을 남긴다. 여러분도 고통스럽고 무서운 경험을 한적이 있을 것이다. 시각을 마음대로 조종할 수 있다면 당신은 어떤 것

### 경험에 의해 바뀌는 몸의 생명 활동

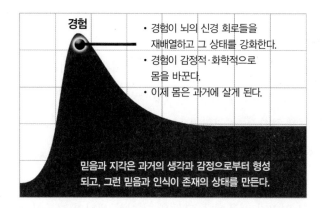

**경험**
- 경험이 뇌의 신경 회로들을 재배열하고 그 상태를 강화한다.
- 경험이 감정적·화학적으로 몸을 바꾼다.
- 이제 몸은 과거에 살게 된다.

믿음과 지각은 과거의 생각과 감정으로부터 형성되고, 그런 믿음과 인식이 존재의 상태를 만든다.

**그림 7-2** 외부 세계에서 겪는 강한 감정을 수반한 경험은 우리 뇌의 신경 회로에 새겨지고 하나의 감정으로 우리 몸에도 새겨진다. 그 결과 뇌와 몸은 과거에 살게 되고, 그 사건은 우리의 존재 상태와 현실에 대한 인식을 바꾼다. 이때 우리는 더 이상 예전의 우리가 아니다.


을 보지 않기로 결심하겠는가? 또 청각을 마음대로 조종할 수 있다면 당신 삶에서 어떤 것을 듣지 않겠는가?

그림 7-2는 이 모든 일이 어떻게 일어나는지를 보여준다. 그림에서 곡선으로 이어지는 선은 사건이 발생하기 전 바탕선(혹은 정상선)에 있던 사람의 존재 상태가 사건을 겪으면서 어떻게 변화하는지를 비교 측정해 놓은 것이다. 최고점에 다다른 선은 사건에 대한 감정적 반응이 강력하다는 것을 시사한다. 캄보디아 여성들의 경우 크메르 루주 군인들의 잔혹 행위를 경험하던 시점이 여기에 해당된다. 그 끔찍한 경험은 신경학적으로 그들의 뇌에 새겨지고, 화학적으로 그들의 몸을 바꾸었으며, 나아가 그들의 존재 상태를 바꾸었다. 즉 그들의 생각, 느낌, 태도, 믿음이 바뀌고 최종적으로 그들의 인식이 바뀌었다. 특히 그 캄

보디아 여성들은 정신적 충격 때문에 더 이상 세상을 보지 않기를 바랐고, 그에 맞게 신경 회로를 재배열하고 화학 신호를 바꿈으로써 생명을 보전했던 것이다.

그림 속의 선이 결국 아래로 내려오면서 평평해지긴 하지만, 마지막으로 가 닿는 곳은 그 선이 시작된 곳과 다르다. 이는 이 사람이 그 경험을 통해 화학적·신경학적으로 바뀐 상태로 살게 되었음을 뜻한다. 캄보디아 여성들은 그 시점에서도 실질적으로 과거에 살았다. 그 끔찍한 경험이 새겨놓은 신경학적·화학적 낙인이 그들의 삶에 여전히 영향을 주고 있었기 때문이다. 그들은 더 이상 예전의 그들이 아니었다. 그 사건이 그들의 존재 상태를 바꾸어놓은 것이다.

## 환경의 힘

믿음과 인식을 한 번 바꾸는 것만으로는 부족하다. 바꾼 것을 거듭 강화해야 한다. 왜 그런지 보기 위해 앞에서 살펴본, 강력한 치료제라고 생각하고 식염제 주사를 맞은 뒤 운동 기능의 향상을 보인 파킨슨병 환자들 이야기로 돌아가 보자.

알다시피 그들이 건강해지던 순간 자율 신경계가 뇌에서 도파민을 분비함으로써 그 새로운 상태를 지지하기 시작했다. 그런 일은 도파민을 분비할 수 있도록 기도하거나 바라서 일어난 것이 아니었다. 그들이 도파민을 분비하는 사람이 되었기 때문에 일어난 일이었다.

하지만 불행히도 그런 효과가 모든 사람에게서 지속적으로 일어나는 것은 아니다. 사실 플라시보 효과가 일정 시간 동안만 지속되는 사람들이 더 많다. 예전의 존재 상태로 되돌아가 버리는 것이다. 파킨 슨병 환자들의 경우 집으로 돌아가서 다시 간병인이나 배우자를 만나고, 익숙한 침대에서 자고, 익숙한 음식을 먹고, 같은 방에서 지내고, 늘 그렇듯 여기저기 아프다고 말하는 친구들과 체스를 두는 등 익숙한 환경이 그들로 하여금 익숙한 자신, 즉 예의 그 익숙한 존재 상태를 떠올리게 했다. 이 모든 익숙한 환경이 그들에게 예전의 자신을 상기시켰고, 이에 따라 그들은 곧장 예전의 정체성으로 돌아갔으며, 운동 신경의 문제 또한 되살아났다.[8] 또다시 그 환경에 적합한 정체성을 찾은 것이다. 환경은 그 정도로 우리에게 강력한 영향력을 행사한다.

마약 중독자들의 경우도 마찬가지다. 몇 년 동안 마약을 끊었을지라도 마약을 상습 복용하던 옛날 환경으로 되돌아가면, 설령 마약을 복용하지 않는다 하더라도 마약을 복용했을 때 켜졌던 세포 내 수용 영역에서 다시 불이 켜지게 된다. 그들의 몸은 마약을 복용한 것 같은 생리적 반응을 보이고, 마약에 대한 갈망이 커지게 된다.[9] 자동으로 일어나는 현상이기 때문에 의식적으로 통제하기란 매우 어렵다.

이 점에 관해 좀 더 살펴보자. 우리는 조건화 과정이 어떻게 강력한 연상 기억을 만드는지 살펴보았다. 그리고 연상 기억이 자율 신경계를 활성화하면서 생리 기능들을 잠재의식 속에서 자동으로 자극한다는 것도 알게 되었다. 파블로프의 개로 돌아가 보자. 종소리를 밥 때와 연관시키는 조건화 과정을 거친 개들의 몸은 종소리를 듣자 의식적 통제 없이도 즉각 생리적으로 변했다. 개들의 내면 상태를 (연상 기억을 이용해) 자동적·자율적·잠재의식적·생리적으로 바꾼 것은 외부 환경의 신호였다. 그 신호를 받고 개들은 먹이를 기대하며 침을 흘리기 시작했고, 몸 속에서는 소화 효소들이 분비되었다. 개들의 의식적 마음이 그런 일을 할 수는 없다. 연상 기억을 불러일으키고 조건화된 반응을 하게 한 것은 외부 환경으로부터의 자극이었다.

이제 다시 파킨슨병 환자들과 마약 중독자들 경우로 돌아가 보자. 이제 우리는 그들이 과거의 익숙한 환경으로 돌아간 즉시 몸이 자동적으로, 생리적으로 예전의 존재 상태로 돌아갔다고 말할 수 있다. 의식적 마음의 통제 없이 말이다. 사실 몇 년 동안이나 같은 방식으로 생각하고 느껴온 그 과거의 존재 상태가 우리 몸을 조건화해 (무의식적) 마음이 되게 만들었던 것이다. 즉 몸이 환경에 반응하는 마음이 되었다는 뜻이다. 그래서 이런 상황에 놓이면 누구라도 바뀌기가 그렇게 힘든 것이다.

중독이 감정에 더 깊이 연루될수록 환경의 자극에 대한 조건화된 반응도 더 강력해진다. 예를 들어 커피 중독인 당신이 커피를 끊고 싶어 한다고 하자. 그런 당신이 내 집을 방문했는데 내가 자바 산 커피를 만들기 시작한다. 당신은 에스프레소 머신이 돌아가는 소리를 듣고 끓고 있는 커피의 향을 맡고 그 커피를 마시는 나를 본다. 이때 무슨 일이 일어날까? 당신의 감각들이 환경으로부터 그런 신호들을 받을 때, 이미 마음이 된 당신의 몸은 의식적 도움이 무색하게 무의식적·자동적으로 반응한다. 그런 방식으로 조건화되었기 때문이다. 그때 당신의 몸-마음은 생리적인 보상을 갈망하고, 당신의 의식적 마음에 맞서 전쟁도 불사하며, 한두 모금 먹는 건 괜찮다고 설득시키려 한다.

하지만 당신이 정말로 커피 중독에서 벗어났다면, 내가 당신 앞에서 커피를 끓일 때 당신은 커피를 같이 마실 수도 있고 안 마실 수도 있을 것이다. 더 이상 이전 같은 생리적 반응을 하지 않을 테니 말이다. 당신은 더 이상 조건화된 상태가 아니고(즉 당신의 몸이 더 이상 마음이 아니고), 따라서 환경이 주는 연상 기억이 당신 몸 속에서 더 이상 예전과 같은 효과를 내지 못하는 것이다.

감정 중독의 경우도 마찬가지다. 예를 들어 당신이 과거의 어떤 경험들로 인해 마음속에 죄책감을 갖고 있고 지금도 매일 무의식적으로 죄책감을 느끼면서 살고 있다면, 당신도 다른 사람들과 마찬가지로 외부의 사람, 물건, 장소를 이용해 당신의 죄책감 중독을 거듭 확인할 것이다. 그런 죄책감을 극복하려고 의식적으로 애를 쓰더라도, 예컨대 (과거에 죄책감의 대상이던) 어머니를 당신이 자란 집에서 마주한 순간 당신 몸은 자동적으로 또 화학적·생리적으로 의식적 마음과 상관없이 과거 죄책감을 느끼던 순간으로 되돌아간다. 잠재의식 속에서 죄책감의 마음으로 프로그램이 된 당신의 몸은 그 현재의 순간에 과거를 살고 있는 것이다. 따라서 어머니와 함께 있을 때 당신 몸은 다른 어떤 느낌보다 죄책감을 느끼는 것이 더 자연스럽게 된다. 그리고 현재이자 과거이기도 한 그런 환경에 처하면 마약 중독자의 경우처럼 조건화되어 있던 반응이 그 즉시 당신의 내면 상태를 바꾸게 된다. 잠재의식적 프로그램을 바꿈으로써 죄책감 중독에서 벗어난다면 이 같은 상황에서 자유로워질 수 있다.

뉴질랜드 웰링턴의 빅토리아 대학에서 학생 148명을 대상으로 환경이 미치는 영향에 대해 조사한 바 있다. 연구원들은 바bar 분위기가 나는 곳에 학생들을 초대해서,[10] 그중 절반에게는 보드카와 토닉이 제공될 것이고 나머지 절반에게는 토닉 워터만 제공될 것이라고 말했다. 하지만 실제로 바텐더는 보드카를 한 방울도 따르지 않았다. 학생들은 모두 보통의 토닉 워터만 받았다. 연구원들은 그 공간을 진짜 바처럼 꾸몄고, 토닉 워터만 채운 보드카 병들도 감쪽같이 진짜 보드카 병처럼 보이게 했다. 바텐더들은 사실감을 높이려고 보드카에 담아둔 라임으로 유리잔 둘레를 닦아낸 다음, 마치 진짜 보드카인 양 병을 들고 토닉 워터에 섞어서 학생들에게 따라주었다.

학생들은 취기가 도는 듯 비틀거리며 마치 취한 사람처럼 행동했다. 일부는 만취한 사람 같았다. 그들은 알코올에 취한 게 아니라 환경에 취한 것이다. 그 환경이 연상 기억을 통해 학생들의 뇌와 몸에 예전에 취했을 때처럼 반응하라는 신호를 보낸 것이다.

연구원이 사실을 말해주자 많은 학생들이 놀라움을 감추지 못하면서 정말 취한 것 같았다고 말했다. 그들은 술을 마셨다고 믿었고, 그런 믿음이 신경 화학 물질을 만들어내고 그 화학 물질이 그들의 존재 상태를 바꾼 것이다.

믿음만으로 술 취한 상태와 똑같은 생리화학적 변화를 몸 속에 불러일으킬 수 있다는 말이다. 그것은 그 학생들이 술과 내면의 화학적 상태의 변화를 연관시키는 조건화 과정을 오랫동안 해왔기 때문이다. 과거의 음주 경험을 연상하며 이제 내면의 상태가 곧 바뀔 것이라 기대했기 때문에 학생들은 마치 파블로프의 개처럼 환경으로부터 신호를 받자마자 생리적으로도 변한 것이다.

그 반대도 물론 가능하다. 다시 말해 환경이 치유도 할 수 있다. 수술 후 초록이 우거진 교외의 병실에서 회복기를 보낸 펜실베이니아 병원의 환자들은 창문을 열어도 갈색 벽돌밖에 볼 수 없던 환자들보다 진통제도 훨씬 약한 것을 맞고 퇴원 시기도 7일에서 9일이나 더 빨랐다.[11] 우리의 뇌와 몸의 치유에는 분명 환경으로부터 빚어지는 마음 상태가 관여하고 있다.

그렇다면 우리는 새로운 존재 상태로 들어가기 위해 당의정을 먹거나 식염제 주사를 맞고(물건), 가짜 치료를 받고(사람), 창문에 그림이라도 그려야(장소) 하는 걸까? 아니면 단지 생각과 감정만 바꾸면 되는 걸까? 외부의 자극에 의존할 것 없이 건강을 위한 새로운 가능성을 그냥 믿을 수는 없을까? 그리고 뇌 속의 생각을, 몸을 바꿀 정도로 강력한 감정적 경험으로 만들 수는 없을까? 그렇게 외부 조건보다 우리 자신이 더 커질 수는 없을까?

그럴 수 있다면, 지금까지 살핀 내용을 바탕으로, 우리는 매일 아침 일어나서 예의 그 오래된 환경을 마주하기 전에 내면의 상태를 바꾸는 것이 좋을 것이다. 그러면 그 파킨슨병 환자들처럼 과거의 존재 상태로 되돌아가는 일도 없을 것이다. 자신이 진짜 항우울제를 복용한다고 생각함으로써 실제로 뇌를 바꾼 제니스 숀펠드의 이야기(1장)를 떠올려보기 바란다. 그 플라시보가 그렇게 잘 들은 이유 중 하나는 제니스가 매일 위약을 복용할 때마다 이를 자신의 존재 상태를 바꾸는 기회로 삼았기 때문이다. 그때마다 제니스는 상태가 나아지고 있다고 낙관적으로 생각하고 또 느꼈던 것이다.(항우울제 플라시보를 복용하는 사람들 가운데 80퍼센트 이상이 그렇게 생각하고 느낀다.)

앞에서 언급한 대로 명상을 통해 분명한 의도와 고양된 감정 상태를 결합시킴으로써 새로운 존재 상태에 들어갈 수 있다면, 그리고 매일 열정적이고 활기차게 창조 활동을 해나간다면, 우리는 마침내 휴면 상태에서 빠져나오기 시작할 것이다. 그때 우리는 새로운 태도와 믿음, 인식을 가진 새로운 존재 상태가 되고 환경도 우리의 감정과 생각을 조종하지 않게 돼, 더 이상 같은 것에 같은 방식으로 반응하지 않을 것이다. 그때 우리는 새로운 선택을 하고 새로운 행동을 보일 것이며, 이는 새로운 경험과 새로운 감정으로 이어질 것이다. 그러면 우리는 새로운 인격으로 바뀌게 될 것이다. 관절의 통증, 경련, 불임 등 지금 우리가 없애고 싶은 문제들을 더 이상 갖지 않는 인격 말이다.

여기서 짚고 넘어가고 싶은 점은 모든 아픔과 질병이 다 마음에서 비롯된 것은 아니라는 점이다. 아기들이 갖고 태어나는 유전적 결함은 확실히 생각이나 감정, 태도, 믿음에서 야기된 것이 아니다. 그리고 트라우마나 사고도 분명 발생한다. 멀쩡했던 사람이 외부 환경의 유해 물질에 노출되어 피해를 입을 수도 있다. 나는 이런 것들까지 다 우리가 초래한 측면이 있다고 말하려는 것이 아니다. 물론 스트레스 호르몬이 우리 몸을 약화시켜 면역 체계가 무너지면 질병에 더 쉽게 걸리는 것도 사실이지만 말이다. 나는 어떤 이유로 병에 걸렸든 우리가 처한 조건을 바꿀 수 있는 가능성은 늘 있다는 말을 하는 것이다.

## 에너지 바꾸기

이제 우리는 건강하고 질 높은 삶을 위해 믿음을 바꾸고 그렇게 해서 플라시보 효과를 만들어내고 싶다면, 그 캄보디아 여성들이 무의식적으로 한 것과 정반대로 해야 한다는 것을 알 수 있다. 우리는 분명하고 확고한 의도를 내고 감정 에너지를 고양시키는 방식으로 우리 몸과 마음 안에 지난날 외부에서 한 경험보다 훨씬 큰 내적 경험을 만들어내야 한다. 다시 말하면 새로운 믿음을 만들어내기로 결정했을 때 그 선택의 진폭 또는 에너지가 몸 속에 견고하게 깔려 있는 프로그램과 감정적 조건화를 능가할 정도로 커야 한다는 것이다.

그럴 때 어떤 일이 벌어지는지 그림 7-3을 보며 알아보자. 여기에서 이 새로운 경험 속의 선택 에너지는 (그림 7-2에서 본) 과거 경험 속의 트라우마 에너지를 능가한다. 이 그림 속의 최고점이 그림 7-2의 최고점보다 높은 이유이다. 그 결과 이 새 경험의 효과가 과거 경험에서 나온 신경 프로그램과 감정 조건화가 남긴 효과보다 더 커진다.

이 과정을 잘 해나간다면 우리는 뇌의 패턴을 바꾸고 몸을 바꿀 수 있다. 새로운 경험이 과거의 프로그램을 재구성할 것이고, 그러는 가운데 그 과거 경험의 신경학적 증거를 제거할 것이다. 바닷가 모래 사장에 박힌 조개나 해초, 거품, 모래의 패턴이 더 큰 파도가 밀려올 때 어떻게 지워지는지 생각해 보라. 새로운 경험이라도 강력한 감정을 동반한 경험은 오래 지속된다. 따라서 이 내면의 새로운 경험은 새로운 장기長期 기억들을 만들어냄으로써 과거의 장기 기억들을 지워버린다. 그렇게 새로운 선택은 결코 잊을 수 없는 경험이 된다. 그때 우리의 뇌와 몸에는 과거의 증거가 더 이상 남지 않게 된다. 새로운 신호가 신경학적으로 프로그램을 다시 쓰고 유전적으로 우리 몸을 바꾼 것이다.

이제 그림 7-3을 다시 보자. 그림에서 곡선의 경사가 어디까지 내려가는지 보기 바란다.(그림 7-2에서도 곡선이 내려오긴 했지만 그 끝이 시작점보다는 여전히 높았다.) 이 그림은 과거의 경험이 남긴 어떤 흔적도 없음을 보여준다. 새로운 존재 상태에서 과거는 더 이상 존재하지

## 선택이 경험이 된다

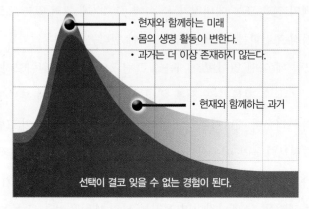

**고양된 감정/에너지를 동반한 선택은 새로운 경험을 창조한다.**

- 현재와 함께하는 미래
- 몸의 생명 활동이 변한다.
- 과거는 더 이상 존재하지 않는다.

- 현재와 함께하는 과거

**선택이 결코 잊을 수 없는 경험이 된다.**

**그림 7-3** 우리 자신과 우리 삶에 대한 믿음 혹은 인식을 바꾸려면, 우리는 강력한 의도를 동반한 결심을 해서 그 선택이 뇌 속에 견고하게 깔려 있는 프로그램들과 몸 속에 깃들어 있는 감정적 중독을 능가하게 만들고, 몸이 새로운 마음에 반응하게 만들어야 한다. 그 선택이 과거의 외부 경험보다 더 큰 새로운 내적 경험을 만들 때 뇌 속에 신경 회로들이 다시 깔리고 몸에도 감정적으로 새로운 신호들이 보내진다. 감정을 동반한 경험은 장기 기억을 만들기 때문에 그 선택은 잊을 수 없는 기억이 되고, 그때 우리는 변한다. 그때 생물학적으로 과거는 더 이상 존재하지 않는다. 그 순간 우리의 몸은 현재에 살면서 새로운 미래에 사는 것이다.

않는 것이다.

　새로운 신호는 신경 회로를 재배치하는 것은 물론이고, 과거에 대한 감정적 집착을 깸으로써 몸의 조건화도 고친다. 이런 일이 일어나는 순간 몸은 온전히 현재에 살게 된다. 더 이상 과거의 감옥에 갇혀 있지 않는 것이다. 우리 몸은 이 고양된 에너지를 굴하지 않음, 용기 있음, 힘이 생김, 연민을 느낌, 고무됨 등등의 새로운 감정emotion(여기에서 감정은 'energy in motion', 즉 '활동중인 에너지'라는 뜻이다)으로 받아들인다. 우리 몸의 생물학과 신경 회로, 유전자 발현을 바꾸는 것은 화학 물질이 아니라 바로 이 에너지이다.

불 위를 걷는 사람, 유리 조각을 씹는 사람, 독사를 만지는 사람들도 이와 유사한 과정을 밟았다. 그들은 자신이 다른 몸과 마음의 상태로 들어가리란 걸 잘 알고 있었다. 그리고 그런 상태로 전환되기를 강력히 의도했을 때 그 결심의 에너지가 그들의 뇌와 몸에 내적인 변화를 불러일으켰고, 그 결과 그들은 상당한 시간 동안 외부 조건들에 초연할 수 있었다. 그들의 에너지가 그 순간에 몸의 생물학을 초월하는 방식으로 그들을 보호했던 것이다.

사실 고양된 에너지 상태에 반응하는 것은 우리 몸의 신경 화학물질만이 아니다. 세포 내 수용 영역은 우리가 세포의 DNA에 접근한다고 알고 있는 신경 펩티드 같은 물리적·화학적인 신호들보다 에너지와 에너지 진동에 백 배는 더 민감하게 반응한다.[12] 전자기 스펙트럼의 보이지 않는 힘이 세포 생물학과 유전자 조절의 모든 측면에 영향을 주고 있다는 연구 결과가 계속 나오고 있다.[13] 세포 내 수용체들은 에너지 신호의 특정 주파수(진동수)에 반응한다. 극초단파(전자레인지 전파), 라디오 전파, 엑스레이, 극저주파, 음향 고조파, 자외선, 나아가 적외선 파장까지 모두 전자기장 에너지 스펙트럼에 속한다. 전자기장 에너지의 특정 진동수가 DNA와 RNA의 행동이나 단백질 합성에 영향을 줄 수 있고, 단백질의 모양과 기능을 바꿀 수 있으며, 유전자 발현과 활동을 조절할 수 있다. 또 신경 세포의 성장을 자극할 수 있고, 세포 분열과 분화에 영향을 끼칠 수 있으며, 특정 세포들을 시켜서 몸 속의 조직과 기관을 생성할 수도 있다. 에너지의 영향을 받는 이 모든 세포 활동 또한 우리 몸 속에서 일어나고 있는 생명 활동인 것이다.

정말로 에너지가 세포 활동에 영향을 끼친다면 거기에는 이유가 있을 것이다. 우리 DNA의 98.5퍼센트가 있으나마나 한 것처럼 보이기 때문에 과학자들이 '정크 DNA'라고 부른다는 사실을 기억하기 바란다. 그런데 분명 대자연이 우리에게 그 '정크 DNA'를 발현시킬 능력은 주지 않고 그렇게나 많은 암호화된 정보를 우리 세포들 안에 두고 읽혀지기만 기다리게 했을 것 같지는 않다. 자연에 쓸모없는 것은 없으니까 말이다.

그 가능성의 방대한 '부품 창고'의 문을 두드릴 제대로 된 신호를 세포 바깥에 만들어내는 것이 바로 우리 자신의 에너지와 의식이 아닐까? 만약 그렇다면, 우리가 이 장에서 말한 대로 에너지를 바꾸면 우리 몸을 제대로 치료하는 진짜 능력을 얻게 되지 않을까? 에너지를 바꿀 때 우리는 우리의 존재 상태를 바꾸는 것이다. 뇌 속 신경 회로의 배선을 바꾸고 몸 속에 감정의 새 화학 물질을 분출시킬 때 후성 유전학적 변화가 일어나며, 그 결과 우리는 말 그대로 새 사람이 된다. 그때 예전의 당신은 역사 속의 존재가 된다. 그 사람은 예전 당신의 존재 상태를 지탱시키던 신경 회로, 화학적·감정적 중독, 유전자 발현 등과 함께 사라져버린 것이다.

# 08 : 양자 마음

실재reality('reality'는 맥락에 따라서 '실재' 또는 '현실'로 번역했다―옮긴이)는 다소 유동적이라 포착하기 어렵다. 정말 그렇다. 우리는 실재란 무언가 고정된 것, 확정된 것이라고 생각하기 쉽지만, 이 장에서 여러분은 우리가 그동안 실재 개념에 대해 배운 것들이 사실은 틀렸음을 보게 될 것이다. 그리고 스스로 플라시보가 되어 마음으로 물질을 바꾸는 법을 알고 싶다면, 실재의 진정한 본성이 무엇인지, 마음과 물질이 어떻게 연관되어 있는지, 실재가 어떻게 변화할 수 있는지 이해해야 한다. 실재가 왜 그리고 어떻게 바뀌는지 모르면 의도대로 결과를 만들어낼 수 없기 때문이다.

양자quantum 우주 속으로 뛰어들기 전에 실재라는 개념이 어디에서 나왔고 어떻게 이해되어 왔는지부터 살펴보자. 르네 데카르트René Descartes와 아이작 뉴턴Isaac Newton 덕분에 수세기 동안 우리는 우주를 물질matter과 마음mind이라는 두 범주로 나누어 연구해 왔다. 그리고 물질(물질 세계)에 대한 연구는 과학이 담당해 왔다. 객관적인 외부 세계를 움직이는 우주의 법칙은 대부분 측정할 수 있고, 따라서 예측할 수 있기 때문이었다. 하지만 마음이라는 내적 영역은 예측이 불가능하고 또 너무 복잡해서 종교의 그늘 아래 남겨졌다. 세월이 흐르면서 물질과 마음은 분리된 독립적 개체가 되었고, 그렇게 이원론이 생겨났다.

고전 물리학이라 불리는 뉴턴 물리학은 시공간 속에서 물체들이 어떻게 작용하는지를 다룬다. 거기에는 물체들이 물질적·물리적 세계에서 어떻게 상호 작용하는지도 포함된다. 뉴턴이 발견한 법칙들 덕분에 우리는 행성들이 태양 주위를 도는 길, 사과가 나무에서 떨어질 때 관성의 세기, 시애틀에서 뉴욕까지의 비행 시간을 계산하고 예측할 수 있게 되었다. 뉴턴 물리학은 예측이 전부라고 해도 과언이 아니다. 뉴턴 물리학에서 우주는 움직이는 거대한 시계 혹은 기계 같은 것이다.

그러나 시공간 너머 비물질 세계의 움직임이나 원자들(물리적 우주 속에 존재하는 모든 것의 구성 요소)의 행동 방식이나 에너지의 문제에 이르면 고전 물리학은 한계를 보인다. 이런 문제들은 양자 물리학의 영역에 속한다. 우리는 전자電子와 광자光子 같은 매우 작은 아원자亞原子(원자보다 더 작은 소립자나 양성자, 전자 따위를 말함—옮긴이) 세계는 행성이나 사과, 비행기처럼 우리에게 익숙한 훨씬 더 큰 세계와 동일한 방식으로 움직이지 않는다는 사실을 알게 되었다.

양자 물리학자들은 세포 내 핵의 구성 요소들처럼, 원자의 더욱더 작은 측면들을 살펴보기 시작했는데, 그것들은 가까이에서 보면 볼수록 더 희미해지고 불분명해지다가 마침내는 완전히 사라져버렸다. 과학자들은 원자의 99.999999999999퍼센트가 빈 공간처럼 보인다고 말한다.[1] 하지만 그 공간이 정말로 비어 있는 것은 아니다. 그 공간은 사실 에너지로 가득 차 있다. 더 자세히 말하면, 그 공간 안에는 보이지는 않지만 서로 연결되어 있는 에너지 주파수들이 정보장 field of information을 형성하며 방대하게 배열되어 있다. 따라서 각 원자의 99.999999999999퍼센트가 에너지 혹은 정보라면, 우리가 알고 있는 우주와 그 안의 모든 것들이, 그것들이 아무리 견고하게 보인다고 해도, 기본적으로는 에너지이고 정보라는 이야기가 된다. 과학적인 사실이 그렇다.

원자에는 아주 소량이지만 분명 물질도 들어 있는데 이 물질을 연구하다가 양자 물리학자들은 뭔가 매우 기묘한 사실을 하나 발견했다. 양자 세계 속의 아원자 물질이 우리가 알고 있는 물질들과는 전혀 다르게 행동한 것이다. 즉 뉴턴 물리학의 법칙으로는 설명할 수 없는 혼란스럽고 예측 불가능한 행동을 보일 뿐만 아니라 시공간의 법칙에서도 완전히 벗어나 있었다. 사실 원자보다 작은 양자 수준에서 물질의 존재는 순간적인 현상에 지나지 않는다. 물질은 한 순간 여기에 있다가, 다음 순간 사라지고 없다. 물질은 단지 하나의 경향성, 확률, 혹은 가능성으로서만 존재한다. 양자 수준에서 절대적인 물질적 존재는 없는 것이다.

양자 우주에서 과학자들이 발견한 이상한 점은 그것만이 아니었다. 과학자들은 아원자 입자들을 관찰하는 자신들의 행동 자체가 그 입자들의 행동에 영향을 미칠 수 있다는 사실을 발견했다. 입자들이 계속해서 있다가 사라지고 또 있다가 사라지고 하는 이유는 이 입자들이 모두 사실은 우리 눈에 보이지 않지만 무한한 양자 에너지장 안에서 무한한 가능성 또는 확률의 배열 위에 동시에 존재하기 때문이다. 관찰자가 특정 장소에서 특정 전자에 집중할 때만이 그 전자가 실제로 그 장소에 나타나는 것이다.

따라서 이 '관찰자 효과observer effect'에 따르면 물질은 우리가 관찰할 때까지, 즉 우리가 알아채고 의식하기 전까지는 존재할 수도 나타날 수도 없다는 이야기가 된다. 그리고 우리가 더 이상 의식하지 않으면 그것은 사라져 처음 왔던 곳으로 돌아간다. 그렇게 물질은, 물질로 나타나고 에너지로 사라지는 과정을 반복하면서(실제로 초당 7.8회 반복한다) 끊임없이 형태를 바꾼다. 그리고 (관찰자인) 인간의 마음이 물질의 행동과 출현에 그렇게 밀접하게 관여하기 때문에, '마음먹기에 달렸다'는 말이 양자 역학적인 사실을 가리킨다는 것을 알 수 있다. 양자의 미세한 세계에서는 주관적인 마음이 객관적인 현실에 영향을 준다고 말할 수 있다. 이는 마음이 곧 물질이 될 수 있다는, 다시 말해 우리가 마음을 물질로 만들 수 있다는 말이다.

아원자 물질이 우리가 이 거대 세계에서 보고 만지고 경험하는 모든 것을 구성하고 있기 때문에, 어떤 의미에서는 이 세상의 다른 모든 것들처럼 우리도 늘 사라지고 다시 나타나는 행위를 하고 있다고 볼 수 있다. 그리고 아원자 입자들이 무한한 가능성의 장소들에서 동시에 존재한다면 어떤 방식으로든 우리 역시도 그렇게 하고 있다고 할 수 있다. 그리고 그 입자들이 모든 곳에 동시에 존재하다가(파동 또는 에너지로서) 관찰자가 주의를 기울이는 그 순간 관찰자가 찾고 있는 바로 그 장소에 존재하는(입자 또는 물질로서) 것이라면, 우리에게도 무한한 수의 가능한 현실들을 물리적으로 존재하도록 할 수 있는 잠재 능력이 있음에 틀림없다.

달리 말하면 당신이 삶에서 경험하고 싶어 상상하는 일들이 사실은 시공간 너머 양자장 속 어딘가에 하나의 가능성으로 이미 존재하고 있다는 말이다. 단지 당신이 관찰해 주기를 기다리면서 말이다. 하나의 전자가 나타날 장소와 시간을 당신의 마음이 (생각과 감정을 통해) 조절할 수 있다면, 이론적으로 당신은 상상하는 모든 것을 이룰 수 있다.

양자의 관점에서 볼 때, 우리가 과거와 다른 미래를 관찰하고, 그 일이 일어날 것이라 기대하고, 그 일이 일어났을 때의 상황을 감정적으로 느낀다면, 우리는 그 순간 미래의 현실에 사는 것이고, 우리 몸으로 하여금 현재 순간 그 미래에 살고 있다고 믿게끔 조건화하는 것이다. 따라서 지금 이 순간 안에 모든 가능성들이 존재한다고 말하는 양자 모델은 사실 우리에게 새로운 미래를 선택하고 그것을 관찰해 현실로 만들어도 된다고 허락하는 셈이다. 그리고 전 우주가, 99퍼센트 에너지(가능성)인 원자들로 만들어졌다는 것은 당신과 내가 놓치고 있는 가능성들이 매우 많다는 뜻이기도 하다.

그런데 이 말은 우리가 무의식적으로도 많은 것을 만들어내고 있다는 뜻도 된다. 양자 관찰자인 당신이 매일 같은 수준의 마음으로 인생을 바라본다면, 실재에 대한 양자 모델을 따를 때, 당신은 무한한 가능성들을 매일 동일한 정보의 패턴들로 바꾸어버리는 것이다. 그러면 당신이 당신의 인생이라고 부르는 그 패턴은 결코 변하지 않는다. 따라서 당신도 변할 수 없다.

앞에서 살펴본 머릿속 시연(멘탈 리허설)은 결코 한갓 희망이나 몽상이 아니다. 머릿속 시연은 실제로 우리가 원하는 삶, 예를 들어 고통도 질병도 없는 삶을 의도적으로 펼칠 수 있도록 하는 방법이다. 원하지 않는 것보다 원하는 것에 더 집중하는 것으로 우리는 원하는 존재 상태를 불러올 수 있고, 동시에 원하지 않는 것은 그것에 더 이상 주의를 기울이지 않음으로써 '사라지게' 할 수 있다. 당신이 관심을 갖고 주의를 기울이는 곳에 당신의 에너지가 놓인다. 가능성에 관심을 갖고 거기에 의식이나 마음을 둔다면 당신은 그 가능성에 에너지를 주는 것이다. 그 결과 관심 혹은 관찰을 통해 당신은 물질에 영향력을 행사하게 된다. 플라시보 효과는 판타지가 아니라 양자 역학적 사실인 것이다.

## 양자 세계의 에너지

자연 세계의 모든 원자는 다양한 전자기 에너지를 방출한다. 예를 들어 원자 하나는 보이지 않는 광선들뿐 아니라 엑스 선, 감마 선, 자외선, 적외선을 포함한 다양한 주파수(여기서 말하는 주파수를 앞에서 설명한 뇌파의 주파수와 혼동하지 말기 바란다. 저자에 따르면 치유가 목적이라면 뇌파의 주파수는 일반적으로 느릴수록, 즉 암시성이 높을수록 좋지만, 원자 전자기장의 주파수는 빠를수록, 즉 물질보다 에너지일 때 좋다.—옮긴이)의 에너지장을 방출한다. 그리고 눈에 보이지 않는 라디오파가 코드화된 특정 정보를 주파수(98.6헤르츠든, 107.5헤르츠든)에 담아 전달하는 것과 똑같이, 서로 다른 각각의 주파수들도 다양한 정보들을 담아서 전달한다.(그림 8-1 참조) 예를 들어 엑스 선(엑스레이)은 적외선과는 아주 다른 정보를 전달한다. 서로 주파수가 다르기 때문이다. 이 모든 전자기장은 서로 다른 에너지 패턴들을 갖고 있고 늘 원자 수준에서 정보를 전달하고 있다.

원자를, 진동하는 에너지장 혹은 끊임없이 도는 작은 소용돌이로 생각해 보자. 선풍기를 상상하면 원자의 작동 방식을 이해하기 쉬울 것

주파수–에너지–정보

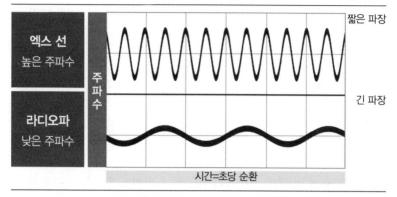

**그림 8-1** 이 도표는 두 개의 다른 주파수를 보여준다. 주파수가 서로 다르기 때문에 전달하는 정보도 다르고, 따라서 질도 다르다. 엑스 선은 라디오파와 다르게 움직이고, 따라서 본래적으로 다른 성격을 갖는다.

이다. 단추를 누르면 바람(공기의 소용돌이)을 일으키며 돌아가는 선풍기 날개처럼, 원자도 모두 비슷하게 돌면서 에너지장을 방출한다. 선풍기 날개가 다양한 속도로 돌면서 강한 바람이나 약한 바람을 만드는 것과 똑같이, 원자들도 다양한 주파수로 진동하면서 강하거나 약한 전자기장을 만든다. 원자의 진동이 빨라질수록(주파수가 높아짐) 방출되는 에너지도 커지고, 원자의 진동 혹은 소용돌이가 느려지면 에너지도 줄어든다.

선풍기의 날개가 천천히 돌아갈수록, 바람(에너지)은 약해지고 그 날개를 물리적 세계의 물질 대상으로 보기는 더 쉬워진다. 반대로 선풍기 날개가 빨리 돌아가면, 에너지가 더 많이 만들어지는 반면 날개의 물리적 모습을 보기는 더 어려워진다. 날개가 비물질적으로 보이는 것이다. 이때 선풍기 날개가 어디에서 나타나느냐는 (양자 물리학자들이 관찰하려고 애쓰던, 나타났다 사라졌다 하기를 계속하는 아원자 입자들처럼) 당신의 관찰에, 즉 그것을 어디서 어떻게 보느냐에 달려 있다. 원자들도 마찬가지다. 이 점을 좀 더 깊이 살펴보자.

양자 물리학에서 물질은 단단한 입자particle로 정의되고, 정보의 비물질적인 에너지장은 파동wave으로 정의된다. 원자의 물리적 성질을 조사할 때는 원자는 덩어리 같은 물질처럼 보인다. 원자가 낮은 주파수로 느리게 진동할수록 그 원자는 물리적 세계에서 더 많은 시간을 보내고 입자로서 더 많이 나타나기 때문에 우리에게 원자는 견고한 물질로 보인다. 대부분 에너지 상태임에도 불구하고 물체들이 우리에게 견고하게 보이는 이유는 그 물체 속 원자들이 모두 우리와 같은 속도로 진동하고 있기 때문이다.

하지만 원자는 에너지, 즉 (빛, 파장, 주파수를 포함한) 파동의 성질도 드러낸다. 원자가 빠르게 진동하면서 더 많은 에너지를 산출할수록, 물리적 세계에서는 더 짧게 머무른다. 너무 빨리 나타났다 사라지기 때문에 우리가 보기 어려운 것이다. 즉 우리보다 훨씬 빠른 속도로 진동한다. 하지만 그 에너지 자체는 볼 수 없어도 우리는 때로 에너지의 특정 주파수가 남긴 물리적 증거는 볼 수 있다. 적외선 파동이 물건을 뜨겁게 하는 것처럼, 원자의 역장力場이 물리적 특성들을 만들어낼 수 있기 때문이다.

다음의 그림 8-2A와 그림 8-2B를 비교해 보면 어떻게 해서 주파수가 낮을수록 물질 세계에 더 오래 머물면서 물질의 형태로 나타나게 되는지 더 잘 이해할 수 있을 것이다.

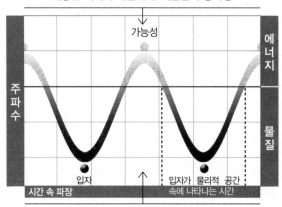

**그림 8-2A** 낮은 주파수, 느린 진동 & 긴 파장=물리적·물질적 세계에서 더 많은 시간을 보낸다.

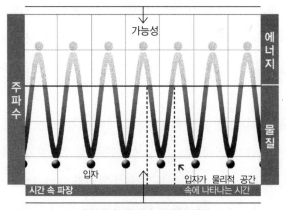

**그림 8-2B** 높은 주파수, 빠른 진동 & 짧은 파장=물리적·물질적 세계에서 더 적은 시간을 보낸다.

에너지가 느리게 진동할 때 입자들은 물리 세계에 더 오랜 시간 머물고, 따라서 견고한 물질처럼 보인다. 그림 8-2A은 낮은 주파수의 긴 파장으로 물질이 나타나는 모습을 보여준다. 그림 8-2B는 물리 세계에 잠깐 나타났다 사라지는 입자들을 보여준다. 이 입자들은 물체라기보다 에너지 이다. 짧은 파장, 높은 주파수, 빠른 진동수를 갖기 때문이다.

따라서 물리적 우주가 단지 물질로만 이루어진 것처럼 보일지 모르지만 사실 이 우주는 하나의 정보의 장(양자장)을 공유하고 있고, 이 정보의 장에서는 물질과 에너지가 아주 단단히 통합되어 있어서 물질과 에너지가 서로 별개의 존재라고는 도저히 생각할 수 없다. 모든 입자들이 시공간 너머의 비물질적이고 보이지 않는 정보의 장과 연결되어 있고, 그 정보의 장이 의식consciousness(생각)과 에너지(주파수, 즉 모든 것이 진동하는 속도)로 구성되어 있기 때문이다.

모든 원자는 자신만의 에너지장, 즉 에너지 서명signature을 갖고 있기 때문에, 분자를 만들기 위해 한데 모일 때 원자들은 자신들의 정보장을 공유하고 이때 원자들은 각기 독특하게 결합된 자신만의 에너지 패턴을 방출한다. 모든 것이 원자로 만들어졌고, 따라서 이 우주 속 모든 물질이 저마다 독특한 에너지 서명을 방출한다면, 당신과 나도 자신만의 독특한 에너지 서명을 방출할 것이다. 우리는 항상 우리의 존재 상태에 따라 그때그때 다른 전자기 에너지 정보를 방출하며 살아가고 있다.

따라서 당신 자신이나 당신 인생에 대한 믿음 또는 인식을 바꾸기 위해 에너지를 바꿀 때, 당신은 실제로 몸 속 원자와 분자 들의 주파수를 높여 (그림 8-3이 보여주는 것처럼) 당신의 에너지장을 증폭시키는 셈이다. 당신 몸을 구성하는 원자 선풍기들을 더 빨리 돌아가게 하는 것이다. 고무됨, 힘이 생김, 감사함, 굴하지 않음 같은 감정적으로 고양된 상태, 창조적인 상태를 받아들일 때 당신은 당신 원자들의 선풍기 날개를 더 빨리 회전시키고, 당신 몸에 더 강한 에너지장을 보내고 있는 것이다. 그때 당신 몸이 그 영향을 받게 된다.

당신 몸을 이루는 물질적 입자들은 이제 고양된 에너지에 반응한다. 당신은 점점 물질이 아닌 에너지가 된다. 또한 당신은 점점 입자보다는 파동이 되어간다. 우리는 의식적으로 더 많은 에너지를 만들 수 있고, 그 결과 물질은 새로운 주파수 상태(높은 주파수)로 올라가며 우리 몸은 새로운 마음에 반응하게 된다.

### 생존 감정 대 창조적 감정

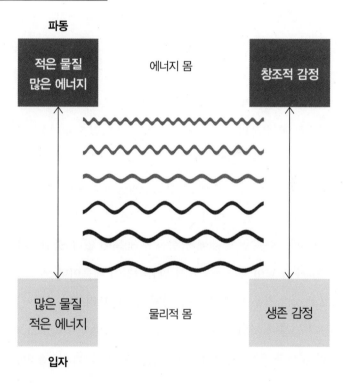

그림 8-3 에너지를 바꿀 때 우리는 물질을 새로운 마음 상태로 끌어올린다. 그때 우리의 몸은 더 빠른 주파수로 진동한다. 우리는 물질보다 에너지가 되고, 입자보다 파동이 된다. 고양된 감정을 더 많이 느낄수록, 마음이 더 창조적인 상태가 될수록, 몸 속 프로그램을 다시 깔 에너지가 더 많아진다. 그때 우리의 몸은 새로운 마음에 반응하게 된다.

## 올바른 에너지 신호 받아들이기

물질이 어떻게 새로운 마음 상태로 끌어올려질 수 있을까? 종교적 황홀경 상태에서 스트리크닌 같은 독을 삼키고도 아무 이상이 없었던 목사를 생각해 보자. 보통 사람에게는 치명적으로 작용했을 화학 물질을 그 목사는 어떻게 이겨냈을까? 그의 에너지 수준이 물질의 영향을 받지 않을 정도로 높았던 것이다. 그는 강력한 의도를 가지고 결단을 내렸고, 그의 선택은 환경의 법칙, 물질이 몸에 미치는 영향, 직선적인 시간을 뛰어넘는 에너지 진폭을 낳았다. 그 순간 그는 물질이기보다 에너지였고, 그 결과 뇌 속의 신경 회로와 몸 속의 화학 물질이 바뀌고 새로운 유전자가 발현되었던 것이다. 바로 그 순간에 그는 늘 대하던 친숙한 환경 속의 그가 아니고 육체도 아니었으며 직선적인 시간 속에 있지도 않았다. 그의 고양된 의식과 에너지는 물질 너머의 현상 epiphenomenon이었다. 다시 말해 그 정보(고양된 의식)와 주파수(에너지)가 물질의 청사진을 만든 것이다. 우리가 고양된 의식과 에너지를 발휘할 때 그 정보와 주파수는 물질에 영향을 주게 되어 있다. 물질이란 그 정보와 주파수가 낮아지는 과정에서 만들어지기 때문이다.

그 목사의 경우 세포 내 수용 영역에서 스트리크닌을 받아들이지 않았을 가능성이 거의 확실하다. 세포가 문을 닫아서 독소가 퍼지지 않게 한 것이다. 영을 따라서 움직이는(즉 에너지를 따라서 움직이는) 목사는 곧바로 면역력에 관여하는 세포들은 상향 조절하고 독소에 관여하는 세포들은 하향 조절했다. 똑같은 일이 불 위를 걷는 사람들에게도 일어났다. 그들이 존재 상태를 바꾸자 세포 내 수용체들이 열의 작용을 받는 쪽의 문을 닫아버렸다. 1장에서 소개한, 아버지를 구하기 위해 1.3톤이 넘는 트랙터를 들어 올린 십대 소녀들도 마찬가지다. 아버지가 트랙터에 깔려 곧 죽을 것 같은 모습을 보자 소녀들의 에너지 상태가 고양되었고, 그런 새 에너지 상태는, 들어 올리기에는 트랙터가 너무 무겁다고 몸에게 말하는 세포 내 수용체들은 꺼버리고 동시에 무거운 것도 들어 올릴 수 있는 근육 세포 내 수용체들의 불은 켰다. 그 결과 소녀들이 트랙터를 들어 올리려는 순간 근육이 반응을 하고, 따라서 소녀들은 아버지를 꺼낼 수 있었다. 물질(트랙터)을 움직인 것은 물질(몸)이 아니었다. 그것은 물질에 영향을 끼치고 있는 에너지였다.

우리의 몸이 원자와 분자의 방대한 배열로 이루어져 있고, 그 원자와 분자가 화학 물질을 만든다는 것에 당신도 동의할 것이다. 그 화학 물질이 세포를 만들고, 그 세포가 조직tissue을 만들고, 그 조직이 기관organ을 만들며, 그 기관이 (자율 신경계 같은) 우리 몸 속의 다양한 체계system를 만들어낸다. 예를 들어 근육 세포는 단백질, 이온, 활성 인자, 성장 인자 같은 화학 물질로 이루어져 있고, 이 화학 물질들은 분자들의 다양한 상호 작용으로 이루어져 있으며, 분자는 원자들의 다양한 결합으로 이루어져 있고, 원자는 보이지 않는 정보장으로 구성되어 있다.

따라서 세포를 구성하는 화학 물질들도 이 정보장을 공유한다. 매 순간 세포의 수많은 기능을 지휘하는 것이 이 보이지 않는 정보장이다. 과학자들은 세포의 무수한 기능을 책임지는 정보장이 물질의 경계 너머에 존재한다는 것을 이제 막 깨닫기 시작했다.

우리 몸의 세포, 조직, 기관, 체계의 모든 기능을 지휘하는 것이 이 보이지 않는 의식의 장場이다. 당신 세포들 속 화학 물질들, 분자들이 무엇을 할지 어떻게 알고 어떻게 그렇게 정확하게 상호 작용을 해 나가겠는가? 세포는 원자, 분자, 화학 물질이 균형을 맞추어 함께 작용하면서 만들어내지만, 물질을 만드는 것은 그 세포들을 둘러싸고 있는 에너지장이다. 결국 그 정보의 장(의식의 장)이 가장 중요한 역할을 하는 것이다.

예를 들어 근육 세포는 근육 조직muscle tissue이라 불리는 조직으로 전문화된다. 심근 조직을 보자. 심근 조직은 심장이라는 기관을 형성한다. 세포들로 이뤄진 심근 조직들이 하나의 정보장을 공유하면서 심장이 일관성 있게 기능하게끔 하는 것이다. 심장은 우리 몸 전체에 퍼져 있는 심혈관계cardiovascular system의 일부이다. 심장이 다시 그 정보장을 심혈관계와 공유하면서, 조화롭고 전체적인holistic 방식으로 작용하도록 물질을 조직한다. 따라서 창조되면서 물질을 만든 그 정보장이 물질을 '조종한다control'고 볼 수 있다. 그리고 그 정보장이 크면 클수록 원자들이 더 빨리 진동한다. 당신의 아원자 선풍기의 날개가 더 빨리 돌아가는 것이다.

뉴턴 생물학 모델은 사건들이 순차적으로 발생하고, 따라서 화학 반응들도 단계적 순서에 따라 일어난다고 말한다. 하지만 실제로 생명 현상이 일어나는 방식은 그렇지 않다. 방금 살펴본, 상호 연결되어 있는 일관된 정보의 경로들을 이해하지 않고는 가벼운 상처가 낫는 간단한 방식조차 제대로 설명할 수 없다. 세포들은 비선형非線型 방식(비직선적인 방식)으로 정보를 공유하며 소통한다. 우주와 그 안의 모든 생물학 체계들은 각기 독립적이면서도 서로 얽혀 있는 에너지장들 전체를 공유하며, 따라서 매 순간 시공간 너머의 정보들을 공유한다.

대부분의 세포들은 서로 간에 광속보다 빠른 속도로 교류한다.[2] 물질 세계에서는 광속보다 빠를 수 없으므로 세포들은 양자장을 통해서 소통하고 있음에 틀림없다. 원자들과 분자들 사이의 상호 작용이 곧 모든 것을 구성하는 에너지장과 물리적·물질적 세계 사이를 통합하는 소통의 방식이다. 양자 세계는 뉴턴적 세계처럼 직선적이지도 않고 예측도 불가능하다. 그곳에서는 모든 일이 전체적으로 협동적으로 이루어진다.

따라서 실재에 대한 양자 모델에 따르면 모든 질병은 주파수가 낮아지는 것이라고 말할 수 있다. 스트레스 호르몬을 생각해 보자. 우리의 자율 신경계가 투쟁 혹은 도주 모드에 있을 때는 생존을 위한 화학 물질들이 우리로 하여금 에너지보다는 물질이 되게 만든다. 감각으로 느낄 수 있는 것만 실재한다고 규정하기 때문에 우리는 물질주의자가 된다. 우리는 비상 상황에 대처하느라 세포를 감싸고 있는 생명 에너지를 과도하게 써버리고, 우리의 관심은 온통 환경, 몸, 시간 같은 외부 세계로 향한다. 그런 스트레스 반응이 오랫동안 지속되면 장기적으로 몸의 에너지 진동이 느려지고(주파수가 낮아짐), 그 결과 몸은 점점 더 파동이 아닌 입자가 되어간다. 원자, 분자, 화학 물질 들이 서로 공유하는 의식, 에너지, 정보가 줄어든다는 말이다. 그 결과 우리는 물질 상태에서 물질을 바꾸려고 헛되이 노력하게 된다. 몸으로 몸을 바꾸려고 보람도 없이 애쓰게 되는 것이다.

우리 몸을 이루고 있는 각각의 아원자 선풍기들이 돌아가는 속도가 느려지는 것은 물론이고 서로 간에 리듬도 엇갈리기 시작한다. 그때 원자들과 분자들 사이에 일관성이 사라지면서 서로 간의 신호가 약해지고, 결국 몸이 망가지기 시작한다. 몸이 점점 물질적으로 되며 에너지가 줄어들수록, 우리는 열역학 제2법칙(엔트로피의 법칙)의 영향을 더 많이 받게 된다. 열역학 제2법칙에 따르면 우주 안의 모든 물질은 무질서와 파괴로 향하게 되어 있다.

수백 개의 선풍기가 한 방에서 함께 조화를 이루며 돌면서 한 톤으로 흥얼거린다면 어떨까? 그 일관성 있는 흥얼거림이 우리 귀에는 음악처럼 들릴 것이다. 한결같고 리드미컬할 테니 말이다. 원자, 분자, 세포 사이의 신호들이 강하고 일관성 있을 때 우리 몸의 상태가 그렇다.

이제 그 선풍기들에 제공되는 전기(에너지)가 부족해서 선풍기들이 제각기 다른 속도(주파수)로 돌아간다고 상상해 보자. 그 방은 제각각으로 켜지고 꺼지고 흔들거리고 절걱거리는 선풍기들의 무질서한 불협화음으로 가득할 것이다. 원자, 분자, 세포 사이의 신호가 약해지고 일관성이 없을 때 우리 몸의 상태가 그렇다.

강한 의도와 굳은 결심을 가지고 에너지를 바꿀 때 당신은 원자 구조 내 에너지 주파수를 높이고 (그림 8-4에서 묘사된 대로) 훨씬 더 의도적이고 일관된 전자기 서명을 만들어낸다. 이제 당신은 당신 몸의 물리적 물질에 영향을 주기 시작한다. 에너지를 늘리는 방식으로 당신의 원자 선풍기에 들어가는 전기를 늘리는 것이다. 고양된 주파수가 당신 몸 속 세포들을 같은 주파수로 동조시킴으로 해서 혹은 세포들을 재조직함으로 해서 당신 몸은 입자(물질)보다는 파동(에너지) 상태로 되어간다. 다시 말해 당신의 모든 물질이 에너지 혹은 정보를 더 많이 갖게 된다. 일관성 있는 것coherence을 리듬 혹은 질서로 생각하고, 일관성 없는 것incoherence을 리듬의 결여, 질서의 결여 혹은 동시성의 결여로 생

### 일관성 있음-건강한 상태

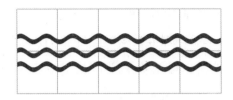

### 일관성 없음-아픈 상태

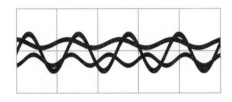

**그림 8-4** 양자의 관점에서 볼 때 주파수가 높고 일관성 있을 때 건강하다고 보고, 주파수가 낮고 일관성이 없을 때 아픈 것으로 본다. 모든 질병은 주파수가 낮아질 때, 일관성 없는 정보가 표현될 때 나타난다.

각하자.

드러머 100명이 리듬을 무시하고 동시에 북을 마구 두드린다고 상상해 보자. 이런 것이 일관성이 없는 것이다. 이제 드러머가 되고 싶어 하는 군중 속에서 전문 드러머 다섯 명이 나타나 군중 속 여기저기로 흩어져 아주 리드미컬한 비트를 만들어내기 시작한다고 상상해 보자. 이윽고 이 다섯 명의 드러머는 앞의 그 100명의 드러머들을 완벽한 리듬과 질서, 동시성 속으로 이끌어갈(동조시킬) 것이다.

몸이 새로운 마음에 반응할 때, 물질보다 에너지가 더 많이 느껴지면서 머리가 쭈뼛 설 때 일어나는 일이 정확하게 그렇다. 그 순간 당신은 물질을 새로운 마음 상태로 끌어올리고, 낮은 에너지 주파수로 존재하는 질병을 고양된 주파수로 끌어올린 것이다. 이와 동시에 당신은 일관성 없는 정보를 훨씬 조직적인 정보로 만들어 몸 속의 원자, 분자, 화학 물질, 세포, 조직, 기관, 체계 들로 하여금 더 잘 기능하도록 만든 것이다. 라디오 전파를 잘 잡을 때 잡음이 없어지고 갑자기 음악이 들려오는 것과 같은 이치이다. 당신의 뇌와 신경 체계도 더 높고 일관성 있는 주파수를 잡아내는 방식으로 이와 똑같이 일을 한다. 그런 일이 일어나면 당신은 더 이상 엔트로피 법칙에 좌우되지 않고 오히려 그 법칙을 역전시킨다. 그리고 당신 몸을 둘러싼 에너지장의 일관성 있는 서명이 당신으로 하여금 물리적 실재들을 지배하는 전형적인 법칙들로부터 벗어나게 한다. 이제 모든 원자 선풍기들이 훨씬 더 일관성 있고 높은 주파수로 돌아가고, 당신의 몸을 구성하는 분자, 화학 물질, 세포 들이 새로운 정보를 받음에 따라 당신의 에너지가 당신 몸에 긍정적인 영향을 끼치게 된다.

그림 8-5A, 8-5B, 8-5C는 어떻게 더 높고 일관성 있는 에너지의 주파수가 더 낮고 일관성 없는 물질의 주파수를 자신에게 동조시키며 그 물질을 새로운 마음 상태로 끌어올리는지 보여준다.

에너지가 일관성 있고 조직적일수록 우리는 물질을 조직적인 주파수에 더 잘 동조시킬 수 있고, 그 주파수가 높을수록(에너지 진동이 빠를수록) 세포가 받아들이는 전자기 신호가 더 좋고 더 심원해진다. 앞장에서 배운 것을 기억하기 바란다. 세포들은 화학적 신호보다 전자기 신호(에너지)에 백 배는 더 민감하고, 그 전자기 신호가 DNA 발현 양태를 바꾼다. 한편 당신의 에너지가 일관성 없고 동시성이 부족할수록 당신 세포들의 소통 능력은 떨어진다. 그 일관성을 창조하는 과학적인 방법은 이제 곧 배우게 된다.

## 일관성 없음-질병

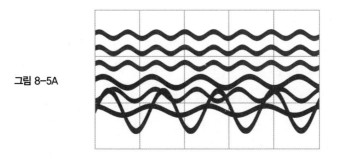

그림 8-5A

## 물질을 새로운 마음에 동조시키기

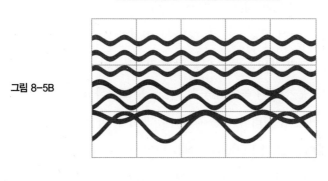

그림 8-5B

## 일관성-치유

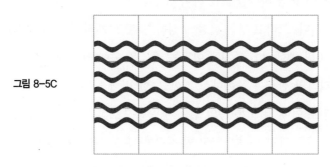

그림 8-5C

주파수가 높고 일관성 있는 에너지가 주파수가 낮고 일관성 없는 에너지와 만나면 물질을 훨씬 조직적인 상태에 동조시키기 시작한다.

## 양자 세계의 문을 넘어서

양자장이 의식과 에너지로 이루어져 있는 보이지 않는 정보의 장이고 모든 물질이 나오는 시공간 밖의 에너지 주파수이기 때문에, 우주의 모든 물질은 이 양자장에 연결되며 이 양자장 안에서 통합된다. 그리고 모든 물질이 시공간 너머에서 서로 연결된 원자들로 만들어지기 때문에, 당신과 나를 비롯한 이 우주의 모든 것은 생명과 정보, 에너지 및 의식을 주는 이 지성의 장(우리 안과 밖 어디에나 있는 개인적이면서 보편적인 지성)에 의해 서로 연결되어 있다.

이 지성을 어떤 이름으로 부르건 상관없지만, 이 지성은 지금 이 순간에도 당신에게 생명을 주고 있는 보편 지성universal intelligence이다. 이 지성이 조화로운 심포니 속에서 수많은 음들을 조직하고 지휘한다. 그 심포니가 당신 몸의 생리학 혹은 자율 신경계이다. 이 지성 덕분에 당신의 심장이 매일 10만 1,000번 이상을 뛰며 매분 7.5리터 이상의 피를 퍼 올리고 그 피가 24시간에 한 번씩 9만 6,000킬로미터 이상을 여행하게 한다. 이 문장 하나를 읽는 사이 당신의 몸은 25조 개의 세포를 만들어낼 것이다. 그리고 당신 몸을 구성하는 70조 개의 세포 하나하나가 초당 10만 개에서 6조 개에 이르는 기능을 수행한다. 당신은 오늘 200만 리터의 산소를 들이마실 것이고, 한 번씩 들이마실 때마다 산소들은 몇 초 안에 당신 몸 속의 모든 세포 속으로 퍼져나갈 것이다.

이 모든 일을 과연 우리가 하고 있는 걸까? 혹시 우리 마음보다 더 큰 마음을 갖고 우리의 의지보다 훨씬 더 대단한 의지를 갖고 있는 무언가가 우리를 위해서 이 모든 일을 하고 있는 것은 아닐까? 그 무언가가 바로 사랑이다! 사실 이 지성이 우리를 너무 사랑해서 우리에게 생명을 불어넣어 주었다. 이 지성이 바로 물질 세상의 모든 측면을 살아 움직이게 하는 우주적 마음universal mind이다. 그 보이지 않는 지성의 장은 시공간 너머에 존재하고, 그곳에서 모든 물질이 생겨났다.

이 지성이 먼 은하계에 초신성을 만들었고, 베르사유 궁전에 장미를 피웠다. 이 지성이 행성들로 하여금 태양 주위를 계속 돌게 하고, 말리부 해안에 조수간만의 차를 만들었다. 모든 곳에 늘 존재하기 때문에 이 지성은 당신 안에도 있고 당신 주위에도 있다. 이 지성은 개인적이면서 동시에 보편적이다. 그래서 '당신'이라고 불리는 주관적이며 자유 의지를 갖는 의식consciousness(개인적인 인식awareness)이 있고, 모든 생명의 탄생에 책임이 있는 객관적인 의식(보편적인 인식)이 있는 것이다.

눈을 감고 외부 세계의 다른 장소 다른 시간에 일어나고 있는 사건들과 그 속의 사람들과 물건들, 그리고 당신 몸에 대한 주의에서 잠시 벗어나 보자. 그렇게 잠시라도 시간을 벗어나 존재한다면, 당신은 양자 관찰자로서, 익숙한 삶에 보내던 에너지를 거둬들이고 미지의 가능성 영역으로 주의를 돌리게 될 것이다. 당신이 집중하는 곳이 곧 당신의 에너지가 가는 곳이기 때문에, 이미 알고 있는 삶에 계속 집중하면 당신의 에너지는 그 익숙한 삶에 쓰이게 되지만, 시공간 너머의 가능성으로 가득한 미지의 영역에 에너지를 주고, 그리하여 물질이 아닌 의식(양자 잠재성 속의 생각)이 된다면 당신은 새로운 경험을 끌어들이게 될 것이다. 명상 상태로 들어갈 때 자유 의지를 가진 당신의 주관적 의식이 객관적이고 보편적인 의식과 하나가 될 것이고, 그때 당신은 가능성의 씨앗을 심게 될 것이다.

당신을 위해 모든 자동 기능들을 수행한다고 했던 저 본래적인 지성과 당신이 연결되는 접점이 바로 당신의 자가 조직적인 자율 신경계이다. 당신의 사고를 담당하는 신피질이 앞서 언급한 기능들을 다 맡고 있는 것은 분명 아니다. 그보다는 신피질보다 아래쪽에서 잠재의식적으로 작동하는 뇌 중추들이 그 기능들을 담당하고 있다. 당신이 명상을 하면서 에고를 내려놓고 이기성에서 이타성으로 나아갈 때, 순수 의식의 상태가 될 때, 더 이상 물리적 환경이나 직선적 시간 속의 육체로 있는 것이 아니라 어떤 몸이나 어떤 사람, 어떤 물건도 아닌 상태로 시공간을 벗어나 있을 때, 바로 그때 당신은 그 사랑 가득한 지성과 하나가 된다. 그때 당신은 무한한 가능성의 장에서 그저 하나의 자각awareness이 된다.

그때 당신은 미지의 세상에 있는 것이다. 그리고 모든 것은 그 미지의 세상에서 만들어진다. 당신은 양자장 속에 있는 것이다. 당신과 나는 그렇게 순수 의식이 되는 데 필요한 모든 생물학적 도구들을 이미 다 갖고 있다.

# 09:변형 이야기
## 세 편

이 장에서 우리는 의식의 에너지를 감각 너머 비물질 세계에 놓고, 한갓 가능성으로만 있던 일이 삶 속에서 실현될 때까지 이를 계속해서 마음에 품어온 몇몇 사람을 만나볼 것이다.

### 로우리 이야기

로우리Laurie는 19세에 다골성섬유성골이형성증이라는 퇴행성 골질환 진단을 받았다. 다골성섬유성골이형성증은 정상적인 뼈 조직이 약한 섬유 조직으로 바뀌고, 골격을 지지하는 단백질 구조가 불규칙하게 변하면서 비정상적으로 얇아져 몸이 크게 쇠약해지는 질병이다. 일반적으로 뼈가 붓고 약해지다가 부러지는 이상 증상이 나타난다. 섬유성골이형성증은 골격 어느 부위에라도 나타날 수 있는데, 로우리의 경우는 우측 대퇴골, 고관절, 정강이뼈에서 시작됐고 오른발 뼈 일부에서도 증상이 나타났다. 의사들은 불치병이라고 했다.

섬유성골이형성증은 유전병의 일종으로 보통 사춘기 이후에야 나타난다. 로우리의 경우 진단을 받기 전 1년 동안이나 절뚝거리며 힘들게 대학을 다녔는데 알고 보니 대퇴골 골절 때문이었다. 뼈가 부러졌다는 말을 듣고 로우리는 매우 놀랐다. 그때까지 한 번도 골절상을 당한 적이 없었기 때문이다. 해부학적으로 한쪽 발이 조금 큰 것 외에 몸에 별다른 점이라곤 없었다. 달리기, 댄싱, 테니스 등을 즐기며 비교적 활발한 청소년기를 보냈고, 다리를 절기 시작했을 무렵에는 심지어 보디빌더 대회에 참가하려고 막 훈련을 시작하던 참이었다.

진단 후 로우리의 삶은 하루아침에 바뀌고 말았다. 정형외과 의사는 앞으로 뼈가 약해져 조금만 부딪쳐도 부러질 수 있으니 조심하라고 했다. 그리고 걸을 때는 꼭 목발을 짚고 다녀야 한다면서 빠른 시일 내에 수술을 하자고 했다. 그 수술이란 것이 러셀-테일러 방식의 금속 정을 대퇴골 밑에 박아 넣는 방식의 뼈 이식이었다. 그 이야기를 듣고 로우리와 어머니는 병원 카페테리아에서 한 시간 동안이나 울었다고 한다. 악몽 같은 이야기였다. 로우리에게는 삶이 갑자기 끝나버린 것 같았다.

병으로 인해 이러저러한 제약을 받을 것이라는 로우리의 인식(사실에 기반한 것이든 상상에 기반한 것이든)이 로우리의 삶을 지배하기 시작했다. 추가 골절을 막으려고 로우리는 의사가 시키는 대로 했고 늘 목발을 짚고 다녔다. 맨해튼의 한 대형 제조 회사 마케팅 부서에서 막 인턴십을 시작한 때였지만 그만두고 매일 병원을 찾아다녔다. 로우리의 아버지는 가능한 한 많은 정형외과 전문의를 만나봐야 한다고 주장했고, 어머니는 그 후 몇 주 동안 내내 울면서 이 의사 저 의사에게 로우리를 데리고 다녔다.

새 의사를 만날 때마다 로우리는 다른 의학적 소견을 고대했지만 매번 나쁜 이야기뿐이었다. 몇 달 사이에 열 명의 외과의가 그녀의 상태를 검사했다. 마지막으로 만난 한 의사가 다른 의견을 내기는 했다. 그 의사는 다른 의사들이 추천한 수술이 전혀 도움이 안 될 거라고 했다. 금속 정을 박는다고 해도 아픈 뼈의 가장 약한 부분만 강화하고, 결국에는 금속 정 위아래 지점에 있는 그 다음으로 약한 부분에 더 많은 골절을 야기하게 된다는 것이었다. 그 의사는 로우리에게 수술 대신 목발이나 휠체어를 사용하거나 남은 생을 그냥 앉아서 사는 편이 나을 거라고 했다.

그때부터 로우리는 뼈를 부러뜨릴지도 모른다는 두려움에 대부분의 시간을 꼼짝도 않고 보냈다. 스스로가 작고 여리고 보잘것없다는 생각이 들었고, 불안과 자기 연민만 깊어갔다. 마지막 진단을 받고 한 달 후 대학으로 돌아갔지만, 다른 여학생 다섯 명과 함께 살던 아파트에서 칩거하며 대부분의 시간을 보냈다. 점점 심각해지는 병적 우울증을 감추는 놀라운 능력을 발휘하면서 말이다.

### 두려운 아버지

로우리가 기억하는 아버지는 늘 폭력적인 사람이었다. 로우리와 형제들이 성인이 된 후에도 식구들은 그의 주먹질을 동반한 갑작스런 분노가 언제 터질 줄 몰라 전전긍긍해야 했다. 온 가족이 아버지가 언제 다시 폭군이 될지 몰라 걱정하며 늘 경계 상태에서 살았던 것이다. 당시 로우리는 몰랐지만 아버지의 그런 행동과 그녀의 상태는 밀접하게 연결되어 있었다.

갓 태어난 아이들은 대부분의 시간을 델타 뇌파 상태에서 보낸다. 그 후 12년 동안 아이들은 천천히 세타파 상태에서 알파파 상태로 나아가다가 성인이 되면 대부분의 시간을 베타파 상태에서 보낸다. 앞에서 살펴보았듯이 세타파와 알파파는 암시 감응력이 매우 높은 뇌파 상태이다. 어린아이들은 자신에게 일어나는 일을 적절히 이해할 수 있는 분석적인 마음이 덜 발달한 상태이기 때문에 경험에서 얻은 모든 정보가 곧바로 잠재의식 속에 새겨진다. 암시 감응력이 높기 때문에 아이들은 어떤 경험으로 감정이 바뀌는 순간 그 일을 야기한 사람 혹은 사건이나 사물에 집중하게 되고, 그 결과 원인 제공자와 그 경험에 대한 감정을 연결시키는 연상 기억을 더 쉽게 만들게 된다. 그 원인 제공자가 부모와 같이 의지해야 하는 존재라면, 아이는 시간이 흐름에 따라 자신이 그 경험에서 느끼는 감정이 정상적인 것이라고 생각하게 된다. 상황을 분석할 능력이 아직 갖춰지지 않았기 때문이다. 유아기의 경험이 그런 방식으로 잠재의식이 되는 것이다.

발병 진단을 받았을 때조차 로우리는 몰랐지만, 아버지 아래서 자라면서 경험한, 그 감정을 동반한 사건들이 자신도 모르게 기억 속에 쌓이면서 그녀의 생물학적 기능들을 프로그래밍해 왔던 것이다. 매일 아버지의 분노와 마주한 로우리는 무력감, 나약함, 스트레스, 두려움의 감정으로 반응했고, 그런 반응은 그녀의 자율 신경계의 일부가 되어 결국 몸이 그런 감정들을 화학적으로 기억하게 되었으며, 그 몸이 보내는 신호가 섬유성골이형성증과 관련된 유전자에 불을 켰던 것이다. 아버지의 분노에 대한 로우리의 반응은 자동적이어서, 그녀가 그런 감정적 몸에 붙들려 있는 한 그런 반응을 바꿀 수는 없었을 것이다. 로우리는 단지 지금 자신의 아픈 상태가 과거의 감정 상태와 다르지 않다는 분석 정도만 할 수 있었다. 하지만 그녀에게 필요한 것은 그 감정 너머에 있었다.

섬유성골이형성증 진단을 받자 로우리의 어머니는 가족들 앞에서 현대 의학이 공식적으로 로우리를 '부서지기 쉬운fragile' 사람으로 선언한 셈이라고 말했다. 로우리는 그렇게 아버지의 물리적 폭력으로부터 안전해질 수 있었다. 아버지는 그 후로도 사망 직전까지 15년 동안이나 로우리에게 감정적·언어적 폭력을 일삼았지만, 아이러니하게도 질병 덕분에 로우리는 더 이상 육체적 학대는 받지 않았다.

## 질병이 정체성이 되다

스스로 만들어낸 그 왜곡된 안전 감각이 로우리에게는 생존을 위한 수단이었다. 그 결과 로우리는 (거의 언제나 필요한) 특별 대우를 받기 시작했다. 붐비는 버스나 지하철에서도 쉽게 자리를 얻었고, 표를 구할 때도 친구들에게 줄을 서게 하고 자신은 근처 벤치에 앉아 기다렸다. 손님 많은 식당에서도 금방 테이블을 차지할 수 있었다. 로우리는 병이 자신에게 좋은 점도 있다는 사실을 알게 되었다. 나아가 원하는 것을 얻기 위해 지나치게 병에 의존하기 시작했다. 전에는 세상이 안전하다고 생각해 본 적이 없는데 이제 세상이 그녀 마음대로 움직여 주었다. 원하는 것을 얻기 위해 그런 식으로 현실을 이용할 때 쉽게 감정적 해택을 누릴 수 있었기 때문에, 로우리는 골절 스트레스에서 벗어나는 데 필요한 것보다 더 많은 것을 그런 방식으로 보상받으려 했다. 얼마 지나지 않아 그녀의 질병이 곧 그녀의 정체성이 되어버렸다.

나아가 의사와 부모와 운명이 자기 삶을 공격했다고 생각한 로우리는 뒤늦게 사춘기적인 반항을 하기 시작했다. 발병 진단을 받고 다음 학기가 시작됐을 때 로우리는 자신의 병을 강력하게 부인하고 다녔다. 그러곤 운동에 모든 것을 다 바쳐서 최초의 '절름발이' 보디빌더가 되겠다고 결심했다. 겁에 질려 있었지만 억지로 긍정적인 태도를 취하면서 운동에 맹목적으로 집착했고, 덕분에 그녀는 팔다리를 비틀지 않으면서 무게를 견디는 자신만의 방식을 찾아냈다.

로우리는 고통의 극한까지 가보면 다시 건강해질 수 있을 거라고 생각했지만, 그때마다 고통은 더 끔찍하고 심해질 뿐이었으니 역효과만 낳은 셈이었다. 다골성섬유성골이형성증 환자들에게 자주 나타나는 척추측만증도 나타났고, 등 쪽에서는 매일 심각한 통증이 계속되었다. 스무 살이 되었을 때는 척추 뼈는 물론이고 다른 곳에도 관절염이 생겼다.

졸업 후 새 직장과 새 집 사이를 왔다 갔다 하기는 했지만, 대부분의 시간을 앉아서 보내야 했고 그러면서 점점 더 삶에서 소외되는 것 같았다. 공포와 불안, 우울도 여전했다. 젊은이라기보다는 나이든 부모처럼 앉아 지내는 때가 훨씬 많았기 때문에 동년배 친구들이 부러웠고 그나마 친구도 몇 남지 않았다. 연애는 생각도 할 수 없었다.

20대 후반이 될 때까지 로우리는 심각한 골절상으로 열두 번이나 고생을 했고, 그래서 골절이 있건 없건 어디를 갈 때는 늘 지팡이를 사용했다. 그것도 모자라 위험한 미세 골절까지 생겨났다. 뼈들이 매우 약해서 뼛속 틈새로 심각한 미세 골절이 나타났는데, 그런 골절이 여러 곳에서 진행될 경우 엑스레이 상에서도 볼 수 있는 큰 골절로 언제라도 이어질 수 있었다.

서른 살이 되었을 때 로우리는 일흔두 살의 아버지보다 척추 상태가 더 안 좋았다. 실제로 노인의 몸이나 다를 바 없었다. 침대에 며칠씩 누워 있고 출근도 몇 주나 못하게 되면서 결국 회사도 그만두게 되었다. 대학원 진학도 보류했다. 입학 허가를 받은 대학에 엘리베이터가 없었기 때문이다. 오래 서 있거나 걸어야 하는 파티장이나 박물관 방문, 쇼핑, 여행, 콘서트 구경 같은 것은 다 포기해야 했다. 로우리는 앞에서 말한 생각-느낌의 고리 속에 빠져 있었다. 그녀는 자신이 약해서 할 수 있는 것이 몇 가지 안 된다고 생각했고, 그녀의 몸은 그 같은 나약함과 한계를 밖으로 그대로 표현했다. 약하고 다치기 쉽다고 느끼면 느낄수록 그녀는 더 약해지고 더 쉽게 다쳤다. 그런 가운데 그녀는 골절상을 계속 경험했고, 그 경험은 다시 자신이 약하다는 믿음을 강화하고 자신의 정체성과 존재 상태를 재확인시켰다.

식이 요법도 잘 하고 뼈 강화제에 다양한 비타민과 보충제까지 복용했지만 골절을 막을 수는 없었다. 계단 하나를 오르다가도 뼈가 부러졌고, 연석에서 내려서다가도 뼈가 부러졌다. 악몽의 연속이었다.

역설적이게도 목발을 짚지 않거나 절룩거리지만 않으면 로우리는 완전히 건강한 사람처럼 보였다. 그래서 대부분 그녀가 지팡이를 기이한 액세서리처럼 갖고 다닌다고 생각했지 상태가 정말 심한 환자라고는 믿지 않았고, 이 때문에 정말 필요한 순간에 도움을 받지 못해 로우리는 어려움을 겪고 좌절해야 했다. 그럴 때마다 사람들에게 자신이 정말로 아프다고 납득시키는 일도 환자라는 그녀의 정체성을 강화했다. 로우리는 자신이 장애자라는 걸 입증해 보이려 했고, 이는 자기가 무능한 상태에 있다는 믿음을 더욱 강화시켰다. 모든 사람들이 자신의 약점과 연약함을 숨기려 애쓰는 데 반해 로우리는 자신이 약하다고 계속 선언했다.

할 수만 있다면 자신의 상황을 통제해 보려고 로우리는 많은 에너지를 썼다. 먹고 마시고 소모하는 모든 것을 측정하고 조심했다. 집 주변을 산책할 때는 발걸음 수까지 적어뒀다. 슈퍼마켓에서 집까지 들고 올 수 있는 짐의 무게까지 측정했다. 4.5킬로그램 정도였는데, 그것은 뼈에 무리를 주지 않는 범위에서 그녀가 늘릴 수 있는 최대 무게이기도 했다.

피곤해도 해야만 하는 일들이었다. 골절상을 피하기 위해 육체적으로 할 수 있는 일의 범위가 점점 좁아짐에 따라 그녀의 선택권도 점점 줄어들었다. 생활이 점점 더 좁은 범위에서 이루어지자 로우리의 마음도 따라서 좁아졌다. 공포가 심해졌고 우울증이 깊어졌다. 일이라도 다시 해보려 했지만 감당이 안 되었다.

한때 달리기와 댄스를 즐기는 유망한 보디빌더였던 여성이 이제는 겨우 요가로 건강을 유지하는 지경이 되었고, 30대 후반이 되자 그나마 좀 과격한 하타 요가는 생각도 할 수 없었다. 수년 동안 그녀가 하는 운동이라고는 의자에 앉아서 하는 강렬한 호흡법 정도였다.(40대 초반에 의사는 마침내 수영장에서 왔다 갔다 하는 정도의 수영은 허락했다.)

로우리는 테라피스트, 전인全人 치료 전문 의사, 에너지 치유사, 소리 치유사를 만나기도 했고 동종 요법을 시도하기도 했지만, 자기 안에서 해결책을 찾은 적은 없었다. 에너지 치료로 몇 번 기분이 좋아져서 곧바로 정형외과에 가 엑스레이를 찍어봤지만 결과는 실망뿐이었다. 로우리는 앞으로 나빠질 일만 남았다고 생각했다. 매일 두려움에 사로잡힌 채 깨어났고, 그게 뭐든 세상이 그녀에게 준 것을 자신은 더 이상 감당할 수 없다고 믿었다.

## 로우리, 가능성을 발견하다

나는 2009년에 로우리를 처음 만났다. 그녀는 영화 〈도대체 우리가 아는 것이 무엇인가?What the bleep do we know?〉를 보고 사람이 완전히 새로운 삶을 창조할 수 있다는 주장에 놀랐다고 했다. 나는 뉴욕 근교의 한 명상 센터에서 워크숍을 지도하기 전 저녁을 먹다가 그녀를 우연히 만나게 되었다. 우리는 개인의 변형을 이끄는 내 수업에 관해 대화를 나누었고, 로우리는 그해 8월의 내 수업에 바로 등록했다.

첫 번째 수업에서 나는 로우리에게 뇌, 생각, 몸, 감정 상태, 유전적 발현을 얼마든지 바꿀 수 있다는 말을 해주었다. 나는 몸의 변화에 대해 이야기했지만 몸과 질병에 대한 로우리의 믿음은 완고했고, 그녀의 감정은 과거에 아주 단단히 얽매여 있었다. 로우리는 몸을 치유하겠다는 의도가 하나도 없었는데, 그것은 치유가 가능하다는 것을 진심으로 믿지 못했기 때문이었다. 그럼에도 불구하고 내 수업에 참여한 것은 그저 조금이라도 내면의 평화를 느끼고 싶어서였다.

자진해서 다른 감정을 느껴보려고까지 하지는 않았지만 그래도 로우리는 내가 가르쳐준 원칙들을 그 즉시 최선을 다해 적용해 나아갔다. 첫 주 수업이 끝나자 로우리는 더 이상 다른 사람들에게 자기 병을 설명하고 다니지 않았다. 감정 조절은 할 수 없었지만, 떠들고 다니던 행동을 그만둘 정도의 통제력은 갖고 있었다. 파티에서 의자를 요청할 때나 데이트 상대에게 같이 오래 걸을 수 없다는 설명을 해야 할 때를 제외하고는 자신의 상태를 인정하는 말은 더 이상 하지 않았다. 그리고 자신이 원하는 미래의 모습에 집중하기 시작했다. 미래의 로우리는 내면의 자아가 행복에 젖어 있고, 어떤 신성한 원천과 깊이 연결되어 있으며, 멋진 직장에서 일을 잘 하고 있고, 인생의 동반자, 친구, 친지들하고도 가깝고 건강한 관계를 갖고 있었다.

그 다음으로 로우리는 행동에 간단한 변화를 주는 일에 집중했다. 자신이 하는 생각과 말을 살펴서 과거의 반복적이고 파괴적인 패턴이 보이면 즉시 멈추었다. 내 수업을 계속 듣고 명상도 꾸준히 했다. 자신이 하고 있는 일에 의미를 부여하기 위해 수업 노트를 경건한 마음으로 읽고 복습했으며, 함께 배우는 사람들하고도 가능한 한 많이 만났다. 그러는 동안 확실히 기분이 좋아지고 더 큰 것 같고 능력도 더 생기고 더 강해진 것 같다고 느껴지는 순간들이 하루에 얼마간이라도 생겨나기 시작했다. 마음이 과거 속을 떠돌고 있음을 알아챌 때면 하루에 스무 번씩이라도 자신에게 "바꾸자!"라고 말해주었다. 부정적인 생각이 하루에 백 번도 넘게 들었지만 로우리는 조금씩 몇 가지 새로운 생각들을 했고, 그 생각들을 노트에 적으며 진정으로 믿어보려고 노력했다.

열심히 노력했지만 새로운 생각대로 정말로 느끼기까지는 거의 2년이라는 시간이 걸렸다. 그 긴 기다림의 시간 동안 로우리는 좌절하지 않았다. 그 대신 자신의 감정 상태로부터 병이 만들어지는 데 그렇게 오랜 시간이 걸렸으니 그 질병을 없애는 데도 그만큼 긴 시간이 필요할 거라고 생각하면서 마음을 다잡았다. 그리고 옛 자아가 생물학적·신경학적·화학적·유전적으로 죽어야 새로운 자아가 나타날 것이라는 생각도 계속 했다.

외부 상황은 좋아지기 전에 먼저 나빠졌다. 홍수가 나서 집에 물이 찼고, 아파트 건물에 다른 하자도 많아서 건강에 또 다른 문제들을 일으켰다. 로우리는 내게, 자기가 명상을 하려고 앉아서 이상적인 인생을 머릿속으로 시연할 때마다 스스로에게 거짓말을 하는 것 같고 명상을 끝내고 눈을 떠 현실을 돌아보면 마치 뺨이라도 얻어맞는 기분이 든다고 말했다. 나는 감각을 가지고 현실을 정의하지 말고 변화의 강을 계속해서 건너가 보라고 용기를 북돋아주었다.

워크숍에 올 때 여전히 다리를 절면서 때론 사람들에게 불평도 하고 감사도 하기는 했지만, 로우리는 워크숍에 빠지지 않고 나왔다. 같은 지역의 동료 학생들을 한 명이라도 더 모아서 함께 명상도 했다. 물론 로우리의 삶에서 기쁨을 주는 구석이라고는 없었다. 하지만 그래도 로우리는 이렇게 생각했다. '아휴! 나도 하루에 한 시간쯤은 머릿속으로라도 다른 현실에서 살고 싶어. 안전하고 조용한 집에서 건강하게 살고 싶다고. 가족이랑 친구들하고 서로 돕고 사랑하면서 말이야.'

2012년 초, 중급 과정 워크숍에서 로우리는 깊고 의미 있는 명상 체험을 했다. 명상중에 자신의 중심을 실제로 또 상징적으로 흔든 일이 발생한 것이다. 육체적으로 마치 한바탕 요동을 쳤다가 차분히 가라앉는 것 같았다. 몸이 떨렸고, 얼굴은 뒤틀렸으며, 팔은 의자에 걸쳐두려고 아무리 애를 해도 자꾸만 위로 솟구쳤다. 감정적으로는 말로 설명할 수 없는 기쁨을 느꼈다. 울다가 웃기를 반복하고, 입 밖으로는 자신도 이해할 수 없는 말들이 터져 나왔다. 그동안 자신을 지탱하기 위해 붙들고 있던 모든 두려움과 통제가 마침내 무너져 내린 것이다. 로우리는 난생처음 신의 존재를 느꼈고, 자신이 더 이상 혼자가 아님을 깨닫게 되었다.

로우리는 나에게 이렇게 말했다. "무언지, 누군지는 모르겠지만 어떤 신성한 존재가 느껴졌어요. 내가 전에 그렇게 확신했던 것과 달리 그 의식은 나의 존재를 잘 알고 있었고, 내가 행복하기를 바라고 있었고요. 실제로 나를 눈여겨보고 있었어요. 그걸 깨닫다니 정말 엄청난 변화예요." 그 후로 로우리는 더 이상 육체적인 움직임을 통제하는 데 그렇게 많은 에너지를 쏟아 붓지 않게 되었다.

그러다 어느 순간 나는 로우리가 지팡이 없이 걷고 있고 절뚝거리지도 않는다는 걸 알게 되었다. 화난 듯 얼굴을 찡그리지도 않았고, 아프다고 움찔거리지도 않았다. 행복해했으며 웃음기가 얼굴에서 떠나지 않았다. 로우리는 두려움을 용기로, 좌절을 인내로, 고통을 기쁨으로, 나약함을 강함으로 바꾸어나갔다. 그녀의 안과 밖이 모두 바뀌고 있었다. 그녀를 쇠약하게 하던 감정 중독에서 벗어나 새로운 미래로 나아가고 있었던 만큼 그녀의 몸도 이제 과거에서 덜 살게 되었다.

2012년 이른 봄, 정기 검진을 받던 로우리는 19세 때부터 갖고 살아오던 대퇴부 골절의 길이가 3분의 2 정도 줄어들었다는 말을 담당의로부터 들었다. 그때까지 찍어온 백 장도 넘는 엑스레이 사진들마다 빠짐없이 나타나던 골절이었다. 의사는 그 이유를 설명하지 못했다. 그 대신 의사는 일주일에 두 번 체육관에 가서 10분씩 자전거 운동 기구를 타보는 게 좋겠다고 말했다. 그 말이 로우리에게는 마치 음악처럼 들렸다. 그녀는 그 즉시 자전거를 타러 갔다.

## 성공 그리고 좌절

변화의 강을 건너기 위한 로우리의 모든 노력이 드디어 빛을 발하기 시작했다. 마침내 몸의 회복을 알리는 피드백을 받게 된 것이다. 매일 몸과 환경과 시간을 초월할 때마다 로우리는 현재와 과거의 자신의 성격도 초월했고, 감정적으로 중독되어 습관적으로 움직이던 몸도 초월했으며, 늘 과거의 기억에 근거해 예견하던 그 뻔한 미래도 초월했다. 분석적인 마음을 줄이고, 뇌파를 암시 감응력이 높은 상태로 바꾸고, 현재 순간에 머물고, 감정적으로 바뀌기 전인 어린 시절의 프로그래밍 시스템을 가동시키는 등 그녀의 모든 노력이 마침내 그녀를 바꾸기 시작한 것이다.

로우리는 자신의 마음이 단지 생각만으로 몸을 치유하고 있다고 정말로 믿기 시작했다. 과거의 자아와 연결된 과거의 골절이 그녀가 말 그대로 다른 사람이 되어감에 따라 치유되어 가고 있었다. 예전과 같은 방식으로 생각하거나 행동하지 않았기 때문에, 그녀는 더 이상 뇌속에서 과거의 자신과 연관된 신경 회로를 창조하지도 않고 이를 더 공고히 하지도 않았다. 로우리는 과거의 감정들을 되새기며 계속 과거 안에 살아가는 방식으로 몸을 그 과거의 마음 상태에 맞게 조건화하던 것을 멈추었다. 과거 자아의 상태로 사는 '기억을 지우고' 새로운 자아로 사는 상태를 기억했다. 그녀는 마음을 바꾸고, 마음을 바꾸면 미래에 어떤 느낌이 들지를 몸에게 가르침으로써, 뇌 속에 새로운 생각과 움직임을 일으키고 그것을 더 공고히 해나갔다.

로우리는 매일매일의 명상을 통해 단지 자신의 존재 상태를 바꾼 것만으로 새로운 방식의 새로운 유전자들을 발현시켰다. 그 유전자들이 그녀의 '불편함dis-ease'과 연관된 골절의 원인인 단백질을 치유하는 새로운 단백질을 만들어냈다. 워크숍에서 배운 대로 로우리는 섬유성골이형성증 유전자의 불을 끄고 정상적인 골기질骨基質을 생산하는 유전자에 불을 켜려면 골세포들이 마음으로부터 제대로 된 신호를 받아야 한다고 생각했다.

로우리의 말을 들어보자.

"나는 늘 자신을 희생자 취급하며 두려움과 고통 같은 생존 감정들 속에서 스스로 나약하다고 여기며 살아왔어요. 그랬으니 내 골세포들 속에 건강하지 못한 단백질이 생성되었고, 그 결과 구조적으로 골절이 나타날 수밖에 없었다는 것을 이제 잘 알아요. 약함을 내 몸으로 그렇게 완벽하게 표현해 낼 수 있을 정도였으니 사실 나는 강한 거였어요. 그 생존 감정들을 내 몸 속에 잠재의식으로 새겨 넣었기 때문에, 나는 불건강한 단백질을 만드는 유전자들을 항시 가동시켰던 거죠. 잠재의식적 마음이 되어버린 내 몸은 항상 과거에 살았고요. 만약 뼈가 콜라겐(단백질)으로 이루어져 있고 내 골세포들이 건강한 콜라겐을 만들기 바란다면, 이제 나는 내가 자율 신경계로 들어가고, 분석적인 마음을 넘어서 잠재의식적 마음으로 들어가서, 새로운 정보로 내 몸을 거듭 재설정하며 매일 새로운 질서를 만들어주어야 한다는 걸 잘 알고 있어요. 이 모든 것을 알게 되었을 때 나는 변화의 강을 거의 절반은 건넌 것 같았어요."

로우리는 명상을 계속했고, 내 워크숍에도 꾸준히 참석했다. 육체적인 고통이 계속해서 찾아오곤 했지만, 빈도와 강도와 지속되는 시간은 꽤 줄어들었다. 로우리는 할 수 있는 한 많은 것을 바꾸어나갔다. 환경에 변화를 주고자 헬스 클럽도 바꾸고, 겨드랑이 방취제도 왼쪽부터 뿌리다가 오른쪽부터 뿌렸다. 팔짱을 낄 때도, 잊어버리지만 않으면, 보통의 경우처럼 오른팔이 아니라 왼팔을 위에 두었다. 아파트에서도 늘 앉던 의자가 아닌 다른 의자에 앉았다. 침대에서도 조금 더 걷더라도 반대편 쪽으로 돌아가서 잤다.

로우리는 "이렇게까지 할 필요가 있나 싶겠지만, 나는 그냥 내 몸에 새롭고 다른 신호를 하나라도 더 보내고 싶었어요. 햄프턴에 큰 집을 사서 이사라도 가면 더 좋겠지만 그런 일은 불가능하니까 작은 것들이라도 바꿔야죠"라고 했다.

로우리는 미래에 대한 긍정적인 생각과 느낌을 상기하고 잠재의식 속으로 떨어지지 않기 위해 집 안 곳곳에 쪽지를 붙여놓기까지 했다. "감사합니다" "기분을 좋게 해!" "사랑하자!" 같은 말들을 써서 문마다 붙여놓았고, 심지어 자동차 계기판에도 접착용 메모지에다 "네 생각은 아주 강력해. 그러니 잘 생각해"라고 써서 붙여두었다. 격려와 긍정의 문구들을 처음 듣는 것은 아니지만, 예전에는 그 문구들이 하는 말을 진정으로 믿고 받아들이지 못했다. 자신의 믿음을 바꾸는 법을 몰랐기 때문이다.

2013년 1월 말, 다시 만난 의사는 로우리에게 28년 만에 처음으로 아무런 골절도 찾아볼 수 없다고 말했다. 모든 뼈가 온전하고 정상이었다. 로우리는 나에게 "이 기쁨을 뭐라고 표현해야 할지 모르겠어요. 정말이지 강해지고 커진 느낌이에요. 이제 변화의 강을 반 넘게 건너온 것 같아요"라고 써 보냈다.

건강한 새 단백질을 만들기 위한 골세포 설정 작업이 끝난 것이다. 그리고 그녀의 자율 신경계가 물리적·화학적·감정적으로 몸의 균형을 회복하고 있었다. 자율 신경계가 엄청난 지성을 통해서 그녀를 치료하고 있었고, 그녀는 이제 누구보다 더 그 사실을 믿고 거기에 자신을 내어맡길 수 있었다. 그녀의 몸이 계속해서 새로운 마음에 반응했던 것이다.

의사와 만나고 한 달 뒤 로우리는 나의 고급 과정 워크숍에 참여하기 위해 애리조나로 날아왔다. 도착한 지 한 시간이나 지났을까 로우리는 간호사로부터 혈액 검사와 소변 검사 결과로 볼 때 병이 아직도 꽤 활발히 진행되고 있는 것 같다는 전화를 받았다. 의사는 몇 년 만에 다시 비스포스포네이트(골다공증, 골절 치료약―옮긴이) 정맥 투약을 권했다.

로우리는 상심이 컸다. 엑스레이는 그녀가 다시 건강해졌다고 말했지만, 다른 검사 결과들은 다른 말을 했던 것이다. 그 순간 로우리는 길을 잃고 자신이 실패했다고 확신했다. 그 얘기를 듣고 나는, 그녀의 몸이 아직 과거에 살고는 있지만 그건 단지 몸이 마음을 따라잡는 데 시간이 더 걸리기 때문일 뿐이라고 그녀를 안심시켰다. 그리고 지금까지 하던 대로 몇 달 더 해본 뒤 소변 검사를 다시 해보라고 권했다.

워크숍에서 건강을 되찾은 몇몇 사람들을 보고 용기를 얻은 로우리는 집으로 돌아가 다시 열심히 노력했고, 명상을 할 때는 자신이 원하는 삶을 훨씬 더 강하고 생생하게 느꼈다. 그녀는 건강한 뼈를 가진 자신을 상상하는 것에서 더 나아가, 생명력과 에너지가 넘치고 젊고 건강하게 빛나는 자신, 전체적으로 다 건강해진 자신을 상상했다. 기능적으로 아무 문제 없이 잘 걷는 몸을 비롯해 원하는 것을 모두 가진 상태를 머릿속으로 시연하고 감정적으로도 받아들였다. 자신에게 19세부터 47세까지의 옛날의 그녀는 한갓 과거의 이야기일 뿐이라고 들려주었다.

## 새 마음, 새 몸

그 두어 달 동안 로우리는 그저 더 행복하고 더 기쁘고 더 자유롭고 더 건강하다고 느끼기만 했다. 미래에 대해서도 더 확실하게 생각하기 시작했다. 통증은 거의 느끼지 않았고 보조 도구 없이 걸었다.

다시 검사를 받기로 한 2013년 5월이 되자 로우리는 약간 두려움을 느끼고, 검사를 6월로 연기했다. 그녀는 경험 많은 워크숍 학생에게 자신이 검사받기가 주저되고 불안하다는 얘기를 털어놓았고, 그 사람은 병원에 가서 검사받을 때 좋은 점들은 뭐가 있는지 상상해 보라는 조언을 해주었다. 그러자 의욕을 불러일으키는 긍정적인 감정들이 많이 떠올랐다. 병원이 얼마나 깨끗한지부터, 직원들이 얼마나 친절한지, 보살핌을 받기에 얼마나 편한 곳인지 등등 병원의 좋은 점이 줄줄이 떠올랐다. 그것이 바로 그녀에게 필요한 변화였다.

검사 당일, 병원으로 차를 몰고 가면서 로우리는 따뜻한 햇살, 뻥 뚫린 도로, 자신의 자동차, 차를 움직이게 하고 있는 자신의 다리, 완벽한 시력, 주차 공간을 쉽게 찾은 것 등등에 감사했다. 나중에 로우리는 나에게 이렇게 말했다. "병원에 들어가 내 이름을 댔어요. 그리고 대기실에서 차례를 기다리면서 눈을 감고 명상을 했죠. 컵에 소변을 받아 비닐봉지에 넣은 뒤 간호사에게 건네줬어요. 그리고 걸어 나왔죠. 걷는 그 간단한 행위에 감사하면서요. 결과에 대해서는 개의치 않았어요. 결과가 어떻게 나오든 상관없었거든요. 마음속 깊은 곳에서 그렇게 느꼈어요. 그러니까 정말 결과에 대해 완전히 잊어버리게 되더라고요. 아무것도 기대하지 않았으니까. 행복했어요. 사실 강박적이다 싶을 만큼 모든 것에 감사했죠. 분석을 멈추고 단지 믿기만 했어요."

나는 그녀에게 새로운 자아는 과거의 자아처럼 그렇게 불확실한 방식으로 생각하지 않으며, 따라서 언제 어떻게 치료가 될지 분석한다면 그게 바로 과거의 자아로 돌아가고 있다는 뜻이라고 말한 적이 있는데, 로우리가 그것을 기억하고 있었던 것이다. 로우리는 이렇게 말을 이었다. "그래서 나는 아무 이유도 대지 않고, 실제 치유 경험도 하기 전에 현재의 순간에 그냥 감사했어요. 나를 행복하게 해주거나 감사하게 될 그런 결과를 기다렸던 게 아니에요. 감사할 일이 벌써 일어난 것처럼 정말로 감사하는 상태에, 삶과 사랑에 빠진 상태에 있었던 거죠. 나를 행복하게 하는 데 더 이상 내 밖에 있는 무언가가 필요하지 않았어요. 내 안에 있는 어떤 것이 훨씬 더 온전하고 완벽했으니까 나는 이미 온전하고 행복했어요."

성공, 만족, 안정의 정도를 측정하는 외부적인 '잣대'로 보면 그녀는 아무것도 가진 것이 없었다. 수입도, 집도, 배우자도, 사업체도, 아이도 없었으며, 특히 자랑스러워하던 자원봉사 일조차 당시에는 그만

둔 상태였다. 하지만 로우리는 주변의 친구들과 가족을 사랑했고, 자신에 대한 사랑도 새로이 발견하고 있었다. 로우리는 스스로에게 관심은 있었을지 몰라도 자신을 사랑한 적은 한 번도 없었다는 걸 깨달았다. 이전의 좁은 마음 상태에서라면 결코 그런 구분을 하지 못했을 거라고 나중에 그녀는 내게 말했다. 로우리는 이제 자신과 자신의 삶에 만족했다. "이 여정을 시작하고 나서 처음으로 검사 결과에 연연하지 않았어요. 지금 내 모습에 만족하고 행복해요." 그녀가 한 말이다.

그렇게 기쁘게 2주를 보내고 났을 때 검사 결과가 나왔다. 간호사는 로우리에게 "완전히 정상이에요. 5개월 전과 비교하면 정말 놀라워요"라고 했다.

로우리는 변화의 강을 건넜고, 강 건너편에서 새로운 삶을 시작했다. 과거 삶의 흔적들이 그녀의 몸 속에서 모두 사라졌다. 로우리는 새로 태어났으며 자유를 되찾았다.

나중에 로우리는 이렇게 말했다.

"'환자' 혹은 '질병을 가진 아픈 사람'이라는 나의 정체성이 인생에서 내가 맡아온 다른 어떤 역할보다 더 강했다는 생각이 문득 들었어요. 나는 환자인 척했지만 그것이 '척'일 뿐이라는 걸 늘 알고 있었죠. 그럼에도 여자로, 여자 친구로, 딸로, 직원으로, 혹은 단지 행복하고 건강한 사람으로 사는 것이 아니라 환자로 사는 데 내 모든 관심과 에너지를 소비했던 거죠. 이제는 알아요. 과거의 내 성격과 자아에 대한 관심을 끄기 전까지는 다른 누군가가 될 에너지가 생길 수 없다는 거 말이에요. 그래서 새로운 자아에 관심과 에너지를 쏟게 된 거고요. 과거의 내가 아닌 지금의 내가 될 수 있어서 정말 다행이에요!"

이제 로우리는 후회도 하지 않고 특별히 누군가를 원망하지도 않는다. 그리고 후회하고 원망하던 과거의 자신을 아쉬워하지도 않는다. 단지 이렇게 말할 뿐이다. "나는 과거를 심판하고 싶지도 않고 억울해하지도 않아요. 과거를 잃어버렸다고 생각하지도 않고요. 그렇게 생각하면 지금의 이 만족감은 사라져버릴 테죠. 나의 과거가 사실은 축복이었던 것 같아요. 그런 과거가 있었으니 그 한계를 극복해서 지금의 내 자신을 사랑하게 된 거잖아요. 내 마음은 평화로워요. 나는 정말 생물학적으로, 세포 수준에서 변했어요. 나는 마음이 몸을 고칠 수 있다는 말을 온몸으로 증명한 셈이에요. 정말이지 누구보다 내가 제일 놀랐답니다."

## 캔디스 이야기

만난 지 채 1년도 되지 않았는데 벌써 관계가 삐걱거렸다. 함께 살기 시작하고 몇 달이 지나고서부터였다. 캔디스와 남자 친구 사이의 불화가 깊어지면서 싸움이 계속되고 서로에 대한 힐책과 불신, 비난이 이어졌다. 서로를 믿지 못하고 질투하는 상태에서 대화를 해봐야 좌절감만 더 키울 뿐이었다. 기대가 무너져 괴로운 상태였지만 애당초 기대는 어느 쪽도 채워줄 수 없는 것이었다. 평생 처음 느껴보는 분노로 캔디스는 불같이 성질을 부리고 격렬한 비명을 질러댔다. 그렇게 한 번씩 발작을 하고 나면 자신이 무가치한 인간처럼 느껴져서 캔디스는 더 불안하고 억울한 기분이 들었다. 그런 상황은 처음이었다. 캔디스는 원래 화를 내거나 좌절하거나 분노하는 사람이 아니었다. 28년 동안 살면서 그렇게 성질을 부린 적은 단 한 번도 없었다.

캔디스는 그런 상태를 지속하는 것이 자신에게 좋은 일이 아니란 걸 직감적으로 알았지만, 그 불건강한 관계에 감정적으로 집착했다. 스트레스성 감정에 중독되면서 이제 그런 감정들이 그녀의 새로운 정체성이 되어버렸다. 그녀의 현실이 그녀의 인격을 새로 만들어가고 있었다. 그녀가 처한 외적인 환경이, 생각하고 행동하고 느끼는 방식을 조종하고 있었다. 그녀는 삶의 함정에 빠진 희생자가 되었다.

생존 감정들의 거센 에너지에 떠밀려 캔디스는 감정의 홍수가 필요한 감정 중독자처럼 행동하기 시작했다. 그와 동시에 자신으로 하여금 그렇게 생각하고 느끼고 반응하게 하는 것이 저 밖의 무엇이라고 굳게 믿었다. 캔디스는 느낀 대로 생각하고 행동할 수밖에 없었다. 그런 감정 상태에 갇혀서 같은 생각, 같은 선택, 같은 행동을 거듭하고 같은 경험만 계속하고 있었다.

사실 캔디스는 자신이 생각하는 자신의 모습을 거듭 확인하기 위해 남자 친구와 외부의 모든 상황을 이용하고 있었다. 그녀는 그 남자 친구와의 관계에서 분노, 좌절, 불안감, 무가치함, 두려움, 그리고 희생자라는 감정을 느낄 필요가 있었다. 그 관계가 자신에게 그토록 좋지 않음에도 불구하고 그녀는 상황이 나아지는 것을 몹시 두려워했다. 실제로 그녀는 자신의 정체성을 재확인시켜 주는 그 유독한 감정들과 너무나 밀착이 된 나머지 그 익숙한 느낌을 떠나 다른 낯선 느낌을 품느니(아는 것에서 모르는 것으로 나아가느니) 그 유독한 감정들을 계속해서 느끼는 쪽을 택한 것이다. 캔디스는 자신이 곧 그 감정들이라고 믿기 시작했고, 그렇게 자신이 창조한 과거의 인격을 기억 속에 저장했다.

그렇게 약 석 달이 지나자 상황이 실제로 악화되기 시작했다. 고양된 감정들이 주는 스트레스를 몸이 더 이상 받아내지 못하면서 머리카락이 뭉텅뭉텅 빠지기 시작했다. 몇 주 만에 거의 3분의 1이 빠져버렸다. 캔디스는 심한 편두통, 만성 피로, 소화 불량, 집중력 저하, 불면증, 체중 감소, 지속적인 통증 등 수많은 이상 징후들에 시달렸다. 그녀는 무너지고 있었다.

젊고 직관력이 강했던 캔디스는 본능적으로 이 '병dis-ease'이 자신이 자초한, 감정적 문제들의 부산물이라는 걸 느꼈다. 남자 친구와의 관계를 '생각하는 것'만으로도 그녀의 몸은 균형을 잃고, 그러면 또 다른 문제가 생겨났다. 캔디스는 생각만으로 스트레스 호르몬과 자율 신경계를 작동시켰다. 남자 친구에 대해 생각하거나 두 사람 관계를 가족이나 친구들에게 이야기하거나 불평을 늘어놓을 때마다 그녀는 그런 감정들에 맞게 몸을 조건화시켰다. 궁극의 원인은 그런 몸과 마음의 연결이었다. 스트레스 반응을 멈출 수 없었기 때문에 그녀는 결국 유전자들을 하향 조절하기 시작했다. 말 그대로 그녀의 생각이 그녀를 아프게 한 것이다.

그런 관계가 6개월이나 지속되었지만 캔디스는 여전히 고도의 스트레스 속에서 온갖 기능이 완전히 망가진 채 살고 있었다. 그즈음 몸의 이상 징후들이 경고 신호임을 확신했지만, 그녀의 잠재의식은 이제는 일상적인 존재 상태가 되어버린 예의 그 현실을 계속 선택했다. 부정적인 생존 감정들을 온몸에 퍼부으면서 잘못된 방식으로 잘못된 유전자를 발현시키고 있었던 것이다. 캔디스는 내면에서부터 서서히 죽어가는 것 같았다. 삶을 되찾아야 한다는 건 알았지만 어떻게 해야 할지 몰랐다. 남자 친구를 떠날 용기가 없었기 때문에, 1년이 넘도록 습관적인 분노와 원한의 진창 속에서 보냈다. 그런 감정들을 느끼는 것이 정당하든 않든 캔디스의 몸이 그 대가를 지불하고 있었다.

## 대가를 지불하다

2010년 11월, 결국 캔디스는 하시모토 병 진단을 받았다. 하시모토 갑상선염 혹은 만성 림프구성 갑상선염이라고도 불리는 이 병은 면역 체계가 갑상선을 공격하는 자가 면역 질환이다. 갑상선 기능 저하가 주된 증상이며, 때때로 발작적인 갑상선 기능 항진을 동반하기도 한다. 그 외에 체중 증가, 조울증, 만성 피로, 무감각, 공황 발작, 부정맥, 높은 콜레스테롤, 저혈당, 변비, 편두통, 근육 약화, 관절 강직, 경련, 기억력 감퇴, 시력 감퇴, 불임, 탈모 증세가 나타나며 더위와 추위에 민감해진다. 캔디스는 이미 이런 증상들을 상당수 겪고 있었다.

캔디스를 진료한 내분비과 의사는 그녀의 상태가 유전적인 것으로 치료할 수 없다고 했다. 죽을 때까지 하시모토 병을 달고 살아야 하며, 항체 수치가 변하지 않을 테니 무조건 갑상선 약을 먹어야 한다는 것이었다. 나중에 캔디스는 갑상선과 관련한 가족력이 없다는 사실을 알았지만 주사위는 이미 던져진 것처럼 보였다.

실제로 병 진단을 받은 것이 뜻밖에도 캔디스에게는 깨달음을 부르는 선물로 작용했다. 그 진단이 캔디스에게 필요한 경종이 된 셈이다. 몸의 물리적인 망가짐 덕분에 캔디스는 과거를 반성하고 현재의 자신에 관한 진실을 똑바로 보게 되었다. 그러자 육체적·감정적·정신적으로 자신을 천천히 파괴해 온 자가 면역 질환에 책임을 질 사람은 오직 자신뿐임이 분명해졌다. 그녀는 늘 긴장 상태에서 살았다. 외적인 안전을 유지하는 데 모든 에너지를 썼기 때문에 내면을 위한 에너지가 하나도 남아 있지 않았다. 그녀의 면역 체계는 그런 상태를 더 이상 견딜 수 없었다.

익숙하지 않은 것에 대한 두려움, 변화에 대한 두려움이 아주 크긴 했지만, 5개월 뒤 캔디스는 마침내 남자 친구를 떠나기로 결정했다. 그 관계가 건강하지도 않고 자신에게 좋을 것도 없다는 걸 깊이 깨달은 것이다. 캔디스는 이렇게 다짐했다. '손해 볼 게 뭐야? 어차피 안 되는 일에 매달리다 나락에 떨어지느니 자유와 가능성을 택하자. 이제부터 새 삶을 사는 거야.'

캔디스가 처한 역경은 그녀에게 개인적인 진화와 자기 성찰, 확장의 길을 열어주었다. 벼랑 끝에 서 있다는 걸 알았기 때문에 그녀는 미지의 세상으로 뛰어내리기로 결심할 수 있었다. 그리고 뛰어내려 변화하겠다는 그 결심 덕분에 그녀는 열정적으로 새로운 경험을 할 수 있었다. 나아가 정말로 뛰어내렸기 때문에 그녀는 무한한 가능성과 잠재성을 볼 수 있었다. 자신이 좋아하지 않는 일을 그만 멈추겠다는 강력한 바람이 있었기에 가능한 일이었고, 그 결과 캔디스는 생물학적 코드를 다시 써 내려갈 수 있었다.

그것은 캔디스의 삶에서 전환점이 되었다. 그녀는 내 책 두 권을 읽고 초보자를 위한 내 워크숍에도 참석했다. 그래서 만약 의사의 진단과 그 진단에 따른 두려움이나 걱정, 불안, 슬픔을 받아들이게 되면 자기 암시 감응력이 발휘돼 그 감정들과 동일한 생각들만 믿게 된다는 사실을 잘 알고 있었다. 그러면 긍정적으로 생각하려고 해도 몸이 부정적으로 느끼게 되고, 결국 정말로 몸이 나빠지게 될 터였다. 이는 잘못된 플라시보, 잘못된 존재 상태를 만드는 선택이 되고 만다.

따라서 캔디스는 자신의 병을 받아들이지 않기로 했다. 의사의 진단을 정중히 거절하고, 병을 부른 그 마음이 다시 건강을 부르리란 사실을 거듭 되새겼다. 캔디스는 의료계로부터 들은 말을 믿지 말아야 한다는 점을 알고 있었다. 그리고 의사의 충고와 의견에 영향을 받지 않기로 결심했다. 그녀는 더 이상 두렵지도 슬프지도 억울하지도 않았다.

사실 캔디스는 낙천적이고 열정적인 사람이었으며, 그런 성격 덕분에 새로운 생각들도 할 수 있었고 그 생각들에 힘입어 새로운 가능성도 볼 수 있었다. 캔디스는 의사의 진단과 처방을 받아들이지 않았고, 가장 가능성이 높다는 결과도 성급히 믿지 않았으며, 진단 결과나 치료 계획만 믿고 그것에 자신을 맡기지도 않았다. 캔디스는 장차 있을 수도 있다는 최악의 시나리오에 몸을 조건화하지도 않았고, 사람들이 다들 기대하는 결과를 기대하지도 않았으며, 모든 사람이 그 질병에 부여하는 의미를 부여하지도 않았다. 그녀는 다른 태도를 취했고, 그러기에 지금 그녀는 다른 존재 상태에 있다.

## 바빠진 캔디스

자신의 상태를 받아들이지 않았음에도 캔디스에게는 할 일이 많았다. 그 병에 대한 믿음을 바꾸려면 뇌 속에 굳어진 프로그램과 몸 속의 감정적 중독보다 더 큰 에너지로 선택을 해서 자기 몸이 새로운 마음에 반응하게 해야 한다는 것을 캔디스는 잘 알았다. 그렇게 해야만 잠재의식 속 프로그램들을 재구성하는 데 에너지를 쓸 수 있고 과거를 신경학적·유전적으로 지울 수 있었다. 그리고 정확히 그런 일이 일어나기 시작했다.

캔디스는 내가 하는 말을 다 들어서 머리로는 이해하고 있었지만 직접 경험해 보지는 못한 상태였다. 발병 진단을 받은 후 처음 참가한 워크숍에서 캔디스는 피곤해 보였고 의자에 앉아 명상을 하면 계속 잠이 들었다. 내면에서 고투하고 있음이 역력했다.

두 번째 워크숍에 참석할 무렵 그녀는 화학적으로 불균형한 상태의 몸을 조절하기 위해 갑상선 약을 한 달 넘게 복용하고 있었는데, 좀 더 활기도 있어 보이고 워크숍에 대한 흥미도 더 커진 듯했다. 주말 동안, 내가 들려준 이야기들을 곱씹으며 크게 감동을 받은 듯했다. 외부 상황의 희생자가 되지 않기로 한 사람들의 이야기와 흔치는 않지만 치유가 일어날 수 있다는 이야기들을 듣고 캔디스는 자기만의 과학 실험을 해보기로 결심했다.

그렇게 캔디스는 여정을 시작했다. 내 워크숍에서 후성 유전학과 신경 가소성 개념에 대해 듣고 나서는 자신이 더 이상 질병의 희생자가 아님을 알았고, 자신의 앎을 기반으로 스스로 상황을 주도해 나아가기 시작했다. 미래에 다른 의미를 부여했고, 따라서 다른 의도를 갖게 되었다. 매일 새벽 4시 반에 일어나 명상을 하면서 자신의 몸을 새로운 마음에 감정적으로 조건화하기 시작했다. 과거에는 잃고 살았던 '현재 순간'을 찾으려고 노력했다.

캔디스는 행복하고 건강하기를 바랐고, 그런 만큼 삶을 되찾기 위해 고군분투했다. 물론 처음에는 쉽지 않았고, 가만히 앉아서 명상하기가 힘들어 좌절하기도 많이 했다. 오랫동안 좌절과 분노, 초조함, 억울함의 마음이 되도록 훈련받아 온 몸은 당연히 반항했다. 야생 동물을 훈련시키듯 캔디스는 자신의 몸을 계속 현재의 순간에 머물도록 다잡아야 했다. 그런 과정을 한 번씩 통과해 나아갈 때마다 캔디스는 자신의 몸을 새로운 마음에 맞게 길들였고(조건화), 그때마다 조금씩 감정 중독의 사슬에서 벗어났다.

매일 명상을 하면서 캔디스는 몸과 환경, 시간을 극복하려고 노력했다. 명상을 하고 일어날 때는 명상을 하기 위해 앉았던 그 사람과는 다른 사람이 되어 일어나려 했다. 분노하고 좌절하던, 외부 환경에 화학적으로 중독되어 있던 과거의 자신에게서 벗어나고 싶었기 때문이다. 다시 그 사람이 되기는 싫었다. 명상 과정을 주의 깊게 따라가고, 새로운 존재 상태를 열심히 흉내 냈으며, 삶을 사랑하게 되기 전에는 (다시 말해 특별한 이유 없이 진정으로 감사하는 상태에 도달하기 전에는) 명상을 멈추지 않을 작정이었다.

캔디스는 내 워크숍에서 배운 것, 여러 오디오 CD에서 들은 것과 여러 책들에서 거듭해서 읽은 것, 코스에 참가해 공부하면서 적어놓은 것들을 모두 활용했다. 뇌에 새로운 정보들을 새겨 넣으면서 새로운 치유 경험을 준비해 갔다. 그녀는 분노, 좌절, 억울함, 오만, 불신 등 옛날의 신경 회로들을 조금씩 꺼나가는 한편 사랑, 기쁨, 연민, 관용 같은 새로운 신경 회로들을 점점 더 많이 깔아나갔다. 캔디스는 자신이 오래된 연결 가지들을 쳐내고 그 자리에 새로운 연결의 싹들을 틔우고 있다는 걸 잘 알았다. 의연히 노력하면 할수록 더 많은 변형이 일어날 터였다.

이윽고 캔디스는 살아있음에 더할 수 없이 감사하게 되었다. 조화가 있는 곳에 불협화음을 위한 자리는 없다는 것을 깨달았다. 그녀는 스스로에게 '나는 예전의 캔디스가 아니야. 더 이상 옛날의 나로 돌아가지 않을 거야'라고 말해주었다. 수개월 동안 그녀는 인내에 인내를 거듭했다. 외부 조건들에 분노하고 좌절하는 그런 형편없는 상태에 빠진 것을 알아차리면 재빨리 의식의 전환을 시도했다. 그렇게 존재 상태를 재빨리 바꿈으로써 바람직하지 못한 감정 속에 머무는 시간을 줄일 수 있었다. 그 결과 기분도 덜 변덕스러워지고 성질도 덜 부리게 되었으며, 과거의 인격으로 사는 시간도 줄일 수 있었다.

아침에 눈을 뜬 순간 기분이 너무 나빠서 일어나고 싶지 않은 날도 있었지만, 그런 날도 어쨌든 일어나 명상을 했다. 낮은 감정들을 고양된 감정들로 바꿀 때마다 그녀는 자신에게, 과거의 자신을 생물학적으로 지우고 새로운 미래를 위해 뇌와 몸을 준비시키는 것이라고 말해주었다. 캔디스는 내면의 작업을 하는 것이 얼마나 중요한지 깨달았고, 그러자 곧 그 작업이 고되지 않고 즐거워졌다.

매일 끈기 있게 노력한 덕분에 캔디스는 아주 빨리 커다란 전환을 맞게 되었고, 훨씬 더 행복해진 기분을 느끼기 시작했다. 두려움과 좌절의 마음이 아니라 사랑과 연민과 감사의 렌즈를 통해 세상을 보게 되자 사람들을 대하는 방식도 달라졌다. 에너지가 커지고 매사에 생각이 더 명확해졌다.

캔디스는 같은 상황에서 예전과 다르게 반응하는 자신을 보았다. 두려움에 기반해 있던 과거의 감정들이 더 이상 그녀의 몸 속에 존재하지 않았기 때문이었다. 과거에 그녀를 화나게 하던 사람이나 상황은 단지 그녀가 그렇게 느꼈기 때문이었음을 알게 되었고, 따라서 이제 반사적인 반응을 멈추게 된 것이다. 그녀는 조금씩 자유를 찾아가고 있었다.

변화를 위해 캔디스가 한 일 중에는 매일 자신도 모르게 하고 있는 무의식적인 생각들을 알아채는 것도 들어 있었다. 명상을 하면서 캔디스는 그런 생각들까지 모두 알아차리겠다고 결심했다. 어떤 경우에도 과거의 자신이 하던 행동과 습관으로 돌아가지 않을 작정이었다. 과거의 그녀라는 칠판을 생물학적으로 신경학적으로 또 유전적으로 지우고 새로운 자아 창조에 필요한 공간을 만들자 그녀의 몸이 에너지를 풀어놓기 시작했다. 다시 말해서 몸 속에 저장되어 있던 감정의 에너지들을 풀어주자 그녀의 몸 상태가 입자에서 파동으로 옮겨간 것이다. 그녀의 몸은 더 이상 과거에서 살지 않았다.

새롭게 풀려난 에너지로 캔디스는 새로운 미래의 풍경을 보기 시작했다. 그녀는 스스로에게 어떻게 행동하고 싶은지, 어떻게 느끼고 싶은지, 어떻게 생각하고 싶은지 물었다. 몇 달 동안 아침마다 감사하는 마음으로 일어나면서 캔디스는 원하던 새로운 미래가 이미 일어났다고 자신의 몸에게 감정적으로 주지시키곤 했다. 그 결과 새로운 유전자가 새로운 방식으로 발현되었고, 그녀의 몸은 항상성을 되찾아갔다. 분노의 바로 뒤편에서 캔디스는 연민을 찾아냈다. 좌절 바로 뒤편에 있는 인내와 감사도 찾아냈다. 희생자의 뒤편에는 기쁨과 행복을 창조할 날만 기다리던 창조자가 있었다. 양쪽 다 강렬한 에너지이긴 했지만, 이제 캔디스는 그 에너지를 풀어낼 수 있었다. 입자에서 파동으로, 생존에서 창조로 옮겨갔기 때문이다.

## 달콤하고 달콤한 성공

발병 진단 7개월 후 캔디스는 다시 의사를 찾았다. 의사는 변화한 그녀를 보고 놀라지 않을 수 없었다. 혈액 검사 결과는 완벽했다. 2011년 2월에 처음 검사를 받았을 때 그녀의 갑상선 자극 호르몬TSH 수치는 정상인보다 높은 3.61이었고, 항체 수치는 불균형이 심한 상태인 638이었다. 그런데 2011년 9월에는 약을 복용하지 않았음에도 TSH 수치가 정상인 수준인 1.15로 떨어졌고, 항체 수치도 건강한 상태인 450이었다. 1년도 안 돼 자가 치유가 된 것이다.

의사는 어떻게 그런 결과가 나왔는지 궁금해 했다. 너무 놀라워서 사실이라고 믿을 수 없었던 것이다. 캔디스는 자신이 병을 만들어 냈으니 자신이 병을 없앨 수도 있다고 생각해서 실험을 해보았다고 했다. 그리고 매일 명상을 하며 고양된 감정 상태를 유지함으로써, 아픈 감정들에 의한 낡은 유전자의 발현을 멈추게 하고 그 대신 후성 유전학적으로 새 유전자를 발현시켰다고 말해주었다. 또 자신이 원하는 모습을 규칙적으로 상상했으며, 싸우고 도망가고 발로 차고 소리치는 등 생존 모드에 있는 동물처럼 외부 환경에 반응하기를 그만두었다고도 했다. 그녀 주변은 기본적으로 달라진 것이 없었다. 단지 그녀가 다른 방식으로 반응한 것뿐이었다. 자신에게 더 다정한 방식으로 말이다.

의사는 감탄하면서 "모든 환자가 당신 같았으면 좋겠습니다. 그저 놀라울 뿐이네요"라고 했다.

캔디스는 자신이 어떻게 치유되었는지 정확히 알지 못한다. 알 필요도 없다. 단지 자신이 이제 다른 사람이 되었다는 사실만 알고 있다.

이 모든 일이 있고 얼마 안 되어 나는 캔디스와 함께 저녁 식사를 했다. 그즈음 캔디스는 약을 몇 달째 복용하지 않았는데도 아무런 이상 증세가 나타나지 않고 있었다. 아주 건강해 보였고, 머리카락도 다시 자랐다. 기분도 아주 좋아 보였다. 그녀는 지금 자신의 삶을 정말 사랑한다고 몇 번이나 강조했다.

내가 웃으며 말했다. "삶을 사랑하니까 삶도 당신을 사랑하는군요. 삶을 사랑하기가 쉽지 않았을 거예요. 몇 달 동안 하루도 빠짐없이 노력한 결과죠!"

캔디스는 자기가 가능성의 무한한 영역을 믿었고 무언가가 자신을 도와주고 있다는 걸 알았을 뿐이라고 말했다. 자기가 정말 해야 했던 일은 자신을 극복하고 자율 신경계로 들어가 새로운 삶을 위한 씨앗을 계속해서 뿌리는 일뿐이었다고 했다. 그리고 어떻게 그런 일이 벌어졌는지 몰랐지만 그런 일이 벌어졌다. 그 일이 벌어졌을 때 그녀는 그 어느 때보다 행복하다고 느꼈다.

현재 캔디스의 삶은 하시모토 병 진단을 받던 때하고는 완전히 다르다. 동업자와 자기 계발 프로그램 사업을 운영하고 있고 회사도 다니고 있다. 사랑하는 사람도 생겼고, 새 친구들도 사귀었다. 새로운 사업 권유도 많이 받고 있다. 새로운 성격personality이 마침내 새로운 개인적 현실personal reality을 만들어낸 것이다.

존재 상태는 자력磁力과 같아서 그 상태에 맞는 사건들을 끌어들인다. 자신과 사랑에 빠졌을 때 캔디스는 사랑하는 사람을 끌어올 수 있었다. 자신이 가치 있는 사람이라 느끼고 자신과 삶의 모든 것을 존중하다 보니, 세상에서 뭔가 공헌하고 존경받고 변화를 만들어낼 기회들이 나타나기 시작했다. 새로운 성격으로 옮겨갔을 때 과거의 성격은 마치 전생 같은 것이 되었다. 그 새로운 생리학이 그녀를 기쁨과 영감의 위대한 수준으로 끌어올렸다. 그때 질병은 과거의 성격에 속했다. 그녀는 다른 사람이 되었다.

그녀는 기쁨에 중독된 것이 아니라 불행 중독에서 벗어난 것이었다. 더 멋진 행복을 경험하기 시작하면서 캔디스는 거기에는 더 큰 축복과 기쁨과 사랑이 늘 함께한다는 것을 알게 되었다. 모든 경험이 각기 다른 감정의 혼합을 만들어내기 때문이다. 이제 캔디스는 이 모든 정보를 바탕으로 자신이 어디까지 변할 수 있는지 보고 싶어 한다.

캔디스가 배운 궁극의 교훈은 자신의 질병과 문제가 결코 다른 누구 때문이 아니라는 것이다. 그것들은 늘 그녀 자신과 관계가 있었다. 과거의 존재 상태로 살 때 그녀는 남자 친구와의 관계에서나 다른 외부 상황에서 자신이 희생자요 자신만 늘 힘들게 산다고 굳게 믿었다. 새로 태어나는 법을 알게 되고 자신과 자신의 삶에 온전히 책임을 지게 되면서, 그리고 무슨 일이 일어나든 그 일이 외부 상황과는 아무 상관이 없다는 것을 깨닫게 되면서, 캔디스는 막강한 힘을 얻은 것은 물론이고 전에는 감히 요구조차 할 수 없었던 엄청난 선물까지 받았다.

## 조앤 이야기

조앤은 평생을 숨 가쁘게 살아왔다. 59세로 다섯 자녀의 어머니이자 헌신적인 아내, 성공한 사업가인 그녀는 가정 생활이나 집안의 대소사를 챙기는 일, 경력을 쌓고 사업을 확장해 가는 일 사이를 힘들게 조율하면서 살아왔다. 건강하고 안정된 삶을 누리며 살고 싶다고 늘 말은 하지만, 눈코 뜰 새 없이 바쁘고 치열하지 않는 삶은 상상도 할 수 없었다. 아슬아슬 위태로운 삶이었지만 사람들은 모두 그녀가 몸이 날래고 적극적인 줄만 알았다. 끊임없이 자신을 몰아붙이며 일을 했는데도 놀랍게도 평균 이상이 아닌 일이 없었다. 조앤은 많은 사람이 존경하고 정기적으로 찾아와 조언을 구하는 리더였다. 동료들은 그녀를 '슈퍼우먼'이라고 불렀고, 그녀는 정말 슈퍼우먼이었다. 최소한 그녀는 그렇게 생각했다.

그랬던 그녀의 삶이 2008년 1월에 돌연 끝이 났다. 조앤은 아파트 엘리베이터에서 내려 집으로 걸어가다가 현관에서 불과 15미터도 안 되는 곳에서 쓰러지고 말았다. 그날따라 아침부터 몸이 좋지 않아 예약 없이 병원에 갔다가 막 돌아오던 참이었다. 쓰러져 있던 몇 분 동안 모든 것이 변했고, 금방이라도 죽을 것만 같았다.

8개월 간의 검사 후 의사들은 다발성 경화증MS의 하나인 이차 진행형 다발성 경화증SPMS으로 진척이 꽤 된 상태라고 진단을 내렸다. 다발성 경화증은 면역 체계가 중추 신경계를 공격하는 만성 질환의 하나이다. 증세는 개인에 따라 다 다르지만 대개 팔다리 무감각증에서 시작해 마비로 이어지다가 실명으로 연결되기까지 하며, 육체적 증상뿐 아니라 인지적·심리적 증상도 동반한다.

조앤에게도 지난 14년 동안 이런저런 징후가 나타나기는 했지만, 그 징후라는 게 어쩌다 한 번씩 그것도 아주 애매하게 나타났다 사라지는 정도여서 조앤은 그저 좀 쉬면 되는 거겠거니 하고 가볍게 넘겼었다. 하지만 이제 정확한 병명이 생기자 마치 가석방 없는 종신형을 선고받은 느낌이었다. 조앤은 서양 의학 세계의 깊은 바닥으로 내동 댕이쳐진 것 같았다. 그리고 거기서 다발성 경화증이 불치의 병이라는 강력한 믿음과 맞닥뜨렸다.

진단을 받기 몇 년 전, 조앤은 캘거리에서 하던 가족 사업을 잠시 접고 캐나다 서해안의 밴쿠버로 이사를 감행했다. 가족이 오랫동안 원하던 일이었다. 하지만 이사 후 가계 수입이 줄면서 경제적으로 아주 불안정해졌고, 그때부터 조앤은 연이은 문제들에 시달려야 했다. 자존감도 잃고 자신감도 사라졌으며 건강도 악화되었다. 외적인 조건들을 극복할 수 없다고 생각하자 정신적·육체적 상태도 쇠락하기 시작한 것이다. 스트레스는 점점 커지고 돈은 점점 줄어들었다. 이내 살 곳이나 먹을 것 같은 기본적인 것조차 걱정해야 하는 지경에 이르렀다. 한때 슈퍼우먼이라고까지 불리던 그 여인은 2007년 초 더 이상 견딜 수 없는 상황까지 갔고, 그 해가 가기 전 가족은 다시 캘거리로 옮겨왔다.

다발성 경화증은 뇌와 척수의 신경 세포와 신경 섬유(신경 세포에서 나온 여러 돌기 중 비교적 긴 섬유—옮긴이)를 감싸는 부분이 손상되는 염증성 질환으로, 몸의 다양한 부분으로 신호를 보내며 소통하는 신경계를 교란시킨다. 조앤이 앓게 된 다발성 경화증은 오랜 기간을 두고 발병한 진행형으로, 악화되면 신경에 영구적인 문제들을 일으킬 수 있었다. 의사들은 불치병이라고 했다.

처음에 조앤은 극복할 수 있다고 생각했다. 하지만 곧 신체적 장애와 인지 능력의 저하가 뒤따랐다. 하지 못하는 일이 점점 많아지고 기본적인 일조차 다른 사람의 도움을 받아야 했다. 감각 능력과 운동 능력이 약해진 탓에 목발과 보행기, 휠체어에 의지하게 되었고, 결국에는 조금이라도 움직이려면 모빌리티 스쿠터에 의존해야 했다.

삶이 무너지자 그녀가 무너진 것도 그리 놀랄 일이 아니었다. 어떤 의미에서 보면 그녀 스스로는 절대 하지 못했을 일을 그녀의 몸이 마침내 해낸 것이기도 했다. 멈춰 서서 "더 이상은 안 돼!"라고 말하는 것 말이다. 조앤은 스스로를 너무 힘들게 몰아붙였다. 젊은 날 성공을 했는데도 마음속 깊은 곳에서는 늘 실패자라고 느꼈다. 끊임없이 자신을 심판하면서 더 잘할 수 있었는데 못했다고 생각하는 버릇 때문이었다. 조앤은 만족할 줄을 몰랐다. 무슨 일을 하든, 얼마나 성공하든 충분하다고 생각해 본 적이 없었다.

무엇보다 조앤은 일을 그만두고 싶지 않았다. 아무 일도 하고 있지 않으면 실패자라는 기분이 들 것 같았다. 그래서 조앤은 여기저기서 다양한 사람들과 함께 다양한 일을 하면서 온통 바깥 세상에만 주의를 쏟아 부으며 바쁘게 지냈다. 내면의 생각과 느낌에 쏟을 에너지는 없었다.

조앤은 많은 시간을 다른 사람들의 성공을 축하하고 격려하고 지지하는 데 썼지만 정작 자기 인생의 문제는 다른 사람들이 보지 못하게 했다. 자신의 고통은 아무에게도 말하지 않았다. 끊임없이 주기만 하고 받지는 않았다. 받는 것을 스스로 허락하지 않았기 때문이다. 자신을 절대 표현하지 않는 방식으로 자신의 개인적인 진화를 거부하며 평생을 살아왔다. 그런 상황에서 외적인 것들의 도움으로 내면을 바꾸려 했으니 실패만 맛보게 된 것도 당연했다.

마침내 쓰러졌을 당시 조앤은 삶의 의욕이라곤 하나도 없이 무기력한 상태였다. 외부 세계의 조건들에 끊임없이 반응하면서 응급 모드로 살아온 그 모든 시간이 생명력을 앗아가고 치유와 회복에 필요한 내면의 에너지를 고갈시켰다. 그녀에게 남은 것은 아무것도 없어 보였다.

## 마음을 바꾼 조앤

조앤이 확실히 알게 된 한 가지는 MRI상에 나타난 구멍 숭숭 뚫린 뇌와 척추가 하루아침에 만들어진 것이 아니라는 사실이었다. 그녀의 몸은 중심, 즉 중추신경계를 향해 천천히 망가져갔던 것이다. 여러 해 동안 징후들을 무시하던 끝에 조앤은 급기야 기운을 잃고 말았다. 내면을 들여다보기를 두려워했기 때문이었다. 독성 화학 물질들이 매일 세포들의 문을 반복해서 두드렸고, 마침내 다발성 경화증을 위한 유전자가 대담하고 발화했다.

몸져누운 상태에서 조앤은 일단 병의 빠른 진전이라도 막고 싶었다. 조앤은 나의 첫 번째 책을 읽었고, 마음속 생각만으로 진짜처럼 여기는 것과 외적으로 진짜로 경험하는 것의 차이를 뇌가 알지 못한다는 사실과, 정신적 연습을 통해 뇌와 몸을 바꿀 수 있다는 사실을 알게 되었다. 조앤은 요가 동작을 머릿속으로 시연하기 시작했고, 그렇게 매일 연습한 지 몇 주 만에 간단히 서서 하는 동작이기는 했지만 실제 요가 동작 몇 가지를 할 수 있게 되었다. 그러자 의욕이 생겼다.

조앤은 날마다 생각만으로 뇌와 몸을 준비시켰다. 5장에서 살펴본, 머릿속으로 피아노 연주를 연습한 결과 실제 연습을 한 피험자들과 같은 신경 회로들을 만들어낸 사람들처럼, 조앤도 실제로 이미 걷고 움직이는 사람의 것처럼 보이는 신경 회로들을 뇌에 만들어갔다. 아령을 드는 모습 혹은 이두박근을 수축시키는 모습을 정신적으로 시연하는 것만으로 힘을 키웠던 피험자들을 기억하기 바란다. 바로 그들처럼 마음을 바꾸는 것으로 자기 몸을 이미 치유가 일어나기 시작한 몸으로 만들 수 있다는 사실을 조앤은 잘 알았다.

곧 조앤은 문제없이 일어섰고, 기구의 도움으로 걸을 수도 있게 되었다. 비틀거리기도 하고 때로는 모빌리티 스쿠터를 이용하기도 했지만, 더 이상 침대에만 누워서 자기 연민에 빠져 있지는 않았다. 한 고비 넘긴 것이다.

산란한 마음을 가라앉혀 보려고 명상을 시작했을 때 조앤은 자신이 얼마나 많이 슬퍼하고 분노하고 있는지 알게 되었다. 수문이 터진 것 같았다. 대부분의 시간, 조앤은 자신이 소외되고 거부당했다고, 약하고 무가치하다고 느끼고 있다는 걸 깨달았다. 기댈 곳도 없고 모두로부터 단절된 것 같고 불안정한 상태로 사느라 조앤은 자신이 중요한 무엇을 잃어버린 것 같았다. 그동안 어떻게 자신은 부인하고 다른 사람들만 기쁘게 해왔는지, 어떻게 늘 죄책감을 끼고 살아왔는지를 보았다. 혼돈으로 치닫는 주변 상황을 통제하려 했지만 한 번도 통제하지 못했다는 것도 알게 되었다. 마음속 깊은 곳에서 조앤은 그렇다는 사실을 다 알고 있었지만, 스스로를 무자비하게 몰아붙이면서 모든 것이 괜찮은 척 무시하며 살기로 했던 것이다.

고통스러웠지만 조앤은 병을 만든 사람이 바로 자신임을 보았다. 그리고 그런 자신만의 개인적 현실을 창조하고 자신의 성격이 되어버린 잠재의식적인 생각과 행동, 감정을 모두 의식해 내기로 결심했다. 조앤은 과거의 자신이 어떤 사람이었는지 한번 볼 수만 있다면 자신의 그런 측면을 바꿀 수 있다는 것을 잘 알았다. 무의식적 자아를 의식하면 할수록 그리고 자신의 존재 상태를 자각하면 할수록 그동안 숨겨왔던 것들을 더 많이 드러내고 또 장악할 수 있었다.

2010년 초, 조앤은 다발성 경화증의 진전이 진짜로 늦춰지고 있다고 느꼈다. 그녀의 목표는 이제 거기서 병의 진전을 완전히 멈추게 하는 것이었다. 그해 5월 그런 생각을 말하자 이를 이해할 수 없었던 의사가 갑자기 상담을 끝내버렸다. 다행히도 조앤은 의기소침해하지 않고 의지를 더욱 불태웠다.

## 다음 단계의 치유

밴쿠버 워크숍에 참석했을 당시만 해도 조앤은 혼자서 걷지 못했다. 그 주말 동안 나는 참가자들에게 마음속으로 굳은 의지를 내어 이를 몸 속의 고양된 감정들과 결합시켜 보라고 요청했다. 몸을 생존 감정들에 맞게 조건화해 오던 것을 그만두고 새로운 마음에 맞게 재조건화하는 것이 그 목적이었다. 나는 참가자들에게 가슴을 열고 미래가 어떤 느낌일지를 몸에게 감정적으로 가르쳐주라고 했다. 매일 하던 조앤의 마음속 연습에서는 그 부분이 빠져 있었다. 6~7미터나 되는 거리를 목발 하나에만 의지해서 걷는다는 생각을 하자 조앤은 믿을 수 없이 흥분되었다. 플라시보 효과의 두 번째 요소, 즉 감정을 동반한 기대를 방정식에 추가한 것이다.

조앤을 다음 단계의 치유로 이끈 것은 바로 치유라는 미래의 사건이 현재 순간에 일어나고 있다고 자신의 몸에게 감정적으로 확신시킨, 그 의지와 고양된 감정의 결합이었다. 무의식적 마음으로서의 그녀의 몸은 그녀가 느끼는 대로 믿게 되어 있다. 그녀가 건강의 기쁨을 받아들이고 실제 치유가 일어나기 전부터 감사한다면 그녀의 몸은 현재 순간에 미래에 대한 샘플을 하나 받는 셈이었다.

나는 조앤에게 정말로 생각에 주의를 기울여보라고 당부했다. 그녀를 병에 걸리게 한 것이 바로 그녀의 생각이었기 때문이다. 나는 그녀에게 지금의 상황과 밀접히 관련되어 있는 자신의 성격을 넘어서볼 것을 요구했다. 새로운 성격과 새로운 개인적 현실을 창조하려면 꼭 필요한 일이었다. 이제 그녀는 자신이 하고 있는 일에 의미와 의도를 부여할 수 있게 되었다.

그 워크숍이 끝나고 두 달 후 조앤은 시애틀에서 가진 두 번째 고급 과정 워크숍에 참석했다. 이 워크숍에 참석하려고 떠나기 전날 모빌리티 스쿠터가 고장이 나는 바람에 조앤은 모터가 달린 휠체어를 타야 했다. 익숙하지 않은 기계 때문에 워크숍 시작 때만 해도 의기소침해 보였지만 조앤은 곧 잘 움직일 수 있게 되었다. 지난번 워크숍에서 한 긍정적인 경험에 대한 연상 기억과 이번 워크숍을 하고 나면 좀 더 나아질 거라는 기대가 그 같은 진전을 불러온 것이다. (1장에서 살펴본 것처럼) 항암 치료 환자의 29퍼센트가 항암 치료 전부터 매스꺼움을 느낀다고 한다면, 내 워크숍 참가자들의 일부가 워크숍 공간에 들어올 때부터 이미 건강해지는 경험을 하는 것도 가능할 것이다. 그 원인이야 어찌됐든 조앤은 새로운 가능성을 보았고, 현재의 순간에 미래를 다시 한 번 감정적으로 힘껏 껴안았다.

그 워크숍의 마지막 명상 시간에 조앤에게 마술이 일어났다. 조앤이 내적으로 커다란 변화를 경험하면서 깊은 감동을 받은 것이다. 그녀가 명상을 통해 자율 신경계로 들어가고 자율 신경계가 새로운 지시를 받아들이는 순간, 그녀의 몸이 자동으로 변하는 것이 느껴졌다. 조앤은 가벼워지고 기쁨이 가득해지며 자유로워진 기분이 들었다. 명상 후 조앤은 완전히 다른 사람이 되어 의자에서 일어났다. 그녀는 새로운 존재 상태에 있었다. 그때 그녀가 방 앞쪽으로 걸어갔다. 아무런 도움도 받지 않고, 심지어 지팡이도 없이 말이다. 조앤은 팔을 활짝 펴고 어린아이처럼 눈을 동그랗게 뜨고 웃으면서 방을 가로질러 걸었다. 몇 년 동안이나 꼼짝도 못하던 다리를 움직이고 그 감각도 느낄 수 있었다.

그녀가 해낸 것이다. 그 기분이란 말로 다 표현할 수 없는 것이었다! 놀랍게도 조앤은 바로 그 한 시간짜리 명상에서 새로운 방식으로 새로운 유전자를 발현시키고, 자신의 상태를 바꿨다!

다발성 경화증 환자라는 정체성을 극복하자 조앤은 다른 사람이 되었고, 그런 일은 그녀가 다발성 경화증 증세를 늦추거나 멈추거나 되돌리려는 시도들을 접었을 때 일어났다. 그녀는 더 이상 자신에게, 가족에게, 의사에게 또는 그 누구에게도 뭔가를 보여주려 하지 않았다. 조앤은 난생처음으로 우리가 걸어야 하는 진정한 여정은 오직 온전함에 이르는 길임을 이해했고 경험했다. 그렇게 온전해져야만 우리는 비로소 치유되었다고 말할 수 있다. 조앤은 자신이 공식적으로 환자라는 사실을 잊었고, 그 순간 환자라는 정체성에서 벗어났다. 그 결과로 생긴 자유, 그리고 크게 고양된 감정은 새로운 유전자에 불을 켤 만큼 강력했다. 조앤은 다발성 경화증이란 '어머니'나 '아내', '직장 상사'와 같이 한갓 이름에 불과하다는 걸 알았다. 단지 과거를 포기하는 것만으로 조앤은 다발성 경화증이라는 이름에서 벗어났다.

## 이어진 기적들

사흘 후 조앤은 집으로 돌아갔는데, 자신도 모르는 사이에 기적들이 계속 일어나고 있었다. 두 번째 워크숍 참석 후 그녀는 단지 머릿속으로만이 아니라 실제로도 요가 연습을 하기 시작했는데, 요가를 하면서 조앤은 자신이 한쪽 발을 들어 올리는 것을 보았다. 다른 쪽 발도 들어봤는데 성공했다! 몇 년 만에 처음으로 발도 구부려졌다. 거기다 발가락도 꼼지락거릴 수 있었다. 오랫동안 하지 못하던 일들이었다.

놀란 조앤은 이루 말할 수 없는 경이감에 휩싸였다. 두 눈에서는 기쁨의 눈물이 흘러넘쳤다. 바로 그 순간 조앤은 불가능이란 없다는 걸 알았다. 약물이나 수술 같은 외적인 치료 때문이 아니라 자신이 만들어낸 내적인 변화 덕분이었다. 조앤은 자신이 자신만의 플라시보가 될 수 있다는 것을 알았다.

조앤은 금방 다시 걷는 법을 배웠다. 두 해 뒤, 그녀는 아무 도움도 받지 않고 걸었고 훨씬 더 쾌활한 모습에 생명력이 넘쳤다. 힘도 좋아져서, 이제 다시는 할 수 없을 거라 생각했던 많은 일들을 할 수 있었다. 무엇보다도 조앤은 살아있다는 걸 느끼며 한없는 기쁨에 차 있다. 자신이 온전해진 느낌도 든다고 했다. 그리고 이제는 '받을' 수 있기 때문에 치료도 계속해서 받고 있다.

얼마 전 조앤은 나에게 이렇게 말했다. "내 인생은 마술 같아요. 놀라운 시너지 효과, 기대하지 않았던 온갖 선물들로 넘쳐나요. 내가 바뛰고 가벼워지니까 인생이 활기로 보글거리기도 하고 생기로 반짝거리기도 하고 흥분으로 들썩거리기도 해요. 나는 바뀌었어요. 사실 이것이 내가 평생 틀어잡고 숨기려 했던 내 진짜 모습이에요!"

조앤은 이제 하루 대부분의 시간을 감사 속에서 보낸다. 지금도 매일 자신의 생각과 감정을 알아차리는 데 시간을 쓴다. 자신에게 어떤 말을 하는지, 남들에 대해 어떤 생각을 품는지 주의를 기울이면서 매일 자신의 존재 상태를 일구어나가고 있는 것이다. 명상을 할 때 조앤은 스스로를 관찰하고 자신의 행동을 알아채려고 한다. 자신이 경험하고 싶지 않은 생각을 할 때 알아차리지 못하는 때는 거의 없다.

현재 조앤을 치료하고 있는 신경과 전문의는 그녀의 선택을 지지하고 그녀가 해온 일들을 경이롭게 생각한다. 조앤의 내과 주치의는 조앤 덕분에 마음의 힘을 인정해야 했다. 다발성 경화증 증세가 사라지고 없는 혈액 검사 결과와 여타 의학적 결과들을 가지고 자기 눈앞에서 조앤이 마음의 힘을 증명했으니까 말이다.


로우리, 캔디스, 조앤은 외부의 어떤 도움도 받지 않고 극적인 회복을 이루어냈다. 약물이나 수술, 특정 치료법 없이 자신의 마음만을 이용해 내면에서부터 건강을 되찾아갔다. 직접 자신을 위한 플라시보가 된 것이다.

이제 내 워크숍에 참가해 이들처럼 극적인 변화를 이뤄낸 몇몇 다른 사람들의 뇌 속을 과학적으로 살펴보자. 그런 놀라운 변형이 일어날 때 뇌 속에서 정확히 어떤 일이 벌어지는지 알게 될 것이다.

# 10: 정보를 변형으로: 당신이 플라시보임을 증명한다

이 책은 생각을 물질로 만드는 것에 관한 책이다. 지금쯤 당신도 플라시보가 작용하는 이유는 우리가 이미 알고 있는 치료법(진짜를 대체한 가짜 약, 가짜 주사, 가짜 수술)을 받아들이고 믿은 다음 그것이 어떻게 작용하는지 지나치게 분석하는 일 없이 그 결과에 자신을 내맡기기 때문임을 이해했을 것이다. 이때 우리는 이미 알고 있는 특정 인물(예를 들어 의사)이나 사물(약물이나 수술)을 통해 미래에 외부의 특정 시공간대에 하게 될 경험을 상상함으로써 내면의 환경을 바꾸고, 그렇게 하면서 자신의 존재 상태를 바꾼다고 말할 수 있다. 이런 과정을 계속해서 몇 번 경험하게 되면 우리는 다음에 올 미래도 과거와 똑같을 거라고 기대할 것이다. 그때 플라시보 효과는 대단히 커진다. 이미 알고 있는 자극이 이미 알고 있는 반응을 자동으로 만들어내는 것이다.

여기서 중요한 점은 이런 것이다. 전통적인 플라시보 효과에서 우리는 외부의 어떤 것을 믿는다. 그런데 이것은 감각할 수 있는 것만 현실로 규정하는 물질 세계에 우리의 힘을 줘버리는 꼴이다. 이와 달리 비물질적인 생각의 세계에서 미지의 가능성을 찾아낸 다음 그 가능성을 머릿속에서 새로운 현실로 만들어도 플라시보 효과가 나타날 수 있다. 사실 이것이 양자量子 모델을 훨씬 잘 이용하는 방법이다.

앞장에서 살펴본 세 명의 워크숍 참가자들은 바로 그런 일을 해냈다. 이들은 모두 다른 무엇보다 자신을 더 믿기로 결심했다. 그렇게 내면에서부터 변했고, 플라시보를 복용한 사람들이 얻는 것과 똑같은 존재 상태로 나아갔다. 어떤 물질의 도움도 받지 않고 그런 현상을 만들어낸 것이다. 내 워크숍에 참가하는 많은 학생들이 건강해지기 위해 지금도 계속해서 그런 일을 하고 있다. 플라시보 작동 방식을 잘 알게 되면 누구든 약이나 주사, 수술 없이도 그것들을 먹거나 썼을 때와 똑같은 결과를 이뤄낼 수 있다.

워크숍을 통한 연구, 세계 곳곳의 사람들이 계속 보내주는 증거들 덕분에 나는 당신이 곧 플라시보임을 잘 알고 있다. 학생들이 이미 알고 있는 것을 믿느라 에너지를 낭비하기보다는 아직 알지 못하는 것을 믿고 아직 알지 못하는 그것을 이미 아는 것으로 만들면서 증명한 사실이다.

잠시 생각해 보자. 완전한 치유는 양자장 속에 미지의 가능성으로서 이미 존재한다. 우리가 그것을 관찰하고 깨닫고 구체화시킬 때까지 말이다. 다시 말해 완전한 치유는 물질 세상에서는 없는 것no thing처럼 보이지만 실은 모든 물질적 가능성들이 결합되어 있는, 무한한 정보의 장場 속에 하나의 가능성으로서 살고 있다. 병이 미래에 저절로 나을 가능성은, 그것이 개인적으로 경험되면서 이 시공간에서 알려질 때까지 시공간 바깥에서 아직 알려지지 않은 상태로 존재하는 것이다. 감각 너머에 있는 이 미지의 것이 당신의 감각으로 '이미 아는' 경험이 되면, 이제 당신은 진화의 길로 들어선 것이다.

따라서 생각과 느낌의 내면 세계에서 치유를 거듭해서 경험할 수 있다면 실제로 치유가 일어나는 것은 시간 문제이다. 하나의 생각을 외부 세계에서 실제로 겪는 현실로 만든다면, 그 증거가 당신의 몸과 뇌에도 조만간 나타나야 하지 않을까? 다시 말해 미지의 미래를 분명한 의도와 고양된 감정으로 머릿속에서 시연한다면, 그리고 그 일을 반복한다면, 정말로 뇌 속에 신경 가소성에 따른 변화가 일어나고 몸 속에서 후성 유전학적 변화가 일어나야 하지 않겠는가 말이다.

매일 새로운 존재 상태로 들어가 뇌에게 그 상태를 상기시키고 그 마음 상태에 맞게 몸을 조건화한다면, 당신은 플라시보를 복용할 때와 똑같은 구조적·기능적 변화를 일으킬 것이다. 그림 10-1은 이 변화하는 과정을 도식화한 것이다.

그러므로 이미 알고 있는 뭔가를 믿고 신뢰하는 대신(나는 신뢰란

**플라시보 되기**

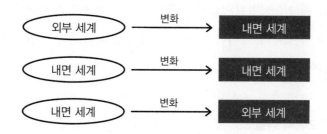

**그림 10-1** 대부분의 변화는 바깥의 무엇이 우리 안의 무엇을 바꾸는 간단한 과정으로 시작한다. 당신이 내면으로 향한 여정을 시작해서 생각과 느낌의 내면 세계를 바꾸기 시작하면, 건강이 향상될 수밖에 없다. 명상으로 이 과정을 계속 반복하면 후성 유전학적 변화가 생겨나 당신의 외적인 모습이 바뀌기 시작하는 것은 시간 문제이다. 그때 당신은 당신만의 플라시보가 된다.

한 생각을 다른 어떤 것보다 더 많이 믿는 것이라고 본다) 아직 알지 못하는 가능성에 집중하고, 이 책에서 이야기한 원칙들에 따라 그 미지의 현실을 알려진 현실로 바꿀 수는 없을까? 마음속에서 일어나고 있는 일을 감정적으로 충분히 포용하는 것으로 당신은 비물질을 물질로, 생각을 현실로 구현할 수 있지 않을까?

지금쯤 당신도 치유를 위해 굳이 가짜 약, 사당祠堂, 고대의 상징물, 주술사(오늘날의 의사건, 과거 의사 역할을 한 다양한 사람들이건), 가짜 수술, 신성한 땅 같은 것을 이용할 필요가 없음을 잘 알 것이다. 따라서 이장에서는 내 워크숍 학생들이 그런 도움 없이 어떻게 스스로를 치유했는지 과학적인 증거들을 통해 살펴보려 한다. 학생들은 생각만으로 몸의 생리를 바꾸었다. 마음만 바꾼 것이 아니라 실제로 뇌도 바꾼 것이다.

이 모든 증거들을 보면서 당신도 명상의 힘을 직접 체험할 수 있기 바란다. 원하는 것이 이루어질 수 있음을 보여주는 증거들을 보면 당신도 개인적인 변형을 위해 똑같은 원리들을 적용하고 당신 삶의 모든 영역에서 동일한 결실을 수확할 수 있을 것이다. 이 이야기들을 다 읽고 이 책 2부를 펼칠 즈음이면 당신도 내면 여행에 더 확고한 의지를 갖게 될 것이다. 당신이 하는 일에 더 많은 의미를 부여하게 될 테니까 말이다. 그리고 그때 결과도 더 좋을 것이다.

## 정보에서 경험으로

나는 이 일을 하면서 한 가지 아주 중요한 사실을 알게 되었다. 사람은 누구나, 비록 은연중일지라도, 자신의 위대함을 믿고 있다는 것이다. CEO든, 초등학교의 수위든, 세 자녀를 둔 싱글 맘이든, 재소자이든 우리는 누구나 어느 정도는 자기 자신을 믿고 있다.

우리는 누구나 가능성을 믿는다. 우리는 누구나 현재 우리가 처한 현실보다 더 나은 미래를 상상한다. 그래서 만약 내가 중요한 과학적 정보를 제공하고 그 정보를 적용하는 데 필요한 방법까지 알려준다면, 비록 정도의 차이는 있어도 성실한 사람이라면 누구나 개인적 변형을 경험하게 될 것이다. 과학이란 결국 신비주의의 이 시대 언어이다. 과학은 종교나 문화, 전통에 매이지 않고, 신비적인 것에서 신비를 벗겨내며, 공동체를 하나로 결속시킨다. 전 세계를 돌아다니며 세미나를 개최하면서 내가 거듭 보아온 사실이 그렇다.

고급 과정 워크숍에서 나와 동료들은 참가자들의 생물학적·에너지적 변화를 개인별·그룹별로 측정하고, 이 책에(그리고 다른 많은 곳에) 요약되어 있는 여러 원리들을 활용해 과학적인 변형 모델을 가르친다. 학생들의 기량이 향상되면서 이 모델도 계속 진화하고 있다. 나는 '가능성' 문제에 대한 사람들의 이해를 돕기 위해 양자 물리학을 점점 더 많이 이용하게 되었다. 양자 물리학을 신경 과학, 신경 내분비학, 후성 유전학, 세포 생물학, 뇌파 과학, 에너지 심리학, 정신신경면역학 내의 최신 정보들과 연결 지어 가르치는 것이다. 나와 동료들은 새로운 정보를 습득하면 그 결과로 새로운 가능성이 모습을 드러낸다고 생각한다.

새로운 정보를 배우고 받아들이면 학생들은 자신들이 하고 있는 명상 활동에 더 많은 의미를 부여할 수 있다. 정보를 단지 지적·개념적으로만 이해하는 것으로는 충분하지 않다. 배운 것을, 하라는 만큼 반복할 수 있어야 한다. 향상된 지식을 설명할 수 있게 되면, 향상된 모델이 그들 뇌에 더 단단히 고정이 되고, 신경의 새로운 하드웨어가 구축될 수 있다. 그리고 그때 배운 것들을 충분히 반복하면 하드웨어에 소프트웨어 프로그램이 완전히 깔리게 된다. 새롭게 배운 지식을 제대로 잘 적용한다면 그것은 새로운 경험으로 이끄는 선구자로서 역할을 할 것이다.

다시 말하면 몸과 마음을 정렬시키면 곧 학생들은 관련된 새 감정을 받아들임으로써 새 경험에서 지혜를 얻게 될 것이다. 그 다음으로 그 정보를 구현하기 시작할 것이다. 마음이 지적으로 이해한 것을 몸에게 감정적으로 이해하라고 화학적으로 지시할 것이기 때문이다. 이 시점에서 그들은 그 정보가 사실임을 믿고 알기 시작할 것이다. 하지만 나는 그런 일을 한 번이 아니라 굳은 의지로 여러 번 경험해서 그 경험이 새로운 기술, 습관 혹은 존재 상태가 되기를 바란다.

일단 그런 경험을 습관적으로 해서 일관성을 획득하게 되면 우리는 새로운 과학적 패러다임을 알리는 선구자 역할을 하는 것이다. 뭐든 반복 가능한 것이 과학이기 때문이다. 당신과 내가 생각만으로 능숙하게 내면의 상태를 바꿀 수 있는 정도가 된다면, 그리고 그런 일이 반복적으로 관찰되고 측정되고 기록된다면, 그것은 곧 새로운 과학 법칙이 될 것이다. 이때 우리는 세상이 현재 수준에서 전반적으로 받아들이고 있는 과학적 모델에 실재의 본성에 관한 새로운 지식을 더할 수 있고, 그 결과 더 많은 사람에게 힘을 줄 수 있다. 이것이 오랫동안 내가 품어온 야망이다.

나는 워크숍 참가자들에게 내적인 연습이 어떻게 뇌와 몸을 생물학적으로 바꾸는지에 대해 구체적으로 알려주고자 부단히 노력해 왔다. 워크숍에서 우리가 정확히 어떤 것을 하고 있는지 여실히 보여주고 싶었기 때문이다. 추측, 독단, 가정이 조금도 남지 않을 때 양자적 가능성에 대한 우리의 암시 감응력은 훨씬 높아진다. 그리고 거기에 커다란 노력이 덧붙여진다면 커다란 진전이 이루어진다. 물론 결과를 나타내는 수치는 학생마다 다르다.

내 워크숍에 참석하려면 학생들은 사흘에서 닷새까지 집을 떠나 있어야 한다. 이것은 '현재이자 곧 과거'인 개인적 현실에서 벗어나 있도록 하기 위해서이다. 그리고 학생들은 새로운 존재 상태로 옮겨가는 연습을 한다. 과거의 나를 더 이상 불러내지 않음으로써, 다른 누군가가 된 척함으로써, 즉 새로운 나를 창조함으로써, 학생들은 자신이 상상하던 새로운 자아가 된다. 이때 학생들은 4장에서 살펴본, 22년이나 더 젊어진 척하던 노인들처럼 후성 유전학적 변화를 일으킨다.

나는 워크숍 참가자들이 명상중에 자신을, 곧 자신의 정체성을 넘어서 아무 사람 아니고no one, 아무 몸도 아니며no body, 아무 공간 아무 시간에도 존재하지 않는 순수 의식이 되기를 바란다. 그런 일이 일어나면 그들의 뇌와 몸은 환경(기존의 익숙한 삶)이 바뀌기 전부터 바뀌기 시작한다. 그 결과 워크숍을 마치고 일상으로 돌아가도 더 이상 외부 세계가 만드는 무의식적 조건화의 희생자로 살지 않는다. 그때 흔치 않는 일, 바로 기적이 일어난다.

내가 학생들에게 제대로 설명을 하고 학생들도 새로이 배운 정보를 체화해서 마침내 개인적 변형을 이루어내기를 바라는 마음에서, 나는 2013년 새로운 이벤트를 하나 진행했다. 기억할지 모르겠지만 '책머리에'에서 나는 이런 나의 생각이 어떻게 진화해 왔는지 말한 바 있다. 이 새로운 워크숍(2012년 2월 애리조나 케어프리에서 처음 개최되었고 그해 7월 콜로라도 잉글우드에서 다시 진행되었다)에서 나는 변형이 진행되는 그 순간에 실시간으로 참가자들의 상태를 측정해 보기로 한 것이다.

이런 측정이 이루어지면 그 자료들이 또 하나의 정보가 되어 참가자들에게 그들이 방금 경험한 변형에 대해 설명하는 데 유용할 거라는 생각이었다. 게다가 그 정보 덕분에 참가자들이 또 다른 변형을 이루어낼 수 있고, 이는 또다시 측정이 될 것이다. 이렇게 하다 보면 사람들은 지식의 세계와 경험의 세계 사이의 간격을 점차 좁혀나가기 시작할 것이다. 나는 이 워크숍을 '정보를 변형으로Information to Transformation'라는 이름으로 불렀다. 바로 내가 열정을 쏟는 곳이다.

## 변화의 측정

'정보를 변형으로'의 여정을 막 시작하던 무렵 나는 명석하고 유능한 신경 과학자 제프리 패닌Jeffrey Fannin 박사를 알게 되었고, 그의 헌신적인 도움으로 학생들의 뇌에서 벌어지고 있는 일들을 측정할 수 있었다. 패닌 박사는 애리조나 주 글렌데일에 있는 인지강화센터Center for Cognitive Enhancement의 창립자이자 책임자로 신경 과학 분야에서 15년 넘게 일을 해왔고, 최적의 수행 능력을 위한 뇌 훈련 경험이 풍부했다. 그의 전문 분야는 두부 외상, 뇌졸중, 만성 통증, 주의력 결핍증ADD, 주의력 결핍 및 과잉 행동 장애ADHD, 불안 장애, 우울증, 트라우마 회복이며, 두뇌 지도 그리기, 뇌파 전환으로 리더십 기술 강화하기, 뇌 기능 향상, 정신-감정 기량 강화, 개인적 변형 같은 고기능 훈련도 다수

주도한 바 있었다.

패닌 박사는 여러 해에 걸쳐 최첨단 연구에도 참여했는데, 바로 뇌전도EEG 기술(신경 세포들 사이 전기 활동을 측정하는 기술)을 이용해 뇌파에너지 상태의 안정성 여부, 즉 그가 피험자의 전뇌whole-brain 상태라고 부르는 수치를 정확히 측정하는 프로젝트였다. 그가 관심을 갖고 연구한 것은 잠재의식화된 믿음의 패턴 및 안정된 뇌 활동과 개인의 성공 사이의 관계를 밝히는 것이었다.

이 외에도 패닌 박사는 애리조나 주립대 연구팀과 함께 웨스트포인트의 미 육군사관학교에서 모아져 있는 자료들을 가지고 신경 과학과 리더십의 관계를 연구하기도 했다. 이 연구로 패닌 박사는 애리조나 주립대에서 '리더십의 신경 과학'이라는 독특한 강좌를 공동으로 개설해서 가르치기도 했다. 그리고 피닉스 근처 월든 대학교 석·박사 과정에서 몇 년 동안 인지 신경 과학을 가르치기도 했다.

우리는 패닌 박사와 그의 팀 전체를 우리가 새로 계획한 두 번의 워크숍에 초대해, 다음과 같은 뇌의 구체적인 특성과 요소 들을 측정해 갔다. 일관성coherence 대 비일관성(뇌파들의 질서와 무질서의 정도를 보여준다. 이 점에 대해서는 다음 장에서 더 자세히 살펴볼 것이다), 진폭amplitude(뇌파들의 에너지를 보여준다), 위상 조직phase organization(뇌의 서로 다른 부분들이 서로 얼마나 조화롭게 작동하는지 보여준다), 한 사람이 깊은 명상 상태로 들어가는 데 걸리는 상대 시간(뇌파를 바꾸고 암시 감응력이 더 큰 상태로 들어가는 데 얼마나 오래 걸리는가를 보여준다), 세타파/알파파 비율(뇌가 어느 정도까지나 전체적으로 작용하는지, 즉 뇌의 앞뒤 좌우의 서로 다른 부분들이 서로 소통하는 정도를 보여준다), 델타파/세타파 비율(산만한 마음과 자꾸 끼어드는 생각을 통제하고 조절하는 능력을 보여준다), 지속 능력(명상 상태를 오랫동안 유지할 수 있는 뇌의 능력을 보여준다) 등이 그것이다.

우리는 네 곳에 뇌전도EEG 측정기를 설치해 워크숍 전후에 참가자들의 뇌파 상태를 측정하고 어떤 변화가 있었는지 관찰했다. 두 차례 워크숍 동안 우리는 백 명이 넘는 참가자들의 뇌 사진을 찍었다. 하루에 명상 세션이 세 번 이어졌는데 그때마다 나는 임의로 네 명의 참가자를 선택해 명상을 하는 동안에도 뇌 사진을 찍었다. 2013년에 있었던 그 두 번의 워크숍 동안 총 402개의 뇌전도 사진을 찍고 기록했다. 두피 스무 군데에 전선을 부착하고 측정한 것으로, 물론 인체에 무해하고 안전했다. 이 뇌파 측정 자료들은 우리 뇌의 현재 활동 능력에 대한 많은 정보를 담고 있다.

우리는 뇌전도 측정 결과를 정량적 뇌전도QEEG로 전환해 뇌전도 활동을 수학적·통계적으로 분석한 다음 두뇌 지도 그래프로 나타냈다. 이 그래프는 뇌전도 측정기가 기록한 두뇌 활동과 보통 때의 두뇌 활동 상태를 비교해 컬러 그러데이션으로 표시한 것이다. 각각 다른 주파수에서 보이는 다양한 컬러와 패턴은 뇌파의 패턴이 어떻게 우리의 생각과 느낌과 감정과 행동에 영향을 주는지에 대해 아주 중요한 정보를 제공해 주었다.

측정 자료를 종합적으로 보면, 뇌전도 측정에 참여한 사람들의 91퍼센트가 뇌 기능의 현저한 향상을 보인 것을 알 수 있다. 워크숍에 참여한 학생들 대다수가 처음에는 낮은 일관성(무질서한 상태)을 보이다가 변형 명상 세션의 마지막에 가서는 높은 일관성 상태를 보였다. 나아가 정량적 뇌전도 두뇌 지도도 참가자들의 82퍼센트 이상이 건강하고 정상적인 뇌 활동을 하고 있음을 보였다.

나는 뇌가 제대로 기능하면 우리도 제대로 기능한다는 것을 알게 되었다. 당신의 뇌가 일관성을 띨 때 당신도 일관성을 띤다. 당신의 뇌가 온전하고 안정적일 때 당신도 온전하고 안정적이다. 당신이 평소에 부정적이거나 거슬리는 생각들을 잘 조절할 수 있다면 당신도 덜 부정적이고 덜 거슬리는 사람이 된다. 우리가 두 번의 이벤트에서 참여자들에게서 목격한 바가 바로 그랬다.

일반적으로 명상 상태에 들어가기까지 걸리는 시간은 평균 1분 30초를 약간 웃도는 정도라고 한다.[1] 대다수 사람들이 뇌파를 바꿔서 명상 상태로 들어가는 데 그만큼의 시간이 걸린다는 말이다. 그런데 이벤트에 참여한 사람들의 뇌전도 사진 402장을 보면 명상 상태로 들어가는 데 든 시간은 평균 59초에 불과했다. 1분도 안 되었다. 참여자 중 일부는 뇌파(그리고 그들의 존재 상태)를 4초, 5초, 9초 만에 바꿀 수도 있었다.

분명히 말하지만 나는 얼마나 빨리 명상 상태로 들어가느냐 하는 것을 중요하게 생각하지 않는다.(그렇게 시간을 중요하게 생각하면 우리의 목적을 달성할 수 없을 것이다.) 하지만 이 자료는 두 가지 중요한 점을 말해준다. 첫째, 베타파 뇌의 분석적인 마음을 넘어서 암시 감응력이 더 높은 상태로 들어가는 것은 계속 연습하면 향상시킬 수 있는 하나의 기술이라는 점이다. 둘째, 생각하는 뇌를 넘어 잠재의식적 마음의 운영 체계로 들어가는 데, 나와 내 동료들이 가르친 방법이 비교적 쉽게 이용할 수 있는 방법이라는 점이다.

흥미롭게도 우리는 참여자들의 뇌가 전체론적으로 작동하고 있음(뇌의 부분들이 서로 소통하고 있음)을 뚜렷이 보여주는 일관된 패턴도 보았다. 명상시 전두엽에 알파파/세타파 패턴들이 번갈아 나오는데 이것은 뇌의 다른 부분들이 서로 소통하고 있음을 보여주는 중요한 현상으로, 뇌의 두 반구가 훨씬 안정적이고 통합된 방식으로 서로 대화하고 있다는 뜻이다. 우리가 일정하게 관찰하는 이 이중의 전두엽 패턴들은 파도처럼 리드미컬하게 계속해서 나타났으며, 높은 수준의 감사의 경험을 만들어내는 것 같았다. 그렇다면 그때 참여자들은 머릿속으로 시연중이던 내면의 경험(즉 감사의 경험)을 아주 현실적으로 느끼고 있고, 따라서 그 일이 명상중인 그 순간에 실제로 일어나고 있거나 이미 일어났다고 믿고 있었다는 뜻이 된다. 감사란 원하는 일이 이미 일어났을 때 느끼는 감정이니까 말이다.

숙련된 명상가들은 세타파와 저알파파 뇌파 상태에서 오래 머무는 모습도 보여주었는데, 이것은 이들이 뇌파가 바뀐 상태로 꽤 긴 시간을 보낼 수 있다는 뜻이다. 느린 뇌파 상태(저알파파와 세타파)가 오래 지속되는 것은 특히 큰 의미가 있는데, 세타파 상태에 있는 동안 참여자들의 뇌의 앞부분과 뒷부분의 활동 사이에 일관성의 정도(질서의 정도)가 보통 때보다 높았기 때문이다. 이때 긍정적인 감정에 관계하는 전두엽의 왼쪽 영역이 반복적으로 활발해지면서 깊은 축복을 느끼는 상태가 나타난 것이다.

다시 말해서 명상에 들어가면 참여자들은 더 느리고 더 일관성 있는 뇌파들을 만들어내는데, 이는 그들이 깊은 이완 상태와 높은 자각 상태에 있음을 시사한다. 덧붙여 뇌의 좌우측과 앞뒤가 통합되었다는 것은 이들이 더 행복하고 더 온전하다고 느끼고 있다는 것을 말해준다.

348

## 번뜩인 생각 하나

첫 번째 워크숍 이벤트에서 명상중이던 한 여성 참가자의 뇌 지도를 관찰하다가 나는 놀라운 사실을 하나 발견했다. 나는 스캔중인 그녀의 뇌를 바라보고 있었다. 그녀는 몹시 힘들어하고 있었고, 그녀의 뇌는 알파파와 세타파의 깊은 명상 상태에서 벗어나 점점 더 불균형한 상태로 빠져들고 있었다. 그녀는 자신과 자신의 삶을 감정적으로 분석하고 심판하고 있었다. 고베타파 상태에서 보이는 빠르고 일관성 없는 뇌파들이 나타난 것이다. 그것은 그녀가 높은 스트레스와 불안, 흥분 상태에 있으며, 전체적으로 균형을 잃고 응급 상황에 처해 있다는 뜻이었다.

나는 그녀가 뇌를 이용해 뇌를 바꾸려고 무익하게 노력하는 모습을 보았다. 그런 일이 될 리가 없었다. 나는 그녀가 에고를 이용해 에고를 바꾸려 한다는 것도 알았다. 그런 일 또한 될 리가 없었다. 프로그램을 이용해 프로그램을 바꾸려 했으니, 프로그램을 새로 만드는 것이 아니라 기존 프로그램만 더 강화한 꼴이었다. 여전히 의식적 마음속에 머물면서 잠재의식적 마음을 바꾸려 했으니, 진정한 변화를 일으키는 작동 체계로부터 점점 더 멀어지기만 했다. 나중에 그녀에게 가서 잠시 얘기를 나눠봤더니 그녀도 힘든 시간이었노라고 인정했다. 그때 내 머릿속에서 뭔가가 번뜩였고, 내가 앞으로 가르쳐야 할 게 뭔지 정확히 알게 되었다.

그녀는 초연해야detached 했다. 몸을 바꾸기 위해서는 몸을 벗어나야 하고, 에고를 바꾸기 위해서는 에고를 벗어나야 하고, 프로그램을 바꾸기 위해서는 프로그램을 벗어나야 하며, 잠재의식적 마음을 바꾸기 위해서는 의식적 마음을 벗어나야 했다. 미지의 것을 만들어내기 위해서는 미지의 것이 되어야 했다. 물질적으로 새로운 경험을 하기 위해서는 전혀 물질적이지 않은 비물질의 새로운 생각이 되어야 했다. 시공간을 바꾸기 위해서는 시공간을 벗어나야 했다.

그녀는 순수 의식pure consciousness이 되어야 했다. 집, 일, 남편, 아이들, 고민거리 같은 이미 알고 있는 환경 속의 자기 정체성에 대한 생각에서 벗어나고, 얼굴, 성性, 나이, 몸무게, 외모 같은 자기 몸에 대한 생각에서 벗어나며, 과거나 미래에 살면서 현재 순간을 놓치곤 하는 습관에서, 다시 말해 시간에서도 벗어나야 했다. 새로운 자아를 창조하기 위해서는 현재의 자아를 벗어나야 했다. 자신만의 방식에서 벗어나야 그 자리에 더 큰 어떤 것이 들어설 수 있었다.

우리가 물질인 채 물질을 바꾸려고 한다면 절대 바꿀 수 없다. 우리가 입자인 채 입자를 바꾸려 한다면 아무 일도 일어나지 않는다. 물질과 같은 속도로 진동하고 있기 때문에 그것에 어떤 유의미한 영향도 끼칠 수 없는 것이다. 물질에 영향을 주는 것은 우리의 의식(우리의 의도적인 생각)과 우리의 에너지(우리의 고양된 감정)이다. 우리가 의식이 될 때에만 뇌와 몸과 삶을 바꿀 수 있고, 마침내 새로운 미래를 창조할 수 있다.

그리고 모든 것에 형태를 주는 것이 의식consciousness이고, 다른 수준의 마음을 만들기 위해 뇌와 몸이 이용하는 것도 의식이기 때문에, 순수 의식 상태가 되면 우리는 자유로워진다. 따라서 나는 참여자들이 명상 상태에 더 오래 머물도록 했고, 무한한 가능성의 장에 편히 머물

수 있을 때까지 아무 사람 아무 몸도 되지 말고 아무 공간 아무 시간에도 존재하지 말라고 독려하기 시작했다.

　나는 참여자들의 주관적 의식이 그 무한한 가능성의 장 속의 객관적 의식과 오랫동안 하나가 되어 있기를 바랐다. 참여자들은 현재 순간이라는 최적의 순간에, 텅 빈 듯 보이지만 실은 무한한 가능성으로 가득 찬 공간에 관심awareness과 에너지를 모두 쏟아 부어 마침내 그 미지의 공간 속에 편히 머물 수 있어야 한다. 모든 것이 물질적으로 변하는 이 시공간에서 벗어나 그 강력한 곳에 진정으로 머무를 때에만 사람들은 창조를 시작할 수 있다. 두 번의 워크숍 동안에도 바로 그런 때에 진정한 변화가 일어나기 시작했다.

## 뇌 주사 사진에 대한 간단한 설명

　이제 곧 살펴볼, 명상 후의 변화들을 보고 이해하려면 두 유형의 뇌 주사 사진에 대한 판독법을 알아야 한다. 우리가 사용한 첫 번째 유형의 뇌 주사 사진은 뇌 영역들 간의 활동성의 정도를 측정한다.(그림 10-2 참조) 이 사진들은 상대적으로 다른 두 가지 형태의 활동성을 보여준다. 첫 번째 형태는 활동 항진 상태hyperactivity(과잉 규제 상태)를 보여주는 것으로 뇌 속의 여러 지점들이 붉은색의 선으로 연결되어 있다. 서로 연결되어 있어 통화가 가능한 전화선을 상상하면 쉬울 것이다. 한 순간에 붉은색 선들이 너무 많이 연결되어 있는 것은 뇌가 너무 많이 활동하고 있다는 뜻이다. 두 번째 형태는 활동 저하 상태hypoactivity(규제 결핍 상태)를 보여주는 것으로 파란색 선으로 묘사되며, 뇌 속의 여러 영역들 사이의 소통이 최소한으로만 이루어지고 있음을 나타낸다.

선들의 두께는 표준 편차standard deviation(SD)를 나타낸다. 즉 선으로 연결된 두 지점 사이에 얼마만큼의 조절 장애dysregulation(비정상적인 조절)가 존재하는지 보여준다. 예를 들어 가는 붉은색 선은 그 선이 연결하는 두 지점 사이의 활동성 수준이 정상보다 1.96SD 높다는 뜻이다. 가는 파란색 선은 그 선이 연결하는 두 지점 사이의 활동성 수준이 정상보다 1.96SD 낮다는 뜻이다. 중간 두께의 선들은 정상보다 2.58SD 높거나(붉은색일 경우) 2.58SD 낮다는(파란색일 경우) 뜻이다. 그리고 두꺼운 선들은 정상보다 3.09SD 높거나 낮다는 뜻이다. 따라서 뇌 주사 사진 속에 두꺼운 붉은색 선이 많은 경우는 뇌가 너무 열심히 일하고 있다는 뜻이다. 두꺼운 파란색 선이 많으면 뇌 속 영역들 사이에 소통이 거의 없다는 뜻으로, 뇌가 활동 부진 상태에 있음을 나타낸다. 붉은색 선이 두꺼울수록 뇌는 더 많은 양의 정보를 처리하고, 파란색 선이 두꺼울수록 뇌는 더 적은 양의 정보를 처리한다고 생각하면 된다.

우리가 사용한 두 번째 유형의 뇌 주사 사진은 정량적 뇌전도QEEG 분석에서 나온 Z 스코어 리포트라는 것이다. Z 스코어란 어떤 점point이 평균치보다 위에 있는지 아래에 있는지, 나아가 측정값이 정상에서 얼마나 벗어나 있는지까지 말해주는 통계 수치이다.(즉 통계학적으로 정규 분포를 만들고 개개의 경우가 표준 편차상에 어떤 위치를 차지하는지를 보여주는 수치로, 표준값, 표준 점수라고도 한다—옮긴이) 이 리포트에서 눈금은 −3SD에서 +3SD 사이를 왔다 갔다 한다. 진한 파란색은 정상보다 3 이상 낮은 SD를 뜻하고, 밝은 파란색은 정상보다 2.5에서 1 낮은 SD를 뜻한다. 청록색은 정상에서 약 0에서 1 정도 낮은 SD를 뜻하고, 녹

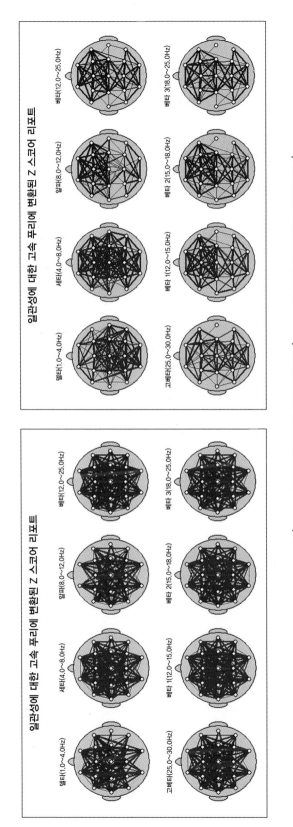

그림 10-2

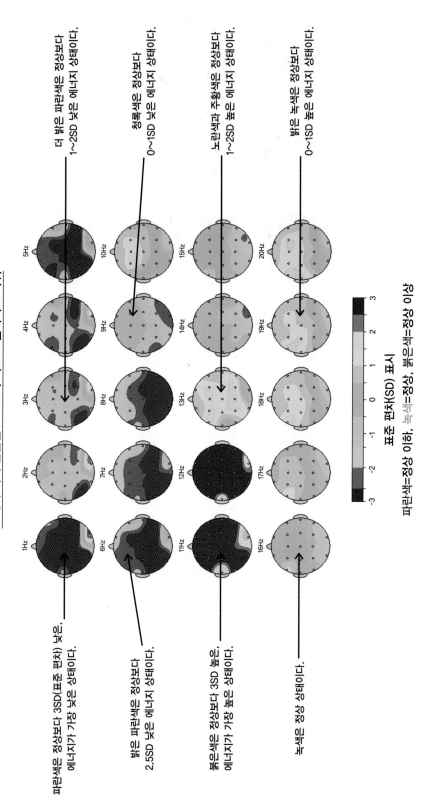

## 고속 푸리에 변환된 Z 스코어 리포트 렐러티브 파워

더 밝은 파란색은 정상보다
1~2SD 낮은 에너지 상태이다.

청록색은 정상보다
0~1SD 낮은 에너지 상태이다.

노란색과 주황색은 정상보다
1~2SD 높은 에너지 상태이다.

밝은 녹색은 정상보다
0~1SD 높은 에너지 상태이다.

파란색은 정상보다 3SD(표준 편차) 낮은,
에너지가 가장 낮은 상태이다.

밝은 파란색은 정상보다
2.5SD 낮은 에너지 상태이다.

붉은색은 정상보다 3SD 높은,
에너지가 가장 높은 상태이다.

녹색은 정상 상태이다.

1Hz  2Hz  3Hz  4Hz  5Hz
6Hz  7Hz  8Hz  9Hz  10Hz
11Hz  12Hz  13Hz  14Hz  15Hz
16Hz  17Hz  18Hz  19Hz  20Hz

-3  -2  -1  0  1  2  3

표준 편차(SD) 표시

파란색=정상 이하, 녹색=정상, 붉은색=정상 이상

그림 10-3

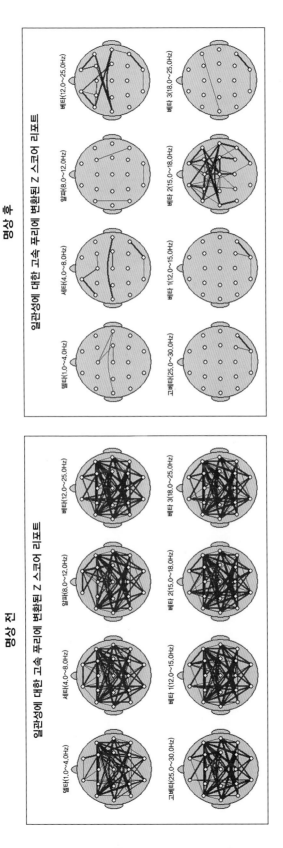

명상시 일관성의 변화

명상 전

일관성에 대한 고속 푸리에 변환된 Z 스코어 리포트

델타(1.0~4.0Hz)　세타(4.0~8.0Hz)　알파(8.0~12.0Hz)　베타(12.0~25.0Hz)

고베타(25.0~30.0Hz)　베타 1(12.0~15.0Hz)　베타 2(15.0~18.0Hz)　베타 3(18.0~25.0Hz)

명상 후

일관성에 대한 고속 푸리에 변환된 Z 스코어 리포트

델타(1.0~4.0Hz)　세타(4.0~8.0Hz)　알파(8.0~12.0Hz)　베타(12.0~25.0Hz)

고베타(25.0~30.0Hz)　베타 1(12.0~15.0Hz)　베타 2(15.0~18.0Hz)　베타 3(18.0~25.0Hz)

－　＋
Z 스코어≥1.98

－　＋
Z 스코어≥2.58

－　＋
Z 스코어≥3.09

그림 10-4

파킨슨병 환자의 명상 후 변화

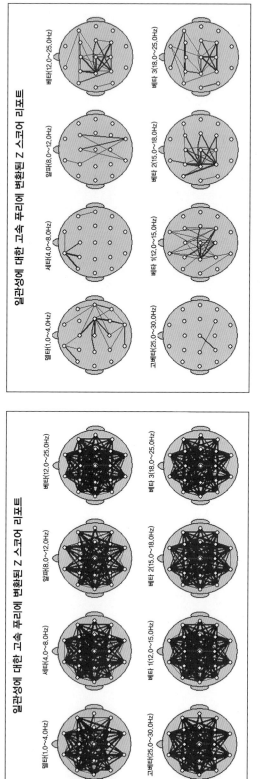

그림 10-5

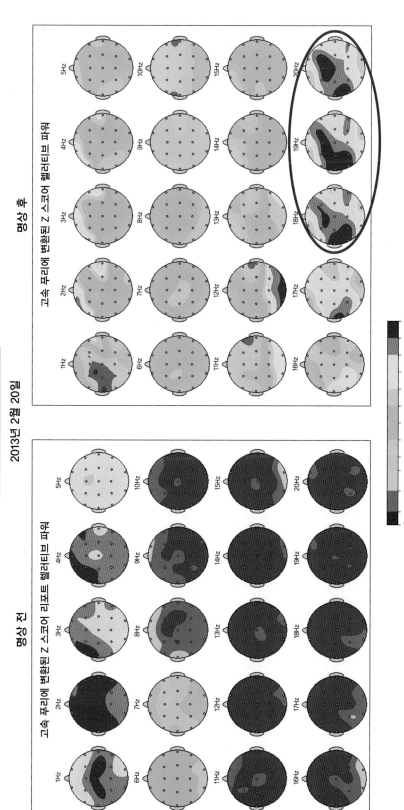

## 파킨슨병 환자의 명상 후 변화

### 2013년 2월 20일

**명상 전**

고속 푸리에 변환된 Z 스코어 리포트 렐러티브 파워

**명상 후**

고속 푸리에 변환된 Z 스코어 렐러티브 파워

그림 10-6A

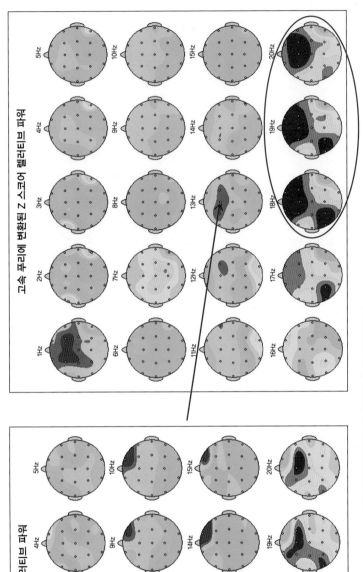

2013년 5월 9일

고속 푸리에 변환된 Z 스코어 렐러티브 파워

그림 10-6B

2013년 6월 3일

고속 푸리에 변환된 Z 스코어 렐러티브 파워

그림 10-6C

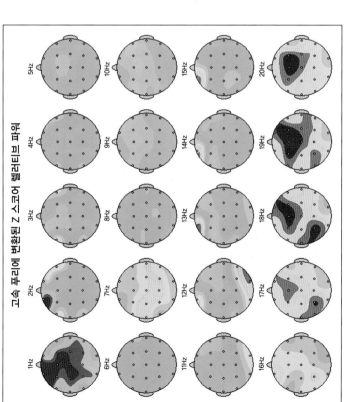

그림 10-6E

그림 10-6D

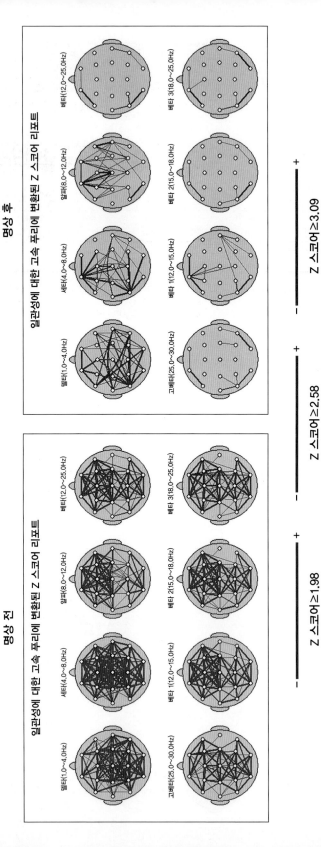

외상성 뇌손상 환자의 명상 후 변화

명상 전

일관성에 대한 고속 푸리에 변환된 Z 스코어 리포트

델타(1.0~4.0Hz) 세타(4.0~8.0Hz) 알파(8.0~12.0Hz) 베타(12.0~25.0Hz)

고베타(25.0~30.0Hz) 베타 1(12.0~15.0Hz) 베타 2(15.0~18.0Hz) 베타 3(18.0~25.0Hz)

명상 후

일관성에 대한 고속 푸리에 변환된 Z 스코어 리포트

델타(1.0~4.0Hz) 세타(4.0~8.0Hz) 알파(8.0~12.0Hz) 베타(12.0~25.0Hz)

고베타(25.0~30.0Hz) 베타 1(12.0~15.0Hz) 베타 2(15.0~18.0Hz) 베타 3(18.0~25.0Hz)

Z 스코어 ≥1.98    Z 스코어 ≥2.58    Z 스코어 ≥3.09

그림 10-7

외상성 뇌손상 환자의 명상 후 변화

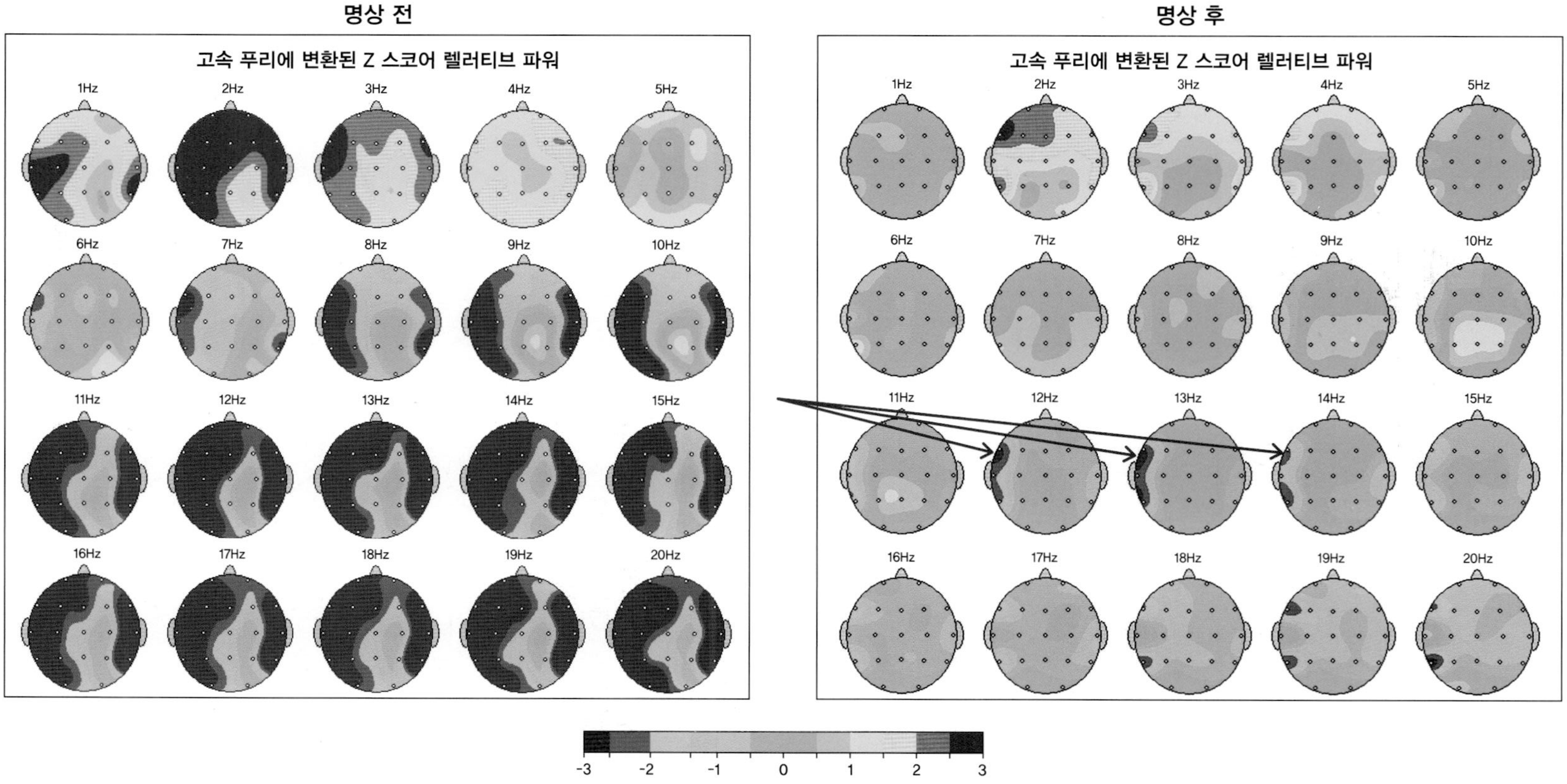

명상 전

고속 푸리에 변환된 Z 스코어 렐러티브 파워

명상 후

고속 푸리에 변환된 Z 스코어 렐러티브 파워

그림 10-8

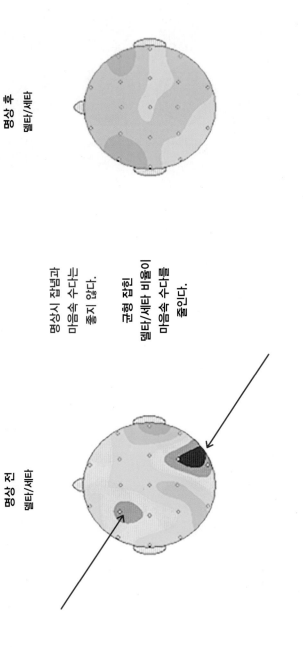

명상시 델타/세타 비율의 변화

명상 전
델타/세타

명상시 잔념과
마음속 수다는
좋지 않다.

균형 잡힌
델타/세타 비율이
마음속 수다를
줄인다.

명상 후
델타/세타

-3  -2  -1  0  1  2  3

그림 10-9

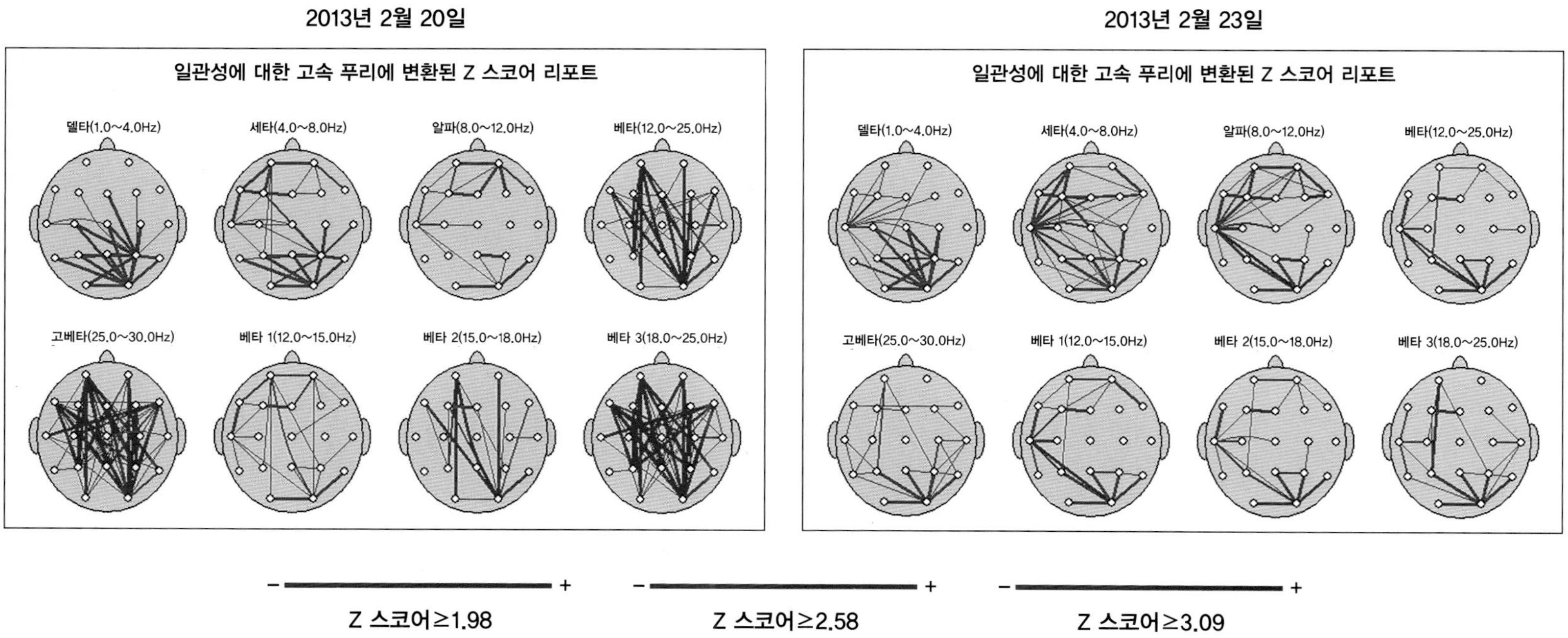

2013년 2월 23일

일관성에 대한 고속 푸리에 변환된 Z 스코어 리포트

델타(1.0~4.0Hz)  세타(4.0~8.0Hz)  알파(8.0~12.0Hz)  베타(12.0~25.0Hz)

고베타(25.0~30.0Hz)  베타 1(12.0~15.0Hz)  베타 2(15.0~18.0Hz)  베타 3(18.0~25.0Hz)

2013년 2월 20일

일관성에 대한 고속 푸리에 변환된 Z 스코어 리포트

델타(1.0~4.0Hz)  세타(4.0~8.0Hz)  알파(8.0~12.0Hz)  베타(12.0~25.0Hz)

고베타(25.0~30.0Hz)  베타 1(12.0~15.0Hz)  베타 2(15.0~18.0Hz)  베타 3(18.0~25.0Hz)

Z 스코어 ≥3.09    Z 스코어 ≥2.58    Z 스코어 ≥1.98

그림 10-10

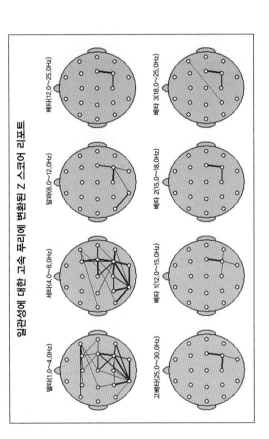

2013년 4월 8일

일관성에 대한 고속 푸리에 변환된 Z 스코어 리포트

델타(1.0~4.0Hz)
세타(4.0~8.0Hz)
알파(8.0~12.0Hz)
베타(12.0~25.0Hz)

고베타(25.0~30.0Hz)
베타 1(12.0~15.0Hz)
베타 2(15.0~18.0Hz)
베타 3(18.0~25.0Hz)

Z 스코어≥1.98
Z 스코어≥2.58
Z 스코어≥3.09

그림 10-11

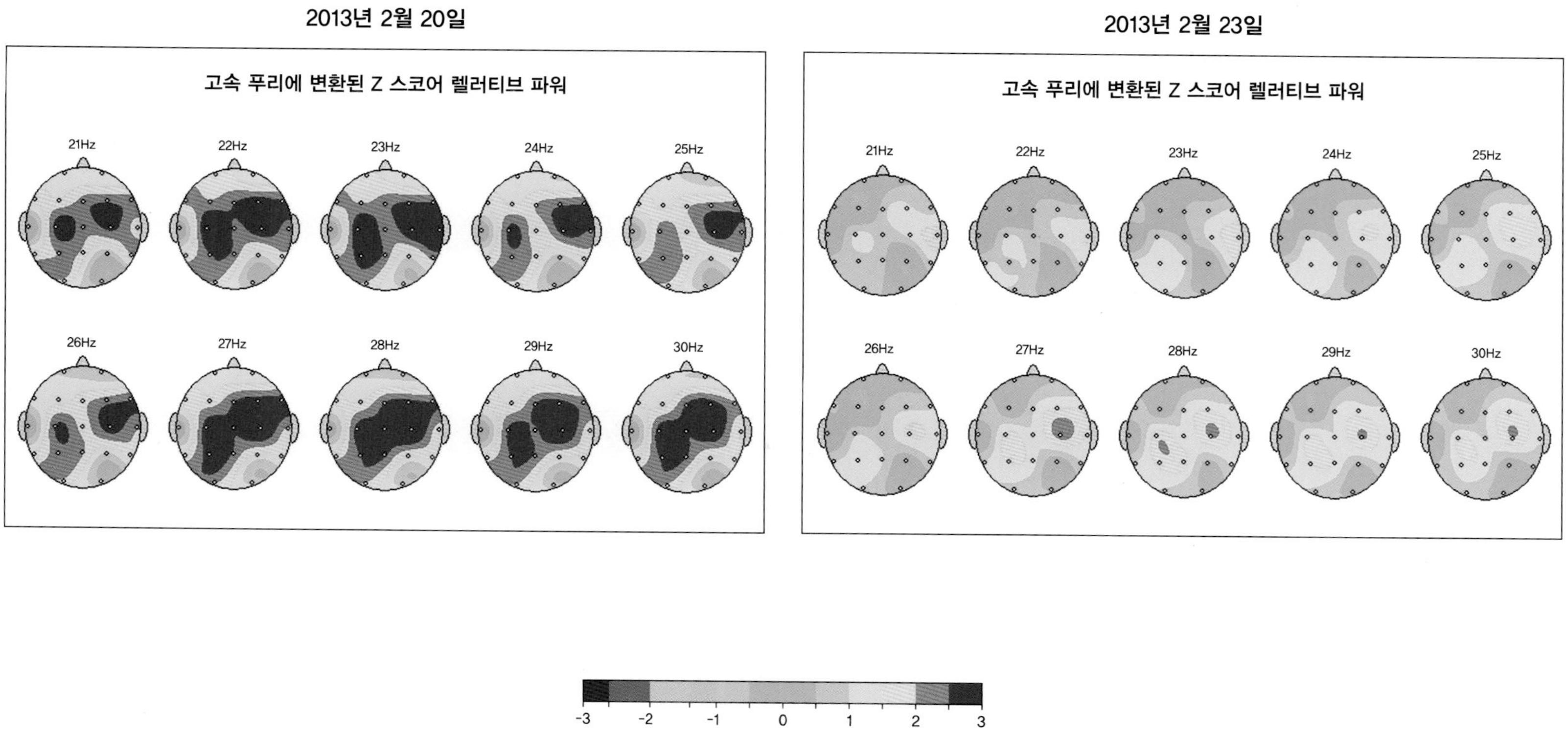

2013년 2월 20일

고속 푸리에 변환된 Z 스코어 렐러티브 파워

2013년 2월 23일

고속 푸리에 변환된 Z 스코어 렐러티브 파워

그림 10-12

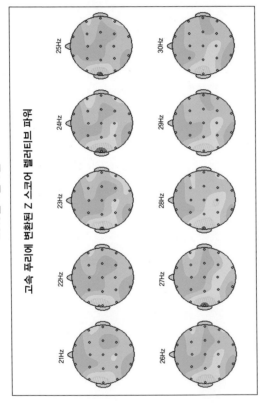

2013년 4월 8일

고속 푸리에 변환된 Z 스코어 렐러티브 파워

21Hz 22Hz 23Hz 24Hz 25Hz

26Hz 27Hz 28Hz 29Hz 30Hz

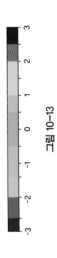

-3 -2 -1 0 1 2 3

그림 10-13

정상적인 뇌전도

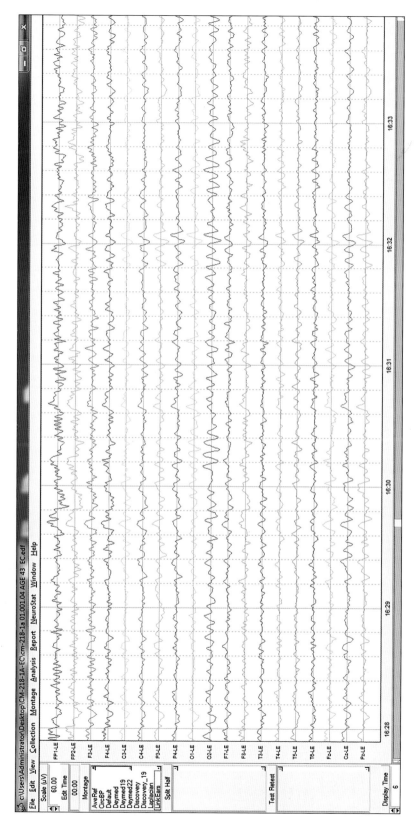

그림 10-14

전두엽 활동이 고양된 상태의 뇌전도

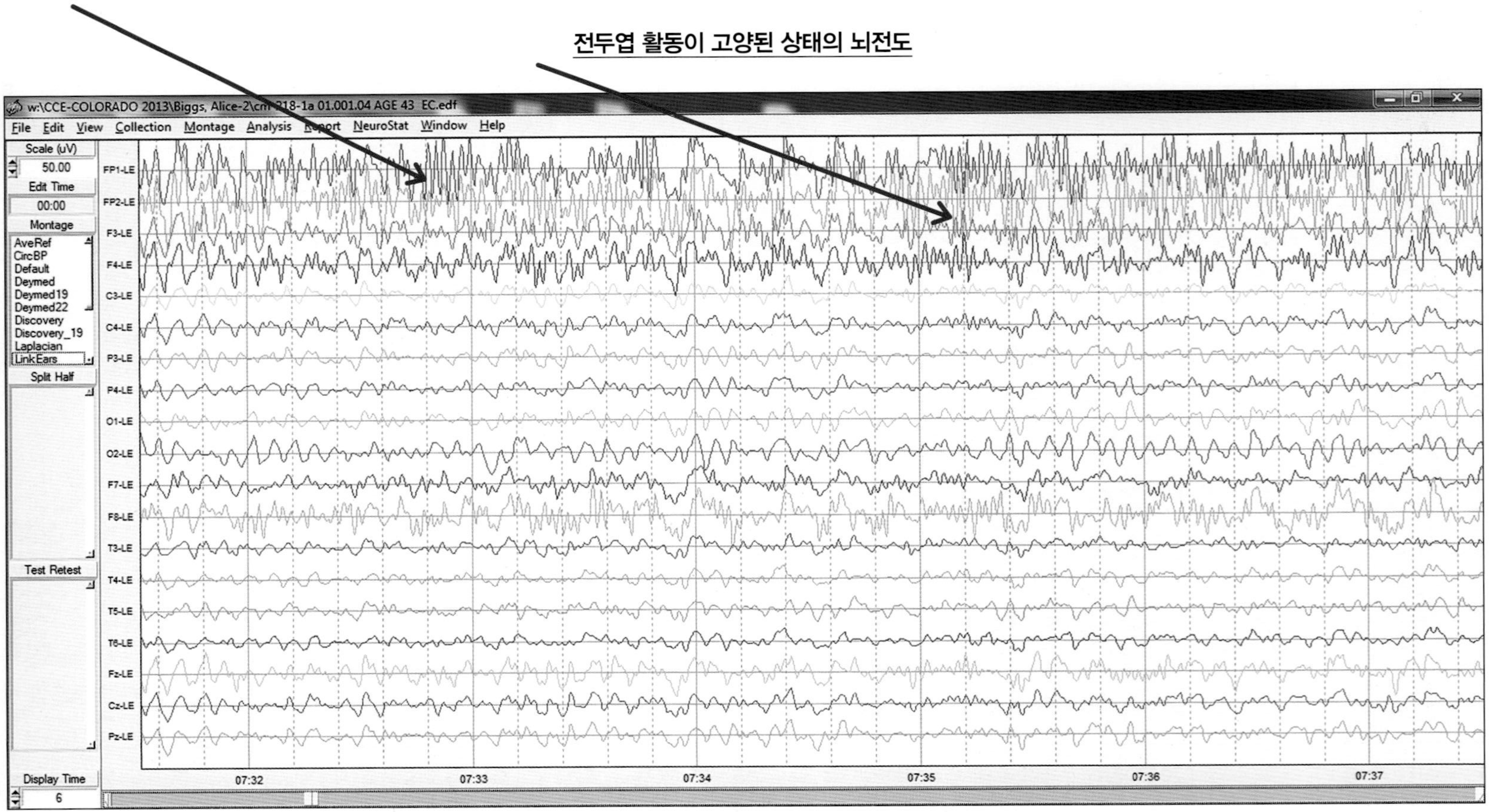

그림 10-15A

전두엽 활동이 고양된 상태의 뇌전도

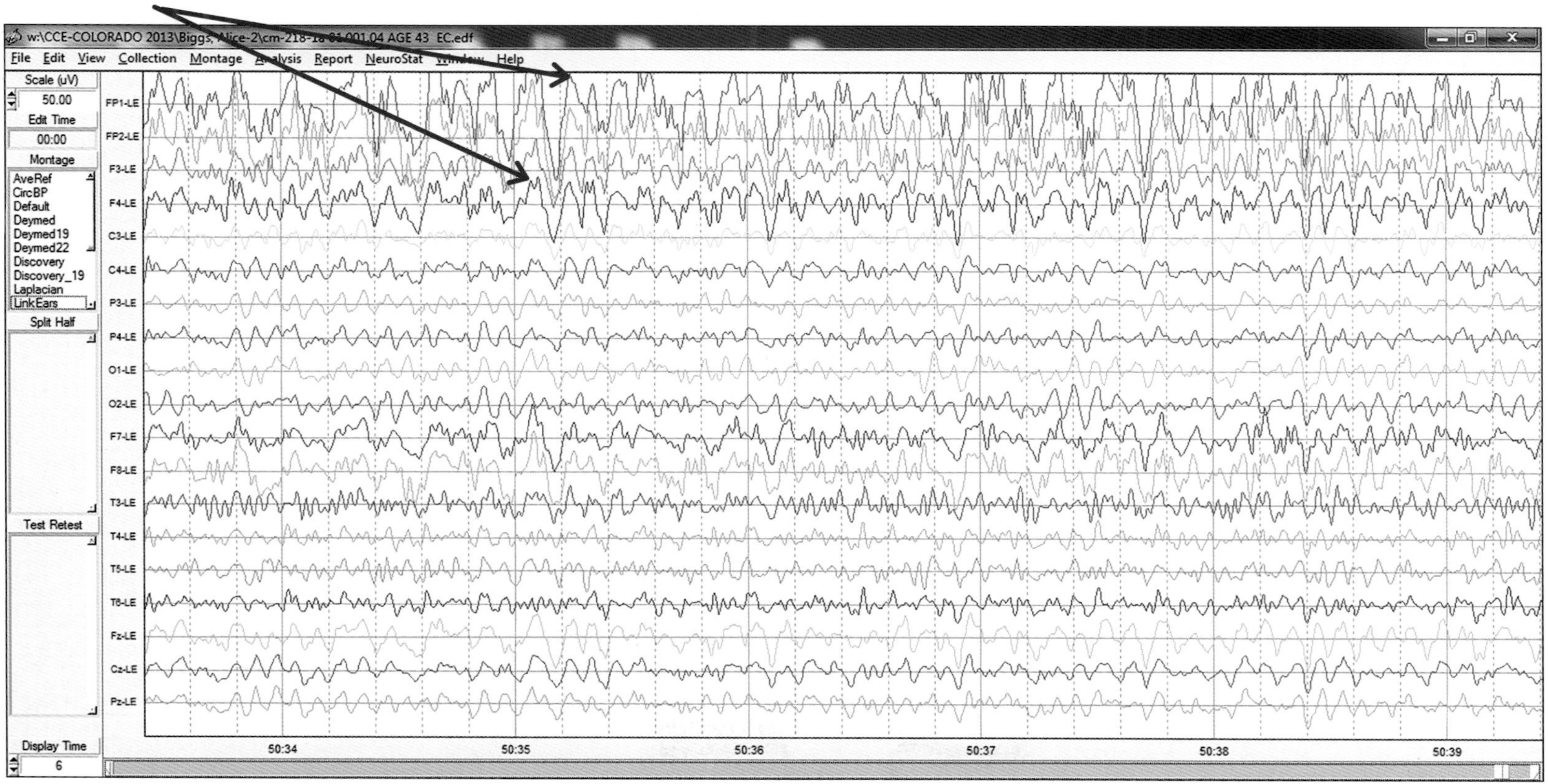

그림 10-15B

전두엽 활동이 고양된 상태의 뇌전도

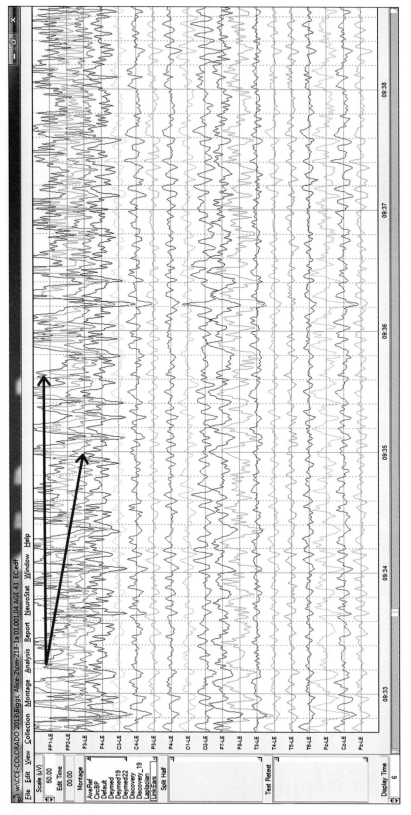

그림 10-15C

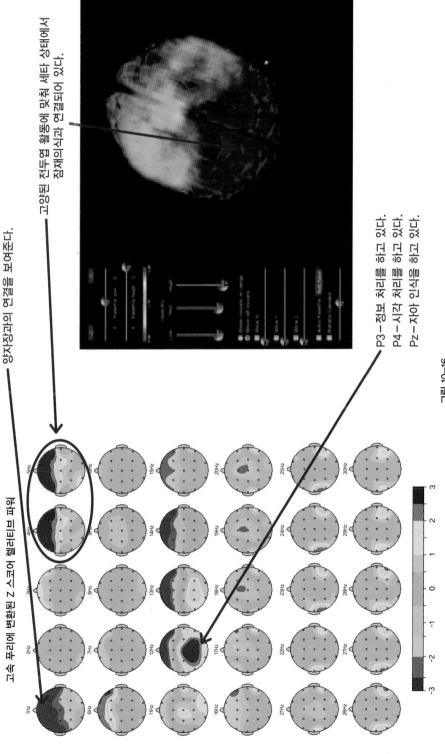

양쪽 장과의 연결을 보여준다.

고양된 전두엽 활동에 맞춰 세타 상태에서 잠재의식과 연결되어 있다.

고속 푸리에 변환된 Z 스코어 렐러티브 파워

P3 – 정보 처리를 하고 있다.
P4 – 시각 처리를 하고 있다.
Pz – 지아 인식을 하고 있다.

그림 10-16

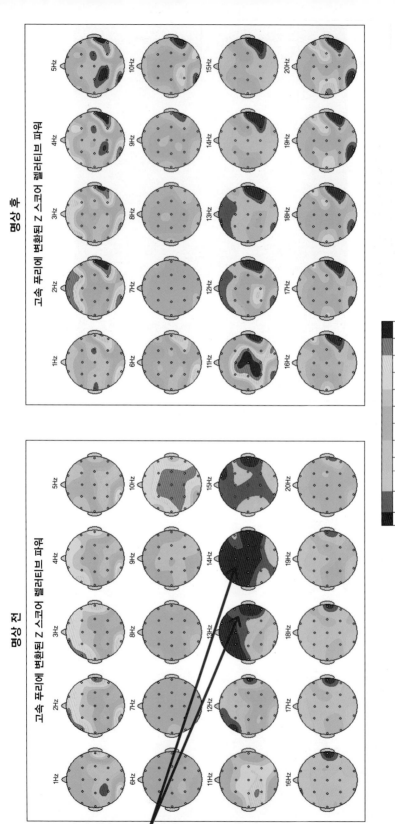

명상중 엑스터시 경험

명상 전

고속 푸리에 변환된 Z 스코어 렐러티브 파워

명상 후

고속 푸리에 변환된 Z 스코어 렐러티브 파워

그림 10-17

명상시 절대적 엑스타시 경험

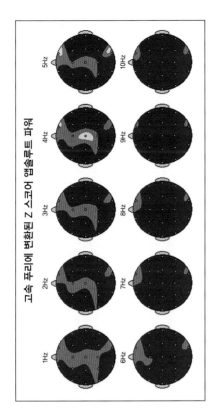

고속 푸리에 변환된 Z 스코어 앰플루트 파워

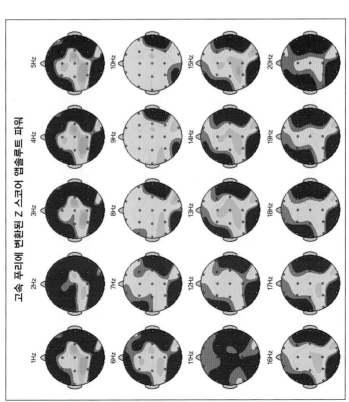

고속 푸리에 변환된 Z 스코어 앰플루트 파워

그림 10–18

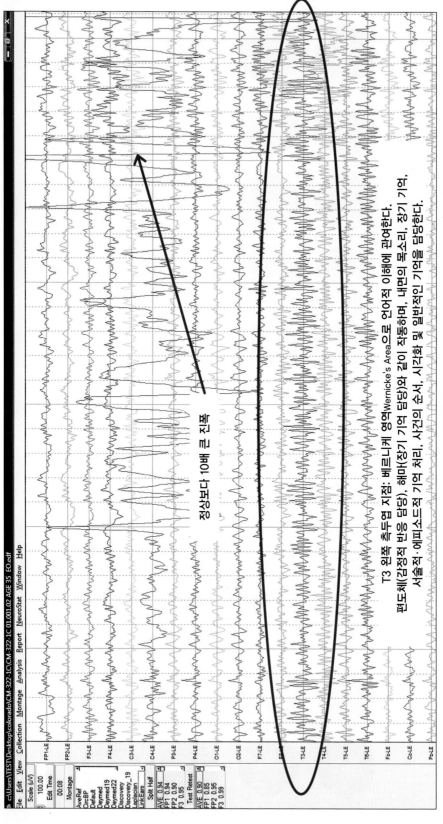

그림 10-19

정상보다 10배 큰 진폭

T3 왼쪽 측두엽 지점: 베르니케 영역(Wernicke's Area)으로 언어적 이해에 관여한다.

편도체(감정적 반응 담당), 해마(장기 기억 담당)와 같이 작동하며, 내면의 목소리, 장기 기억,

서술적·에피소드적 기억 처리, 사건의 순서, 시각화 및 일반적인 기억을 담당한다.

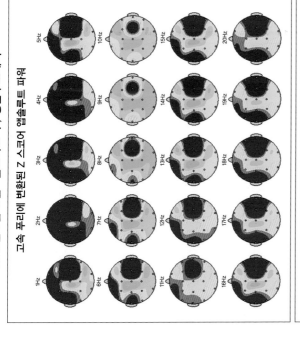

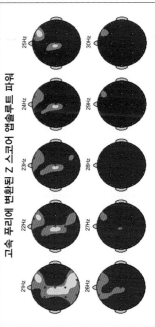

2013년 7월 11일—콜로라도 주, 잉글우드에서

고속 푸리에 변환된 Z 스코어 앰플루트 파워

2013년 2월 20일—애리조나 주, 케어프리에서

고속 푸리에 변환된 Z 스코어 앰플루트 파워

고속 푸리에 변환된 Z 스코어 앰플루트 파워

그림 10-20

# 정상 뇌파 활동

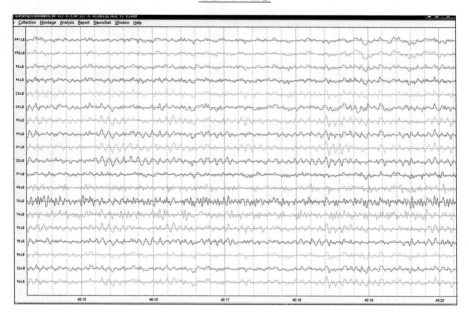

# 쿤달리니 각성-엑스터시 상태 뇌파

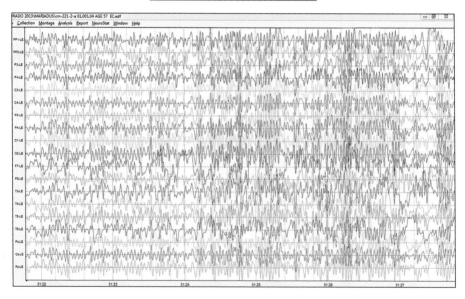

그림 10-21

색은 기준선인 정상을 뜻한다. 밝은 녹색은 정상보다 약 0에서 1 정도 높은 SD를 뜻하고, 노란색과 밝은 주황색은 정상보다 약 1에서 2 정도 높은 SD를 뜻하며, 진한 주황색은 정상보다 2에서 2.5 높은 SD를 뜻한다. 빨간색은 정상에서 3 이상 높은 SD를 뜻한다.(그림 10-3 참조)

우리가 살펴볼 그림 10-3의 고속 푸리에 변환Fast Fourier Transform(FFT, 시간 영역을 빈도 영역으로 변환해 연산 횟수를 줄임으로써 빠르게 계산할 수 있도록 고안된 알고리즘—옮긴이)된 Z 스코어 리포트를 우리는 렐러티브 파워relative power(상대적 힘이라는 뜻이다. 반면 뒤에 나올 엑스터시 상태와 같은 에너지가 고도로 항진된 상태를 보여주는 리포트는 앱솔루트 파워, 즉 절대적 힘이라고 부른다—옮긴이)라고 부르는데, 이는 각각 다른 주파수대의 뇌에서 사용되는 에너지의 양을 보여준다. 앞에서 설명한 대로 녹색은 정상 범위를 가리키기 때문에, 사진 속에 녹색이 많을수록 그 사람은 정상 뇌파 활동을 하고 있다는 뜻이 된다. (위에서 봤을 때 사람의 머리 모양을 한) 색색의 원 하나하나는 한 사람의 뇌가 각각의 뇌파 주파수대에서 하고 있는 일을 보여준다. 모든 사진에서 왼쪽 위쪽의 원은 가장 낮은 주파수(델타파) 대를 보여주고 오른쪽 아래로 갈수록 점점 더 높은 주파수의 뇌파 상태로 나아가며, 맨 아래 오른쪽 원은 고주파의 베타파를 보여준다. 초당 뇌파 사이클 수(주파수)를 우리는 헤르츠Hz라고 부른다. 왼쪽에서 오른쪽으로 갈수록, 또 위에서 아래로 갈수록 초당 뇌파 사이클 수가 1~4Hz(델타)에서 4~8Hz(세타)로, 다시 8~13Hz(알파)로, 다시 13~30Hz 이상(저베타, 중베타에서 고베타)으로 나아간다. 베타 활동 상태는 12~15Hz, 15~18Hz, 18~25Hz, 25~30Hz로 다시 분화될 수 있다.

그러므로 각각의 뇌 사진이 보여주는 색깔로 우리는 각각 다른 뇌파 상태에서 무슨 일이 벌어지고 있는지 비교 평가할 수 있다. 예를 들어 초당 1사이클의 델타파에서 뇌의 대부분이 파란색이면 이것은 뇌가 델타파 상태로는 거의 활동하지 않는다는 것을 시사한다. 그리고 14Hz 알파파에서 전두엽에 붉은색이 지배적이라면 이것은 전두엽에 알파파 활동이 과도함을 뜻한다.

또 한 가지 중요한 것은 뇌 주사 사진이 촬영될 때 피험자가 무엇을 하고 있느냐에 따라 이 수치들이 다르게 해석되어야 한다는 점이다. 예를 들어 1Hz 델타파가 파란색으로 측정되었다면 이는 뇌의 에너지가 그 주파수에서 정상보다 3SD 낮다는 뜻이다.(뇌가 델타파 상태로는 거의 활동하지 않는다는 뜻—옮긴이) 임상적으로 봤을 때 이는 지나치게 낮다고 해석될 수 있다. 하지만 피험자가 명상중이었다면 이 파란색의 1Hz 델타는 피험자가 집단 의식의 에너지장과 강력히 연결되어 있는 문을 열었다는 뜻이기도 하다. 다시 말해 신피질 속 에너지가 약해져서 자율 신경계로의 접근이 쉬워졌다는 뜻이다. 잠시 후에 몇 가지 예를 살펴볼 텐데 그러면 좀 더 분명히 이해가 될 것이다. 일단은 그림 10-3을 다시 한 번 보기 바란다. 이 그림이 지금까지의 설명을 전체적으로 요약해 줄 것이다.

## 일관성 대 비일관성

이제 그림 10-4를 보자. '명상 전'이라고 되어 있는 왼쪽 그림은 수다스러운 뇌를 가리킨다. 뇌가 높은 각성 상태(고베타 상태)로 기능중이고 일관성이 별로 없다. 두꺼운 붉은색 선들은 이 뇌의 활동량이 정상보다 3SD 높음을 보여준다.(붉은색 선이 두꺼울수록 에너지가 빠르게 회전하고 불균형 상태가 더 커짐을 뜻한다.) 붉은색 선들을 보면, 뇌 전체에서 일관성 없는 활동이 과도하게 발생하고 있다는 걸 알 수 있다. 뇌 앞쪽의 파란색 선들은 전두엽이 (정상보다 2~3SD 낮은) 활동 저하 상태에 있음을 나타낸다. 이것으로 우리는 전두엽이 문을 닫거나 불을 껐고, 따라서 뇌의 나머지 부분의 활동 항진 상태를 막지 않고 있다는 것을 알 수 있다.

이 뇌는 집중하지 못하는 뇌이다. 과부하에 걸려 있어 수다를 통제할 리더가 없는 상태이다. 이를테면 50개의 채널을 가진 텔레비전 위성 방송이 매초 채널이 바뀌고 볼륨도 최대한 높여져 있는 상태와 비슷하다. 너무 많은 생각이 짧은 시간에 산발적으로 일어나기 때문에, 뇌가 바짝 긴장해 있고 극도로 흥분해 있으며 과로에 지나친 규제까지 받고 있는 상태이다. 우리는 이것을 일관성 없는 뇌의 패턴이라고 부른다. 뇌의 서로 다른 부분들이 함께 작용하고 있지 않기 때문이다.

이제 '명상 후'라고 이름 붙인 두 번째 이미지를 보자. 신경 과학자가 아니라도 첫 번째 이미지와의 차이점을 금방 알아볼 수 있을 것이다. 이 사진들에는 붉은색 선과 파란색 선이 거의 없다시피 해서 뇌의 활동이 정상(아주 약간의 활동 상승 혹은 저하 상태)임을 알 수 있다. 머릿속의 수다가 멈추고 뇌가 훨씬 전체적으로 작동중이다. 이 사람의 뇌는 지금 균형 상태에 있고, 따라서 우리는 이 뇌가 훨씬 일관성 있는 패턴을 보여준다고 말할 수 있다. 남아 있는 파란색과 붉은색 선들은 감각-근육 활동과 관계있으며, 피험자가 무의식적으로 근육을 움직이거나 눈을 깜빡이거나 얕은 수면, 즉 REM(급속 안구 운동) 상태에 있다는 뜻이다. 이 변화는 참여자 중 한 사람이 단 한 시간의 명상으로 이뤄낸 것이다.

이제 워크숍에서 나온 사례 몇 가지를 좀 더 살펴보자. 각각의 사례에서 나는 먼저 피험자에 대한 약간의 배경 설명을 할 것이다. 워크숍을 시작할 때 그들의 상태가 어땠는지 보여주기 위해서다. 그 다음 그들의 뇌 주사 사진을 설명할 것이고, 마지막으로 그들 각자가 창조해 낸 새로운 존재 상태도 살펴볼 것이다.

## 플라시보나 약물 없이 파킨슨병을 치료하다

### 미셸의 과거 자아

미셸은 60대 여성으로 왼팔, 왼손, 왼발이 자기도 모르게 떨리는 증상이 심해지다가 2011년에 파킨슨병 진단을 받았다. 그해 11월에는 피닉스에 있는 배로우 신경연구소Barrow Neurological Institute의 환자가 되었다. 주치의는 이미 10~15년 동안 진행되어 온 병이고, 앞으로도 계속 이 병을 안고 살아야 할 것이라고 말했다. 나이가 들수록 점점 심해질 증세에 최대한 대처해 가며 사는 수밖에 없었다. 일단 세포 수용체 내에 도파민이 흡수되지 않도록 해 병의 진전을 늦추는, 파킨슨병에 주로 쓰는 아질렉트Azilect를 복용하기 시작했다. 하지만 별다른 효과를 보지는 못했다.

미셸은 2012년 11월 우리 학생이 되었고, 12월에는 벌써 눈에 두드러진 학생이 되어 있었다. 그녀는 매일 명상으로 기쁨과 평화를 느꼈고, 이는 그녀의 증상을 눈에 띄게 호전시켰다. 미셸은 우리와 함께하는 모든 과정이 파킨슨병 극복에 도움이 될 것이라 확신했다.

2013년 2월 초까지 미셸은 더할 수 없이 좋은 명상 세션들을 경험하고 있었다. 그런데 2월 중순, 어머니가 플로리다 새러소타에서 중환자실에 입원하게 되면서 미셸은 어머니를 돌보기 위해 플로리다로 날아가야 했다. 그리고 어머니가 호스피스 병동으로 옮겨가자 그 달에 있는 우리 워크숍에 참석하기 위해 애리조나로 돌아왔다. 피닉스 공항에 도착한 지 한 시간 반도 안 돼 그녀는 첫 번째 뇌 주사 사진을 찍었다. 말할 필요도 없이 그녀는 육체적·감정적으로 지쳐 있었고, 뇌 사진은 그런 그녀의 높은 스트레스 상태를 정확하게 보여주었다.

그러나 워크숍이 끝나갈 즈음이 되자 그녀는 확실히 더 안정되고 더 긍정적인 존재 상태가 되었다. 파킨슨병 증상은 거의 보이지 않았다. 워크숍이 끝나고 미셸은 어머니를 돌보기 위해 다시 플로리다로 돌아갔다. 평소 어머니와의 사이가 좋지 않았지만 워크숍에서 노력한 결과 그녀는 어머니를 보살피고 사랑할 수 있을 만큼 강해져 있었고, 어머니와의 사이를 가로막던 오래된 문제들에서 완전히 벗어나 있었다.

그럼에도 불구하고 어머니의 입원과 뒤이은 죽음, 거기에 텍사스에 사는 언니까지 뇌졸중으로 쓰러져 미셸은 플로리다와 텍사스를 오가며 가족을 돌봐야 했다. 그에 따른 여파로 그해 6월이 되자 미셸은 더 이상 명상을 할 수 없는 상황이 되었다. 삶 자체가 힘들었고 해야 할 일이 너무 많았다. 명상을 그만둔 것은 플라시보 복용을 멈춘 것과 같았다. 그러다 파킨슨병 증상이 재발되는 것을 느낀 미셸은 다시 명상을 시작했고, 그러자 중요한 진전이 찾아왔다.

## 미셸의 뇌 주사 사진

미셸은 패닌 박사의 애리조나 병원에서 가까운 곳에 살았기 때문에, 우리는 여섯 차례에 걸쳐 주기적으로 뇌 주사 사진을 찍으며 5개월 넘게 그녀가 이뤄낸 성과들을 추적할 수 있었다. 여기서 이것을 좀 자세히 설명해 보려 한다.

그림 10-5에서 '명상 전' 부분을 보기 바란다. 이것은 2013년 미셸이 플로리다에서 돌아와 2월의 워크숍에 참여했을 때 찍은 것으로, 어머니의 병 때문에 지치고 힘들어하던 때의 사진이다. 두꺼운 붉은색 선들은 뇌의 모든 부분이 정상보다 3SD 높은 상태임을 보여준다. 미셸의 뇌는 아주 심한 활동 항진 상태, 과잉 조절 상태로 일관성이 극도로 무너져 있었다. 전형적인 파킨슨병 환자의 모습이다. 신경 전달 물질(특히 도파민)이 부족하기 때문에 신경 세포들이 뇌의 각 영역 사이를 소통하는 데 불규칙한 모습을 보여준다. 신경 네트워크들도 제멋대로 불을 켜고 있다. 그 결과 신경 세포들이 마치 경련이라도 일으키듯 활동 과잉 상태로 발화하고 있고, 그 영향이 뇌와 몸에서 고스란히 드러난다. 따라서 불수의근들의 정상적인 움직임도 방해를 받게 된다.

이제 '명상 후' 쪽을 보자. 이것은 명상으로 존재 상태를 바꿔나간 지 4일째 되는 날 미셸의 뇌 주사 사진이다. 활동 항진, 일관성 결여, 과잉 조절 상태라고는 거의 찾아볼 수 없는 정상 뇌에 매우 가깝다. 워크숍이 끝날 즈음 경련이나 떨림 같은 운동 신경의 문제는 모두 사라졌다. 그녀의 뇌 주사 사진이 그런 변화를 확인시켜 주었다.

이제 그림 10-6A의 정량적 뇌전도 해석의 '명상 전' 부분을 살펴보자. 두 번째 줄 중간부터 마지막 줄(파란색 이미지들) 사진까지 보면 미셸의 뇌에서 알파파 혹은 베타파가 전혀 보이지 않는다. 파란색은 뇌의 활동이 둔화된 상태임을 기억하기 바란다. 파킨슨병 환자의 경우 이것은 전형적으로 인지 능력 저하, 학습 활동 저하, 집중력 저하를 뜻한다. 이때 미셸은 새로운 정보를 받아들여 통합시키는 일을 할 수 없었다. 알파파를 만들어내지 않고 있기 때문에 내면의 그림을 유지할 힘이 없는 것이다. 매우 낮은 에너지의 베타파 패턴들도 미셸이 자각의 수준을 유지하는 데 매우 힘들어하고 있음을 보여준다. 뇌 속의 모든 에너지가 고도의 비일관성 상태를 해결하는 데 소비되고 있었다. 이것은 50와트 전구가 10와트 전구가 되는 것과 같다. 뇌 속 에너지의 용량이 약해진 것이다.

이 그림의 '명상 후' 부분을 보면 뇌의 상태가 훨씬 좋아지고 균형 잡힌 것을 볼 수 있다. 이미지들 대부분을 차지하는 녹색 부분은 뇌의 활동이 정상적이고 안정되었음을 보여준다. 미셸의 뇌는 이제 알파파로 기능할 수 있다. 따라서 그녀는 내면 상태로 훨씬 쉽게 들어갈 수 있고, 스트레스에 더 잘 대처할 수 있으며, 잠재의식적 운영 체계 속으로 들어가 자율 신경 기능들에 영향을 줄 수도 있다. 베타파 활동까지 정상(녹색)으로 돌아왔는데, 이는 미셸이 더 의식적이 되고 깨어 있으며 집중하고 있다는 뜻이다. 뇌 활동이 안정되면서 운동 신경의 문제가 거의 다 사라진 것이다.

맨 아랫줄에서 타원으로 표시한 고베타파 상태의 붉은색 부분들은 불안감을 나타낸다. 불안감은 미셸이 내면으로부터 바꾸고 싶어 고군분투하던 태도였다. 우연하게도 과거에 미셸의 파킨슨병 증상을 증폭시켰던 것이 바로 그 불안감이었다. 불안감이 줄면 증상도 줄어들었다. 미셸에게 몸의 떨림은 곧 삶이 균형 감각을 잃었다는 뜻이었다. 그녀가 내면 상태를 조정하자 외부의 현실에서도 곧 변화가 찾아왔다.

3개월 후 미셸은 다시 패닌 박사 연구실에서 뇌 주사 사진을 찍었다. 2013년 5월 9일에 찍은 이 사진(그림 10-6B)도 미셸의 뇌가 좋아지고 있음을 보여주는데, 미셸도 정확히 그렇게 느끼고 있었다. 미셸은 여기저기서 받아오던 온갖 스트레스에도 불구하고 여전히 좋아지고 있었다. 날마다 명상을 하면서(매일 플라시보를 복용한 셈이다) 미셸은 뇌와 몸을 계속 변화시켜 외부 환경 조건들에 흔들리지 않을 정도가 된 것이다. 이 뇌 사진의 맨 아랫줄은 이전 뇌 사진의 맨 아랫줄과 비교했을 때 표준 편차를 한 단계 더 줄였음을 보여준다. 불안증도 더 나아졌고, 결과적으로 그녀의 상태도 더 좋아졌다. 불안증이 줄어든다는 것은 떨림이 줄어든다는 것을 의미했다. 미셸은 이 존재 상태를 오랫동안 유지하고 기억했으며, 그녀의 뇌가 바로 그 변화를 보여주고 있었다.

2013년 6월 3일 찍은 미셸의 뇌 주사 사진인 그림 10-6C를 보면, 처음 시작했을 때보다는 훨씬 좋아졌지만 10-6B보다는 약간 퇴보했음을 알 수 있다. 명상을 중단했기 때문에(즉 플라시보 복용을 중단했기 때문에) 이때 미셸의 뇌는 이전의 상태로 조금 되돌아간 것이다. 화살표가 가리키는 13Hz의 파란색 부분은 감각-운동 영역의 활동이 둔화되었으며, 따라서 부지불식간의 떨림을 통제하는 능력이 약화되었음을 보여준다. 맨 아랫줄에 타원으로 묶여진 붉은색 부분들도 베타 상태가 항진 상태로 돌아갔음을 보여주는데, 이것은 그녀의 불안증과 연관이 있었다.

2013년 6월 27일 촬영한 미셸의 뇌 주사 사진인 그림 10-6D를 보면 미셸이 명상을 다시 시작했음을 알 수 있다. 사진은 뇌 상태가 상당히 나아진 모습을 보여준다. 맨 아랫줄 17~20Hz 사진들의 줄어든 붉은색이 증명하는 대로 불안증도 줄어들었다. 이제 이 사진을 2013년 7월 13일 워크숍 후에 촬영한 다음 사진, 그림 10-6E와 비교해 보자. 붉은색이 훨씬 더 많이 줄어들었고, 2월에 찍은 첫 번째 사진에서 활동이 둔화된 상태를 나타내던 알파파의 파란색이 모두 사라졌다. 미셸은 계속 좋아지고 있었고, 꾸준히 변화가 진행되고 있었다.

### 미셸의 새 자아

요즘 미셸은 파킨슨병에 의한 떨림 증상을 거의 겪지 않는다. 스트레스를 많이 받거나 피곤할 때 근육을 약간 실룩거리는 정도이다. 대부분의 시간은 별 문제 없이 정상적으로 활동한다. 명상을 하면서 안정과 기쁨을 느낄 때 그녀의 뇌가 제대로 기능했고, 그럴 때 그녀 또한 정상적으로 활동했다. 그동안 계속해서 찍어온 뇌 주사 사진과 그녀의 보고 내용을 종합할 때, 우리는 그녀가 단지 상태를 유지하기만 해온 것이 아니란 걸 알 수 있었다. 미셸은 계속 더 나아지고 있었다. 매일 자신을 위한 플라시보가 되어야 한다는 점을 이해하고 계속 명상을 해나갔기 때문이다.

## 생각만으로 뇌 척수 손상 고치기

### 존의 과거 자아

2006년 11월, 존은 타고 가던 차가 넘어져 고속으로 구르는 바람에 제7경추와 제1흉추가 부러지는 사고를 당했다. 뇌 손상도 심각했다. 의사들은 곧바로 그가 사지마비 상태로 여생을 보내야 할 거라고 확진했다. 다시는 걸을 수 없고, 손과 팔도 거의 움직일 수 없을 거라고 했다. 척추가 100퍼센트 탈구되어 척수脊髓의 손상을 불러왔지만, 수술을 하기 전까지 의사들은 손상이 어느 정도인지 정확히 알지 못했다. 수술 이틀 후 신경과 전문의가 존의 아내에게 그의 척수가 어느 정도 '온전한' 모습을 하고는 있지만 이런 형태의 사고라면 척수가 완전히 손상된 경우나 결과는 똑같을 거라고 말했다. 척수가 완전히 망가지는 것은 시간 문제라는 뜻이었다.

당신이 만약 허구한 날 중환자실과 재활 센터에서 시간을 보내고 있는 사람이라면 늘 해오던 관습적인 생각을 깨기란 지극히 어려울 것이다. 존과 가족들이 조금이라도 회복이 가능한지 물었을 때, 의사들은 손상의 정도와 함께 그때까지 정상 기능이 돌아오지 않은 점들을 감안할 때 최악의 상황이 닥칠 수도 있다고 말했다. 남은 평생 장애인으로 살아야 한다는 뜻이었다. 사실을 받아들이라는 차원에서 의사들은 계속 그 메시지를 주입시켰다. 하지만 존과 아내는 어쩐지 그 사실을 받아들일 수 없었다.

2009년, 나는 휠체어에 앉아 있는 존을 그의 아내 및 다른 가족들과 함께 만났다. 신경 가소성 개념을 잘 이해하고 있는 뛰어난 물리치료사 한 사람도 동석했다. 내가 만나본 사람들 가운데서도 가장 에너지 넘치고 긍정적인 사람들이었다. 우리는 함께 간절한 마음으로 우리의 여정을 시작했다.

### 존의 뇌 주사 사진

그림 10-7의 '명상 전' 뇌 주사 사진을 보자. 첫 번째 사진은 뇌가 상당한 활동 저하 상태에 있음을 보여준다. 정상에서 3SD 이상 낮은 수치이다. 이렇게 꽤 두꺼운 파란색 선들로 나타난 존의 일관성 수치는 두꺼운 붉은색 선들로 나타난 미셸의 파킨슨병 상태와 상반된다. 이 사진은 뇌의 다른 부분들이 함께 작업할 수 있는 능력이 줄어들었음을 보여준다. 이 사진 속 존의 뇌는 늘어져 있고 에너지가 없으며, 존 자신도 시간이 좀 지나면 무엇에도 더 이상 반응을 보이지 않았다. 계속해서 주의를 집중할 수 없었고 인식 능력도 제한되었다. 큰 손상을 입은 까닭에 그의 뇌는 좀처럼 각성되지 못하고 고도의 비일관성을 보여주었다.

이제 나흘 간의 명상 후에 촬영한 사진을 보자. 1Hz 델타 상태인 맨 윗줄 맨 왼쪽의 첫 번째 이미지에 붉은색이 많아졌는데, 이는 존의 뇌가 약간 활발해졌음을 말해준다. 델타 상태에서 양쪽 반구 모두에서 일관성이 커졌으므로 이것은 좋은 표시였다. 좀 더 안정적인 듀얼 브레인dual-brain(뇌의 두 반구가 환경에 서로 독립적으로 반응하여, 한쪽에 외상이 있을 경우 다른 쪽이 외상을 입은 쪽을 지배하며 손상을 최소화한다는 이론—옮긴이) 활동을 보여주기 시작한 것이다. 존의 경우 뇌 손상이 델타와 세타 상태의 뇌 기능에서 두드러졌기 때문에, 델타 상태에서 활동이 항진된 것은 그의 뇌가 깨어나고 있음을 시사한다. 나머지 알파와 베타 상태의 뇌 활동도 어느 정도 안정되고 인지 기능도 좋아진 것으로 나타났다. 존이 마음과 몸을 조금 더 통제하게 되었다는 뜻이다.

이제 그림 10-8을 보자. 두 번째 줄 중간부터 맨 아랫줄 끝까지 이어지는 파란색은 존이 알파파 혹은 베타파를 전혀 갖고 있지 못함을 다시 한 번 보여준다. 양쪽 반구의 알파와 베타 영역에 전체적으로 퍼져 있는 파란색은 존이 식물이나 다름없는 상태로 매우 한정된 정보만 받아들이고 있음을 나타낸다. 파란색은 인지 능력 저하, 육체적 통제 능력 저하를 뜻한다. 존의 마음이 아무런 기능도 하고 있지 못한 것이다.

나흘 동안의 명상 후 존의 뇌는, 90퍼센트의 녹색이 보여주듯이, 정상으로 돌아왔다. 정말이지 훌륭했다! 화살표가 가리키는 대로 왼쪽 반구가 여전히 약간의 활동 저하 상태로 언어 능력과 의사 표현에 약간의 문제가 있음을 보여주지만, 첫 번째 사진에 비하면 아주 많이 나아진 것이다. 존은 명상을 계속했고, 그의 뇌는 갈수록 더 많은 에너지와 안정성, 일관성을 보여주었다. 존은 과거에는 활발했지만 당시에는 잠들어 있던 신경 경로들에 접근했다. 그렇게 뇌가 깨어났고, 작동법을 기억해 냈으며, 이제는 더 잘 작동하기 위한 에너지도 갖게 되었다.

### 존의 새 자아

2013년 2월의 워크숍 이벤트가 끝날 무렵 존은 혼자 일어섰다. 대소변도 스스로 해낼 수 있게 되었다. 이제 존은 거의 정상인에 가깝게 설 수 있다. 몸놀림도 한결 가벼워졌다. 간헐적인 떨림 증세가 있긴 했지만 그 빈도나 강도, 지속 시간은 크게 줄었다. 뛰어난 물리치료사 B. 질 러니언B. Jill Runnion(아이다호 주 드릭스 시에 있는 신경재활 시냅스센터의 책임자) 덕분에 존은 심지어 헬스 클럽에 가서 정기적으로 운동도 하고 있다. 우리가 하고 있는 일에 대해 잘 알고 있고 실력도 있는 질은 존이 포기하지 않고 끝까지 도전할 수 있도록 좋은 환경을 만들어주고 있다. 존은 버티컬 스쿼트(기본적으로 두 팔을 바닥과 수평하게 뻗은 다음 무릎을 굽혀 허벅지와 몸통이 45도 각도가 되도록 앉는 자세—옮긴이) 운동도 이전에는 10도 정도밖에 못 구부리던 것을 이제는 남의 도움 없이 45도 각도로 구부리고 할 정도가 되었다. 존은 이제 몸통을 낮춰 앉는 자세도 완벽히 할 수 있다. 또 다리와 몸통의 근육을 강화하기 위해 고무 밴드 같은 것을 허리에 차고 그 탄력을 이용해 슬레드(헬스 클럽에서 쓰는 썰매처럼 생긴 도구—옮긴이)를 밀어내는 특별 물리 치료도 받고 있다. 바닥에 엎드렸다가 팔다리 힘만으로 몸통을 올리고 지탱하는 것도 할 수 있고, 지금은 기는 연습을 하고 있다.

워크숍 참가 후 몇 달 되지도 않아 존은 인지 기능이 아주 좋아져 병원 관계자들을 놀라게 했다. 그동안 전문가들이 척수 손상 환자들한테서 본 어떤 경우보다 뛰어난 회복력이었다. 그는 마침내 깨어난 것 같았다. 그리고 그의 뇌 주사 사진은 그가 이제 뇌와 몸을 통제하기 시작했음을 보여주었다. 자기 몸을 조정하는 힘이 더 커진 만큼 존은 계속해서 뇌와 몸의 잠자고 있는 영역들을 깨워나가고 있다.

전반적으로 건강해지고 움직임도 아주 자연스러워지면서 존은 아무 도움도 받지 않고 발을 바닥에 딛고서 혼자 식탁에 앉을 수도 있다. 펜을 쥐고 서명을 하고, 스마트폰으로 문자를 보내고, 자동차 핸들을 잡고, 일반 칫솔로 이를 닦을 수 있을 정도로 운동 기능이 향상되었다. 인지 능력이 좋아지면서 자신감도 붙고 내면의 기쁨도 넘쳐났다. 존은 예전보다 훨씬 밝아지고 주의력도 어느 때보다 좋아졌다.

2013년 여름, 존은 급류 래프팅 여행을 가서 아무런 도움도 없이 하루에 여섯 시간을 보트 위에서 보내고 텐트에서 잠을 잤다. 6박7일 동안 아이다호 자연 속에서 외부 세계와 단절된 채 지내기도 했다. 1년 전만 해도 불가능한 일이었다. 나를 만날 때마다 존은 늘 같은 소리를 한다. "박사님, 도대체 무슨 일이 일어나고 있는 건지 모르겠어요."

나도 늘 같은 말을 한다. "존, 그건 죽는 순간에나 알게 될 겁니다. 미지의 것은 당연히 우리가 이해할 수 없어요. 미지의 세상에 온 것을 환영합니다."

존의 경우에 대해 마지막으로 하고 싶은 말이 있다. 척수 손상이 현대의 관행적인 접근법들로는 치유될 수 없다는 건 모두가 아는 사실이다. 존의 '물질matter'(즉 몸—옮긴이)을 바꾼 것은 '물질matter'이 아니었다고 나는 확신한다. 그의 손상된 척수를 고친 것은 화학 물질도 분자도 아니다. 양자적 관점에서 보면 그는 고양된 에너지의 일관된 주파수 안에 머물러 있었음에 틀림없다. 그런 상태가 끊임없이 물질을 새로운 마음으로 끌어올린 것, 다시 말해 동조시킨entrain 것이다. 존은 물질보다 빠른 주파수로 진동하는 고양된 에너지 혹은 파동을 보여주어야 했다. 그리고 물질의 입자를 파동으로 바꾸기 위해 그 고양된 에너지를 분명한 의도와 결합시켜야 했다. 그러므로 유전적 프로그램을 다시 써 그의 척수를 치유한 것은 물질 현상 너머의 에너지였다.

## 분석적 마음을 극복하고 기쁨 찾기

### 케시의 과거 자아

케시는 큰 회사의 CEO이자 변호사이며 헌신적인 아내요 어머니였다. 케시는 고도로 분석적이고 이성적이도록 훈련받은 사람이었다. 매일 케시는 과거의 경험을 바탕으로 결과를 예측하고 가능한 모든 시나리오에 대비하는 데 자신의 뇌를 사용했다. 나를 만나기 전 케시는 명상을 한 번도 해본 적이 없었다. 명상을 하자마자 케시는 자신이 삶의 모든 것을 분석하며 살아왔다는 사실을 분명히 보게 되었다. 매일 해야 할 일들이 쌓여 있었으니 자신의 뇌가 한 순간도 제대로 쉬지 못했을 거라는 생각도 들었다. 이제야 안 거지만, 현재 순간에 살았던 적이 한 번도 없었다.

### 케시의 뇌 주사 사진

그림 10-9의 '명상 전' 사진을 보자. 이 사진은 델타파/세타파 비율 수치를 나타낸 것으로, 불쑥불쑥 떠오르는 중요하지 않은 생각들을 다루고 해결하는 케시의 주의 집중 능력의 정도를 보여준다. 케시의 뇌 오른쪽 뒤에서 화살표가 가리키는 크고 붉은 지점은 케시가 마음속으로 그림들을 보고 있음을 말해준다. 왼쪽 화살표가 가리키는 작고 붉은 지점은 케시가 마음속으로 그 그림들에 대해 자신과 대화하고 있음을 시사한다. 그 그림 이미지와 마음속의 계속되는 대화 때문에 케시의 뇌는 같은 자리를 계속 맴돌고 있었다.

워크숍 막바지에 촬영한 '명상 후' 사진에서 케시의 뇌는 훨씬 더 안정되고 온전해졌으며 정상적인 상태가 되었다. 뇌의 각 부분들이 서로 통합되고 정보가 더 효율적으로 처리된 덕분에 머릿속 잡생각도 사라지고 없었다. 케시는 일관성 상태에 있었다. 이런 뇌 상태의 변화로 케시는 훨씬 더 기뻐하고 사랑하게 되었으며 이해력도 좋아졌다.

이제 그림 10-10의 일관성 측정 결과를 살펴보자. 워크숍이 시작될 때 케시의 뇌는 지나치게 각성되고 분석적이며 심각한 비상 상태인 고베타 상태였다. 알파와 베타 상태의 두꺼운 붉은색 선들이 정상보다 3SD 높은 상태임을 보여준다. 그녀의 뇌는 활동 항진 상태로서 불안정하고 일관성이 거의 없었다. 케시는 불안감을 통제하기가 어려운 상태였다.

이제 2월 이벤트의 마지막 날 촬영한 '명상 후' 사진을 보자. 당신도 이제는 정상적이고 안정된 뇌를 알아볼 것이다. 이 사진 속의 뇌는 고베타 영역의 뇌파는 훨씬 준 반면 일관성은 훨씬 커져 있다.

케시는 여전히 해결하고 싶은 문제가 있었고, 집도 패닝 박사의 병원에서 가까운 피닉스에 있었기 때문에, 우리는 워크숍이 끝난 뒤 또 다른 실험을 해보기로 했다. 패닝 박사는 정량적 뇌전도QEEG로 측정해 낸 건강하고 안정된 정상적인 뇌 사진(녹색)을 한 장 보여주며 케시에게 이렇게 되도록 집중적으로 노력해 보자고 말했다. 그리고 케시에게 앞으로 29일 동안 명상으로 새로운 존재 상태로 들어갈 때마다 그 같은 결과가 이루어지는 모습을 선택해 보라고 제안했다. 덕분에 케시는 명상(플라시보)에 더 큰 의미를 부여할 수 있었고, 명상시 의도도 더 강하게 표시할 수 있었다.

효과가 있었다. 약 6주 후인 2013년 4월 8일 촬영한 사진인 그림 10-11을 보면, 불안증의 흔적(앞에서 붉은색으로 나타났던)이 말끔히 사라진 훨씬 더 정상적인 뇌를 볼 수 있다. 덧붙여 그림 10-12도 참고하기 바란다. 2013년 2월 20일의 높은 주파수대(21~30Hz)에서 붉은색으로 보이던 케시의 뇌가 며칠 후 이벤트가 끝날 때에는 녹색의 훨씬 더 정상적인 상태로 변해 있다. 이 사진들 속의 붉은색 부분은 매우 높은 불안증(고베타 항진 상태)과 지나치게 분석적인 뇌 상태를 보여준다. 높은 주파수대(21~30Hz)의 뇌파가 활동 항진 상태였기 때문이다. 다시 말해 그녀의 뇌가 너무 많은 일을 하고 있었던 것이다. 4월 초(그림 10-13)가 되자 케시의 뇌는 안정적·일관적·동조적인 상태가 되었다. 케시는 지금 매우 다른 뇌를 갖고 있으며, 스스로도 마치 새로 태어난 것 같다고 말한다.

### 케시의 새 자아

케시는 직장에서나 일상에서, 또 인간 관계에서 긍정적인 변화들이 많이 생겼다고 말한다. 매일 명상을 하고 있으며, 명상할 시간이 없다는 생각이 들 때는 바로 그때가 명상해야 할 때라고 생각한다. 그녀는 마음과 뇌가 균형을 잃게 만드는 자신의 태도가 곧 외부 조건들이나 시간과 관련 있다는 점을 이해하고 있다. 케시는 스스로 던지는 질문에 더 쉽게, 훨씬 더 편하게 답할 수 있게 되었다고도 한다. 가슴이 하는 말을 더 자주 듣고, 불안과 경계警戒의 함정에 빠지기 전에 알아챈다고 한다. 이제는 그런 함정에 거의 빠지지 않는다. 더 친절해지고 인내심도 더 커졌다. 케시는 내면에서부터 더 행복해졌다.

## 에너지의 변화로 자궁 근종을 치유하다

### 보니의 과거 자아

2010년 보니는 생리중에 엄청난 통증과 과다한 출혈을 경험했다.

병원에 가자 에스트로겐 과다 분비라는 진단과 함께 바이오아이덴티컬 호르몬bioidentical hormone(인체가 생산하는 것과 똑같은 합성 호르몬으로 유해 문제 논란이 있다—옮긴이)을 복용하라는 권고를 받았다. 당시 40세였던 보니는 에스트로겐 과다 분비에 그런 처방은 극단적이라고 생각했다.

보니는 어머니가 자기 나이였을 때 똑같은 증상을 겪었다는 걸 기억해 냈다. 어머니는 호르몬 약을 복용했고, 결국 방광암으로 돌아가셨다. 호르몬 치료와 방광암 사이에 직접적인 연관 관계가 없을지도 모르지만, 보니는 자신이 어머니와 같은 육체적 증상을 겪고 있다는 점에 주목했고, 어머니와 똑같은 결과를 부르고 싶지는 않았다.

질 출혈이 점점 더 오래가기 시작했고(때로는 2주 동안이나), 빈혈과 무기력증에 시달렸으며, 체중도 9킬로그램이나 더 늘었다. 보니는 생리가 시작되면 한 번에 평균 2리터의 피를 쏟아냈다. 골반 초음파 사진으로 자궁 근종 확진도 받았다. 혈액 검사도 수도 없이 했는데, 그 결과 조기 폐경 상태로 난소 낭종이 거의 확실하다는 말을 들었다. 호르몬 치료를 권했던 주치의는 자궁 근종은 저절로 없어지지 않으며 그냥 두면 일생 동안 심각한 출혈을 달고 살아야 한다고 말했다.

2013년 7월, 콜로라도 주 잉글우드에서 가진 워크숍에서 뇌 지도를 추가하기 위해 무작위로 고른 사람 중 한 명이 보니였다. 내가 그녀를 가리키며 뇌 사진을 찍겠다고 했을 때 보니는 당황했다. 보니는 워크숍 전날 밤 생리가 시작되었고, 보통 생리중에는 대형 기저귀를 차야 했다. 몇 차례 명상 후 내가 학생들에게 누우라고 하자 보니는 피가 새서 바닥에 흐를까봐 걱정했다.

생리 때 동반되는 극심한 통증 때문에 보니는 앉아 있기도 불편해했다. 그럼에도 보니는 마음의 평화를 얻고자 매일 명상 실습을 계속했다. 뇌 사진을 찍은 첫 번째 명상에서 보니는 신비롭다고밖에 할 수 없는 체험을 했다. 그녀는 가슴이 열리고 확장되는 기분을 느꼈다. 머리가 뒤로 젖혀지고 호흡이 달라졌다. 이내 빛의 홍수가 몸 속으로 들어오는 것이 보였다. 그러곤 엄청난 평화의 기분이 느껴졌다. 그녀는 "너는 사랑받고 있고 축복받고 있으며 잊혀진 적이 없다"는 소리를 들었다. 보니는 명상중에 눈물을 쏟았고, 그녀의 뇌 사진은 그녀가 축복의 상태에 있음을 보여주었다.

### 보니의 뇌 주사 사진

그림 10-14, 보니의 뇌전도 그래프를 보자. 보니가 경험한 전 과정을 실시간으로 볼 수 있어서 참으로 행운이었다. 첫 번째 그래프는 보니의 정상적인 뇌파 활동을 보여준다. 모든 것이 안정되고 고요하다. 다음, 보니가 명상하는 동안 일어난 것을 포착한 그림 10-15의 세 그래프를 보면, 그녀의 전두엽에서 진폭이 커지고 에너지가 고양되었음을 볼 수 있다. 이것은 보니가 상당한 양의 정보와 감정을 처리하고 있다는 뜻이다. 보니는 확장된 의식 상태에 있었고, 간격을 두고 절정의 순간들을 경험하고 있었다. 그런 활동은 대부분 세타파 속에서 일어났는데, 이는 그녀가 잠재의식 속에 있음을 의미했다. 그때 내면의 경험은 거의 실제 경험처럼 느껴졌다. 그 생각에 온전히 집중했기 때문에 그 생각이 곧 경험이 되었다. 감정적인 몫은 그녀의 뇌가 처리하는 에너지의 양(진폭)으로 나타난다. 화살표가 가리키는 선들의 수직 길이를 보기 바란다. 이것들은 매우 일관된 에너지를 보여준다. 보니는 높

은 자각 상태에 있었다.

이제 그림 10-16을 잠시 살펴보자. 명상중 실시간으로 촬영한 보니의 정량적 뇌전도 사진이다. 화살표가 가리키는 1Hz 델타파는 보니가 양자장과 연결되어 있음을 보여준다.(파란색 부분) 세타파 상태에서 전두엽의 에너지가 고양되어 있는 것(붉은색 부분)을 볼 수 있는데, 이는 뇌전도 그래프가 말하는 것과 정확하게 일치한다. 보니의 전두엽을 강조해 놓은 붉은색 원 부분과 그 오른쪽에 있는 위에서 찍은 전두엽 사진의 화살표 부분을 보기 바란다. 위에서 찍은 이 이미지는 보니가 명상하는 내내 영화처럼 움직이던 그녀 뇌의 한 장면을 캡처한 것이다. 전두엽은 생각을 실재로 만드는 기능을 갖고 있기 때문에, 보니는 세타파 상태에서 눈을 감은 채로 매우 현실적인 경험을 한 것이다. 내면의 경험이 마치 아주 생생한 자각몽 같았을 것이다. 다른 화살표 하나가 12Hz 알파파 상태에 있는 뇌의 한가운데 붉은 부분을 가리키는데, 이 부분은 보니가 내면에서 일어나는 일을 이해하고 마음의 눈에 비치는 정보를 처리하려 애쓰고 있음을 보여준다. 뇌의 나머지 부분은 녹색으로 증명되듯이 건강하고 안정되어 있다.

### 보니의 새 자아

그날의 경험으로 보니는 영원히 바뀌었다. 그 내면의 경험과 관련된 에너지의 진폭이 과거 외부 환경에서 겪은 어떤 경험보다 컸고, 따라서 그녀의 과거는 생물학적으로 사라져버렸다. 명상이 최고조에 이른 순간의 에너지가 그녀 뇌 속의 프로그램들과 몸 속의 감정적 조건화를 바꿔버린 것이다. 그리고 그 즉시 몸은 새로운 마음, 새로운 의식에 반응했다. 보니는 그렇게 자신의 존재 상태를 바꾸었다. 그 후 만 하루가 지나지 않아 출혈은 완전히 멈추었다. 통증 징후도 없었다. 보니는 자신이 치유되었음을 본능적으로 알았다. 그때 이후 지금까지 보니의 생리 주기와 출혈양은 정상이다. 그때부터 과다 출혈과 통증이 모두 사라진 것이다.

## 엑스터시 경험

### 제네비브의 과거 자아

네덜란드에 살고 있는 45세의 뮤지션인 제네비브는 직업상 여행을 자주 했다. 2월 워크숍에서 나는 명상중인 그녀를 패닌 박사와 함께 영상으로 관찰했다. 내면으로의 여정 중간에 그녀의 에너지가 뭔가 의미심장한 변화를 보이고 있는 것이 보였다. 우리는 영상을 보다가 한 곳에서 동시에 서로를 쳐다보았다. 곧 무슨 일이 일어날 것 같았다. 몇 분도 안 돼 그녀가 얼굴 가득 기쁨의 눈물을 흘리고 있는 것이 보였다. 제네비브는 황홀경을 맛보고 있었다. 그녀는 완전한 기쁨 속에 있었고 그녀의 몸도 그것에 기꺼이 반응했다. 우리가 이전에 한 번도 보지 못한 모습이었다.

### 제네비브의 뇌 주사 사진

그림 10-17을 보면 명상 전 제네비브의 뇌가 비교적 정상적인 것을 볼 수 있다. 뇌 전반에 퍼져 있는 녹색은 그녀가 건강하고 정서적으로도 편안하며 안정된 뇌의 소유자임을 말해준다. 화살표들이 가리키

는 13~14Hz 알파파의 파란색 부분들은 그녀의 감각 운동 활동이 둔화된 모습을 보여주는데, 이는 아마도 그날 유럽에서 막 도착한 데 따른 시차 때문인 것으로 보인다. 명상을 하면서 제네비브의 뇌는 전반적으로 점점 더 안정되어 가는 모습을 보이는데, 어느 순간 예상을 뛰어넘는 놀라운 일이 일어났다. 명상이 끝날 즈음 그녀가 절정의 순간에 도달한 것이다. 우리는 그녀의 뇌 사진에서 그녀가 상당한 에너지 덩어리가 되었음을 알 수 있었다.

이제 그림 10-18을 보자. 전체 주파수대를 망라해 많은 양의 에너지 활동 상태를 보여주는 이런 종류의 붉은색은 제네비브가 고도의 변형 상태에 있음을 시사한다. 그녀가 명상중임을 모른 채로 이 사진을 본다면, 아마도 그녀가 극단적인 불안증이나 정신병에 시달리고 있다고 말할 것이다. 하지만 자신이 순수한 엑스터시 상태에 있었다고 스스로 이야기했고, 따라서 우리는 그 모든 붉은색이 뇌 속의 고양된 에너지를 나타낸다는 것을 알 수 있었다. 그녀의 뇌는 정상보다 3SD 고양된 상태였다. 그녀의 마음이 된 몸 속에 감정의 형태로 저장되어 있던 에너지가 풀려나와 뇌로 되돌아간 것이다.

그림 10-19의 뇌전도 해석이 이 점을 입증해 준다. 화살표가 가리키는 부분의 자주색 선들의 상하 길이를 보면 뇌의 이 부분이 보통의 경우보다 열 배나 많은 양의 에너지를 처리하고 있음을 알 수 있다. 아래의 붉은색 타원 부분은 그 경험이 감정적으로 아주 강력해서 제네비브의 장기 기억 속에 저장되고 있음을 보여준다. 이와 동시에 제네비브는 그 순간 자신에게 무슨 일이 일어나고 있으며 그 의미가 뭔지 이해하려고 애쓰고 있다.

그녀는 어쩌면 속으로 이렇게 말했을지도 모른다. '세상에나! 정말 놀라워. 기분이 정말 좋아! 이 기분 뭐지?' 내면의 경험이 외부 세계의 일만큼 현실적이었다. 그러나 그것은 그녀가 의도한 것이 아니었다. 그냥 일어난 일이었다. 제네비브가 심오한 순간을 경험하고 있는 자신을 시각화하고 있는 것이 아니었다.

그해 7월 콜로라도에서 가진 워크숍에서 우리는 제네비브의 뇌를 다시 촬영했는데, 흥미롭게도 그녀는 이번에도 똑같은 에너지 변화를 보여주었다. 그 두 번의 워크숍에서 우리가 마이크를 건넸을 때, 그녀가 한 말은 단지 자기가 삶과 사랑에 빠졌고 가슴이 완전히 열렸으며 자기보다 더 큰 무엇과 연결된 느낌이 들었다는 말이 전부였다. 그녀는 은총을 받는 상태에 있었고, 정말이지 기분이 좋아서 그 순간에 머물고 싶었다. 그림 10-20을 보면 7월 워크숍과 2월 워크숍에서 그녀의 뇌의 패턴과 결과가 같은 모습을 보이고 있음을 볼 수 있다. 몇 달이 지났어도 그녀는 그 순간을 여전히 경험하고 있었다. 진정으로 변형을 이룬 것이다.

### 제네비브의 새 자아

7월 워크숍이 끝나고 몇 주 뒤 나는 제네비브와 이야기를 나눌 수 있었다. 그녀는 자신이 더 이상 그해 초의 자신이 아니라고 했다. 마음이 깊어졌고, 현재에 더 많이 머물며, 훨씬 더 창조적이 되었다고 했다. 모든 존재를 깊이 사랑하게 되었고, 무엇보다 감정이 충만해 있어서 결핍감이나 뭔가 더 필요하다는 느낌이 들지 않는다고 했다. 온전해진 느낌이 든다고 했다.

## 축복: 마음의 해방

### 마리아의 과거 자아

마리아는 정상적인 뇌 활동을 보이는 매우 활동적인 여성이었다. 첫날 45분 동안 명상을 했는데, 마리아는 몇 분 되지도 않아 뇌파에 의미심장한 변화를 경험했다.

### 마리아의 뇌 주사 사진

그림 10-21을 보고 마리아의 평상시 뇌파와 엑스터시 상태의 뇌파를 비교해 보기 바란다. 나는 에너지가 증가하면서 고양된 상태로 들어가는 그녀를 관찰할 수 있었는데, 그것은 마치 그녀가 일종의 뇌 오르가슴을 경험하는 것처럼 보였다. 그녀의 뇌 사진은 쿤달리니가 완전히 각성되어 뇌가 최고조로 활동하는 모습을 보여준다.(쿤달리니는 몸속에 잠들어 있는 잠재 에너지로 이것이 깨어나면 뇌는 높은 의식과 에너지 상태를 보인다.) 그녀는 뇌의 전 영역에서 매우 고양된 에너지를 경험하고 있었다. 쿤달리니 에너지는 깨어날 때 척추 아래에서 일어나 정수리까지 올라오는데, 이때 대단히 깊고 신비로운 경험을 하게 된다. 워크숍에서 이 같은 뇌 오르가슴을 경험하는 사람들이 많다. 마리아의 사진을 보면 뇌의 모든 영역에 에너지가 가득하고, 뇌파는 정상 진폭의 서너 배에 이른다. 그녀의 뇌는 일관성과 동시성이 매우 크다. 이 두 사진들로 우리는 엑스터시가 오르가슴처럼 파동으로 오는 것을 알 수 있다. 마리아는 애써 노력해서 그런 결과를 얻은 것이 아니었다. 사실 그런 일이 그녀에게 그냥 일어났다. 그녀의 뇌 전체가 내면에서 벌어지

는 일에 집중했고, 그 결과 엄청난 에너지가 그녀를 가득 메운 것이다.

### 마리아의 새 자아

지금도 마리아는 비슷한 신비 체험들을 계속 하고 있다. 그런 일이 일어날 때마다 마리아는 더 편해지고 더 의식적인 상태가 되고 더 잘 알아차리게 되며 더 온전해지는 것 같다고 말한다. 마리아는 다음에 올 또 다른 미지의 순간을 즐겁게 기다린다.

## 이제는 당신 차례

이 몇 가지 예만(이 외에도 유사한 예들이 수없이 많다) 보더라도 플라시보 효과를 '가르치는 일'이 정말로 가능한 일이라는 걸 알 수 있다. 지금까지 여러분은 스스로 자신의 플라시보가 되는 것과 관련해 수많은 정보와 사례, 정말 가능하다는 증거들까지 살펴보았다. 이제 '어떻게' 부분만 배우면 된다. 그러면 여러분도 자신만의 변형을 경험할 수 있다. 다음에 이어지는 두 장章은 개인적인 명상 과정을 시작하면서 여러분이 밟아나갈 단계들의 윤곽을 잡아줄 것이다. 나는 여러분이 지금까지 배운 모든 지식을 실제로 연습하기 바란다. 그러면 여러분도 그 노력의 대가를 받게 될 것이다. 이제 여러분이 변화의 강을 건너는 데 필요한 도구들을 받았으니, 나는 우리가 강 건너편에서 다시 만나게 되길 소망한다.

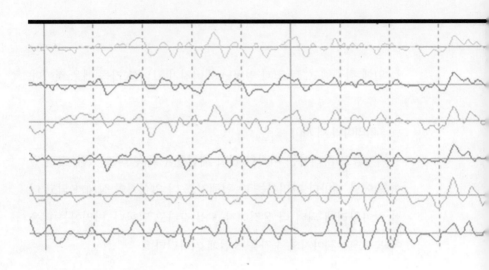

# PART 2
# TRANSFORMATION

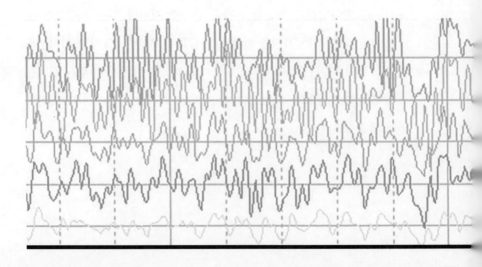

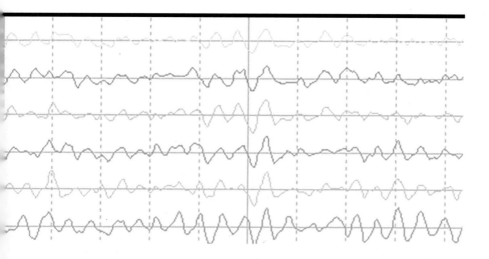

변
형

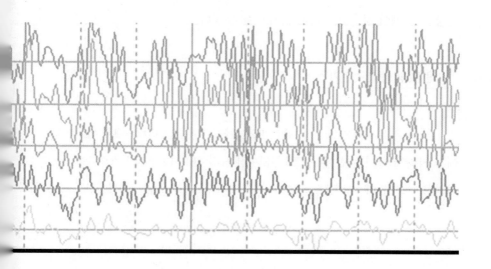

# 11:명상
## 준비하기

1부의 내용을 모두 읽고 받아들였다면 이제 여러분도 바뀔 준비가 된 것이다. 이 장에서는 명상을 준비하며 생각해야 할 것들을 살펴보려 한다. 다음 장에서 소개할 실제 명상법을 따라하는 데 도움이 될 것이다. 이 책에서 언급한 것처럼 우리 워크숍에 참여해 자신의 무언가를 바꾼 사람들은 모두 먼저 내면으로 들어가 자신의 존재 상태를 바꾸었다. 그러므로 명상 연습을 하는 것을 매일 플라시보를 먹는 것이라고 생각하기 바란다. 다만 알약을 삼키는 대신 내면으로 들어가는 것이다. 시간이 지나면 마치 아플 때 약을 먹어야 한다고 생각하듯이 명상도 꼭 해야 하는 것이라고 여기게 될 것이다.

### 언제 명상할 것인가?

하루 중 명상하기에 가장 좋은 때는 아침에 막 일어났을 때와 밤에 잠자리에 들기 직전이다. 그 이유는 잠을 잘 때 우리가 자연스럽게 뇌파 상태의 전체 스펙트럼을 모두 지나게 되기 때문이다. 베타파 상태인 깨어 있는 상태에서 눈을 감으면 좀 더 느린 알파파 상태로 들어간다. 그리고 반쯤 잠들었을 때는 더 느리고 고요한 세타파 상태로 들어가며, 거기서 더 나아가 깊은 잠에 빠지면 우리는 델타파 상태로 들어간다. 그리고 아침에 일어날 때는 그 역순을 밟는다. 즉 델타파에서 세타파로, 세타파에서 알파파로, 알파파에서 베타파 상태로 나아가면서 완전히 깨어나고 의식도 되찾게 된다.

따라서 잠들기 전이나 방금 잠에서 깨었을 때 명상을 하면 알파파 혹은 세타파로 들어가기가 더 쉬워진다. 방금 나오거나 막 들어가려던 방향이므로 다시 돌아가거나 들어가기가 훨씬 쉬운 것이다. 잠재의식적 마음으로 향한 문이 이 두 시간대에 열린다고 보면 된다. 나는 개인적으로 아침 명상을 선호하지만 둘 중 어느 시간대라도 상관없다. 당신에게 맞는 시간대를 찾아 그 시간에 꼭 명상을 하기 바란다. 날마다 명상을 한다면 좋은 습관이 될 것이고, 명상 시간이 하루 중 가장 고대하는 시간이 될 것이다.

## 어디서 명상할 것인가?

명상할 장소를 고를 때 가장 중요하게 고려해야 할 요소는 방해받지 않고 명상할 곳을 고르는 것이다. 외부의 물리적 세상과 단절돼 있어야 하므로, 당신이 매일 돌아가 혼자 방해받지 않고(사람이건 애완동물이건 아무한테도) 명상할 수 있는 곳을 골라 그곳을 명상을 위한 성소聖所로 삼아라.

침대에서 명상하는 것은 권하고 싶지 않다. 침대는 쉽게 잠을 연상시키기 때문이다.(같은 이유로 안락의자에 앉아서 명상하는 것도 권하지 않는다.) 처리해야 할 일거리가 보이지 않는 곳, 실내 공기가 쾌적한 곳에 한 시간 동안 앉아 있을 수 있는 방바닥이나 의자를 골라라.

음악을 들으며 명상하기를 좋아한다면 부드럽고 편안하며 트랜스 상태를 유도하는 연주곡이나 성가를 선택하라.(실제로 조용한 음악은 아주 조용한 환경이 아니라면 소음을 차단하는 효과도 있다.) 과거를 연상시킨다든지 어떤 방식으로든 주의를 산만하게 하는 음악은 좋지 않다. 방 안에 컴퓨터나 전화기가 있다면 반드시 꺼두자. 그리고 커피 끓는 냄새나 음식 냄새가 나는 곳은 피하라. 여기서 우리의 목적은 외부적인 자극을 최대한 제거하는 것이므로, 필요하다면 눈가리개나 귀마개를 해 감각 활동을 둔화시키는 방법도 있다.

## 몸을 편안히 한다

헐겁고 편안한 옷을 입고, 주의를 산만하게 할 수 있는 시계나 보석은 빼놓는다. 안경을 쓴다면 안경도 벗는다. 앉기 전에 약간의 물을 마시고, 필요할지도 모르니 손이 닿는 곳에 물을 한 잔 따라놓는다. 화장실도 미리 가둔다. 명상시 방해가 될 것 같은 여타의 것들도 모두 미리 치워둔다.

의자에 앉든 바닥에 결가부좌를 하고 앉든 척추를 세우고 똑바로 앉는다. 긴장을 풀어라. 다만 마음은 집중 상태를 유지해야 하므로 너무 이완을 해서 잠이 들지는 않도록 한다. 명상중에 졸려서 머리가 끄덕인다고 해도 느린 뇌파 상태로 들어가고 있다는 표시이니 너무 걱정할 것은 없다. 명상을 계속 하다 보면 몸이 명상에 맞게 조건화되어 더 이상 잠이 들지 않는 때가 올 것이다.

명상을 시작할 때는 눈을 감고 몇 번 천천히 심호흡을 하라. 곧 베타파 상태에서 알파파 상태로 떨어질 것이다. 편안하지만 여전히 집중하는 이 알파파 상태가 당신의 전두엽을 활성화할 것이다. 앞에서도 말했듯이 전두엽은 뇌에서 시공간 정보 처리를 담당하는 신경 회로들을 약화시킨다. 처음부터 더 느린 뇌파 상태인 세타파 상태로 바로 가기가 쉽지 않겠지만 연습하면 될 것이다. 몸은 잠들고 마음은 깨어 있는 세타파 상태가 되면 몸의 자동 프로그램들을 훨씬 쉽게 바꿀 수 있다.

## 얼마나 오래 명상해야 할까?

보통 명상은 45분에서 1시간 정도 하지만, 가능하다면 시작하기 전 마음을 가다듬을 수 있는 시간의 여유를 충분히 갖도록 한다. 특정 시간까지 명상을 꼭 끝내야 한다면, 그보다 10분 전쯤 알람을 맞춰놓아 갑작스럽게 명상을 끝내지 않도록 한다. 즉 시간이 방해 요소가 되게 하지는 말라. 앞에서 말했듯이 감각 정보들에서 멀어질수록 시간 의식도 옅어지게 되어 있는데, 시간이 어떻게 되었는지 걱정을 하게 된다면 역효과만 보게 될 것이다. 차라리 조금 더 일찍 일어난다거나 더 늦게 잠자리에 드는 식으로 해서 시간 여유를 갖기 바란다. 그러면 방해받지 않고 명상할 수 있을 것이다.

## 의지를 부리는 자가 되라

명상을 처음 시작한 사람들이 흔히 부딪치는 장애물이 하나 있다. 뭔가 삶을 바꾸려고 할 때마다, 마음이 되어버린 당신의 몸은 뇌에 통제력을 잃지 말라는 신호를 보낸다. 바로 그 순간 당신은 머릿속으로 '내일부터 하지 뭐. 나 엄마랑 너무 닮아가는 걸. 나 좀 이상해. 어쨌든 사람은 안 변해. 기분에 그냥 아닌 것 같아' 같은 부정적인 생각을 하게 된다. 그것은 당신을 권좌에서 몰아내고 자기가 계속 마음(잠재의식)으로 남아 있고자 몸이 하는 짓이다. 당신은 그동안 무의식적으로 당신의 몸을 성급하고, 쉽게 좌절하고, 불행해하고, 희생자처럼 굴고, 비관적이 되도록 조건화해 왔다. 그래서 당신의 몸은 잠재의식이 시키는 대로만 행동하고 싶은 것이다.

그 목소리가 하는 말이 진실인 양 반응하는 순간 당신의 의식은 다시 자동 프로그램 속으로 빠져들고, 그 결과 당신은 예전과 같은 생각을 하고 같은 행동을 하고 같은 감정으로 살면서 동시에 삶이 바뀌기를 기대하는 과거의 패턴으로 돌아가게 된다. 감정과 느낌을 그대로 둔 채 바뀌기를 바란다면 당신은 아무것도 이루지 못하고 항상 가능성만 생각하게 될 것이다. 반대로 그러한 감정들의 사슬로부터 몸을 해방시키면, 당신은 현재 순간에 편안히 거할 수 있으며(이 장 뒤에서 이 점에 대해 좀 더 언급할 것이다), 몸에 갇혀 있던 에너지를 풀어내(입자에서 파동으로 옮겨가게 만들어) 새 운명을 창조하는 데 쓸 수 있을 것이다. 거기에 이르러 당신 몸에게 새로운 존재 방식을 가르치려면, 그 몸을 권좌에서 끌어내려 누가 그 자리의 주인인지 알게 할 필요가 있다.

우리는 목장을 하나 갖고 있는데 그곳에는 말이 열여덟 마리가 있다. 명상에서 집중 상태를 유지하겠다는 의지를 굳게 지키는 것은 사랑하는 종마를 한동안 타지 않다가 타는 것과 비슷하다. 안장에 올라타는 순간 녀석은 더할 수 없이 거칠어진다. 반대편에 있는 암말들 냄새를 맡느라 정신이 없다. 녀석은 이렇게 말하는 듯하다. "지난 8개월 동안 어디에 있었어? 당신이 없는 동안 좀 나쁜 습관이 들었어. 저쪽에 여자들이 있잖아. 당신이 원하는 일에는 관심이 없다고. 그러니까 내 등에서 좀 내려왔으면 좋겠어. 여기서는 내가 주인이야." 종마는 미친 듯 날뛰고 신경질을 부리며 경기장 한쪽으로 나를 몰아붙이려 한다. 하지만 나는 녀석에게 주의를 기울이며 녀석의 머리가 암말들 쪽으로 돌아갈 때마다 고삐를 당긴다.

녀석이 내 통제에서 벗어나려 할 때마다 나는 고삐를 천천히, 하지만 단호하게 잡아당기며 나에게 완전히 순응하게 되기를 기다린다. 오래지 않아 녀석은 순응하고 늘 그렇듯 코를 한 번 크게 힝힝거린다. 나는 녀석의 옆구리를 쓰다듬으며 말한다. "그렇지!" 그리고 우리는 두 발 정도 걸어 나가는데, 바로 그때 녀석이 다시 살짝 고개를 돌리려는 것을 보고 바로 멈춰 세운다. 그리고 기다린다. 그러자 녀석은 다시 한 번 크게 힝힝거린다. 녀석이 내가 주인이라는 걸 받아들인 것 같을 때 우리는 다시 앞으로 나아가기 시작한다. 나는 녀석이 마침내 항복할 때까지 이 과정을 반복한다.

명상을 하면서 우리 몸을 다룰 때도 이처럼 부드럽지만 단호하게 주의집중 상태로 되돌아와야 한다. 당신 몸을, 의식consciousness인 당신이 훈련시키고 있는 동물이라고 생각하자. 주의가 산만해졌음을 의식할 때마다 원래의 집중 상태로 돌아감으로써 우리는 몸을 새로운 마음에 맞게 조건화할 수 있다. 그렇게 과거의 자신을 굴복시키는 것이다.

아침에 일어나 보니 그날 하루 전화해야 할 사람, 처리해야 할 일이 쌓여 있고, 문자도 35통이나 보내야 하고, 수많은 이메일에 답장도 써야 한다고 하자. 매일 아침을 그날 해야 할 그 모든 일을 생각하는 것으로 시작한다면, 당신의 몸은 이미 미래에 가 있는 것이다. 그때 명상하려고 자리에 앉더라도 마음은 당연히 미래 쪽으로 나아가려고 할 것이다. 그리고 당신이 그렇게 하도록 내버려둔다면, 당신의 뇌와 몸은 예의 그 예측 가능한 미래에 가 있게 될 것이다. 어제 했던 것과 똑같은 경험들에 기반한 결과들을 기대하고 있으니까 말이다.

따라서 마음이 그쪽으로 가려고 하는 것을 알아채는 순간, 고삐를 잡아당겨 당신 몸을 세운 뒤 다시 현재 순간으로 데리고 오라. 종마를 탈 때 내가 하듯이 말이다. 그리고 바로 다음 순간 '잘했어! 그런데 잘 좀 하지. 집중해야 한다는 걸 자꾸 잊어버려. 어제 못한 걸 오늘은 해봐야 하잖아'라는 생각이 들면, 다시 또 마음을 현재 순간으로 불러오라. 그리고 그런 일이 계속돼 짜증이 나고 좌절감이 들고 걱정이 되는 등등의 감정이 들더라도 그 감정은 단지 과거에서 온 것이라는 사실을 기억하라. 따라서 산만해졌음을 깨달으면 단지 '아, 내 몸-마음이 과거로 가고 싶어 하는구나. 좋아, 진정하고 다시 현재로 돌아오자' 하고 알아차리기 바란다.

마음이 산만해지면 몸도 똑같이 산만해질 것이다. 매스꺼워질 수도 있고, 통증이 느껴질 수도 있고, 등 한가운데가 가려울 수도 있다. 하지만 그런 일이 벌어지면, 그건 단지 몸이 마음이 되려 하는 것임을 기억하기 바란다. 따라서 그런 상태를 극복해 낸다면 당신은 몸보다 더 커지는 것이다. 명상을 할 때마다 그런 과정을 계속 하다 보면 일상을 살 때도 현재에 더 머물며 더 깨어 있고 더 의식적인 삶을 살게 될 것이다. 즉 무의식적인 행동이 줄어들 것이다.

그러다 보면 내 종마가 암말이나 다른 것들에 정신을 빼앗기지 않고 나에게 복종하며 내 지시를 따른 것처럼, 조만간 당신의 몸도 명상 때 잡생각에 빠지지 않고 당신 마음에 순순히 복종할 것이다. 그리고 말과 기수가 한 몸이 되는 것처럼 몸과 마음이 하나가 되어 일을 하면 뭐라 더 표현할 수 없는 기분을 느끼게 될 것이다. 그때 당신은 새로운 존재 상태에 있는 것이다. 그때는 무엇이든 할 수 있다.

## 변형된 상태로 들어가기

다음 장에서 소개하는 명상은 오픈 포커스open focus(유연한 주의력 사용법으로, 레스 페미의 《오픈 포커스 브레인》에 잘 설명되어 있다—옮긴이)라고 부르는 기술로 시작한다. 오픈 포커스는 우리가 목적하는 변형 상태로 들어가는 데 매우 유용한 기술이다. 일상의 생존 모드에 살면서 스트레스 호르몬의 세례를 받다 보면 당연히 우리의 초점은 매우 좁아진다. 우리는 파장/에너지가 아닌 입자/물질에 초점을 맞추며 물건, 사람, 문제 등에 모든 주의를 집중한다. 그리고 우리는 감각할 수 있는 것으로 현실을 규정한다. 이런 종류의 집중을 '대상형 집중object focused'[1]이라고 부른다.

오로지 외부 세계에만 집중하는 탓에(이런 상태에서는 외부 세계가 내면 세계보다 더 실재처럼 보인다) 우리의 뇌는 뇌파 패턴 중에서도 가장 불안정하고 가장 민감하며 또 가장 변덕스러운 베타파 항진 상태에 장시간 머무르게 된다. 이때 우리는 고도의 경계 상태에 있기 때문에, 뭔가를 창조하거나 꿈꾸거나 문제를 해결하거나 새로운 것을 배우거나 치유할 수 있는 상황이 못 된다. 명상에 좋은 상태는 더더욱 아니다. 뇌속의 전기 활동이 활발해지고, '싸움 혹은 도주' 반응으로 심박동수와 호흡수가 자연스레 올라간다. 이때는 성장이나 건강을 위해 쓸 에너지가 없거나, 있어도 조금밖에 없다. 항상 방어하고 보호하고 어떻게든 하루를 버티는 데 에너지를 다 쓰기 때문이다.

이런 바람직하지 못한 상태에 처하게 되면 우리의 뇌는 분리되는 경향을 보인다. 뇌의 영역들이 따로따로 작용하기 시작하고, 심한 경우에는 액셀과 브레이크를 한꺼번에 밟는 것처럼 서로 반대로 작용하기도 한다. 분란이 일어난 가정과 같은 꼴이다.

몸의 다른 부분들과의 소통도 더 이상 원활하거나 질서정연하지 않다. 뇌와 중추 신경계가 몸의 시스템들을 통제하고 조정하기 때문에 (심장을 뛰게 하고, 폐가 숨 쉬게 하고, 음식을 소화시키고, 찌꺼기를 배설하고, 신진대사를 통제하고, 면역 체계를 조절하고, 호르몬 분비의 균형을 맞추는 등 셀 수 없이 많은 기능들을 작동시킨다), 우리는 몸의 균형도 잃게 된다. 뇌가 척수를 따라 몸의 다른 부분들에 무질서한 메시지들과 '조각 난disintegrated' 신호들을 보내기 때문에, 몸의 체계들은 애매모호하고 일관성 없는 메시지들을 받게 된다.

면역 체계가 '이 지시로 어떻게 백혈구를 만들라는 거지?'라고 생각한다고 상상해 보자. 또 소화 기관이 '산을 위장에 먼저 분비하라는 건지, 아니면 소장에 분비하라는 건지 모르겠어. 이 명령은 상당히 혼란스러워'라고 생각한다고 상상해 보자.

그때 심혈관계는 이렇게 탄식한다. '심장에게 뭐라고 하지? 규칙적으로 뛰라고 해야 하나? 불규칙적으로 뛰라고 해야 하나? 이 신호 자체가 상당히 불규칙적이거든. 정말 또 모퉁이에 사자라도 출현한 거야?'

이런 불균형 상태가 계속되면 우리는 항상성 또는 평형을 잃게 된다. 그러면 당연히 질병에 이로운 환경이 조성된다. 부정맥 혹은 고혈압(균형이 깨진 심혈관계), 소화불량과 위산 역류(균형이 깨진 소화계), 걸핏하면 걸리는 감기, 알레르기, 암, 류머티스 관절염(균형이 깨진 면역 기능) 등등 약간의 예만 들어도 이 정도이다.

뇌파들이 뒤섞이고 잡음으로 가득한 그런 상태가 앞장에서 내가 말한 일관성 없는 상태이다. 뇌파, 즉 뇌가 몸에게 보내는 메시지에 규칙도 질서도 없는 것이다. 불협화음만 가득하다.

그 반면 오픈 포커스 기술은 눈을 감고서 외부 세계와 그것의 모든 부산물에서 관심을 거두도록 하며, 그 대신 초점을 넓혀 우리 주변의 공간에 주의를 집중하게끔 한다.(주변 공간의 입자가 아닌 파동에 집중하게 한다.) 이 기술이 좋은 이유는 주변 공간을 감지할 때 물질적인 어떤 것에도 주의를 기울이지 않도록, 따라서 생각을 하지 않도록 하기 때문이다. 그때 뇌파의 패턴은 훨씬 더 편안하고 창조적인 알파파로 전환된다.(그러다 마침내는 세타파로 전환된다.) 이 상태에서는 우리의 내면 세계가 외부 세계보다 더 실재처럼 느껴진다. 다시 말해 우리가 원하는 변화를 만들기에 훨씬 좋은 위치에 있게 된다.

연구에 따르면 오픈 포커스 기술을 잘 이용하면 뇌가 더욱 조직적이고 동시적이 되어 뇌의 각 부분들이 훨씬 더 질서 있게 작동하게 된다고 한다. 동시에 움직이는 것들은 서로 연결되게 되어 있다. 그렇게 일정 부분 일관성을 띠게 되면 뇌는 전체 신경 체계를 통해 나머지 몸 전체에 더욱 일관적인 신호를 보낼 수 있고, 그러면 모든 것이 리듬을 맞추며 함께 일하기 시작할 것이다. 이제 우리의 뇌와 몸이 불협화음 대신 아름다운 하모니를 연주하는 것이다. 그 마지막 결과로 우리는 더욱 온전해지고 통합된 기분, 안정된 기분이 들게 된다. 이런 종류의 뇌 변화는 워크숍에서 뇌 주사 사진을 찍어보면 거의 대부분 확인할 수 있고, 그래서 우리는 이 오픈 포커스 기술이 효과가 있음을 알게 된다.

## 지금 순간이라는 스윗 스팟

오픈 포커스 기술을 이용해 변형된 상태를 만들었다면, 이제 순간에 머무는 연습을 할 때이다. 순간에 존재할 때 우리는 양자 수준에 있는 가능성들로 다가갈 수 있다. 양자장에서는 아원자 입자들이 가능성의 무한한 배열들 속에서 동시에 존재한다고 했던 말을 기억하기 바란다. 그것이 사실이라면 양자 우주quantum universe에서 시간의 선은 하나가 아니라 무한한 수임에 틀림없다. 그리고 그 무한한 시간의 선들 속에 모든 가능성들이 서로 겹쳐진 채 동시에 존재하고 있음에 틀림없다. 사실 우주 속 가장 작은 미생물부터 가장 진화된 문화까지 그 모든 것들이 경험하는 과거 현재 미래의 모든 것이 '양자장'이라고 불리는 무한한 정보의 장 속에 동시에 존재한다. 나는 양자 세계에 시간이 없다고 말했지만, 사실 양자 세상에는 모든 시간이 동시에 존재한다. 단지 우리가 보통 생각하는 방식의 직선적인 시간이 없을 뿐이다.

실재reality에 대한 양자 모델에 따르면 모든 가능성들은 지금 순간에 존재한다. 그런데 매일 아침 일어나 어제와 같은 일들을 어제와 같은 순서로 해나간다면(즉 같은 선택을 해서 같은 행동을 부르고, 그래서 같은 경험을 하고, 그 결과 같은 감정을 느낀다면), 다른 가능성들이 우리에게 열릴 리 없다. 그때 우리는 결코 새로운 곳으로 나아갈 수 없다.

그림 11-1을 보자. 중간의 원은 특정 시간대에 있는 현재 순간을 뜻한다. 그 왼쪽이 당신의 과거이고, 오른쪽이 미래이다. 당신이 매일 아침 일어나서 화장실을 가고, 양치질을 하고, 개를 산책시키고, 커피나 차를 마시고, 어제와 같은 아침을 먹고, 같은 방식으로 옷을 입고,

### 과거가 곧 미래

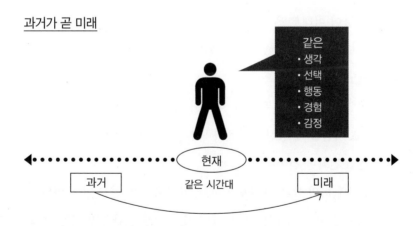

**그림 11-1** 과거, 현재, 미래라는 시간대에 찍혀 있는 점들은 모두 과거의 며칠, 몇 주, 몇 달, 몇 년 동안 지속되던 같은 생각과 선택과 행동과 경험과 감정을 나타낸다. 과거가 미래가 된 것이다. 자동적인 생각, 행동, 느낌의 과잉, 즉 잦은 반복이 곧 습관을 만들기 때문에(이때 몸이 마음이 된다), 대다수 사람들의 경우 그들의 몸은 과거의 존재 상태에 기반해 그 과거와 똑같은, 예측 가능한 미래를 부르도록 이미 프로그래밍되어 있다. 그리고 우리가 계속 과거를 연상시키는 감정을 암기하면 그 감정들이 우리의 생각을 이끌고, 그러면 결국 우리의 몸은 말 그대로 과거에 살게 된다. 현재 순간에 거의 있지 못하게 된다.

익숙한 길로 차를 몰며…… 하루를 보낸다고 하자. 이 그림에서 미래 쪽의 작은 점들이 이 모든 일들을 가리킨다.

당신이 지난 10년 동안 거의 매일 이와 똑같은 순서를 밟으며 살아왔다고 하자. 그러면 이미 당신의 몸은 습관에 의해 과거에 기반한 미래를 살도록 프로그래밍되어 있는 것이다. 당신이 매일 똑같은 일들을 당신의 시간 선線 위에서 감정적으로 기대하기 시작할 때, (무의식적인 마음으로서의) 당신의 몸은 자신이 그 뻔히 예상되는 미래의 현실에 이미 와 있다고 믿기 때문이다. 그리고 그 똑같은 감정이 똑같은 방식으로 똑같은 유전자에게 신호를 보내면, 결국 당신은 실제로 그 예상되는 미래의 시간 위에 서게 된다. 이 시나리오에서는 당신의 과거가 곧 당신의 미래이다. 사실 당신은 당신의 과거에서 특정 시간대를 집어 들어 미래로 옮겨놓을 수 있다. 당신은 계속해서 같은 곡을 연주하는 모습을 생각만 했을 뿐인데 뇌 속에 해당 신경 회로가 만들어진 피아노 연주자들, 마음속으로만 손가락 운동을 했는데 실제로 손가락 힘이 커진 사람들과 똑같다. 어제와 똑같은 일상의 시나리오를 머릿속으로 시연할 때 당신은 어제와 똑같은 내일을 향해 뇌를 준비시키고 몸을 조건화한 것이다.

우리의 뇌와 몸은 과거에 기반한, 따라서 이미 알고 있는 미래 현실 속에서 살고 있기 때문에, 우리는 결코 현재 순간을 발견할 수 없다. 다시 당신의 시간 선에 있는 점들을 보자. 이 점들은 선택과 습관, 행동, 경험을 나타낸다. 당신이라는 느낌을 상기하고자 늘 같은 감정을 만들어내는 것들이다. 이 점들은 서로 너무 가깝게 연결되어 있기 때문에, 당신 인생에서 흔치 않은 일, 기적 같은 일, 새롭고 몰랐던 일이 생겨날 틈이라곤 없다. 그런 일이 일어난다면 너무도 불편할 것이다. 아니 일상이 뒤집히고 말 것이다. 과거에 기반한 미래를 무의식적으로 기대하고 있는 사람에게 갑자기 새로운 일이 터지면 어떻겠는가!

여기서 한 가지 경고를 해야겠다. 명상을 시작할 때 이 명상조차 당신의 시간 선 위에 있는 하나의 일로 만들어버린다면, 당신이 해야 할 일 목록에 한 가지 아이템을 더 추가하는 것에 지나지 않는다는 것이다. 명상을 그런 식으로 여기는 한 당신은 여전히 현재 순간을 발견하지 못할 것이다. 당신이 원하는 치유와 지속적인 변화를 이루고 싶다면 당신은 온전히 현재 순간에 있어야 한다. 당신의 시간 선 위에 있는, 다음에 일어나리라 예측 가능한 일을 생각해서는 안 된다.

주의를 기울이는 곳이 당신의 에너지가 가는 곳이기에 더욱 그렇다. 외부에 있는 사물, 사람, 장소 혹은 일에 약간만 주의를 기울여도 당신은 그것을 실재로서 재삼 긍정하는 것이 된다. 과거(이미 알고 있는 것)나 미래(이것도 과거에 기반한 것이니까 역시나 이미 알고 있는 것)를 생각하며 시간에 집착하는 습관이 있다면, 당신은 모든 가능성이 존재하는 현재 순간을 놓치는 것이다. 이미 알고 있는 것에 집중할 때 양자 관찰자로서 당신이 가질 수 있는 것은 정확히 그것, 이미 알고 있는 것뿐이다. 양자장 속의 모든 가능성들을, 당신의 삶이라는 똑같은 정보 패턴 속으로 구겨 넣어버리는 것이다.

양자장 속에서 당신을 기다리고 있는 무제한의 잠재력에 접근하고 싶다면, 이미 알고 있는 것(당신의 몸, 얼굴, 성별, 인종, 직업, 오늘 해야 할 일에 대한 생각 등등)을 잊어버려야 한다. 그러면 당신은 미지의 세계에, 다시 말해 아무 몸도 아니고 아무 사람도 아니고 아무 사물도 아닌 존재로서 공간과 시간을 넘어선 곳에 잠시나마 머물 수 있다. 당신은 순수 의식(당신이 텅 비어 있으나 잠재성으로 가득한 곳에 깨어 있다는 한 생각 또는 한 인식an awareness 외에 다른 것이 아닌 상태)이 되어서 당신의 뇌가 재정비될 수 있도록 해야 한다.

그리고 몸이 방해를 하려 해도, 앞에서 말한 대로 당신의 뜻을 순순히 받아들일 때까지 몸을 현재 순간으로 되돌려놓기를 계속 하다 보면, 몸은 더 이상 예측 가능한 방식으로 살지 않게 되고, 따라서 미래로 향해 있는 선은 더 이상 존재하지 않게 된다. 미래와의 연결 고리를 끊어버린 것, 즉 미래에서 나온 에너지 회로를 꺼버린 것이다.

이와 마찬가지로 기억 속에 저장돼 당신을 계속 과거와 연결시키는 감정들에 당신 몸이 조건화되고 중독되어 있다 해도, 당신 몸이 현재 순간에 항복할 때까지 화가 나거나 좌절감이 드는 매순간 몸을 진정시키고 현재로 되돌린다면 과거로 향해 있는 선도 더 이상 존재하지 않게 된다. 그 선도 당신이 뽑아버린 것이다. 과거와 미래의 선이 모두 사라졌을 때 그 뻔히 예견되던 당신 유전자의 목적지도 사라진다.

그 순간 미래를 좌지우지하던 과거가 더 이상 존재하지 않게 되고 과거에 기반한 그 뻔한 미래도 사라진다. 당신은 모든 잠재성과 가능성에 접촉할 수 있는 현재 순간에만 있는 것이다. 과거와 미래로 연결된 선들을 모두 뽑아버리고 미지의 세계에 당신의 에너지를 더 오래 투자할수록, 그래서 그 가능성의 세계에 더 오래 머물수록, 몸 속의 에너지가 더 많이 풀려나와 무언가 새로운 것을 창조하는 데 쓰인다. 그림 11-2는 뇌와 몸이 온전히 현재 순간에 있을 때 어떻게 과거와 미래가 더 이상 존재하지 않게 되는지를 보여준다. 이제 이미 알고 있는 뻔한 미래

## 현재가 새로운 미래를 창조한다

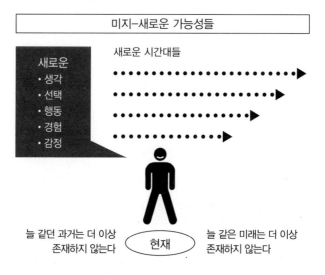

**그림 11-2** 현재 순간이라는 스윗 스팟을 찾고, 과거의 인격 그대로인 당신 자신을 잊어버릴 때, 당신은 양자장 속에 이미 존재하는 다른 가능성들에 접근할 수 있다. 그것은 당신이 더 이상 과거와 똑같은 몸-마음, 외부 세계와의 똑같은 동일시, 뻔히 예견되는 미래와 더 이상 연결되어 있지 않기 때문이다. 그 순간 늘 똑같고 익숙한 과거와 미래는 말 그대로 더 이상 존재하지 않고, 당신은 순수 의식, 단지 하나의 생각이 된다. 그때가 바로 당신이 당신의 몸과 외부 세계의 무언가를 바꾸고 새로운 시간 선을 창조할 수 있는 순간이다.

는 더 이상 존재하지 않으며, 당신은 미지의 가능성 세계에 놓여진다.

다음 장에서 우리는 명상중 어느 시점에 이 강력한 '알지 못함'(未知) 속에, 다시 말해 가능성의 암흑 속에 머물게 되고, 잠재성의 텅 빈 공간 속으로 에너지를 쏟아 넣게 되는지 살펴볼 것이다. 그곳에 마치 아무것도 없어 보여도 정말로 텅 빈 암흑 세계가 아님을 기억하기 바란다. 양자장은 에너지와 가능성이 끊임없이 폭발하는 곳이다.

고급 과정 워크숍 중에 이 이미 알고 있는 현실과 분리된 생각, 즉 순수 의식 상태에 들어간 학생들은 뇌와 몸, 나아가 삶을 바꾸는 능력

또한 더할 수 없이 좋아져 있었다. 플라시보가 생각만으로 몸을 바꾸는 것이라고 할 때, 가장 중요한 한 걸음은 생각이 되는 것, 오직 그 한 생각만이 되는 것이다.

## 눈 감고 보기

다음은 내가 즐겨 들곤 하는 사례로, 명상중 미지의 것에 집중할 때 과연 어떤 일까지 일어날 수 있는지를 잘 보여준다. 얼마 전 호주 시드니에서 워크숍을 진행하던 때였다. 나는 명상을 이끌며 참가자들에게 아무 몸 아무 사람도 되지 말고 시간도 공간도 없는 곳에 있어보라고, 순수 의식이 되어 미지의 세계에 머물러보라고 요구했다.(바로 다음 장에서 당신이 할 일이다.)

그리고 사람들이 명상하는 모습을 지켜보는데 우연히 세 번째 줄에 앉아 다른 사람들처럼 눈을 감고 명상하던 소피아라는 여성이 눈에 들어왔다. 그 순간 갑자기 그녀의 에너지가 바뀌는 것이 보였다. 왠지 나는 그녀에게 손을 흔들어봐야 할 것 같았고, 그래서 그렇게 했다. 그런데 여전히 눈을 감고 있던 소피아도 나에게 답으로 손을 흔드는 것이었다! 나는 방 건너편에 있던 두 명의 트레이너에게 손짓으로 내가 있는 곳으로 오라고 불렀다. 그들이 오자 나는 즉시 소피아를 가리켰고, 그녀는 또다시 나에게 손짓을 해보였다. 물론 눈을 감은 채로.

"어떻게 된 거죠?" 트레이너들이 나에게 속삭였다.

"눈을 감은 채 보고 있어요." 내가 말했다. 앞서 말했듯이 미지의 것에 집중하면 미지의 그것을 얻게 되는 법이다. 시드니에서의 그 워크숍이 끝나고 일주일 후 우리는 멜버른에서 좀 더 고급 과정의 워크숍을 열게 되었고, 소피아도 그 워크숍에 참석했다.

"안녕하세요? 선생님을 봤어요. 그 트레이너 두 분도요." 그러면서 소피아는 시드니 워크숍에서 자신이 눈을 감고 명상하는 동안 그 방에서 일어난 일을 모두 들려주었다. 그보다 더 정확할 수가 없었다. 멜버른에서의 워크숍이 끝난 후 소피아는 우리가 뽑는 트레이너에 지원하기로 했고 나는 그녀의 특별한 능력을 높이 사 그녀를 받아들였다. 그래서 몇 달 뒤 그녀는 다시 트레이너를 위한 훈련 수업에 참여하기 위해 나타났다.

매일 훈련이 끝날 때마다 나는 새내기 트레이너들에게 눈을 감게 한 다음 30분 정도 그날의 수업 내용을 정리해 주곤 했다. 장기 기억 속에 들어간 새 회로들을 재활성화시키기 위해서였다. 내가 그러고 있는데 하루는 눈을 감고 앉아 있던 소피아가 갑자기 눈을 뜨더니 머리를 흔들고는 다시 눈을 감았다. 그러곤 이번에는 눈을 감은 채 뒤를 보려고 고개를 돌렸다가 다시 앞으로 돌리고는 얼굴 가득 놀랍다는 표정으로 나를 똑바로 쳐다보았다. 그런 동작을 몇 번 반복하는 걸 지켜보다가 나는 그녀에게 명상을 계속 하라는 손짓을 해보였고, 나중에 우리는 그 일에 대해 이야기를 나누었다.

소피아는 이제 자기가 눈을 감은 상태에서 앞만 볼 수 있는 것이 아니라 뒤를 포함해 360도 어디든 다 볼 수 있다고 했다. 앞뒤에 있는 것은 물론이고 주변에 있는 모든 것을 동시에 볼 수 있다는 말이었다. 평생 눈을 뜨고 보던 습관 때문에 소피아는 눈을 감은 상태로 뭔가를 볼 때마다 반사적으로 눈을 뜨고 방금 전에 본 것을 확인하곤 했던 것이다.

트레이너들을 훈련시키는 그 수업에는 패닝 박사도 참여했고, 우리는 함께 몇몇 트레이너의 뇌 주사 사진을 촬영했다. 애리조나에서 갖기로 예정되어 있던 첫 번째 고급 과정 워크숍에서 어떤 뇌파들을 측정하면 좋을지 미리 살펴보고 준비하려던 의도도 있었다. 소피아의 뇌 주사 사진을 촬영할 때 패닝 박사는 그녀에 대한 아무런 사전 정보도 갖고 있지 않았다. 패닝 박사가 그녀에게 뇌전도 장치를 부착했고, 우리는 그녀로부터 2미터 정도 떨어진 곳에서 그녀의 등을 바라보는 자세로 앉아 모니터에 나타나는 그림을 관찰했다. 갑자기 스크린에서 소피아 뇌의 뒷부분, 즉 시각 피질 부분이 불을 밝히기 시작했다.

"오! 보세요!" 패닝 박사가 속삭였다. "시각화를 하고 있어요!"

"아니에요." 내가 머리를 흔들며 조용히 말했다. "시각화가 아니에요."

"무슨 뜻이에요?" 그가 소리 없이 입술만 움직이며 말했다.

"지금 보고 있는 거예요." 내가 조용히 대답했다.

"무슨 뜻이죠?" 혼란스럽다는 듯 그가 다시 물었다. 그래서 나는 소피아에게 손을 흔들어 보였다. 그러자 우리를 등지고 앉아 있던 소피아가 손을 머리 위로 올리더니 손바닥을 우리 쪽으로 돌리고 흔들어 보였다. 놀라운 일이었다. 소피아가 눈을 감은 채 보고 있다는 사실이 뇌 주사 사진으로도 증명된 것이다.

앞에서 말했듯이 미지의 것에 집중하면 미지의 것을 얻게 된다. 이제 당신도 그 사실을 직접 체험할 준비가 되었길 바란다.

# 12 : 믿음과 인식을
     바꾸는 명상

이번 장에서 나는 명상법을 하나 소개할 것이다. 당신 자신에 대한 혹은 당신 삶에 대한 믿음이나 인식을 바꾸는 데 도움이 되도록 만든 명상법이다. 이 명상법(두 가지 믿음이나 인식을 바꾸는 데 도움이 되며 한 시간 정도 소요된다)과 이보다 짧은 버전(한 가지 믿음이나 인식을 바꾸는 데 도움이 되며 45분이 소요된다)이 있는데 어느 것이든 녹음된 것을 틀어놓고 명상하기 바란다. 두 명상법 모두 내 웹사이트(www.drjoedispenza.com)에서 오디오 CD나 MP3 파일로 구입할 수 있다. 한 시간짜리 버전은 제목이 《당신이 플라시보이다 명상: 두 가지 믿음과 인식을 바꾼다*You are the Placebo Book Meditation: Changing Two Beliefs and Perceptions*》이고, 45분짜리 버전은 제목이 《당신이 플라시보이다 명상: 한 가지 믿음과 인식을 바꾼다*You are the Placebo Book Meditation: Changing One Belief and Perception*》이다. 아니면 이 두 버전의 명상 안내문을 당신이 직접 읽고 녹음해서 사용해도 된다.(두 버전의 안내문은 모두 이 책의 부록에 실려 있다.)

믿음belief과 인식perception은 잠재의식적 존재 상태의 소산임을 기억하기 바란다. 믿음과 인식은 당신이 거듭해 온 감정과 생각에서 비롯한다. 그런 감정과 생각이 급기야 습관적 혹은 자동적이 되고, 그 시점에서 태도가 형성된다. 태도들이 모여 믿음이 되고, 관련된 믿음들이 모여 인식이 된다. 이런 과정이 오래 반복되면 대부분 무의식적으로 자신과 세계에 대한 관점이 형성된다. 이런 무의식적인 관점이 당신의 인간 관계와 행동은 물론 삶의 모든 것에 영향을 미친다.

따라서 믿음이나 인식을 바꾸고 싶다면 먼저 당신의 존재 상태부터 바꿔야 한다. 존재 상태를 바꾼다는 것은 당신의 에너지를 바꾼다는 것이다. 물질에 영향을 주려면 당신이 먼저 물질보다는 에너지가, 입자보다는 파동이 되어야 하기 때문이다. 그러기 위해서 당신은 분명한 의도를 고양된 감정과 결합시켜야 한다. 그 두 가지가 우리에게 필요한 재료이다.

지금까지 살펴보았듯이 존재 상태를 바꾸기 위해서는 높은 수준의 에너지로 결단하는 과정, 즉 새로운 믿음과 관련한 생각이 감정적으로 강력한 울림을 주는 경험으로 이어지고 그 경험의 순간 당신의 존재 상태가 바뀔 정도의 큰 에너지로 결단하는 과정이 필요하다. 당신의 생물학을 바꾸고, 당신 자신의 플라시보가 되고, 당신의 생각을 물질화하는 방법이 그렇다. 우리는 모두 우리 몸의 생물학을 조금씩 바꾸는 경험을 한다. 크메르 루주 정권 당시 강제로 끔찍한 장면들을 보고 시력에 문제가 생겼던 캄보디아 여성들을 기억하기 바란다. 극단적인 예이긴 하지만, 우리는 그들이 이용한 것과 같은 원리로 긍정적인 변화를 만들어내면 된다.

그러려면 새로운 경험이 과거의 경험보다 더 강력해야 한다. 다시 말해 명상시 내면에서 하는 경험이 지금 당신이 바꾸고자 하는 믿음과 인식을 만든 과거의 외부 경험보다 더 큰 에너지 진폭을 가져야 한다. 몸이 새로운 마음에 반응하도록 만들어야 하는 것이다. 따라서 당신은 고양된 감정을 가슴 깊이 느껴야 한다. 그 감정으로 소름이 돋을 정도여야 한다. 가벼워지고 영감이 떠오르고 아무 걸림이 없어지고 힘이 주어지는 것을 느껴야 한다.

이 명상법으로 나는 여러분에게 두 가지 믿음 혹은 인식을 바꿀 기회를 줄 것이다. 그러니 시작하기 전에 먼저 바꾸고 싶은 믿음이나 인식을 정하라. 7장에서 살펴본, 우리를 제한시키는 일반적인 믿음 중 하나를 선택할 수도 있고, "이 고통은 늘 갖고 살아야 할 거야. 삶은 고난이야. 사람들은 적대적이야. 성공하려면 엄청나게 노력해야 해. 나는 결코 변하지 않을 거야" 같은 당신만의 믿음에서 하나를 찾아낼 수도 있다.

결정했으면 종이를 한 장 준비해 중간에 세로로 줄을 그어라. 왼쪽에 바꾸고 싶은 두 가지 믿음 혹은 인식을 차례로 적어라.

다음, 잠시 생각을 해본다. 그것들을 더 이상 믿지도 인식하지도 않는다면 당신과 당신 인생에 대해 다른 무엇을 믿고 인식하고 싶은가? 그리고 그런 새로운 것들을 정말로 믿고 인식한다면 어떤 기분이 들까? 이제, 당신이 갖고 싶은 새로운 믿음이나 인식을 종이의 오른쪽에 적어라.

곧 알게 되겠지만, 이 명상은 세 부분으로 이루어져 있다.

—첫 번째 부분은 유도誘導 단계로 앞장에서 살펴본 오픈 포커스 기술을 이용한다. 좀 더 일관된 알파파 혹은 세타파의 뇌파 상태로 들

어가 암시 감응력을 높이기 위해서다. 당신의 건강에 진정으로 영향을 미치고 당신 자신의 플라시보가 되는 유일한 방법이 당신의 암시 감응력을 높이는 것이기 때문에 이 과정은 매우 중요하다.

—두 번째 부분에서, 당신은 현재 순간을 발견하고, 텅 비었지만 모든 가능성이 존재하는 양자의 세계에 한동안 머무르게 될 것이다.

—그리고 세 번째 부분에서, 당신은 믿음과 인식을 바꾸게 될 것이다. 여기에서는 각 부분이 시작될 때 어떻게 해야 하는지 간단히 설명한 다음, 실제로 앉아서 명상을 할 때 어떻게 해야 하는지 지시해 줄 텍스트를 알려줄 것이다.


이미 명상을 많이 해보았다면 처음부터 이 전체 과정을 다 해도 무방하다. 명상이 처음이라면 일주일 동안은 매일 첫 부분을 연습하고, 그 다음 주에는 거기에 두 번째 부분을 더하고, 또 그 다음 주에는 거기에 세 번째 부분까지 더해나가는 것도 좋다. 어느 쪽이든 삶에 변화가 느껴질 때까지 매일 같은 명상을 계속 하기 바란다.

당신이 내가 《브레이킹*Breaking the Habit of Being Yourself*》에서 설명한 명상을 이미 하고 있다면, 나는 이번 책에서 소개하는 명상은 도입부(유도 부분)가 일부 유사하더라도 사실은 완전히 다른 명상임을 말해두고 싶다. 하루에 한 번밖에 명상할 수 없다면 몇 달 동안은 이 새로운 명상을 해보고 그 혜택을 최대한 누려보라고 말하고 싶다. 그 다음 어떤 명상을 계속할지 결정해도 되고, 그때그때 원하는 명상을 골라서 해도 된다.

## 유도: 오픈 포커스 기술로 뇌파를 느리게 하고 뇌 일관성을 높인다

오픈 포커스 명상이란 입자에서 파동으로, 즉 외부의 사람, 장소, 사물에 대해 보통 우리가 갖고 있는 좁은 초점에서 열린 초점으로 옮겨 가는 것으로서, 이때 우리는 물질적인 것이 아니라 공간에 주의를 집중하는 것이다. 원자의 거의 99.9퍼센트가 에너지임에도 불구하고 우리가 늘 그 입자에만 집중하고 있다면, 이제는 그 파동에 주의를 기울여야 할 때이다. 주의를 두는 곳에 에너지가 가게 되어 있기 때문에, 즉 에너지에 주의를 기울이는 것이 에너지를 증폭시키는 것이기 때문이다.

오픈 포커스 기술을 이용할 때 자연히 뇌는 쉬면서 재충전을 하게 된다. 오픈 포커스 기술을 제대로 이용하면 분석적인 마음이 사라지기 때문이다.(이 분석적인 마음은 자기가 당신인 양 행세하면서 고베타파 상태에서 계속 생각을 하느라 바쁘다.) 당신이 당신이라고 알고 있는 이 분석적인 마음은 사실은 외부 환경에, 당신의 감정적 중독과 습관, 그리고 시간과 관련된 것이다. 이 요소들을 초월하는 순간 당신은 온전한 순수 의식이 되고, 앞에서 살펴보았듯 당신 뇌의 여러 부분들이 서로 더 잘 소통하기 시작하며, 뇌파가 매우 질서정연해진다. 뇌가 몸의 다른 부분들에 일관된 신호를 보내기 시작하는 것이다. 워크숍 참석자들이 그랬던 것처럼 말이다.

명상을 할 때에는 현재 순간에 머물도록 한다. 뭔가를 이해하려 하거나 시각화하려 애쓰지 말라. 그냥 느끼고 감지하자. 왼쪽 발목이 어디에 있는지 감지할 수 있다면, 코가 어디에 있는지 느낄 수 있다면, 가슴과 흉골 사이의 공간이 어디에 있는지 감지할 수 있다면, 단지 그곳에 주의를 집중하며 그곳을 알아차리고 의식하기만 하자. 머릿속으로 가슴이나 심장의 이미지를 그리게 될 수도 있지만 그러려고 애쓸 필요는 없다. 단지 공간 속에 있는 당신의 몸 안과 주변의 공간들을 알아차리기만 하면 된다.

명상의 이 첫 번째 부분은 약 10~15분 정도 걸린다.


### 명상: 첫 부분

이제 공간 속······ 당신의 눈과 눈 사이의 공간에······ 주의를 집중하세요.

그리고 공간 속 그 눈과 눈 사이 공간의······ 에너지를······ 느끼세요.

이제 공간 속······ 양쪽 관자놀이(눈과 귀 사이) 사이의 공간에······ 주의를 집중하세요.

그리고 공간 속 그 관자놀이 사이에 있는 공간의······ 부피를······ 느끼세요.

이제 공간 속······ 콧구멍이 있는 공간에······ 주의를 집중하세요.

그리고 공간 속 그 콧구멍 속 공간의······ 부피를······ 느끼세요.

이제 공간 속······ 혀와 목구멍 사이의 공간에······ 주의를 집중하세요.

그리고 공간 속 그 목구멍 속 공간의······ 부피를······ 느끼세요.

이제 공간 속······ 양쪽 귀 주변에 있는 공간의······ 에너지를 느끼세요.

그리고 공간 속 귀 너머에 있는 공간의······ 에너지를······ 느끼세요.(귀 너머의 공간이란, 귀 주변의 공간보다 귀에서 조금 더 떨어진 공간을 뜻한다. 앞으로 나올 많은 '~너머의 공간'들도 '~주변의 공간'보다 좀 더 떨어진 공간을 뜻한다. 오픈 포커스 기술의 목적은 내 몸에서 주변의 공간으로, 내가 있는 방으로 조금씩 나아가며 전체 공간의 에너지를 알아차리는 데 있다.—옮긴이)

그리고 공간 속…… 당신 턱 아래에 있는…… 공간에 주의를 집중하세요.

그리고 공간 속…… 목 주변에 있는…… 공간의 부피를…… 느끼세요.

그리고 이제 공간 속…… 당신 가슴 너머에 있는…… 공간을 느끼세요.

그리고 공간 속…… 당신 가슴 주변에 있는 공간의…… 에너지를…… 느끼세요.

그리고 이제 공간 속…… 당신의 두 어깨 너머에 있는 공간의…… 부피에 집중하세요.

그리고 공간 속…… 당신 어깨 주변에 있는 공간의…… 에너지를 느끼세요.

그리고 공간 속…… 당신 등 뒤의 공간에…… 집중하세요.

그리고 공간 속…… 척추 너머에 있는 공간의…… 에너지를 느끼세요.

그리고 이제 공간 속…… 당신의 두 허벅지 사이의 공간에…… 주의를 집중하세요.

그리고 공간 속…… 당신의 두 무릎을 연결하는…… 공간의 에너지를 느끼세요.

그리고 이제 공간 속…… 당신의 두 발 주변에 있는 공간의…… 부피를 느끼세요.

그리고 공간 속…… 당신의 두 발 너머에 있는 공간의…… 에너지를 느끼세요.

그리고 공간 속…… 당신의 전체 몸 주변에 있는 공간에…… 집중하세요.

그리고 공간 속…… 당신 몸 너머에 있는 공간의…… 에너지를 느끼세요.

그리고 이제 공간 속…… 당신 몸과 사방의 벽 사이에 있는 공간에…… 집중하세요.

그리고 공간 속…… 이 방 전체가 차지하는 공간의 부피를…… 느끼세요.

그리고 이제 공간 속…… 모든 공간이 차지하는 공간에…… 주의를 집중하세요.

그리고 공간 속…… 모든 공간이 차지하는 공간을…… 느끼세요.

## 가능성 그 자체 되기:
## 현재 순간을 찾아 그 텅 비고도 꽉 찬 공간 안에 머무르기

명상의 두 번째 부분에서, 당신은 모든 가능성이 존재하는 현재 순간, 그 스윗 스팟(배트로 공을 치기에 가장 효율적인 곳)을 찾을 것이다. 그렇게 하기 위해 당신은 자신의 정체성을 내려놓고 몸과 환경, 시간과의 연결고리를 끊어야 한다. 미지의 세계에 오래 머물면 머물수록 미지의 것을 더 많이 끌어오게 될 것이다. 그리고 더 이상 함께 발화하지 않는 신경 세포들은 더 이상 연결을 지속하지 않을 것이고, 그때 과거의 자아를 구성하는 뇌 속의 회로들이 활동을 멈출 것이다.

앞에서 보았듯이 그동안 이 회로들은 마치 원래부터 내장된 프로그램처럼 행세해 왔다. 따라서 이 회로들과의 연결고리를 성공적으로 끊는다면 당신은 그 프로그램과도 분리가 되는 것이다. 그러면 당신은 더 이상 같은 유전자에 같은 방식으로 감정적으로 신호를 보내지 않을 것이다. 그리고 그때 당신의 몸은 훨씬 안정되고 조화로운 상태가 될 것이고, 현재 순간이라는 스윗 스팟을 찾을 것이다. 바로 거기에 모든 가능성이 존재한다.

아는 사람들, 이런저런 문제들, 과거에 일어났거나 앞으로 일어날 일들, 당신의 몸, 몸무게, 아픔, 배고픔, 하다못해 명상이 언제 끝날까 같은 생각들로 마음이 왔다 갔다 한다면, 그냥 그런 생각들을 알아차린 다음 양자 세계의 텅 빈 가능성의 암흑 속으로 의식을 되돌리기 바란다. 그러곤 다시 한 번 아무것도 없는 거기에 자신을 내맡기기 바란다.

명상의 이 두 번째 부분은 약 10~15분 정도 걸린다.

### 명상: 두 번째 부분

이제…… 아무 몸도 아무 사람도 아무 사물도 되지 않고…… 공간도 시간도 없는…… 잠재성의 무한한 장field에서…… 순수 의식이 되고…… 하나의 자각이 될 때입니다. 그리고 당신의 에너지를…… 미지의 세계에 투자할 때입니다. 그 미지의 세계에 오래 머물수록…… 삶은 더 새로워질 것입니다. 무한의 암흑 속에서…… 단지 하나의 생각이 되세요. 그 다음 아무 사물도 아무 몸도 아닌 것에…… 시간조차 없는 곳에 당신의 주의를 집중하세요.

그리고 양자 관찰자인 당신의 마음이…… 기존의 익숙한 현실 속 이미 알고 있는 것들…… 곧 익숙한…… 사람들, 물건들, 장소들…… 당신의 몸, 당신의 정체성, 당신의 감정…… 시간, 과거, 또 과거와 똑같은 뻔한 미래로 되돌아가면…… 그저 당신이 이미 알고 있는 것을 관찰하려 한다는 것을 알아차리세요. 그리고 다시 가능성의 텅 빈 공간에…… 당신의 의식을 맡기세요. 그리고 아무 사람도 아무 몸도 아무 사물도 되지 말고 어떤 공간이나 시간에도 머무르지 마세요. 양자 가능성의 비물질적인 세계 속으로 들어가세요.…… 가능성을 더 많이 자각하면 할수록…… 당신의 삶에도 더 많은 기회가 생길 것이고…… 가능성도 더 많아질 것입니다. 현재에 머무세요.

[10~15분 정도 이 상태에 머물도록 한다.]

## 나와 내 삶에 대한 믿음 혹은 인식 바꾸기

명상의 이 마지막 부분에 이르렀다면, 이제 당신이 바꾸고 싶은, 삶에 대한 최초의 믿음 혹은 인식과 대면할 차례가 된 것이다. 나는 당신에게 그런 식으로 믿고 인식하기를 계속 하고 싶은지 물을 것이다. 그러고 싶지 않다면 당신은 결심을 해야 한다. 아주 뚜렷한 의도를 가진 결심이어야 한다. 그래야 그 결심 에너지의 진폭이 당신 뇌 속에 단단히 고정되어 있는 프로그램과 당신 몸 속의 감정적 중독들을 능가할 수 있다. 그럴 수 있을 때 당신 몸이 새로운 마음, 새로운 의식에 반응할 것이다.

그 다음 나는 "그렇다면 무엇을 믿고 인식하고 싶으며 그것을 믿고 인식할 때 기분이 어떨 것 같습니까?"라고 물을 것이다. 그때 당신의 임무는 새로운 존재 상태로 나아가는 것이다. 당신은 분명한 의도와 고양된 감정을 결합시키는 방식으로, 나아가 물질을 새로운 마음 상태로 끌어올리는 방식으로 에너지를 바꾸어야 한다. 명상하기 위해 자리에 앉을 때와는 다른 기분이 들어야 한다. 그렇게 된다면 당신은 생물학적으로 변한 것이다.

그 순간 과거는 더 이상 존재하지 않을 것이다. 더 큰 진폭의 경험이 과거 경험에 기반한 프로그램 위로 다시 씌어졌기 때문이다. 그때 믿음 혹은 인식을 바꾸겠다는 당신의 선택은 결코 잊을 수 없는 경험이 된다. 그 선택이 장기 기억이 되는 것이다. 당신은 그때 미지의 가능성을 기지既知의 것으로 만들게 되고, 당신의 '과거 현재'에서 벗어나 당신이 원하는 일이 이미 일어난 '미래 현재'에 있게 된다. 그 일이 언제 어디서 어떻게 일어날지 알아낼 필요는 없다. 당신이 할 일은 단지 새로운 존재 상태로 옮겨간 다음 당신이 창조하고 있는 미래를 보는 것뿐이다.

그런 다음, 위의 과정을 다시 한 번 반복하는 것으로 두 번째 믿음 혹은 인식을 바꾸면 된다.

명상의 이 최종 과정은 약 20~30 정도 소요된다.

### 명상: 세 번째 부분

그러면 이제…… 당신 삶과 당신 자신에 대한…… 어떤 믿음 혹은 인식을 바꾸고 싶은가요?

그것을 계속 믿거나 인식하고 싶지는 않은가요?

그렇지 않다면…… 결심을 하기 바랍니다. 아주 뚜렷한 의도와 함께 말입니다. 그래야 그 결심 에너지의 진폭이…… 당신 뇌에서 굳어진 프로그램들과…… 당신 몸 속의 감정적 중독들의 에너지를 능가하고…… 그래야 당신 몸이…… 새로운 마음에 반응할 수 있습니다.

그리고 그 선택이…… 당신이 결코 잊을 수 없는…… 경험이 되게 하세요. 그리고 그 경험이…… 감정을 만들어내게 하세요. 당신 몸 속의 프로그램들을…… 다시 짜고…… 당신 몸의 생리를…… 바꿀 정도로 강한 감정이어야 합니다. 휴면 상태에서 벗어나…… 에너지를 바꾸세요. 그럼 당신 자신의 에너지로…… 당신 몸의 생리를 바꾸게 될 것입니다.

지금은 과거에서 벗어나…… 다시 가능성 속으로 들어갈 때입니다. 그리고 무한한 가능성의 장이…… 당신에게 적절한 방식으로…… 과거를 소멸하는 일을…… 허락할 때입니다. 과거를…… 포기하세요.

이제 말해보세요. 당신 자신과 당신의 삶에 대해…… 무엇을 믿고 인식하고 싶은가요? 그리고 그것을 믿고 인식하게 되면…… 어떤 기분이 들 것 같은가요?

자! 이제 새로운 존재 상태로 옮겨갈 때입니다. 그리고 당신의 몸으로 하여금…… 새 마음에 반응하게 하고…… 분명한 의도와 고양된 에너지를 결합시켜…… 당신의 에너지를 바꾸며…… 물질을 새로운 마음으로 끌어올릴 때입니다.

그리고 그 선택이…… 과거의 그 어느 경험보다…… 강한 에너지의 진폭을 갖게 하세요. 그리고 당신의 의식과 당신의 에너지로…… 당신의 몸을 바꾸세요. 그리고 새로운 존재 상태로…… 들어가세요. 그리고 그 순간에…… 새롭게 태어나세요. 그 의도적인 생각이…… 내면의 강력한 경험이 되게 하세요. 그래야 고양된 감정의 에너지가 나오고…… 그래야 그것이 절대 잊을 수 없는 기억이 되고…… 그래야 당신의 뇌와 몸 속 과거의 기억이…… 새 기억으로 대체됩니다. 자! 양자 세상의 힘을 받으세요. 일어나세요. 이 순간의 선택을…… 결코 잊을 수 없는 결정으로 만드세요.

이제, 진정으로 그렇게 믿는 것이 어떤 느낌일지…… 당신의 몸에 보여주는 것으로…… 당신의 몸으로 하여금 미래를 맛보게 하고…… 새 마음에 반응하게 하세요.

그 새로운 존재 상태로 산다는 것은…… 어떤 느낌일까요? 그때 당신은…… 어떤 선택들을 할까요? 어떻게 행동할까요? 어떤 경험들을 하게 될까요? 어떻게 살게 될까요? 무엇을 느끼게 될까요? 어떻게 사랑하게 될까요? 가능성의 무한한 파도들을…… 삶 속의 실질적인 경험으로 만드세요.

그 새로운 미래에 살면…… 어떨지 몸에게 감정으로 가르치세요. 자! 가습을 열고…… 가능성을 믿으세요. 감정을…… 고무시키세요. 이 순간과……
사랑에 빠지세요. 그리고 그 미래를…… 바로 지금 경험하세요.

이제 더 위대한 마음에게…… 당신이 가능성의 영역에서 생각하고 경험
한 것의 창조를 맡기세요. 진정으로 느꼈다면…… 그것은 언젠가 실현될 것입
니다. 가능성의 파동에서 현실의 입자로…… 비물질에서 물질로…… 생각에
서 물질의 에너지로 바뀔 것입니다.

지금 당신의 그 새 믿음을…… 의식의 장에 맡기세요. 의식의 장은……
가능성의 씨앗을 심을 것이고…… 당신을 위해 완벽한 방식으로…… 그 결과
를 만들어내는 법을 이미 잘 알고 있습니다.

이제, 당신 자신과 당신의 삶에 대해…… 당신이 바꾸고 싶은 두 번째 믿
음 혹은 인식은 무엇입니까? 그것을 계속 믿고 생각하는 것이…… 당신에게
도움이 될까요?

그렇지 않다면…… 이제 결심을 할 때입니다. 그것도 아주 분명한 의도
와 함께 말입니다. 그래야 그 결심 에너지의 고양된 진폭으로…… 당신의 몸이
새로운 마음에 반응할 수 있습니다. 그리고 당신의 그 선택은…… 최종적이어
야 합니다. 그리고 당신의 그 결정은…… 당신이 결코 잊을 수 없는 경험이 되
어야 합니다. 익숙한 휴면 상태에서 나와…… 에너지를 바꿔서…… 물질을 새
로운 마음으로 끌어올리세요. 이제 시작하세요. 힘을 내세요. 당신만의 에너
지로 바뀔 수 있습니다.

그 선택이 만들어내는 강한 에너지가…… 당신 뇌 속 잠재의식적이고 신
경학적인 프로그램들과…… 당신 몸 속의 감정적이고 유전적인 프로그램들
을…… 다시 쓰게 하세요. 그 선택이 과거보다 더…… 강력하게 만드세요. 당
신의 에너지로…… 당신 몸의 생리를 바꾸세요. 힘을 내세요.

이제 그 믿음을…… 더 위대한 지성에게 맡기세요. 그냥 그 믿음을 가능성의 장으로 보내고…… 잊어버리세요. 그것을 에너지의 장으로…… 돌려보내세요.

이제 당신 자신과 당신의 삶에 대해…… 당신이 믿고 인식하고 싶은 것은 무엇입니까? 그것을 믿고 인식하고 있을 때…… 어떤 기분이 들 것 같습니까?

자! 새로운 존재 상태가 됩시다. 그리고 당신의 몸을…… 새 마음으로 올려 보내세요. 그리고 그 선택의 에너지로 하여금…… 당신 뇌 속의 신경 회로와 당신 몸 속의 유전자를…… 다시 쓰게 하세요. 그리고 당신의 몸으로 하여금…… 자유롭게 새 미래 속으로 들어가게 하세요. 당신은 새 에너지를…… 느낄 것입니다. 당신의 몸, 당신이 처해 있는 환경, 그 시간보다…… 더 위대한 그것이 되기 위해서 말입니다. 그러면 당신은 당신의 몸, 환경, 시간을…… 지배하는 것입니다. 물질을 바꾸는…… 생각이 되세요.

그리고 그렇게 믿고…… 강해지고…… 당신만의 위대함으로 변하고…… 용기를 얻고…… 무적이 되고…… 삶과 사랑에 빠지고…… 한계 없음을 느끼고…… 기도가 이미 이루어진 것처럼 사는 것이…… 어떤 기분인지 그 감정을 몸에게 가르쳐주세요. 자! 새로운 방식으로…… 새로운 유전자를 발현시켜…… 무의식적 마음인 당신의 몸에…… 새로운 미래를 맛보게 하세요. 당신의 에너지는…… 물질을 능가하는 현상입니다. 당신의 에너지를 바꾸고…… 당신의 몸을 바꾸세요. 자! 마음으로 생각하는 것을 실현하세요.

그런 존재 상태라면…… 어떻게 살게 될까요? 그것을 믿는다면…… 당신은 어떤 선택을 하게 될까요? 어떤 행동을 하게 될까요? 그런 존재 상태라면…… 어떤 경험을 하게 될까요? 그리고 치유되고 자유로워지고…… 당신 자신과 가능성을 믿게 될 때…… 어떤 기분이 들까요? 그곳에 가보세요.

그 미래를…… 당신의 에너지로 축복하세요. 그러면 당신은…… 새 운명을 개척한 것입니다. 당신이 주의를 두는 곳이…… 당신의 에너지가 있는 곳이기 때문입니다. 미래에 투자하세요. 그리고 과거가 아닌 미래에서…… 정체성을 찾으세요. 가슴을 열고…… 당신의 몸이…… 당신만의 내면의 경험에 의해…… 바뀌게 하세요. 그리고 미지의 세계에서…… 당신이 진정으로 경험하고…… 감정으로 포용하는 것은 모두 결국…… 에너지로서의 그 주파수를 느끼게 해…… 3차원 속에서 물질로 나타난다는 것을…… 기억하세요.

이제 과거를 포기하고…… 떠나보내세요. 그 과거를…… 더 위대한 지성에게 맡기세요. 그 위대한 지성이…… 당신에게 옳은 방식이 무엇인지…… 알고 있으니까요.

이제 왼손을 들어…… 심장 위에 두세요. 당신의 몸이…… 새로운 마음에 다다르게 해달라고…… 기도하세요. 당신의 삶이…… 당신 마음의 연장延長이 될 수 있게 해달라고…… 기도하세요. 당신의 과거가…… 당신의 미래가 되지 않게 해달라고…… 기도하세요. 당신의 과거가…… 지혜가 되게 해달라고…… 기도하세요. 삶에서 겪는 역경으로…… 더 위대해질 수 있게 해달라고…… 기도하세요. 그리고 그 모든 역경의 숨겨진 의미를…… 볼 수 있게 해달라고…… 기도하세요. 영혼의 인도로…… 이 꿈에서 깨어나게 해달라고…… 기도하세요. 당신 안의 신성을 위해서…… 기도하세요. 그 신성이 일어나 당신을 깨우고…… 당신을 가득 채우고…… 당신에게 삶의 이유를 말하게 해달라고…… 기도하세요.

그리고 마지막으로…… 새로운 삶을 살게 해준 것에…… 감사하세요. 그 새로운 삶이 아직…… 시작되지 않았다고 하더라도 말입니다. 그럼 무의식적인 마음인 당신의 몸이…… 그 미래를…… 바로 지금…… 경험하기 시작할 것입니다. 감사는…… 보통 그 일이 이미 일어났을 때 드는…… 감정이니까요. 감사는…… 받는 사람이 최종적으로 느끼는…… 감정 상태이니까요.

그리고…… 그 감정을 꼭 기억하세요. 그 감정을 새 몸과…… 새 환경과…… 완전히 새로운 시간에…… 새겨 넣으세요. 이제…… 준비가 되었다면…… 눈을 떠도 됩니다.

# 후기: 초자연적이 되다

이 책의 연구 내용을 일종의 신앙 요법이라며 비판하는 사람들도 있을 것이다. 이제 나는 사실 그런 비판에 개의치 않는다. 신앙이란 결국 어떤 생각을 다른 생각들보다 더 굳게 믿는다는 것이 아닌가? 또 신앙이란 곧 (우리가 처한 객관적인 환경 조건에 상관없이) 하나의 생각을 받아들이고 그 생각이 말하는 것에 철저하게 복종하는 것이 아니겠는가? 마치 기도의 응답을 이미 다 받은 듯이 말이다. 내게는 신앙이 플라시보 효과와 크게 다른 것 같지 않다.

중요한 것은 응답해 달라고 매일 열심히 기도하는 일이 아닐지도 모른다. 그 대신 우리는 매일 명상을 끝낼 때 우리의 기도가 이미 응답받은 듯이 일어서야 할지도 모른다. 매일 그럴 수 있다면 우리는 진짜 미지의 세상에서 살고 있는 것이고, 기대할 수 없는 것을 기대할 수 있는 마음 상태에 있는 것이다. 그리고 그때 신비한 일들이 우리의 방문을 두드릴 것이다.

플라시보 효과란 생각만으로 치유되는 것을 말한다. 그런데 생각 자체는 어떻게 보면 아직 구현되지 못한 감정unmanifested emotion이라고 할 수 있다. 감정적으로 포용되어야만 그 생각은 실재가 되기 시작한다. 다시 말해 현실이 되는 것이다. 감정적 의미가 더해지지 않은 생각은 텅 빈 경험으로, 알려지게 될 때를 기다리며 잠자고 있는 상태와 같다. 그리고 하나의 생각을 경험화해 지혜로 만들 때 비로소 인류는 진화한다.

거울을 볼 때 우리는 거울에 비친 모습이 우리의 육체라는 것을 잘 안다. 그런데 우리의 진정한 자아true self, 에고ego, 영혼soul을 보려면 어떻게 해야 할까? 우리의 삶을 보면 된다. 우리의 삶이 곧 우리의 마음, 우리의 의식, 그리고 진짜 우리 자신의 거울 이미지이다.

고대로부터 내려오는 영적 가르침들 중에 높은 히말라야 산꼭대기 같은 데 앉아 삶으로부터 유리된 지혜를 말하면서 우리에게 수행자나 성자가 되라고 말하는 전통은 하나도 없다. 삶은 위대한 여정으로의 입문 같은 것이다. 삶은 자아의 위대한 수준들에 조금씩 다가가는데 필요한 하나의 기회 같은 것이다. 그렇게 삶을 받아들일 때 우리는 자신의 한계를 극복하고 의식의 더욱 확장된 수준으로 나아갈 수 있다. 희생자처럼 살지 않고 삶에서 무언가를 얻고 싶다면 말이다.

새로운 패러다임을 받아들이기 위해, 어려서부터 익힌 삶에 대한 사고 방식들을 포기하는 일이 처음에는 부자연스럽게 느껴질 것이다. 솔직히 말해 이것은 노력이 필요한 일이고, 그 노력이 쉬울 리 없다. 왜 그럴까? '변화하는 내'가 내가 아닌 것처럼 느껴지기 때문이다. 하지만 나는 천재란 불편함을 무릅쓰고 기꺼이 받아들이는 사람이라고 생각한다.

안락함을 박차고 나와 구시대적인 믿음들에 맞서 싸운 그 위대한

416

인물들이 역사적으로는 얼마나 많이 이단이나 바보로 취급되었던가? 나중에 천재나 성자, 대가로 인정받게 된 사람들이 말이다. 결국 그들은 초자연적인 존재가 되었다.

그렇다면 당신과 나는 어떻게 초자연적이 될 수 있을까? 우리는 먼저 부자연스런 일부터 해야 한다. 다시 말해 위기가 고조돼 모두가 부족하고 가난하다고 느낄 때 베풀고, 모두가 화를 내고 서로를 비난할 때 사랑을 주고, 모두가 두려움에 떨고 있을 때 용기와 평화를 보여주고, 모두가 적대적이고 공격적일 때 자애를 베풀고, 세상 사람 모두가 결과를 조작하며 맨 꼭대기에 오르려 끝없이 질주하고 경쟁하고 공격적으로 대할 때 다른 가능성에 자신을 맡기고, 역경에 처했을 때 의연한 미소를 짓고, 병에 걸렸다는 진단을 받을 때에도 자신의 온전함을 잃지 않는 것이다.

그런 상황들 속에서 그런 선택을 한다는 건 너무도 부자연스럽게 보이지만, 계속 그럴 수만 있다면 우리는 마침내 비범해질 것이고 초자연적이 될 것이다. 그리고 가장 중요하게는 당신이 초자연적이 됨으로 해서 다른 사람들도 초자연적으로 되도록 허락한다는 것이다. 다른 사람의 행동을 관찰할 때 우리의 거울 신경 세포들은 자극을 받고 발화한다. 그리고 마치 그 다른 사람과 같은 행동을 하듯 그 사람의 신경 세포의 활동을 그대로 반영한다.

예를 들어 전문 댄서가 살사를 추는 모습을 보고 나면 당신은 전보다 살사를 더 잘 추게 될 것이다. 세레나 윌리엄스가 공을 치는 장면을 보면 당신도 테니스를 더 잘 칠 수 있게 될 것이다. 누군가가 사랑과 자비로 공동체를 이끌어가는 모습을 목격할 때 당신도 당신 인생에서 똑같은 일을 하게 될 것이다. 누군가가 생각의 과정을 바꿔 스스로 질병을 치유하는 모습을 목격했다면 당신도 그와 똑같은 일을 좀 더 쉽게 하게 될 것이다.

나는 당신이 이 책을 통해 우리가 궁극적으로 믿어야 할 것은 다름 아닌 우리 자신이고 우리에게 있는 무한한 가능성임을 깨닫기 바란다. 그리고 주관 의식인 당신 자신에 대한 믿음을 객관 의식에 대한 믿음과 합칠 때 비로소 의도와 순응 사이의 균형을 이룰 수 있음을 깨닫기 바란다.

물론 어려운 일이다. 의도가 지나치면(즉 '노력'이라는 것을 과도하게 하게 하면) 당신만의 방식에 갇혀서 늘 부족함을 느끼게 될 것이다. 지나치게 순응하면 게을러지고, 아무것에도 자극을 받지 못하며, 활기를 잃게 될 것이다. 하지만 의도를 분명히 하고 가능성을 굳게 믿는다면 그때는 미지의 세계로 발을 들여놓게 될 것이다. 그리고 그때 초자연적인 일들이 일어나기 시작할 것이다. 바로 그런 존재 상태가 우리가 이르고자 하는 최고의 상태이다.

가능성에 대한 굳은 믿음과 분명한 의도가 합해질 때 우리는 이를테면 깊은 우물에서 나오는 영양이 풍부한 물을 마시는 것이다. 이전에 가능하다고 믿었던 것들 그 너머로 더 나아갔기 때문에, 그리고 스스로 만든 한계를 극복했기 때문에, 내면으로부터 온전함, 자족감, 자애심이 진정으로 흘러나오고, 바로 그때 흔치 않은 일이 일어난다. 원하는 것을 구현하는 데 가장 위대한 레시피는 미래에 대한 꿈을 꾸면서 현재의 자신에 만족하는 것이다.

더할 수 없이 온전하다고 느껴서 '그것'이 일어나고 안 일어나고에 더 이상 관심 갖지 않게 될 때, 바로 그때 당신의 눈앞에 놀라운 일들이 펼쳐질 것이다. 나는 온전한 존재 상태가 창조를 위한 완벽한 상태라는 것을 알게 되었다. 전 세계에서 수많은 사람들이 진정으로 치유되는 모습을 보면서 거듭거듭 확인한 사실이다. 그들은 정말로 이미 완전하다고 느꼈기 때문에 더 이상 원하는 것도 없고 부족한 것도 없었다. 그토록 원하던 것을 더 이상 추구하지 않는 상태에 도달한 것이다. 그들은 부여잡고 있던 것을 떠나보냈고 그 순간 놀랍게도 그들 존재보다 더 큰 무언가가 반응을 해왔고, 그들은 그 과정의 단순함에 웃을 수밖에 없었다.

나는 이 책과 나의 연구가 끝이 아니라 시작이기 바란다. 누군가가 아무것도 모르겠는 사람 솔직하게 손들어 보라고 한다면 손을 드는 그 첫 번째 사람이 내가 될 것이다. 그럼에도 이 책이 누군가의 개인적인 성장에 조금이라도 도움이 될 수 있다면 그보다 더 기쁜 일은 없을 것이다. 나는 변형에 성공한 사람들을 많이 보아왔다. 그래서 스스로 부과한 믿음의 구속에서 벗어난 사람이라면 문화, 인종, 젠더에 상관없이 모두 다 똑같아진다고 자신 있게 말할 수 있다.

생물학에서 변이emergence는 내가 특히 중요하게 생각하는 원칙이다. 당신은 한 무리의 물고기 떼가 동시에 같은 방향으로만 움직이는 모습을 본 적이 있을 것이다. 혹은 수백 마리 새 떼가 모두 마치 한 마음 한 의식인 것처럼 날아가는 모습을 본 적이 있을 것이다. 이런 현상을 볼 때 당신은 어쩌면 그 집단 내에 길을 제시하는 지도자가 있어 각각의 물고기나 새들이 그를 따르고 있다고 생각할지도 모르겠다. 수백만 혹은 수천만의 개별 유기체들이 모두 동시에 같은 일을 하는 모습은 뭔가 위에서 아래로 흐르는topdown 현상 같아 보인다. 하지만 실제로 벌어지고 있는 일은 사실 전혀 다르다.

사실은 아래에서 위로 흐르는bottomup 현상이 그와 같은 단일성을 가능하게 만든 것이다. 이 집단들에는 지도자가 없다. 아니 모두가 지도자이다. 이들은 집단 의식의 일부로서 모두 동시에 같은 일을 하고 있는 것이다. 시공간 너머에 있는 정보의 장 속에서 그 전체가 하나로 연결되어 있는 것이다. 공동체가 한 마음을 보여주고 있는 것이다. 개체들이 하나로 됨으로써 하나의 유기체가 창조되고, 개체들의 수가 많을수록 그 유기체의 힘은 더욱 대단해진다.

커다란 열정으로 세상을 바꾸려 드는 지도자는 암살당하고 말 거라는 생각이 우리 무의식에 박혀 하나의 자동적인 믿음이 되었고, 심오한 메시지로 역사의 향방을 바꾼 위대한 지도자들 대부분이 결국 '그렇게 되어버렸다.' 굳이 마틴 루터 킹 주니어, 마하트마 간디, 존 레논, 잔다르크, 윌리엄 월리스, 나사렛 예수, 에이브러햄 링컨을 들먹이지 않아도 우리의 무의식에는 선견지명이 있는 지도자라면 모두 진리를 위해 목숨을 내놓아야 한다고 말하는 글귀가 선명히 찍혀져 있다. 하지만 어쩌면 우리는 이제 진리를 위해 죽는 것보다 진리를 위해 '사는 것'이 더 중요한 시대에 와 있는지도 모른다.

수백, 수천, 수만 명이 가능성에 기반한 새로운 의식을 받아들인다면, 의도를 가지고 행동한다면, 사랑·자애·자비라는 더 보편적인 법칙에 따라 살아간다면, 그때 새로운 의식이 출현하게 될 것이고, 우리는 진정한 하나임을 경험하게 될 것이다. 그때 우리는 암살하기에는 너무 많은 지도자를 갖게 될 것이다.

그러므로 당신이 매일 당신 최고의 모습을 보이며 스트레스 호르몬이 일으키는 이기적인 마음 상태를 극복해 낸다면(나도 마찬가지로), 우리는 모두 함께 우리 자신을 바꾸는 것으로 세상을 바꾸는 것이다. 그리고 만약에 충분히 많은 사람들이 스스로 좀 더 온전한 인간이 되고자 노력한다면, 그들이 속해 있는 공동체가 세상 속에서 우뚝 설 것이고, 마침내는 두려움, 경쟁, 결핍, 적대, 탐욕, 속임수를 기반으로 하는 오늘날의 사고 방식이 소멸되고 말 것이다. 그때 새것이 낡은 것을 몰아내게 될 것이다.

걱정스러운 것은 세상의 과학적 연구들이 사리사욕에 많이 좌우되고 종종 돈의 영향을 받기도 한다는 사실이다. 이 때문에 나는 실제로 세상이 어떻게 움직이는지와 관련해 과연 진실이 말해지고 있는가 하는 의문을 품곤 한다. 이런 상황이라면 진리를 발견하고 말고는 결국 우리 자신에게 달려 있는 셈이다.

수십억 명의 사람들이 살고 있는 이 세상이 물고기 집단처럼 한몸으로 움직인다면 어떨까? 모두가 무한한 가능성 속에서 희망찬 생각들을 품고 그 생각들이 사람들로 하여금 더욱 감동적인 선택, 더욱 이타적인 행동, 더욱더 큰 깨우침을 주는 경험을 하게 한다면 어떨까? 그렇다면 사람들은 더 이상 스스로를 물질이라고, 별 가능성 없다고 느끼면서 현재의 우리에게 너무도 익숙한 생존 감정들에 얽매여 살지 않아도 될 것이다. 그 대신 훨씬 크고 이타적이고 진심 어린 감정들로 살아가고, 스스로를 물질이 아닌 에너지라고 느끼며 더 위대한 것과 연결되어 살아갈 것이다.

그럴 수 있다면 그때는 완전히 다른 세상이 나타날 것이고, 우리는 열린 가슴에 기반한 새로운 신조를 따라 살아가게 될 것이다. 눈을 감고 명상을 할 때 내가 보는 세상이 바로 그렇다.

—조 디스펜자

# 부록: 믿음과 인식을 바꾸는 명상을 위한 스크립트

내 웹사이트에서 미리 녹음된 CD나 MP3를 구입하는 대신 당신 스스로 명상 안내문을 녹음하고 싶다면 편하게 다음 두 스크립트를 읽고 녹음하기 바란다. 첫 번째는 한 시간 분량으로 두 개의 믿음 혹은 인식을 바꾸는 스크립트이고, 두 번째는 45분 분량으로 하나의 믿음 혹은 인식을 바꾸는 스크립트이다.

녹음을 할 때는 말줄임표로 띄어쓰기를 해둔 곳에서 1초 정도 쉬어주고, 문장 사이사이에는 최소한 5초 동안 쉬어주라. 각 명상의 두 번째 부분 뒤에는 침묵의 시간을 포함시키자. 한두 개의 믿음 혹은 인식을 바꾸기 전에 미지의 세계에 잠시 머무를 시간을 주기 위해서다. 이 부분에는 따로 메모를 해두었다.

## 두 개의 믿음 혹은 인식을 바꾸는 1시간 버전의 명상

이제 공간 속…… 당신의 눈과 눈 사이의 공간에…… 주의를 집중하세요. 그리고 공간 속 그 눈과 눈 사이 공간의…… 에너지를…… 느끼세요.

이제 공간 속…… 양쪽 관자놀이(눈과 귀 사이) 사이의 공간에…… 주의를 집중하세요.

그리고 공간 속 그 관자놀이 사이에 있는 공간의…… 부피를…… 느끼세요.

이제 공간 속…… 콧구멍이 있는 공간에…… 주의를 집중하세요.

그리고 공간 속 그 콧구멍 속 공간의…… 부피를…… 느끼세요.

이제 공간 속…… 혀와 목구멍 사이의 공간에…… 주의를 집중하세요.

그리고 공간 속 목구멍 속 공간의…… 부피를…… 느끼세요.

이제 공간 속…… 양쪽 귀 주변에 있는 공간의…… 에너지를 느끼세요.

그리고 공간 속 귀 너머에 있는 공간의…… 에너지를…… 느끼세요.

그리고 공간 속…… 당신 턱 아래에 있는…… 공간에 주의를 집중하세요.

그리고 공간 속…… 목 주변에 있는…… 공간의 부피를…… 느끼세요.

그리고 이제 공간 속…… 당신 가슴 너머에 있는…… 공간을 느끼세요.

그리고 공간 속…… 당신 가슴 주변에 있는 공간의…… 에너지를…… 느끼세요.

그리고 이제 공간 속…… 당신의 두 어깨 너머에 있는 공간의 ……부피에 집중하세요.

그리고 공간 속…… 당신 어깨 주변에 있는 공간의…… 에너지를 느끼세요.

그리고 공간 속…… 당신 등 뒤의 공간에 ……집중하세요.

그리고 공간 속…… 척추 너머에 있는 공간의…… 에너지를 느끼세요.

그리고 이제 공간 속…… 당신의 두 허벅지 사이의 공간에…… 주의를 집중하세요.

그리고 공간 속…… 당신의 두 무릎을 연결하는…… 공간의 에너지를 느끼세요.

그리고 이제 공간 속…… 당신의 두 발 주변에 있는 공간의…… 부피를 느끼세요.

그리고 공간 속…… 당신의 두 발 너머에 있는 공간의…… 에너지를 느끼세요.

그리고 공간 속…… 당신의 전체 몸 주변에 있는 공간에…… 집중하세요.

그리고 공간 속…… 당신 몸 너머에 있는 공간의…… 에너지를 느끼세요.

그리고 이제 공간 속…… 당신 몸과 사방의 벽 사이에 있는 공간에…… 집중하세요.

그리고 공간 속…… 이 방 전체가 차지하는 공간의 부피를…… 느끼세요.

그리고 이제 공간 속…… 모든 공간이 차지하는 공간에…… 주의를 집중하세요.

그리고 공간 속…… 모든 공간이 차지하는 공간을…… 느끼세요.


이제…… 아무 몸도 아무 사람도 아무 사물도 되지 않고…… 공간도 시간도 없는…… 잠재성의 무한한 장field에서…… 순수 의식이 되고…… 하나의 자각이 될 때입니다. 그리고 당신의 에너지를…… 미지의 세계에 투자할 때입니다. 그 미지의 세계에 오래 머물수록…… 삶은 더 새로워질 것입니다. 무한의 암흑 속에서…… 단지 하나의 생각이 되세요. 그 다음 아무 사물도 아무 몸도 아닌 것에…… 시간조차 없는 곳에 당신의 주의를 집중하세요.

그리고 양자 관찰자인 당신의 마음이…… 기존의 익숙한 현실 속 이미 알고 있는 것들…… 곧 익숙한…… 사람들, 물건들, 장소들…… 당신의 몸, 당신의 정체성, 당신의 감정…… 시간, 과거, 또 과거와 똑같은 뻔한 미래로 되돌아가면…… 그저 당신이 이미 알고 있는 것을 관찰하려 한다는 것을 알아차리세요. 그리고 다시 가능성의 텅 빈 공간에…… 당신의 의식을 맡기세요. 그리고 아무 사람도 아무 몸도 아무 사물도 되지 말고 어떤 공간이나 시간에도 머무르지 마세요. 양자 가능성의 비물질적인 세계 속으로 들어가세요.…… 가능성을 더 많이 자각하면 할수록…… 당신의 삶에도 더 많은 기회가 생길 것이고…… 가능성도 더 많아질 것입니다. 현재에 머무세요.

[전체 명상 시간을 고려해 5분에서 20분 정도 이 상태에 머문다.]

그러면 이제…… 당신 삶과 당신 자신에 대한…… 어떤 믿음 혹은 인식을 바꾸고 싶은지 떠올립니다.

그것을 그대로 계속해서 믿거나 인식하고 싶은가요?

그렇지 않다면…… 결심을 하기 바랍니다. 아주 뚜렷한 의도와 함께 말입니다. 그래야 그 결심 에너지의 진폭이…… 당신 뇌에서 굳어진 프로그램들과…… 당신 몸 속의 감정적 중독들의 에너지를 능가하고…… 그래야 당신 몸이…… 새로운 마음에 반응할 수 있습니다.

그리고 그 선택이…… 당신이 결코 잊을 수 없는…… 경험이 되게 하세요. 그리고 그 경험이…… 감정을 만들어내게 하세요. 당신 몸 속의 프로그램들을…… 다시 짜고…… 당신 몸의 생리를…… 바꿀 정도로 강한 감정이어야 합니다. 휴면 상태에서 벗어나…… 에너지를 바꾸세요. 그럼 당신 자신의 에너지로…… 당신 몸의 생리를 바꾸게 될 것입니다.

지금은 과거에서 벗어나…… 다시 가능성 속으로 들어갈 때입니다. 그리고 무한한 가능성의 장이…… 당신에게 적절한 방식으로…… 과거를 소멸하는 일을…… 허락할 때입니다. 과거를…… 포기하세요.

이제 말해보세요. 당신 자신과 당신의 삶에 대해…… 무엇을 믿고 인식하고 싶은가요? 그리고 그것을 믿고 인식하게 되면…… 어떤 기분이 들 것 같은가요?

자! 이제 새로운 존재 상태로 옮겨갈 때입니다. 그리고 당신의 몸으로 하여금…… 새 마음에 반응하게 하고…… 분명한 의도와 고양된 에너지를 결합시켜…… 당신의 에너지를 바꾸며…… 물질을 새로운 마음으로 끌어올릴 때입니다.

그리고 그 선택이…… 과거의 그 어느 경험보다…… 강한 에너지의 진폭을 갖게 하세요. 그리고 당신의 의식과 당신의 에너지로…… 당신의 몸을 바꾸세요. 그리고 새로운 존재 상태로…… 들어가세요. 그리고 그 순간에…… 새롭게 태어나세요. 그 의도적인 생각이…… 내면의 강력한 경험이 되게 하세요. 그래야 고양된 감정의 에너지가 나오고…… 그래야 그것이 절대 잊을 수 없는 기억이 되고…… 그래야 당신의 뇌와 몸 속 과거의 기억이…… 새 기억으로 대체됩니다. 자! 양자 세상의 힘을 받으세요. 일어나세요. 이 순간의 선택을…… 결코 잊을 수 없는 결정으로 만드세요.

이제, 진정으로 그렇게 믿는 것이 어떤 느낌일지…… 당신의 몸에 보여주는 것으로…… 당신의 몸으로 하여금 미래를 맛보게 하고…… 새 마음에 반응하게 하세요.

그 새로운 존재 상태로 산다는 것은…… 어떤 느낌일까요? 그때 당신은…… 어떤 선택들을 할까요? 어떻게 행동할까요? 어떤 경험들을 하게 될까요? 어떻게 살게 될까요? 무엇을 느끼게 될까요? 어떻게 사랑하게 될까요? 가능성의 무한한 파도들을…… 삶 속의 실질적인 경험으로 만드세요.

그 새로운 미래에 살면…… 어떻지 몸에게 감정으로 가르치세요. 자! 가슴을 열고…… 가능성을 믿으세요. 감정을…… 고무시키세요. 이 순간과…… 사랑에 빠지세요. 그리고 그 미래를…… 바로 지금 경험하세요.

이제 더 위대한 마음에게…… 당신이 가능성의 영역에서 생각하고 경험한 것의 창조를 맡기세요. 진정으로 느꼈다면…… 그것은 언젠가 실현될 것입니다. 가능성의 파동에서 현실의 입자로…… 비물질에서 물질로…… 생각에서 물질의 에너지로 바뀔 것입니다.

지금 당신의 그 새 믿음을…… 의식의 장에 맡기세요. 의식의 장은…… 가능성의 씨앗을 심을 것이고…… 당신을 위해 완벽한 방식으로…… 그 결과를 만들어내는 법을 이미 잘 알고 있습니다.

이제, 당신 자신과 당신의 삶에 대해…… 당신이 바꾸고 싶은 두 번째 믿음 혹은 인식은 무엇입니까? 그것을 계속 믿고 생각하는 것이…… 당신에게 도움이 될까요?

그렇지 않다면…… 이제 결심을 할 때입니다. 그것도 아주 분명한 의도와 함께 말입니다. 그래야 그 결심 에너지의 고양된 진폭으로…… 당신의 몸이 새로운 마음에 반응할 수 있습니다. 그리고 당신의 그 선택은…… 최종적이어야 합니다. 그리고 당신의 그 결정은…… 당신이 결코 잊을 수 없는 경험이 되어야 합니다. 익숙한 휴면 상태에서 나와…… 에너지를 바꿔서…… 물질을 새로운 마음으로 끌어올리세요. 이제 시작하세요. 힘을 내세요. 당신만의 에너지로 바뀔 수 있습니다.

그 선택이 만들어내는 강한 에너지가…… 당신 뇌 속 잠재의식적이고 신경학적인 프로그램들과…… 당신 몸 속의 감정적이고 유전적인 프로그램들을…… 다시 쓰게 하세요. 그 선택이 과거보다 더…… 강력하게 만드세요. 당신의 에너지로······ 당신 몸의 생리를 바꾸세요. 힘을 내세요.

이제 그 믿음을······ 더 위대한 지성에게 맡기세요. 그냥 그 믿음을 가능성의 장으로 보내고······ 잊어버리세요. 그것을 에너지의 장으로······ 돌려보내세요.

이제 당신 자신과 당신의 삶에 대해······ 당신이 믿고 인식하고 싶은 것은 무엇입니까? 그것을 믿고 인식하고 있을 때······ 어떤 기분이 들 것 같습니까?

자! 새로운 존재 상태가 됩시다. 그리고 당신의 몸을······ 새 마음으로 올려 보내세요. 그리고 그 선택의 에너지로 하여금······ 당신 뇌 속의 신경 회로와 당신 몸 속의 유전자를······ 다시 쓰게 하세요. 그리고 당신의 몸으로 하여금······ 자유롭게 새 미래 속으로 들어가게 하세요. 당신은 새 에너지를······ 느낄 것입니다. 당신의 몸, 당신이 처해 있는 환경, 그 시간보다······ 더 위대한 그것이 되기 위해서 말입니다. 그러면 당신은 당신의 몸, 환경, 시간을······ 지배하는 것입니다. 물질을 바꾸는······ 생각이 되세요.

그리고 그렇게 믿고······ 강해지고······ 당신만의 위대함으로 변하고······ 용기를 얻고······ 무적이 되고······ 삶과 사랑에 빠지고······ 한계 없음을 느끼고······ 기도가 이미 이루어진 것처럼 사는 것이······ 어떤 기분인지 그 감정을 몸에게 가르쳐주세요. 자! 새로운 방식으로······ 새로운 유전자를 발현시켜······ 무의식적 마음인 당신의 몸에······ 새로운 미래를 맛보게 하세요. 당신의 에너지는······ 물질을 능가하는 현상입니다. 당신의 에너지를 바꾸고······ 당신의 몸을 바꾸세요. 자! 마음으로 생각하는 것을 실현하세요.

그런 존재 상태라면······ 어떻게 살게 될까요? 그것을 믿는다면······ 당신은 어떤 선택을 하게 될까요? 어떤 행동을 하게 될까요? 그런 존재 상태라면······ 어떤 경험을 하게 될까요? 그리고 치유되고 자유로워지고······ 당신 자신과 가능성을 믿게 될 때…… 어떤 기분이 들까요? 그곳에 가보세요.

그 미래를…… 당신의 에너지로 축복하세요. 그러면 당신은…… 새 운명을 개척한 것입니다. 당신이 주의를 두는 곳이…… 당신의 에너지가 있는 곳이기 때문입니다. 미래에 투자하세요. 그리고 과거가 아닌 미래에서…… 정체성을 찾으세요. 가슴을 열고…… 당신의 몸이…… 당신만의 내면의 경험에 의해…… 바뀌게 하세요. 그리고 미지의 세계에서…… 당신이 진정으로 경험하고…… 감정으로 포용하는 것은 모두 결국…… 에너지로서의 그 주파수를 느리게 해…… 3차원 속에서 물질로 나타난다는 것을…… 기억하세요.

이제 과거를 포기하고…… 떠나보내세요. 그 과거를…… 더 위대한 지성에게 맡기세요. 그 위대한 지성이…… 당신에게 옳은 방식이 무엇인지…… 알고 있으니까요.

이제 왼손을 들어…… 심장 위에 두세요. 당신의 몸이…… 새로운 마음에 다다르게 해달라고…… 기도하세요. 당신의 삶이…… 당신 마음의 연장延長이 될 수 있게 해달라고…… 기도하세요. 당신의 과거가…… 당신의 미래가 되지 않게 해달라고…… 기도하세요. 당신의 과거가…… 지혜가 되게 해달라고…… 기도하세요. 삶에서 겪는 역경으로…… 더 위대해질 수 있게 해달라고…… 기도하세요. 그리고 그 모든 역경의 숨겨진 의미를…… 볼 수 있게 해달라고…… 기도하세요. 영혼의 인도로…… 이 꿈에서 깨어나게 해달라고…… 기도하세요. 당신 안의 신성을 위해서…… 기도하세요. 그 신성이 일어나 당신을 깨우고…… 당신을 가득 채우고…… 당신에게 삶의 이유를 말하게 해달라고…… 기도하세요.

그리고 마지막으로…… 새로운 삶을 살게 해준 것에…… 감사하세요. 그 새로운 삶이 아직…… 시작되지 않았다고 하더라도 말입니다. 그럼 무의식적인 마음인 당신의 몸이…… 그 미래를…… 바로 지금…… 경험하기 시작할 것입니다. 감사는…… 보통 그 일이 이미 일어났을 때 드는…… 감정이니까요. 감사는…… 받는 사람이 최종적으로 느끼는…… 감정 상태이니까요.

그리고…… 그 감정을 꼭 기억하세요. 그 감정을 새 몸과…… 새 환경과…… 완전히 새로운 시간에…… 새겨 넣으세요. 이제…… 준비가 되었다면…… 눈을 떠도 됩니다.

## 한 개의 믿음 혹은 인식을 바꾸는 45분 버전의 명상

이제 공간 속…… 당신의 눈과 눈 사이의 공간에…… 주의를 집중하세요.

그리고 공간 속 그 눈과 눈 사이 공간의…… 에너지를…… 느끼세요.

이제 공간 속…… 양쪽 관자놀이(눈과 귀 사이) 사이의 공간에…… 주의를 집중하세요.

그리고 공간 속 그 관자놀이 사이에 있는 공간의…… 부피를…… 느끼세요.

이제 공간 속…… 콧구멍이 있는 공간에…… 주의를 집중하세요.

그리고 공간 속 그 콧구멍 속 공간의…… 부피를…… 느끼세요.

이제 공간 속…… 혀와 목구멍 사이의 공간에…… 주의를 집중하세요.

그리고 공간 속 목구멍 속 공간의…… 부피를…… 느끼세요.

이제 공간 속…… 양쪽 귀 주변에 있는 공간의…… 에너지를 느끼세요.

그리고 공간 속 귀 너머에 있는 공간의…… 에너지를…… 느끼세요.

그리고 공간 속…… 당신 턱 아래에 있는…… 공간에 주의를 집중하세요.

그리고 공간 속…… 목 주변에 있는…… 공간의 부피를…… 느끼세요.

그리고 이제 공간 속…… 당신 가슴 너머에 있는…… 공간을 느끼세요.

그리고 공간 속…… 당신 가슴 주변에 있는 공간의…… 에너지를…… 느끼세요.

그리고 이제 공간 속…… 당신의 두 어깨 너머에 있는 공간의 ……부피에 집중하세요.

그리고 공간 속…… 당신 어깨 주변에 있는 공간의…… 에너지를 느끼세요.

그리고 공간 속…… 당신 등 뒤의 공간에…… 집중하세요.

그리고 공간 속…… 척추 너머에 있는 공간의…… 에너지를 느끼세요.

그리고 이제 공간 속…… 당신의 두 허벅지 사이의 공간에…… 주의를 집중하세요.

그리고 공간 속…… 당신의 두 무릎을 연결하는…… 공간의 에너지를 느끼세요.

그리고 이제 공간 속…… 당신의 두 발 주변에 있는 공간의…… 부피를 느끼세요.

그리고 공간 속…… 당신의 두 발 너머에 있는 공간의…… 에너지를 느끼세요.

그리고 공간 속…… 당신의 전체 몸 주변에 있는 공간에…… 집중하세요.

그리고 공간 속…… 당신 몸 너머에 있는 공간의…… 에너지를 느끼세요.

그리고 이제 공간 속…… 당신 몸과 사방의 벽 사이에 있는 공간에…… 집중하세요.

그리고 공간 속…… 이 방 전체가 차지하는 공간의 부피를…… 느끼세요.

그리고 이제 공간 속…… 모든 공간이 차지하는 공간에…… 주의를 집중하세요.

그리고 공간 속…… 모든 공간이 차지하는 공간을…… 느끼세요.


이제…… 아무 몸도 아무 사람도 아무 사물도 되지 않고…… 공간도 시간도 없는…… 잠재성의 무한한 장에서…… 순수 의식이 되고…… 자각이 될 때입니다. 그리고 당신의 에너지를…… 미지의 세계에 투자할 때입니다. 그 미지의 세계에 오래 머물수록…… 미지의 것을 더 많이 얻게 될 것입니다. 무한의 암흑 속에서…… 단지 하나의 생각이 되십시오. 그 다음 아무 사물도 아무 몸도 아닌 것에…… 시간조차 없는 곳에…… 당신의 주의를 집중하세요. 그 미지의 세계에 오래 머물수록…… 삶은 더 새로워질 것입니다.


입자, 사건, 물질, 시간과 공간, 감각의 세상, 기지의 것에서 벗어나…… 파동, 의식, 비물질, 시간과 공간을 초월한 곳, 감각을 초월한 세상, 미지의 것을 알아차리세요. 그리고 양자 관찰자인 당신의 마음이…… 기존의 익숙한 현실 속 이미 알고 있는 것들…… 곧 익숙한 …… 사람들, 물건들 혹은 장소들…… 당신의 몸, 당신의 정체성, 당신의 감정…… 시간, 과거, 또 과거와 똑같은 뻔한 미래로 돌아가면…… 그저 당신이 이미 알고 있는 것을 관찰하려 한다는 것을 알아차리세요. 그리고 다시 당신의 의식을…… 가능성의 텅 빈 공간에 맡기세요. 그리고 아무 사람도 아무 몸도 아무 사물도 되지 말고 어떤 공간이나 시간에도 머무르지 마세요. 양자 가능성의 비물질적인 세계…… 그 영원의 암흑을…… 다시 자각하세요. 가능성을 자각하면 할수록…… 당신의 삶에도 더 많은 기회가 생길 것이고…… 가능성도 더 많아질 것입니다. 현재에 머무세요.

[전체 명상 시간을 고려해 5분에서 10분 정도 이 상태에 머문다.]

그러면 이제…… 당신 삶과 자신에 대해…… 어떤 믿음 혹은 인식을 바꾸고 싶은지 떠올립니다.

그것을 그대로 계속해서 믿거나 인식하고 싶은가요?

그렇지 않다면…… 뚜렷한 의도와 함께…… 결심을 할 때입니다. 그래야 그 결심 에너지의 진폭이…… 당신 뇌에서 굳어진 프로그램들과…… 당신 몸 속의 감정적 중독들의 에너지를 능가하고…… 그래야 당신 몸이…… 새로운 마음에 반응할 수 있습니다. 그리고 그 선택이…… 당신이 결코 잊을 수 없는…… 경험이 되게 하세요. 그리고 그 경험이…… 감정을 만들어내게 하세요. 당신 몸 속의 프로그램들을…… 다시 짜고…… 당신 몸의 생리를 바꿀 정도로…… 강한 감정이어야 합니다.

휴면 상태에서 벗어나…… 에너지를 바꾸세요. 그러면 당신 자신의 에너지로…… 당신 몸의 생리를 바꾸게 될 것입니다. 자! 열정적으로, 그 선택이…… 당신 과거를…… 능가하게 하세요. 힘을 내고…… 열정을 가지세요! 당신의 에너지로…… 당신을 바꾸세요. 그리고 이제 더 위대한 지성…… 더 위대한 마음에…… 그 믿음을 맡기세요. 그 믿음을 포기하고…… 가능성의 장으로 떠나보내고…… 에너지의 세상으로 돌려보내세요.

이제, 당신 자신과 당신의 삶에 대해…… 무엇을 믿고 인식하고 싶은가요? 그리고 그것을 믿고 인식하고 있을 때…… 어떤 기분이 들 것 같은가요? 자, 이제…… 새로운 존재 상태로 옮겨가고…… 당신의 몸을 새로운 마음으로…… 끌어올릴 때입니다. 그리고 이 선택의 에너지가…… 당신 뇌 속의 회로들을…… 다시 짜고…… 당신 몸 속의 유전자들을…… 바꾸게 하세요. 그리고 당신 몸을······ 과거에서 해방시켜····· 미래로 보내세요. 분명한 의도와······ 고양된 감정을····· 결합시켜····· 당신의 에너지를 바꾸세요. 그러면 물질이······ 새 마음으로 올라갈 것입니다. 그리고 그 선택이····· 과거의 어느 경험보다······ 강한 에너지의 진폭을····· 갖게 하세요. 그리고 당신의 의식과 당신의 에너지로······ 당신의 몸을 바꾸세요. 새로운 존재 상태로····· 들어가세요. 그리고 그 순간에····· 새롭게 태어나세요. 이 내면의 과정에····· 이 경험에······ 그런 고양된 감정적 에너지가 깃들게 하세요. 그러면····· 결코 잊을 수 없는 기억이······ 될 것입니다.

그리고 그렇게 믿고······ 강해지고····· 당신만의 위대함으로 변하고····· 용기를 얻고······ 무적이 되고····· 삶과 사랑에 빠지고····· 한계 없음을 느끼고······ 기도가 이미 이루어진 것처럼 사는 것이····· 어떤 기분인지 그 감정을 몸에게 가르쳐주세요. 당신의 몸에게····· 새로운 방식으로····· 새로운 유전자를 발현하는······ 미래를 맞보게 하세요. 물질을 바꾸는 것은····· 당신의 에너지입니다. 그리고 당신의 에너지가 바뀔 때····· 당신의 몸이 바뀝니다. 자! 마음속으로 생각하는 것을······ 구현하세요. 그 새로운 존재 상태에서라면····· 당신은 어떻게 살게 될까요? 어떤 선택을 내릴까요? 어떤 행동을 하고····· 어떤 경험을 할까요? 그리고 가능성을 믿고 당신 자신을 믿는 것····· 치유되고 자유로워지고······ 영혼에 의해 바뀌는 것은····· 어떤 느낌일까요? 자! 당신의 미래를 사랑하여······ 그것을 삶으로 만드세요. 그러면 당신이····· 그 미래를······ 창조한 것입니다. 그 존재 상태에서······ 그 미래를····· 관심을 기울이며······ 돌보세요. 관심을 두는 곳이······ 당신의 에너지가 놓이는 곳이니까요. 그 미래를 관찰하는 것으로······ 그 미래에 투자하세요. 그리고 익숙한 과거 대신에······ 새로운 미래에서····· 정체성을 찾으세요. 가슴을 열고····· 당신만의 내면의 경험으로 당신의 몸이…… 바뀔 수 있도록 허락하세요. 당신이 가능성 속에서…… 진정으로 경험하고…… 감정적으로 포용하는 것은…… 모두 결국 언제든 실현될 테니까요. 생각에서 에너지로…… 그리고 물질로 변할 테니까요. 이제 창조는…… 더 위대한 지성에게 맡기고…… 포기하고 떠나보내세요. 그것이…… 언젠가 당신에게 옳은 방식으로…… 실행될 수 있게 말입니다.

이제 왼손을 들어…… 심장 위에 두세요. 당신의 몸이…… 새로운 마음과 새로운 에너지에 다다르게 해달라고…… 기도하세요. 당신의 삶이…… 당신 마음의 연장延長이 될 수 있게 해달라고…… 당신의 존재 상태가…… 당신의 세상에 반영되게 해달라고…… 기도하세요. 당신의 과거가…… 당신의 미래가 되지 않게 해달라고…… 기도하세요. 당신의 과거가…… 지혜가 되게 해달라고…… 기도하세요. 삶에서 겪는 역경으로…… 더 위대해질 수 있게 해달라고…… 기도하세요. 영혼의 인도로…… 이 꿈에서 깨어나게 해달라고…… 기도하세요. 당신 안의…… 그 보이지 않는 것을 위해서…… 기도하세요. 그 에너지가…… 당신 안에서 움직이고 일어나게 해달라고…… 기도하세요. 그것이 당신을 관통하고…… 당신 주변의 모든 곳에서 움직이게 해달라고…… 기도하세요. 그것의 마음이 당신의 마음이 되고…… 그것의 본성이 당신의 본성이 되고…… 그것의 의지가 당신의 의지가 되고…… 그것이 삶을 사랑하듯이…… 당신도 삶을 사랑하게 해달라고…… 기도하세요. 그리고 그것이 당신 삶에서…… 어떤 방식으로든 신호를 보내…… 그 대의大義를 알리게 해달라고 기도하세요. 그것이 실재함을 알게 해달라고…… 기도하세요. 그리고 이제 생각이 신호를 보냈다면…… 느낌이 사건을 불러왔다면…… 감사의 상태로 옮겨가세요. 그리고 새로운 삶이 나타나기 전에…… 그 새로운 삶에 감사하세요.

감사의 감정을 갖는 것은…… 그 일이 이미 일어났음을…… 의미합니다. 감사의 상태에 더 오래 머물수록…… 삶이 더 새로워질 것입니다. 감사는 받는 사람이 최종적으로 느끼는…… 감정 상태이니까요. 이제 새 몸…… 새 삶…… 완전히 새로운 미래의 시간을…… 자각하세요. 준비가 되었다면…… 눈을 뜨세요.

\* 이 명상 가이드는 샨티TV에 업로드되어 있습니다.
youtube.com/theshantibooks에서 '믿음과 인식을 바꾸는 명상'을
검색하셔도 되고, 오른쪽 큐알코드를 이용하셔도 됩니다.

# 주

## 1장

1. C.K. Meador, "Hex Death: Voodoo Magic or Persuasion?" *Southern Medical Journal*, Vol. 85, no. 3: pp. 244~247 (1992).

2. R.R. Reeves, M.E. Ladner, R.H. Hart, et al., "Nocebo Effects with Antidepressant Clinical Drug Trial Placebos," *General Hospital Psychiatry*, vol. 29, no. 3: pp. 275~277 (2007); C.K. Meador, *True Medical Detective Stories* (North Charleston, SC: CreateSpace, 2012).

3. A.F. Leuchter, I. A. Cook, E.A. Witte, et al., "Changes in Brain Function of Depressed Subjects During Treatment with Placebo," *American Journal of Psychiatry*, vol. 159, no. 1: pp. 122~129 (2002).

4. B. Klopfer, "Psychological Variables in Human Cancer," *Journal of Protective Techniques*, vol. 21, no. 4: pp. 331~340 (1957).

5. J.B. Moseley, Jr., N.P. Wray, D. Kuykendall, et al., "Arthroscopic Treatment of Osteoarthritis of the Knee: A Prospective, Randomized, Placebo-Controlled Trial. Results of a Pilot Study," *American Journal of Sports Medicine*, vol. 24, no. 1: pp. 28~34 (1996).

6. Discovery Health Channel, Discovery Networks Europe, Discovery Channel University, et al., *Placebo: Mind Over Medicine?* directed by J. Harrison, aired

2002 (Princeton, NJ: Films for the Humanities & Sciences, 2004), DVD.

7. J.B. Moseley, Jr., K. O'Malley, N.J. Petersen, et al., "A Controlled Trial of Arthroscopic Surgery for Osteoarthritis of the Knee," *New England Journal of Medicine*, vol. 347, no. 2: pp. 81~88 (2002); 다음의 유사한 결과를 보여주는 독립적인 연구도 참조하기 바란다. A. Kirkley, T.B. Birmingham, R.B. Litchfield, et al., "A Randomized Trial of Arthroscopic Surgery for Osteoarthritis of the Knee," *New England Journal of Medicine*, vol. 359, no. 11: pp. 1097~1107 (2008).

8. L.A. Cobb, G.I. Thomas, D.H. Dillard, et al., "An Evaluation of Internal-MammaryArtery Ligation by a DoubleBlind Technic," *New England Journal of Medicine*, vol. 260, no. 22: pp. 1115~1118 (1959); E.G. Diamond, C.F. Kittle, and J.E. Crockett, "Comparison of Internal Mammary Artery Ligation and Sham Operation for Angina Pectoris," *American Journal of Cardiology*, vol. 5, no. 4: pp. 483~486 (1960).

9. T. Maruta, R.C. Colligan, M. Malinchoc, et al., "Optimism-Pessimism Assessed in the 1960s and Self-Reported Health Status 30 Years Later," *Mayo Clinic Proceedings*, vol. 77, no. 8: pp. 748~753 (2002).

10. T. Maruta, R.C. Colligan, M. Malinchoc, et al., "Optimists vs. Pessimists: Survival Rate Among Medical Patients over a 30-Year Period," *Mayo Clinic Proceedings*, vol. 75, no. 2: pp. 140~143 (2000).

11. B.R. Levy, M.D. Slade, S.R. Kunkel, et al., "Longevity Increased by Positive Self-Perceptions of Aging," *Journal of Personality and Social Psychology*, vol. 83, no. 2: pp. 261~270 (2002).

12. I.C. Siegler, P.T. Costa, B.H. Brummett, et al., "Patterns of Change in Hostility from College to Midlife in the UNC Alumni Heart Study Predict HighRisk Status," *Psychosomatic Medicine*, vol. 65, no. 5: pp. 738~745 (2003).

13. J.C. Barefoot, W.G. Dahlstrom, and R.B. Williams, Jr., "Hostility, CHD Incidence, and Total Mortality: A 25-Year Follow-Up Study of 255 Physicians," *Psychosomatic Medicine*, vol. 45, no. 1: 59~63 (1983).

14. D.M. Becker, L.R. Yanek, T.F. Moy, et al., "General WellBeing Is Strongly Protective Against Future Coronary Heart Disease Events in an Apparently Healthy High-Risk Population," Abstract #103966, presented at American Heart Association Scientific Sessions, Anaheim, CA, (November 12, 2001).

15. National Cancer Institute, "Anticipatory Nausea and Vomiting (Emesis)" (2013), www.cancer.gov/cancertopics/pdq/supportivecare/nausea/ HealthProfessional/page4#Reference4.2.

16. J.T. Hickok, J.A. Roscoe, and G.R. Morrow, "The Role of Patients' Expectations in the Development of Anticipatory Nausea Related to Chemotherapy for Cancer," *Journal of Pain and Symptom Management*, vol. 22, no. 4: pp. 843~850 (2001).

17. R. de la Fuente-Fernández, T.J. Ruth, V. Sossi, et al., "Expectation and Dopamine Release: Mechanism of the Placebo Effect in Parkinson's Disease," *Science*, vol. 293, no. 5532: pp. 1164~1166 (2001).

18. C.R. Hall, "The Law, the Lord, and the Snake Handlers: Why a Knox County Congregation Defies the State, the Devil, and Death," *Louisville Courier Journal* (August 21, 1988); also see http://www.wku.edu/ agriculture/ thelaw.pdf.

19. K. Dolak, "Teen Daughters Lift 3,000-Pound Tractor Off Dad," ABC News (April 10, 2013), http://abcnews.go.com/blogs/headlines/2013/04/teen-daughters-lift-3000-pound-tractor-off-dad.

20. 주 1을 참조.

2장

1. H.K. Beecher, "The Powerful Placebo," *Journal of the American Medical Association*, vol. 159, no. 17: pp. 1602~1606 (1955).

2. W.B. Cannon, "Voodoo Death," *American Anthropologist*, vol. 44, no. 2: pp.

169~181 (1942).

3. '플라시보'라는 말은 죽은 이를 위해 가톨릭 방식의 저녁 기도로 암송되는 〈시편〉 116장에 처음 등장한다. 중세에는 죽은 이를 위해 가족들이 애도자를 고용해 〈시편〉의 이 구절을 암송하게 했는데, 그 애도자들이 때로 슬픔을 지나치게 과장되게 표현했기 때문에 플라시보라는 말이 '아첨꾼'이나 '간신배'를 의미하기도 했다. 19세기 초 의사들이 치료 불가한 환자나 상상의 병을 앓는 환자들을 안정시키기 위해 불활성의 강장약, 알약을 처방하거나 가짜 치료를 하기 시작했다. 이 의사들이 성경에서 플라시보라는 용어를 빌려와 쓰기 시작하면서 현재의 플라시보의 뜻이 생겨났다.

4. Y. Ikemi and S. Nakagawa, "A Psychosomatic Study of Contagious Dermatitis," *Kyoshu Journal of Medical Science*, vol. 13: pp. 335~350 (1962).

5. T. Luparello, H.A. Lyons, E.R. Bleecker, et al., "Influences of Suggestion on Airway Reactivity in Asthmatic Subjects," *Psychosomatic Medicine*, vol. 30, no. 6: pp. 819~829 (1968).

6. J.D. Levine, N.C. Gordon, and H.L. Fields, "The Mechanism of Placebo Analgesia," *Lancet*, vol. 2, no. 8091: pp. 654~657 (1978); J.D. Levine, N.C. Gordon, R.T. Jones, et al., "The Narcotic Antagonist Naloxone Enhances Clinical Pain," *Nature*, vol. 272, no. 5656: pp. 826~827 (1978).

7. R. Ader and N. Cohen, "Behaviorally Conditioned Immunosuppression," *Psychosomatic Medicine*, vol. 37, no. 4: pp. 333~340 (1975).

8. H. Benson, *The Relaxation Response* (New York: Morrow, 1975).

9. N.V. Peale, *The Power of Positive Thinking* (New York: PrenticeHall, 1952).

10. N. Cousins, "Anatomy of an Illness (as Perceived by the Patient)," *New England Journal of Medicine*, vol. 295, no. 26: pp. 1458~1463 (1976).

11. N. Cousins, *Anatomy of an Illness as Perceived by the Patient: Reflections on Healing and Regeneration* (New York: W. W. Norton and Company, 1979).

12. T. Hayashi, S. Tsujii, T. Iburi, et al., "Laughter Up-Regulates the Genes Related to NK Cell Activity in Diabetes," *Biomedical Research* (Tokyo, Japan),

vol. 28, no. 6: pp. 281~285 (2007).

13. N. Cousins, *Anatomy of an Illness as Perceived by the Patient: Reflections on Healing and Regeneration* (New York: Norton, 1979), p. 56.

14. B.S. Siegel, *Love, Medicine, and Miracles: Lessons Learned About Self-Healing from a Surgeon's Experience with Exceptional Patients* (New York: Harper and Row, 1986).

15. I. Kirsch and G. Sapirstein, "Listening to Prozac but Hearing Placebo: A Meta-analysis of Antidepressant Medication," *Prevention and Treatment*, vol. 1, no. 2: article 00002a (1998).

16. I. Kirsch, B.J. Deacon, T.B. Huedo-Medina, et al., "Initial Severity and Antidepressant Benefits: A Meta-analysis of Data Submitted to the Food and Drug Administration," *PLOS Medicine*, vol. 5, no. 2: p. e45 (2008).

17. B.T. Walsh, S.N. Seidman, R. Sysko, et al., "Placebo Response in Studies of Major Depression: Variable, Substantial, and Growing," *Journal of the American Medical Association*, vol. 287, no. 14: pp. 1840~1847 (2002).

18. R. de la Fuente-Fernández, T.J. Ruth, V. Sossi, et al., "Expectation and Dopamine Release: Mechanism of the Placebo Effect in Parkinson's Disease," *Science*, vol. 293, no. 5532: pp. 1164~1166 (2001).

19. F. Benedetti, L. Colloca, E. Torre, et al., "Placebo-Responsive Parkinson Patients Show Decreased Activity in Single Neurons of the Subthalamic Nucleus," *Nature Neuroscience*, vol. 7, no. 6: 587~588 (2004).

20. F. Benedetti, A. Pollo, L. Lopiano, et al., "Conscious Expectation and Unconscious Conditioning in Analgesic, Motor, and Hormonal Placebo/Nocebo Responses," *Journal of Neuroscience*, vol. 23, no. 10: pp. 4315~4323 (2003).

21. F. Benedetti, H.S. Mayberg, T.D. Wager, et al., "Neurobiological Mechanisms of the Placebo Effect," *Journal of Neuroscience*, vol. 25, no. 45: pp. 10390~10402 (2005).

22.F. Benedetti, M. Amanzio, S. Baldi, et al., "Inducing Placebo Respiratory Depressant Responses in Humans via Opioid Receptors," *European Journal of Neuroscience*, vol. 11, no. 2: pp. 625~631 (1999).

23.T.J. Kaptchuk, E. Friedlander, J.M. Kelley, et al., "Placebos Without Deception: A Randomized Controlled Trial in Irritable Bowel Syndrome," *PLOS ONE*, vol. 5, no. 12: p. e15591 (2010).

24.A.J. Crum and E.J. Langer, "Mind-Set Matters: Exercise and the Placebo Effect," *Psychological Science*, vol. 18, no. 2: pp. 165~171 (2007).

25.R. Desharnais, J. Jobin, C. Côté, et al., "Aerobic Exercise and the Placebo Effect: A Controlled Study," *Psychosomatic Medicine*, vol. 55, no. 2: pp. 149~154 (1993).

26.B. Blackwell, S.S. Bloomfield, and C.R. Buncher, "Demonstration to Medical Students of Placebo Responses and Non-drug Factors," *Lancet*, vol. 299, no. 7763: pp. 1279~1282 (1972).

27.I. DarNimrod and S.J. Heine, "Exposure to Scientific Theories Affects Women's Math Performance," *Science*, vol. 314, no. 5798: p. 435 (2006).

28.C. Jencks and M. Phillips, eds., *The Black-White Test Score Gap* (Washington, D.C.: Brookings Institution Press, 1998).

29.C.M. Steele and J. Aronson, "Stereotype Threat and the Intellectual Test Performance of African Americans," *Journal of Personality and Social Psychology*, vol. 69, no. 5: pp. 797~811 (1995).

30.A.L. Geers, S.G. Helfer, K. Kosbab, et al., "Reconsidering the Role of Personality in Placebo Effects: Dispositional Optimism, Situational Expectations, and the Placebo Response," *Journal of Psychosomatic Research*, vol. 58, no. 2: pp. 121~127 (2005); A.L. Geers, K. Kosbab, S.G. Helfer, et al., "Further Evidence for Individual Differences in Placebo Responding: An Interactionist Perspective," *Journal of Psychosomatic Research*, vol. 62, no. 5: pp. 563~570 (2007).

31. D.R. Hamilton, *How Your Mind Can Heal Your Body* (Carlsbad, CA: Hay House, 2010), p. 19.

32. D. Goleman, B.H. Lipton, C. Pert, et al., *Measuring the Immeasurable: The Scientific Case for Spirituality* (Boulder, CO: Sounds True, 2008), p. 196; B. H. Lipton and S. Bhaerman, *Spontaneous Evolution: Our Positive Future* (and a Way to There from Here) (Carlsbad, CA: Hay House, 2009), p. 25.

3장

1. A. Vickers, *People v. the State of Illusion*, directed by S. Cervine (Phoenix, AZ: Exalt Films, 2012), film; see also Laboratory of Neuro Imaging, University of California, Los Angeles, http://www.loni.ucla.edu/About_Loni/education/brain_trivia.shtml.

2. L.R. Squire and E.R. Kandel, *Memory: From Mind to Molecules* (New York: Scientific American Library, 1999); see also D. Church, *The Genie in Your Genes: Epigenetic Medicine and the New Biology of Intention* (Santa Rosa, CA: Elite Books, 2007), p. 94.

3. Also known as Hebb's Rule or Hebb's Law; see D.O. Hebb, *The Organization of Behavior: A Neuropsychological Theory* (New York: John Wiley & Sons, 1949).

4. K. Aydin, A. Ucar, K.K. Oguz, et al., "Increased Gray Matter Density in the Parietal Cortex of Mathematicians: A Voxel-Based Morphometry Study," *American Journal of Neuroradiology*, vol. 28, no. 10: pp. 1859~1864 (2007).

5. V. Sluming, T. Barrick, M. Howard, et al., "Voxel-Based Morphometry Reveals Increased Gray Matter Density in Broca's Area in Male Symphony Orchestra Musicians," *NeuroImage*, vol. 17, no. 3: pp. 1613~1622 (2002).

6. M.R. Rosenzweig and E.L. Bennett, "Psychobiology of Plasticity: Effects of Training and Experience on Brain and Behavior," *Behavioural Brain Research*, vol. 78, no. 1: pp. 57~65 (1996); E.L. Bennett, M.C. Diamond, D. Krech, et

al., "Chemical and Anatomical Plasticity Brain," *Science*, vol. 146, no. 3644: pp. 610~619 (1964).

4장

1. E.J. Langer, Mindfulness (Reading, MA: Addison-Wesley, 1989); E.J. Langer, *Counter Clockwise: Mindful Health and the Power of Possibility* (New York: Ballantine Books, 2009).

2. C. Feinberg, "The Mindfulness Chronicles: On the 'Psychology of Possibility,'" *Harvard Magazine* (September-October 2010), http:// harvardmagazine. com/2010/09/the-mindfulness-chronicles.

3. J. Medina, *The Genetic Inferno: Inside the Seven Deadly Sins* (Cambridge, U.K.: Cambridge University Press, 2000), p. 4.

4. F. Crick, "Central Dogma of Molecular Biology," *Nature*, vol. 227, no. 5258: pp. 561~563 (1970).

5. M. Ho, "Death of the Central Dogma," Institute of Science in Society press release (March 9, 2004), http://www.isis.org.uk/DCD.php.

6. S.C. Segerstrom and G.E. Miller, "Psychological Stress and the Human Immune System: A Meta-analytic Study of 30 Years of Inquiry," *Psychological Bulletin*, vol. 130, no. 4: pp. 601~630 (2004); M.S. Kopp and J. Réethelyi, "Where Psychology Meets Physiology: Chronic Stress and Premature Mortality—The Central-Eastern European Health Paradox," *Brain Research Bulletin*, vol. 62, no. 5: pp. 351~367 (2004); B.S. McEwen and T. Seeman, "Protective and Damaging Effects of Mediators of Stress. Elaborating and Testing the Concepts of Allostasis and Allostatic Load," *Annals of the New York Academy of Sciences*, vol. 896: pp. 30~47 (1999).

7. J.L. Oschman, "Trauma Energetics," *Journal of Bodywork and Movement Therapies*, vol. 10, no. 1: pp. 21~34 (2006).

8. K. Richardson, *The Making of Intelligence* (New York: Columbia University Press, 2000), referenced by E.L. Rossi, *The Psychobiology of Gene Expression: Neuroscience and Neurogenesis in Hypnosis and the Healing Arts* (New York: W. W. Norton and Company, 2002), p. 50.

9. E.L. Rossi, *The Psychobiology of Gene Expression: Neuroscience and Neurogenesis in Hypnosis and the Healing Arts* (New York: W. W. Norton and Company, 2002), p. 9.

10. D. Church, *The Genie in Your Genes: Epigenetic Medicine and the New Biology of Intention* (Santa Rosa, CA: Elite Books, 2007), p. 32.

11. See http://www.epigenome.org.

12. J. Cloud, "Why Your DNA Isn't Your Destiny," *Time Magazine* (January 6, 2010), http://content.time.com/time/magazine/ article/0,9171,1952313,00. html#ixzz2eN2VCb1W.

13. M.F. Fraga, E. Ballestar, M.F. Paz, et al., "Epigenetic Differences Arise During the Lifetime of Monozygotic Twins," *Proceedings of the National Academy of Sciences USA*, vol. 102, no. 30: pp. 10604~10609 (2005).

14. D. Ornish, M.J. Magbanua, G. Weidner, et al., "Changes in Prostate Gene Expression in Men Undergoing an Intensive Nutrition and Lifestyle Intervention," *Proceedings of the National Academy of Sciences,* vol. 105, no. 24: pp. 8369~8374 (2008).

15. L. Stein, "Can Lifestyle Changes Bring out the Best in Genes," *Scientific American* (June 17, 2008), http://www.scientificamerican.com/article .cfm?id=canlifestylechangesbringoutthebestingenes.

16. T. Rönn, P. Volkov, C. Davegårdh, et al., "A Six Months Exercise Intervention Influences the Genome-Wide DNA Methylation Pattern in Human Adipose Tissue," *PLOS Genetics,* vol. 9, no. 6: p. e1003572 (2013).

17. D. Chow, "Why Your DNA May Not Be Your Destiny," *LiveScience* (June 4, 2013), http://www.livescience.com/37135-dna-epigenetics-disease-research.

html; see also note 12 above.

18.M.D. Anway, A.S. Cupp, M. Uzumcu, et al., "Epigenetic Transgenerational Actions of Endocrine Disruptors and Male Fertility," *Science*, vol. 308, no. 5727: pp. 1466~1469 (2005).

19. S. Roy, S. Khanna, P.E. Yeh, et al., "Wound Site Neutrophil Transcriptome in Response to Psychological Stress in Young Men," *Gene Expression*, vol. 12, no. 4–6: pp. 273~287 (2005).

20.M. Uddin, A.E. Aiello, D.E. Wildman, et al., "Epigenetic and Immune Function Profiles Associated with Posttraumatic Stress Disorder," *Proceedings of the National Academy of Sciences*, vol. 107, no. 20: pp. 9470~ 9475 (2010).

21.S.W. Cole, B. D. Naliboff, M.E. Kemeny, et al., "Impaired Response to HAART in HIV-Infected Individuals with High Autonomic Nervous System Activity," *Proceedings of the National Academy of Sciences*, vol. 98, no. 22: pp. 12695~12700 (2001).

22.J. Kiecolt-Glaser, T.J. Loving, J.R. Stowell, et al., "Hostile Marital Interactions, Proinflammatory Cytokine Production, and Wound Healing," *Archives of General Psychiatry*, vol. 62, no. 12: pp. 1377~1384 (2005).

23.J.A. Dusek, H.H. Otu, A.L. Wohlhueter, et al., "Genomic Counter-Stress Changes Induced by the Relaxation Response," *PLOS ONE*, vol. 3, no. 7: p. e2576 (2008).

24.M.K. Bhasin, J.A. Dusek, B.H. Chang, et al., "Relaxation Response Induces Temporal Transcriptome Changes in Energy Metabolism, Insulin Secretion, and Inflammatory Pathways," *PLOS ONE*, vol. 8, no. 5: p. e62817 (2013).

5장

1. S. Schmemann, "End Games End in a Huff," *New York Times* (October 20, 1996), http://www.nytimes.com/1996/10/20/weekinreview/end-games-

end-in-a-huff.html.

2. J. Corbett, "Aaron Rodgers Is a Superstar QB out to Join Super Bowl Club," *USA Today* (January 20, 2011), http://usatoday30.usatoday.com/ sports/ football/nfl/packers/2011-01-19-aaron-rodgers-cover_N.htm.

3. J. Nicklaus, *Golf My Way*, with K. Bowden (New York: Simon & Schuster, 2005), p. 79.

4. H.H. Ehrsson, S. Geyer, and E. Naito, "Imagery of Voluntary Movement of Fingers, Toes, and Tongue Activates Corresponding Body-Part-Specific Motor Representations," *Journal of Neurophysiology*, vol. 90, no. 5: pp. 3304~3316 (2003).

5. A. Pascual-Leone, D. Nguyet, L.G. Cohen, et al., "Modulation of Muscle Responses Evoked by Transcranial Magnetic Stimulation During the Acquisition of New Fine Motor Skills," *Journal of Neurophysiology*, vol. 74, no. 3: pp. 1037~1045 (1995).

6. V.K. Ranganathan, V. Siemionow, J.Z. Liu, et al., "From Mental Power to Muscle Power: Gaining Strength by Using the Mind," *Neuropsychologia*, vol. 42, no. 7: pp. 944~956 (2004); G. Yue and K.J. Cole, "Strength Increases from the Motor Program: Comparison of Training with Maximal Voluntary and Imagined Muscle Contractions," *Journal of Neurophysiology*, vol. 67, no. 5: pp. 1114~1123 (1992).

7. P. Cohen, "Mental Gymnastics Increase Bicep Strength," *New Scientist*, vol. 172, no. 2318: p. 17 (2001), http://www.newscientist.com/article/ dn1591-mental-gymnastics-increase-bicep-strength.html#.Ui03PLzk_Vk.

8. A. Guillot, F. Lebon, D. Rouffet, et al., "Muscular Responses During Motor Imagery as a Function of Muscle Contraction Types," *International Journal of Psychophysiology*, vol. 66, no. 1: pp. 18~27 (2007).

9. I. Robertson, *Mind Sculpture: Unlocking Your Brain's Untapped Potential* (New York: Bantam Books, 2000); S. Begley, "God and the Brain: How We're

Wired for Spirituality," *Newsweek* (May 7, 2001), pp. 51~57; A. Newburg, E. D'Aquili, and V. Rause, *Why God Won't Go Away: Brain Science and the Biology of Belief* (New York: Ballantine Books, 2001).

10. Rossi, *The Psychobiology of Gene Expression.*

11. Yue and Cole, "Strength Increases from the Motor Program" N. Doidge, *The Brain That Changes Itself* (New York: Viking Penguin, 2007).

12. K.M. Dillon, B. Minchoff, and K.H. Baker, "Positive Emotional States and Enhancement of the Immune System," *International Journal of Psychiatry in Medicine*, vol. 15, no. 1: pp. 13~18 (1985–1986); S. Perera, E. Sabin, P. Nelson, et al., "Increases in Salivary Lysozyme and IgA Concentrations and Secretory Rates Independent of Salivary Flow Rates Following Viewing of Humorous Videotape," *International Journal of Behavioral Medicine*, vol. 5, no. 2: pp. 118~128 (1998).

13. B.E. Kok, K.A. Coffey, M.A. Cohn, et al., "How Positive Emotions Build Physical Health: Perceived Positive Social Connections Account for the Upward Spiral Between Positive Emotions and Vagal Tone," *Psychological Science*, vol. 24, no. 7: pp. 1123~1132 (2013).

14. T. Yamamuro, K. Senzaki, S. Iwamoto, et al., "Neurogenesis in the Dentate Gyrus of the Rat Hippocampus Enhanced by Tickling Stimulation with Positive Emotion," *Neuroscience Research*, vol. 68, no. 4: pp. 285~289 (2010).

15. T. Baumgartner, M. Heinrichs, A. Vonlanthen, et al., "Oxytocin Shapes the Neural Circuitry of Trust and Trust Adaptation in Humans," *Neuron*, vol. 58, no. 4: pp. 639~650 (2008).

16. M.G. Cattaneo, G. Lucci, and L.M. Vicentini, "Oxytocin Stimulates in Vitro Angiogenesis via a Pyk-2/Src-Dependent Mechanism," *Experimental Cell Research*, vol. 315, no. 18: pp. 3210~3219 (2009).

17. A. Szeto, D.A. Nation, A.J. Mendez, et al., "Oxytocin Attenuates NADPH-Dependent Superoxide Activity and IL-6 Secretion in Macrophages and

Vascular Cells," *American Journal of Physiology: Endocrinology and Metabolism*, vol. 295, no. 6: pp. E1495~501 (2008).

18. H.J. Monstein, N. Grahn, M. Truedsson, et al., "Oxytocin and Oxytocin-Receptor mRNA Expression in the Human Gastrointestinal Tract: A Polymerase Chain Reaction Study," *Regulatory Peptides*, vol. 119, no. (1–2): pp. 39~44 (2004).

19. J. Borg, O. Melander, L. Johansson, et al., "Gastroparesis Is Associated with Oxytocin Deficiency, Oesophageal Dysmotility with HyperCCKemia, and Autonomic Neuropathy with Hypergastrinemia," *BMC Gastroenterology*, vol. 9: p. 17 (2009).

## 6장

1. Discovery Channel, "Brainwashed," season 2, episode 4 of *Curiosity* series, aired October 28, 2012.

## 7장

1. A. Mardiyati, "Kuda Lumping: A Spirited, Glass-Eating Javanese Game of Horse," *Jakarta Globe* (March 16, 2010), http://www.thejakartaglobe.com/archive/kuda-lumping-a-spirited-glass-eating-javanese-game-of-horse.

2. 이 점은 특히 다음의 두 연구에서 잘 증명하고 있다. 첫 번째 연구에서 피험자들은 특별히 고안된 안경을 쓰게 되는데, 이 안경을 쓰고 왼쪽으로 보면 모든 것이 파란 색조를 띠게 되고 오른쪽으로 보면 노란 색조를 띠게 된다. 그런데 한동안 이 안경을 쓰고 지내자 피험자들은 더 이상 파란 색조나 노란 색조를 보지 않게 되었다. 세상은 예전 모습 그대로였다. 그들은 세상을 눈으로 본 것이 아니라 뇌로 보았고, 그 뇌는 과거에 대한 기억들로 현실을 가득 채웠던 것이다. I. Kohler의 *The Formation and Transformation of the Perceptual*

*World*(New York: International Universities Press, 1964)를 참조하기 바란다. 두 번째 연구에서는 우울증 환자들이 속사포처럼 지나가는 두 종류의 사진들을 보게 된다. 축제 사진과 장례식 사진이다. 그런데 우울증 환자들은 우연으로 치기에는 너무 많이 장례식 장면만 기억했다. 이것은 우리가 기존의 느낌을 강화하는 방식으로 주변을 받아들임을 암시한다. A.T. Beck, *Cognitive Therapy and The Emotional Disorders*(New York: International Universities Press, 1976)를 참조하기 바란다.

3. D.P. Phillips, T.E. Ruth, and L.M. Wagner, "Psychology and Survival," *Lancet*, vol. 342, no. 8880: pp. 1142~1145 (1993).

4. P.D. Rozée and G. van Boemel, "The Psychological Effects of War Trauma and Abuse on Older Cambodian Refugee Women," *Women and Therapy*, vol. 8, no. 4: pp. 23~50 (1989); G.B. van Boemel and P.D. Rozée, "Treatment for Psychosomatic Blindness Among Cambodian Refugee Women," *Women and Therapy*, vol. 13, no. 3: pp. 239~266 (1992).

5. L. Siegel, "Cambodians' Vision Loss Linked to War Trauma," *Los Angeles Times* (October 15, 1989), http://articles.latimes.com/1989-10-15/news/ mn-232_1_vision-loss.

6. A. Kondo, "Blinding Horrors: Cambodian Women's Vision Loss Linked to Sights of Slaughter," *Los Angeles Times* (June 4, 1989), http://articles.latimes.com/1989-06-04/news/hl-2445_1_pol-pot-khmer-rouge-blindness.

7. P. Cooke, "They Cried until They Could Not See," *New York Times Magazine*, vol. 140: pp. 24~25, 45~48 (June 23, 1991).

8. R. de la Fuente-Fernández, T.J. Ruth, V. Sossi, et al., "Expectation and Dopamine Release: Mechanism of the Placebo Effect in Parkinson's Disease," *Science*, vol. 293, no. 5532: pp. 1164~1166 (2001).

9. S. Siegel and B. M. C. Ramos, "Applying Laboratory Research: Drug Anticipation and the Treatment of Drug Addiction," *Experimental and Clinical Psychopharmacology*, vol. 10, no. 3: pp. 162~183 (2002).

10. S.L. Assefi and M. Garry, "Absolut Memory Distortions: Alcohol Placebos Influence the Misinformation Effect," *Psychological Science*, vol. 14, no. 1: pp. 77~80 (2003).

11. R.S. Ulrich, "View Through a Window May Influence Recovery from Surgery," *Science*, vol. 224, no. 4647: pp. 420~421 (1984).

12. C.W.F. McClare, "Resonance in Bioenergetics," *Annals of the New York Academy of Sciences*, vol. 227: 74~97 (1974).

13. B.H. Lipton, *The Biology of Belief: Unleashing the Power of Consciousness, Matter & Miracles* (Carlsbad, CA: Hay House, 2008), p. 111; A.R. Liboff, "Toward an Electromagnetic Paradigm for Biology and Medicine," *Journal of Alternative and Complementary Medicine*, vol. 10, no. 1: pp. 41~47 (2004); R. Goodman and M. Blank, "Insights into Electromagnetic Interaction Mechanisms," *Journal of Cellular Physiology*, vol. 192, no. 1: pp. 16~22 (2002); L.B. Sivitz, "Cells Proliferate in Magnetic Fields," *Science News*, vol. 158, no. 13: pp. 196~197 (2000); M. Jin, M. Blank, and R. Goodman, "ERK1/2 Phosphorylation, Induced by Electromagnetic Fields, Diminishes During Neoplastic Transformation," *Journal of Cellular Biochemistry*, vol. 78, no. 3: pp. 371~379 (2000); C.F. Blackman, S.G. Benane, and D.E. House, "Evidence for Direct Effect of Magnetic Fields on Neurite Outgrowth," *FASEB Journal*, vol. 7, no. 9: pp. 801~806 (1993); A.D. Rosen, "Magnetic Field Influence on Acetylcholine Release at the Neuromuscular Junction," *American Journal of Physiology*, vol. 262, no. 6, pt. 1: pp. C1418~C1422 (1992); M. Blank, "Na,K-APTase Function in Alternating Electrical Fields," *FASEB Journal*, vol. 6, no. 7: pp. 2434~2438 (1992); T.Y. Tsong, "Deciphering the Language of Cells," *Trends in Biochemical Sciences*, vol. 14, no. 3: pp. 89~92 (1989); G.P.A. Yen-Patton, W.F. Patton, D.M. Beer, et al., "Endothelial Cell Response to Pulsed Electromagnetic Fields: Stimulation of Growth Rate and Angiogenesis in Vitro," *Journal of Cellular Physiology*, vol. 134, no. 1: pp. 37~46 (1988).

## 8장

1. N. Bohr, "On the Constitution of Atoms and Molecules," *Philosophical Magazine*, vol. 26, no. 151: pp. 1~25 (1913).

2. F.A. Popp, "Biophotons and Their Regulatory Role in Cells," *Frontier Perspectives*, vol. 7, no. 2: pp. 13~22 (1998).

## 10장

1. D.J. Siegel, *The Mindful Brain: Reflection and Attunement in the Cultivation of Well-Being* (New York: W.W. Norton and Company, 2007).

## 11장

1. L. Fehmi and J. Robbins, *The Open-Focus Brain: Harnessing the Power of Attention to Heal Mind and Body* (Boston: Trumpeter Books, 2007).

# 감사의 말

두 번째 책을 끝냈을 때 이제 책은 그만 써도 되겠다고 생각했다. 매일매일 바쁘게 돌아가는 통합 건강 클리닉을 운영하며 거의 매주 비행기를 타고 돌아다녀야 하는 상황에서(가족과 함께하고, 직원 회의에 참석하고, 먹고, 자는 건 논외로 치더라도) 글을 쓰고 연구할 시간은 어떻게든 쪼개낸다고 하더라도, 다음에 입력해 넣을 생각을 떠올리기 위해 창밖 풍경을 바라보며 한숨 돌릴 여유는 도저히 찾을 수 없었던 것이다.

비물질적인 생각을 물질적인 결과물로 만들어내는 일은 대단한 끈기와 결심과 집중력과 인내와 에너지와 시간과 창조성을 요구한다. 그리고 무엇보다 사람들의 지지가 필요하다. 개인적으로 내가 이 모든 일 중 하나라도 감당해 낼 수 있었다면 그것은 나의 직원들, 친구들, 가족, 동료들의 격려와 도움과 협력과 무조건적인 사랑이 있었기 때문이다. 이들에게 느끼는 이 고마움은 영원히 잊지 못할 것이다.

다시 한 번 나를 믿어준 헤이하우스 출판사에 감사의 마음을 전하고 싶다. 나는 이 멋진 가족의 일원이 된 것을 영광이요 축복이라고 느낀다. 리드 트레이시, 스테이시 스미스, 새넌 리트럴, 알렉스 프리먼,

454

크리스티 살리나스를 비롯한 모든 이들에게 감사한다. 그리고 나도 이들 모두에게 어떤 방식으로든 도움이 되었기를 바란다.

가끔씩 천사들이 우리를 찾아와 축복을 내려주곤 한다. 천사들은 보통 겸손하고 이타적이며 강하고 매우 헌신적이다. 이 책을 쓰면서 나는 진정한 천사를 한 사람 만나는 행운을 얻었다. 이제는 내 친구가 된 소중한 편집자 케이티 쿤츠는 유능함과 품위와 겸손함에 매력까지 지닌 사람이다. 케이티와 이 프로젝트를 함께 할 수 있었던 걸 진심으로 영광으로 생각한다. 그녀의 샘솟는 생기와 현명함과 진솔함에 감사한다. 케이티는 나에게 정말 많은 것을 주었다.

내 원고를 봐준 샐리 카에게 고마움을 전하고 싶다. 샐리는 갑작스런 연락에도 불구하고 내가 필요할 때 시간을 내 나를 도와준 매우 관대한 사람이다.

내 행정 비서이자 매니저인 파울라 메이어에게도 감사한다. 파울라는 내 삶에 진정한 리더이자 이성理性의 목소리가 되었다. 그녀의 변함없는 헌신에 감사한다. 늘 빛이 나는 그녀의 모습은 늘 감동적이다.

데나 레이첼은 우리 클리닉의 사무장이자 내 개인 비서이다. 직원들을 잘 살피며 모두에게 사랑과 보살핌을 베풀어주는 데나에게 깊이 감사드린다. 데나는 뛰어난 감성 지능에 물 흐르는 듯한 지혜와 용기를 가졌으며, 나를 포함한 모든 사람을 행복하게 해준다. 앞으로도 데나와 함께할 수 있기를 바란다.

트리나 그린버리에게 감사한다. 트리나만큼 프로답고 정직하고 품위 있고 조직적인 사람은 본 적이 없다. 놀라운 사람, 트리나가 나와 이 여정을 함께할 수 있어서 감사하다.

나의 형수, 케이티나 디스펜자는 창조적으로 나의 일을 많이 도와주었다. 형수가 나를 위해 일해주어 얼마나 다행인지 모른다. 나를 세상에 내보이기 위해 그녀가 해준 디테일들은 어느 것도 결코 작은 것이 아니었다. 정말 특별한 여성이다.

레이델 호브다, 애덤 보이스, 케이티 호닝, 엘레이나 클라우즌, 토비 퍼킨스, 브루스 암스트롱, 에이미 셰퍼, 캐티 런드, 캐런 레터, 마크 빙글 박사, 마빈 커니키오 박사에게도 특별히 감사의 마음을 전하고 싶다. 이들은 모두 아주 많은 멋진 방식들로 내 삶을 더 윤택하게 해주었다.

나의 형이자 가장 친한 친구 존 디스펜자의 창의력에 나는 늘 감동을 받는다. 형이 이 책의 표지와 그림들을 디자인해 주었다. 하지만 무엇보다 형의 인생 안내와 사랑에 감사한다.

우리 팀의 양자 신경과학자 제프리 패넌 박사는 뇌의 변화를 측정하는 일과 관련해 수많은 방법으로 도움을 주었다. 패넌 박사가 있었기에 우리는 이 시대의 역사에 기여할 수 있었다. 그가 해준 모든 일에 대한 감사는 그 어떤 말로도 부족하다.

도슨 처치 박사는 나만큼 열정적으로 과학과 신비주의를 연구하는, 내 소중한 친구이자 천재이다. 도슨이 이 책의 서문을 아름답게 써주어서 참으로 영광스럽게 생각한다. 미래에도 우리가 함께 일할 수 있기를 바란다.

베스 울프슨은 트레이너 관리자이자 우리 회사의 헌신적인 리더이다. 그는 나와 함께 변형을 위한 사업 모델을 만들었다. 우리가 전달하려는 메시지를 변함없이 열정적으로 믿고 있는 그녀에게 감사한다.

우리 회사의 모든 트레이너들에게도 감사한다. 이들은 변화의 살아있는 모범이 되고 또 이로써 사람들을 이끌기 위해 오늘도 열심히 일하고 있다. 나는 이들의 헌신에 큰 감동을 받았다.

존 콜린스워스와 조나단 스월츠에게 특별히 감사하고 싶다. 이들은 나에게 사업에 대한 전문적인 충고와 조언을 아끼지 않았다.

훌륭한 청년으로 자라고 있는 나의 아이들, 제이스, 지아나, 셴에게 감사한다. 내가 아무리 이상하게 굴어도 이해해 주어서 고맙다.

그리고 나의 사랑하는 로버타 브리팅햄, 당신이 나의 플라시보입니다.

# 정신 세계와 과학의 이토록 명쾌한 결합이 또 있을까?

10년도 훨씬 전, 인도 철학을 머리로만 공부하던 시절, 어느 날 한 책에서 이런 문구를 읽게 되었다. "명상을 하면서 호흡을 관찰하는 이유는 호흡이 자율 신경계(즉 무의식)에 속하지만 의식적으로 조절할 수도 있기 때문이다. 즉 호흡은 우리의 의식과 무의식에 동시에 연결되어 있기 때문에 호흡을 통해 의식적으로 무의식으로 들어갈 수 있다." 정확한 문장은 아니겠지만, 요지가 그랬다. 정신이 번쩍 들었고, 그날 당장 짐을 꾸려 명상 센터로 달려갔다. 명상이 아무리 좋아도 뜬구름 잡듯, 선문답식 설명만 하면 누가 매일 꼬박꼬박 그 힘든 일을 하겠는가? 조 디스펜자의 말대로 신비주의를 벗기는 현대의 언어는 역시 과학일 수밖에 없다.

그 후 지금까지 나는 나름 열심히 명상을 하며 무의식적인 문제들을 들여다보았고, 이제는 명상 없는 일상은 생각하기 어렵게 되었다. 하지만 분명 슬럼프도 있었다. 어느 순간부터 모든 것이 흐릿해지고 추상적이 되었다. 다 아는 것 같다가도 아무것도 모르는 듯했고, 열정이 사라졌고, 매너리즘에 빠졌다. 바로 그때 조 디스펜자를 만났다.

사람들은 "원하면 이루어진다" "부정적인 사람은 될 일도 안 된다" "의심하지 말고 받아들여라" "기적을 믿어라" "우리 몸은 치유의 능력을 갖고 있다" 같은 말을 한다. 그런데 정말 그럴까? 불치병에 걸린 경우처럼 정말이지 기적을 믿고 싶을 때 우리는 기도를 한다. 마음을 들여다보려고 명상도 하고 요가도 한다. 가끔은 데자뷰도, 육감도 경험하고, 내 무의식의 무한한 잠재성을 느끼는 동시에 우주의 광대함에 경외감도 느낀다. 그런 느낌을 믿기는 하지만 그런 현상을 뭐라고 똑 부러지게 설명할 수가 없다. 무의식의 힘 혹은 기/에너지의 변화 같은 말로 뭉뚱그려 이해할 수는 있지만, 아무래도 구체적으로 잡히지 않기 때문에 그 효과를 완전히 믿고 생활 속에 적용하기가 쉽지 않다.

그런데 조 디스펜자의 이 책 《당신이 플라시보다》는 사람들이 왜 그렇게 말을 하고 왜 그 말들이 사실이며 우리가 왜 그런 무의식적인 힘과 에너지를 느끼는지 과학적으로 더할 나위 없이 명확하게 설명해준다.(예를 들어 99.99999%가 에너지인데 우리가 물질만 보고 물질만 실재라고 느끼는 이유, 보통의 의식 상태에서 병을 고칠 수 없는 이유, 우리의 뇌가 작동하는 정확한 방식, 우리의 생각과 감정과 뇌와 유전자의 정확한 상호 작용 방식 등등) 그리고 더 놀랍게도 그런 과학적인 사실들과 명상을 더더욱 완벽하게 연결시킨다. 이 시대를 건강하게 살아가게 하는 이론과 실천의 완벽한 체계를 하나 제시하는 것이다.

이 책 한 권으로 조 디스펜자는 (불교 명상을 비롯한) 모든 종류의 전통 명상법과 (뉴에이지, 원네스, 기적수업, 긍정 심리학 같은) 영성 체계들이 하는 말에 대한 과학적인 근거를 제시하는 데 성공했다. 명상을 좀 했다는 사람들도 실제 몸과 마음으로 느끼는 것들은 있지만 그것을 정확하게 설명하지 못하고, 현대 과학을 잘 아는 사람도 현대 과학이 하는 말을 실제 몸과 마음으로 느끼지는 못한다. 조 디스펜자는 그 둘을 모두 겸비한 사람으로 전체 그림을 깨끗하게 그려냈고, 그 그림은 명상을 하는 사람들에게 아주 큰 도움이 될 것이다.

그리고 더 중요한 점은 그의 이론과 실천의 체계가 몸이 아픈 사람에게 실질적인 도움을 준다는 것이다. 그러므로 현대를 사는 사람이라면 모두 꼭 도움을 받을 만한 책이다. 디스펜자가 말하는 이 체계는 실질적으로 병을 낫게 하고 행복하게 하고 나아가 영적·육체적으로 온전한 사람이 되게 한다.

경이롭기만 한 과학서에 그치거나 신비롭기만 한 종교 명상서에 그치는 책이 많지만, 이 책은 그 둘의 균형을 놀라울 정도로 잘 잡아 양쪽 모두에 힘을 실어준다. 아는 만큼 느껴진다고, 조 디스펜자를 만나고 내 자신의 명상과 삶도 환골탈태를 거듭하고 있다.

이 책이 들려주는 첨단 과학과 많은 연구 결과들이 독자의 앎을 넓혀주고 그 앎이 곧 경험이 되어, 독자들의 삶, 그 스펙트럼도 물질 세상을 넘어 텅 빈 듯하지만 가능성과 사랑으로 가득 찬 양자장의 세상으로까지 무한히 넓혀지기를 바라본다.

처음 이 책을 읽었을 때 인간 정신 세계와 물질 세계의 역학을 이보다 더 명쾌하게 설명하는 책은 없다고 생각했다. 그동안 명상을 하면서, 혹은 살아오면서 가졌던 의문들을 해결해 주고 동시에 매일매일의 수행을 요구했으니 그야말로 역자에게는 바이블과 같은 책이었다. 이 책이 역자에게 명쾌하게 다가왔던 것은 동양에서 선문답하듯 논의되던 문제를 이성적이고 과학적인 언어로 풀어냈기 때문이었다.

한국어로 번역된 이 책을 읽는 독자가 역자와 같은 명쾌함을 느끼지 못했다면, 그것은 전적으로 역자의 역량 부족 탓이다. 새삼 번역자로서 책임감이 무겁게 느껴지는 부분이다. 일일이 원서를 대조해 가며 오랜 시간 꼼꼼하게 편집 및 교정을 해준 샨티출판사에 깊은 감사의 말씀을 드린다.

옮긴이 추미란

2016년 3월 18일